高等医学院校选用教材

（供成人教育中医药专业、中西医结合专业使用）

金匮要略教程

乔 模 主编

科学出版社

北 京

内 容 简 介

本书是供成人教育中医药专业、中西医结合专业使用的教材。全书分23章，系统介绍了《金匮要略》的理论体系和主要学术思想。内容上坚持理论指导实践的原则，突出仲景论治杂病的辨证论治体系，并注意吸收新中国成立50余年来《金匮要略》研究的新进展、新技术和新成果，以促进仲景学说现代化研究，使读者掌握发掘研究古典医籍的方法，提高临床实践能力和应用科学方法研究传统中医学术的能力。针对成人教育特点，书中区别对待重点、难点、疑点内容，做到详略得当；同时根据实际，改变原文顺序，增强了教材的条理性，便于读者理解掌握。

本书可供成人教育中医药专业、中西医结合专业学生使用，也可作为自学考试应试人员、广大中医药专业工作者以及中医药爱好者的学习参考书。

图书在版编目（CIP）数据

金匮要略教程/乔模主编．-北京：科学出版社，2001.8

高等医学院校选用教材（供成人教育中医药专业、中西医结合专业使用）

ISBN 978-7-03-009017-1

Ⅰ．金…　Ⅱ．乔…　Ⅲ．金匮要略：高等学校-医学院校-教材

Ⅳ．R228

中国版本图书馆CIP数据核字（2000）第81502号

责任编辑：曹丽英／责任校对：朱光光

责任印制：徐晓晨／封面设计：黄　乐　黄华斌

科学出版社出版

北京东黄城根北街16号

邮政编码：100717

http://www.sciencep.com

北京中石油彩色印刷有限责任公司印刷

科学出版社发行　各地新华书店经销

*

2001年8月第　一　版　　开本：850×1168　1/16

2020年9月第七次印刷　　印张：20 1/2

字数：413 000

定价：44.80元

（如有印装质量问题，本社负责调换）

本套教材编写委员会

《金匮要略教程》编写人员

主　编　乔　模

主　审　杨燕飞

编　委　吴晋英　李俊莲

总　序

我国的成人教育已经有了数十年的历史，中医药学作为我国成人教育的重要组成部分，为中医药人才队伍建设和中医药事业的发展做出了积极的贡献。但时至今日，我国尚无专供中医药成人教育尤其是全日制中医药成人教育使用的系列教材，而统编教材和其他类教材，无论从内容还是要求上都难以切合成人教育自身特点，不能较好满足成人教育当前教学、临床、科研工作的需要。为了提高中医药成人教育教学质量，促进中医药成人教育事业的发展，我们在广泛调研和多方论证的基础上，组织了多年从事中医药成人教育教学工作的一线教师和有关专家，着手进行了适应于医学院校中医药专业、中西医结合专业成人教育教学需要的系列教材的研究与编写工作。

本套教材紧扣成人教育特点，遵循成人教育规律，编写过程中，注意把不同的学科置于中医和中西医结合整体学术体系中，注重经典著作、基础理论和临床学科之间的合理衔接，力求避免学科的割裂和内容的重复，从而体现中医、中西医结合学术体系的系统性和科学性。教材坚持理论联系实际的原则，正确处理继承和发扬的关系，在重点介绍具有实用价值的传统中医药基本理论和基本技能的同时，适当吸收了新中国成立 50 年来中医药研究的新进展、新技术和新成果，具有一定的创新性。在内容的深度和广度方面，根据新形势要求，从课程性质、任务出发，注意构筑中医药成人教育人才知识与能力素质结构，强调科学思维和创新精神的培养。为便于成人学员更好地自学自修、掌握课程重点内容、理解难点疑点问题、全面检查学习效果，教材在每章节增列了目的要求、重点内容及复习思考题，教材后还附有 2~3 套模拟试题及答案。

全套教材计有中国医学史、中医学导论、中医藏象学、中医病因病机学、中医防治学、中医诊断学、中药学、方剂学、中医内科学、中医外科学、中医妇科学、中医儿科学、中医骨伤科学、中医眼科学、中医耳鼻喉科学、中医肛肠病学、中医皮肤病学、针灸学、推拿学、内经教程、伤寒论教程、金匮要略教程、温病学、中医各家学说、中西医结合内科学、中西医结合妇产科学、中西医结合儿科学、中西医结合急症学、中西医结合传染病与流行病学、中西医结合临床研究思路与方法学、中药药理学等 31 门。

此外，根据国务院国发[1993]39 号《关于禁止犀牛角和虎骨贸易的通知》，这两种药品已停止供药用，本套教材中古医籍或方剂涉及这两药时，仅供参考，建议使用其代用品。

鉴于目前中医药成人教育中医药专业、中西医结合专业系统教材的编写尚无更多可资借鉴的成功经验，因此在教材的编写中存在着相当的难度，但考虑到中医药成人教育蓬勃发展的需要，我们不揣自陋，在成人教育教材建设上进行了此项尝试。可以肯定，本套教材一定存在着这样那样的不足之处，因而希望同行和读者在使用过程中，提出宝贵意见，以便我们进一步修订和改进，从而为我国中医药成人教育事业做出应有的贡献。

编写委员会

2000 年 5 月

编写说明

鉴于目前国内尚无适合全日制成人教育中医药专业、中西医结合专业本科教材的现状，特编写《金匮要略教程》以供教学使用。

本书采用宋代林亿等诠次、明代赵开美校刻的《金匮要略方论》为蓝本进行编写。为了保持该书的原貌，在编写《金匮要略教程》时，仍然保留了“金匮要略方论序”；在正文部分，各篇的名称和顺序同样与原书保持一致；并以“附录”形式将杂病方等三篇原文列于书后，同时增加《学习参考书目》，以供学生参考。

为了方便学生学习，在编写时对各篇条文的顺序进行了归类、调整。各篇均以病为纲，以病因、病机、证治、预后为目，详分为原文、注释、释义、医案举例、现代研究等项进行编写。后二者是为了帮助学生进一步加深理解原文，如若授课学时不足，可作学生自学使用。此外，在各篇篇首和篇尾还编写了目的要求、重点内容和复习思考题等内容，以便同学们更好地掌握学习要点和课后复习。

鉴于水平有限，书中缺点、错误在所难免。在此，诚恳地希望提出宝贵意见，以便在今后的工作中不断改进、不断提高，为中医成人教育事业略尽绵薄之力。

编　者

2000 年

金匱要略方论序

張仲景爲《傷寒雜病論》合十六卷，今世但傳《傷寒論》十卷，雜病未見其書，或于諸家方中載其一二矣。翰林學士王洙在館閣日，于蠹簡中得仲景《金匱玉函要略方》三卷：上則辨傷寒，中則論雜病，下則載其方，並療婦人。乃録而傳之士流，才數家耳。嘗以對方證對者，施之于人，其效若神。然而或有證而無方，或有方而無證，救疾治病，其有未備。國家詔儒臣校正醫書，臣奇先校定《傷寒論》，次校定《金匱玉函經》，今又校成此書，仍以逐方次于證候之下，使倉卒之際，便于檢用也。又捋散在諸家之方，附于逐篇之末，以廣其法。以其傷寒文多節略，故斷自雜病以下，終於飲食禁忌，凡二十五篇。除重復，合二百六十二方，勒成上、中、下三卷，依舊名曰《金匱方論》。臣奇嘗讀《魏誌·華佗傳》云：出書一卷，曰"此書可以活人"。每觀華佗凡所療病，多尚奇怪，不合聖人之經。臣奇謂活人者，必仲景之書也。大哉！炎農聖法，屬我盛旦。恭惟主上、丕承大統，撫育元元，頒行方書，拯濟疾苦，使和氣盈溢、而萬物莫不盡和矣。

太子右贊善大夫臣高保衡、尚書都官員外郎臣孫奇、尚書司封郎中充秘閣校理臣林億等傳上。

目　　录

1

绪　言

目的要求

1. 了解《金匮要略》一书的历史沿革、在祖国医学中的学术地位及现实意义，明确学习《金匮要略》的必要性和学习方法。

2. 掌握《金匮要略》的性质、基本内容、编写体例、学术体系及学术成就。

重点内容

1.《金匮要略》的性质和沿革。
2.《金匮要略》的基本内容。
3.《金匮要略》的学术成就。
4.《金匮要略》的学习方法。

《金匮要略》是我国东汉末年著名医学家张仲景所著《伤寒杂病论》的杂病部分，是我国现存最早的诊治杂病的专书。为了更好地学习《金匮要略》，在绪言中将对本书的性质、成书历史、学术成就、学习方法及主要参考书籍进行介绍。

1.1　《金匮要略》的性质

《金匮要略》的作者为张仲景（公元150～219年），名机，南郡涅阳（今河南省邓县）人。张仲景拜同郡名医张伯祖为师，精研医理，勤求古训，博采众长，弘扬伊尹汤液疗法，撰写成本书。书中总结、发明了治疗杂病的辨证论治体系，深入论述了运用脏腑经络辨证理论治疗40余种疾病的方法，创制了205首中医方剂，记载了汤剂、散剂、丸剂、栓剂等 13 种切于临床实用的中药剂型。《金匮要略》在理论和临床实践方面均具有重要的指导意义，对后世临床医学的发展有着不可估量的深远影响，所以古今医家对《金匮要略》推崇备至，将其誉为“方书之祖”、“医方之经”。《金匮要略》作为治疗杂病的典范，是中医人员的必修课程。

1.2 《金匮要略》的沿革

1.2.1 《金匮要略》书名诠释

1.2.1.1 金匮

在中医典籍中，对金匮含义的理解可以分为三个阶段：① 在汉代以前，金匮是用黄金做成的柜子，用以保存珍贵、缜密的书籍、文件。师古云：“以金为匮（柜），保慎之义。”如汉代《史记》中曾记载：“高祖与功臣剖符作誓，丹书铁卷，金匮石室，藏之宗庙。”② 晋唐时期，把重要书籍称为金匮。如：《晋书·葛洪传》云：“洪著金匮药方百卷。”《周礼·天官冢宰·疾医职》云：“张仲景金匮云，神农能尝百药，则炎帝者也。”此处将《肘后备急方》与《伤寒杂病论》都称为“金匮”。③ 迨至宋代之后，则把张仲景所著《伤寒杂病论》中的杂病部分正式称为《金匮》。

1.2.1.2 要略

要略者，即简略、扼要之意。正如陈修园所说：“书之所以名为要略者，盖以握要之韬略在此也。”又说：“金匮所载之证……中工所能治者，不必论也，所论者无一非起死回生之术。”可见，要略是指治疗杂病的最重要的秘诀和法则。

1.2.2 成书概况

《金匮要略》的全称为《金匮要略方论》，是《伤寒杂病论》的杂病部分。本书自问世以来，时隐时现，其历史沿革大致可以分为以下三个阶段：

1.2.2.1 成书于汉末

公元三世纪初，张仲景写成了《伤寒杂病论》，包括《伤寒论》与《金匮要略》两部分。在东汉至西晋期间，由于当时兵戈扰攘、战火频仍，原书散佚不见。

1.2.2.2 复见于唐代

《伤寒杂病论》的伤寒论部分，在晋代由王叔和编次整理为《伤寒论》单行本，而《金匮要略》部分则出现较晚，迨至唐代王焘才在所著《外台秘要》中引用和载录了《金匮要略》全文。

1.2.2.3 整理刊行于宋代

直至北宋仁宗时，翰林学士王洙在翰林院的残旧书籍中发现了《金匮玉函要略方》一书，此书乃张仲景所著《伤寒杂病论》的节略本。全书共分三卷：上卷论伤寒，中卷论杂病，下卷记载方剂及妇科理论和处方。其后，在宋英宗时代，国家令林亿等人对《金匮玉函要略方》一书进行校订，由于此前《伤寒论》已由王叔和编次出版，于是删去上卷，而只保留了中、下二卷论述杂病和妇科疾病部分，并将下卷中的方剂分别列于相应病证之后，编为上、中、下三卷。此外，又采集各家方书中记载张仲景治病的医方及后世良方，分别附于各篇之末，定名为《金匮要略方论》，后世通称此书为《金匮要略》或《金匮》。

1.3 《金匮要略》内容概述

1.3.1 基本内容

《金匮》全书共分 25 篇，其中第一篇《脏腑经络先后病脉证》相当于全书的总论。从第二篇《痉湿暍病脉证治》至第十七篇《呕吐哕下利病脉证治》是属于内科范围的疾病。第十八篇《疮痈肠痈浸淫病脉证并治》则属于外科疾病。第十九篇《趺蹶手指臂肿转筋阴狐疝蚘虫病脉证治》是将不便归类的几种疾病合为一篇。第二十篇至第二十二篇则是专论妇产科疾病。最后三篇为杂疗方和食物禁忌，带有验方性质，本书不作讲解。

《金匮》全书论述了 40 多种病证，计有痉、湿、暍、百合、狐惑、阴阳毒、疟病、中风、历节、血痹、虚劳、肺痿、肺痈、咳嗽、上气、奔豚气、胸痹、心痛、短气、腹满、寒疝、宿食、五脏风寒、积聚、痰饮、消渴、小便利（不利）、淋病、水气病、黄疸病、惊悸、吐衄、下血、胸满、瘀血、呕吐、哕、下利、疮痈、肠痈、浸淫疮、趺蹶、手指臂肿、转筋、阴狐疝、蛔虫病以及妇人妊娠病、产后病和妇人杂病等。

1.3.2 编写体例

《金匮》原书前 22 篇，其分篇规律主要有两种：一为一病一篇，一为数病一篇。

1）一病一篇：一病一篇是将一种疾病单列成篇，专题进行论述，如疟疾、奔豚气、痰饮、水气、黄疸等，这是因为这些疾病独立性较强，或在临床表现方面具有鲜明的特殊性。

2）数病一篇：数病合为一篇进行论述者，主要是以病机相近、症状类似或病位相同为依据进行分篇。① 病机相近：如百合、狐惑、阴阳毒三病，其在病机方面都是由于热邪为患，故合为一篇。② 症状相类：如痉病、湿痹、暍病三种疾病，起病均有恶寒、发热的表证。③ 病位相同：如肺痿、肺痈、咳嗽上气三者均属于肺部病变，故合篇进行论述。

1.4 《金匮要略》的学术成就

1.4.1 创立辨证论治的诊疗体系

1.4.1.1 确立以脏腑经络学说为核心的辨证论治体系

《金匮》一书是以脏腑经络学说作为基本论点，认为疾病各种脉证的产生，都是脏腑病理变化的反应。以中风病为例，张仲景认为引起中风病的主要原因是“内虚邪中”，即脏腑经络气血营卫不足，复感外邪引发，其临床表现为“邪在于络，肌肤不仁；邪在于经，即重不胜；邪入于腑，即不识人；邪入于脏，舌即难言，口吐涎”，故根据疾病病变先后轻重的部位，分为在络、在经、入腑、入脏四个阶段进行辨证论治。

1.4.1.2 首创辨病与辨证相结合的诊疗体系

在对疾病进行辨证论治时，张仲景建立了辨病与辨证相结合的诊疗体系，即在对疾病进行诊疗时，首先根据患者的脉证确定疾病的名称，然后再运用望、闻、问、切的方法，四诊合参，对该病的证型进行判断，进一步选定治疗疾病的方药。譬如在第九篇《胸痹心痛短气病脉证治》中，张仲景首先按照部位将疾病划分为胸痹、心痛两种疾病，继而将胸痹分为饮邪上逆、痰饮壅盛、气逆饮阻、中焦阳虚、寒湿上乘等证型进行论治，而对心痛进行辨治时，则将其分为寒饮上逆、阴寒痼结两个证型。正是张仲景在《金匮》中确立了这种辨病与辨证相结合的诊疗体系，从而开创了中医依病分型、随证施治的辨证论治新格局。

1.4.2 初创中医方剂学体系

1.4.2.1 创制众多经典方剂

在中医古典医籍中，《伤寒杂病论》之前的《内经》仅载方 13 首，且大多属于单方验方，如半夏秫米汤等，而《金匮》中载方 262 首，其中理、法、方、药俱全的有 205 首，使用药物 213 味。《金匮》在因证立法、依法遣方方面积累了比较系统的理论知识。《金匮》方药历经将近两千年的临床验证，屡用不爽，疗效显著，沿用至今。如白头翁汤治疗痢疾，茵陈蒿汤治疗黄疸，肾气丸治疗消渴，栝蒌薤白白酒汤治疗胸痹，大黄牡丹汤治疗肠痈，麻子仁丸治疗便秘，大建中汤治疗腹痛，均有很好的疗效，因而《金匮》被历代医家誉为“医方之祖”。

1.4.2.2 明确中医基本治疗法则

在《金匮》一书中，原书所载方剂，体现了汗、吐、下、和、温、补、清、消等治法。如：桂枝汤、麻黄加术汤为汗法；瓜蒂散为吐法；大、小承气汤为下法；小柴胡汤为和法；大乌头煎、通脉四逆汤为温法；白虎加人参汤、泻心汤、白头翁汤为清法；鳖甲煎丸、枳术汤为消法；黄芪建中汤、当归生姜羊肉汤、肾气丸为补法。

在运用上述基本治法时，张仲景从临床实际出发，认识到单独一种治法往往难符实用，常需要几种治法同时使用才能奏效，因此张仲景在《金匮》中又揭示了数法并用的原则。如：越婢汤、大青龙汤为解表法与清里法同用；小青龙汤、射干麻黄汤为解表法与化饮法同用；乌头桂枝汤为解表法与温里法同用；厚朴七物汤、大柴胡汤为解表法与攻下法同用。

此外，张仲景还针对许多疾病提出了具体治法。例如：在治疗痰饮病时提出"病痰饮者，当以温药和之"；在治疗水气病时提出"诸有水者，腰以下肿，当利小便；腰以上肿，当发汗乃愈"；在治疗寒实内结的腹满时，提出"以温药下之"的治法，首次提出了温下法的概念。

在《金匮》一书中，还提出了"同病异治"、"异病同治"以及"早期治疗"、"表里缓急"、"新久先后"、"审因论治"、"随五脏所喜进行治疗"等原则，丰富了中医治则学说，并且颇切实用。

1.4.2.3 研制出多种中药制剂

在《金匮》一书中，张仲景所创制的中药剂型种类颇为纷繁，除常见的汤剂之外，还有丸剂、酒剂、散剂、洗剂、熏剂、浴剂、搐鼻剂、肛门和阴道栓剂等。例如：用桂枝茯苓丸治疗癥病下血；用红蓝花酒治疗妇女杂病腹痛；用五苓散治疗痰饮病；用百合洗方洗浴肌肤治疗百合病口渴证；用雄黄外熏和苦参汤外洗治疗狐惑病；用搐鼻法吸鼻治疗湿痹头面寒湿证；用蛇床子散（栓剂）治疗带下证；用猪膏发煎治疗阴吹病等。故《金匮》极大地发展了中医临床治疗剂型。

1.4.3 奠定中医临床治疗学的基础

《金匮要略》是我国最早的临床学专著。其主要特点为：① 内容多：在《金匮要略》一书中，论述了40多种疾病的辨证论治。② 范围广：在《中医内科学》（五版教材）中收载疾病49种，而在《金匮要略》一书中对其中39种疾病的因、机、证、治有所涉猎。③ 多效验：《金匮》书中所载理论、治则及方药，约而多验、药精力专，虽历千年而屡用不爽，沿用至今。故朱丹溪云："仲景诸方实为万世医门之规矩准绳。"王好古亦云："唐宋以来……名医虽多，皆不出仲景书……其议论定方，增减变异，千状万态，无有一毫不出仲景者……历世大医皆仍遵为必修之课。"因此，《金匮要略》一书历来被称为治疗杂病之圭臬，而张仲景本人亦被尊为医圣。

1.4.4 弘扬整体观念的思想

在《金匮》中，整体观念主要表现在以下两个方面：① 人与自然密切相关。如第二条“夫人禀五常，因风气而生长，风气虽能生万物，亦能害万物，如水能浮舟，亦能覆舟”的论述，即从生理和病理两方面说明，正常的气候能促进人体的健康和生长发育，异常的气候则能损害人体健康，导致疾病，从而体现了人与自然界密切相联的整体观念。② 人体本身是一个有机整体。如第一条在论述“治未病”原则时说：“……见肝之病，知肝传脾，当先实脾。四季脾旺不受邪，即勿补之。”说明脏腑疾病可以相互传变，即在一脏腑有病时，就可以传变到另一个脏腑；用“补不足，损有余”的方法预防疾病从已病脏腑向未病脏腑传变。

1.5 《金匮要略》的学习方法

1.5.1 注意原文顺序

初学《金匮》者，往往不识门径，感觉《金匮》内容杂乱，学习困难。其实，《金匮》杂而不乱，杂而有序。张仲景在安排每一篇条文的先后顺序时，都遵循着一定的规律，此规律可归纳为三句话：“首论因、机、分类；继论症、治、鉴别；末论方证、预后。”

所谓“首论因、机、分类”，是指《金匮》每一篇的第一至二条原文，大多是论述疾病的病因、病机和分类。例如，《胸痹心痛短气病》篇第一条“师曰：夫脉当取太过不及，阳微阴弦，即胸痹而痛。”所谓“阳微”，是指寸部脉微，代表胸阳不足；“阴弦”是指尺部脉弦，代表中、下二焦阴邪（寒邪、饮邪）有余；“阳微阴弦”即指胸阳不足，下部阴邪有余，阴乘阳位，导致胸阳痹阻。故此条是从脉象入手，论证胸痹与心痛的病因和病机。而《痰饮咳嗽病》篇第一条“问曰：夫饮有四，何谓也？师曰：有痰饮，有悬饮，有溢饮，有支饮”，则是论述痰饮病的分类。

“继论症、治、鉴别”，是指《金匮》每篇中间部分的一些条文，多数是在论述疾病的症状、基本治则和相似疾病的鉴别。仍以《痰饮咳嗽病》篇为例：本篇第二条论“四饮”的症状；第三至七条论五脏水饮的症状；第八至十一条则是在论述分属“四饮”的留饮和伏饮的症状及区别；第十二至十四条讨论痰饮病机、脉象和支饮轻证的脉证，而第十五条则提出了痰饮病的基本治疗原则。总而言之，这组条文是从不同角度论述痰饮病的症状、治则及鉴别。

《金匮》每一篇的最后一部分条文，属于“末论方证、预后”的范畴。如《痰饮》篇第十六条以后的 26 条原文，其中第二十条和第三十四条是在讨论痰饮病的预后，其余 24 条基本上是在论述治疗“四饮”的具体方证。

窥一斑便可知全豹，掌握了张仲景安排每篇条文的基本规律，按照上述“三段”式进行学习，就会有助于理解，便于记忆，不仅不会有“杂乱无章”的感觉，反而会觉得张仲景对每一篇条文的安排都是井然有序的。

1.5.2 区别重点、难点、疑点

《金匮》全书共有近四百条原文，为了便于学习，可把这些条文分为重点条文、难点条文和疑点条文三种类型。

“重点条文”是指具有重要理论意义和临床指导意义的条文，这类条文多数是在论述疾病的分类、病因、病机、治则、方药、预后及鉴别。前面所列举的那些条文即属此类。在学习时，对于这些条文必须深刻理解、反复阅读，有些甚至要会背诵。

“难点条文”是指那些从字面上看似难以理解，但又确有理论和实践意义的条文。比如《肺痿肺痈咳嗽上气病》篇第二条“师曰：寸口脉微而数，微则为风，数则为热；微则汗出，数则恶寒。风中于卫，呼气不入；热过于营，吸而不出。风伤皮毛，热伤血脉。风舍于肺，其人则咳，口干喘满，咽燥不渴，多唾浊沫，时时振寒。热之所过，血为之凝滞，蓄结痈脓，吐如米粥。”本条若从字面观之，颇为费解，故属“难点条文”。实际上，这段条文的中心内容是在论述肺痈的病因、病机和症状，可简单归纳如下：

肺痈

病因：感受风热。

病理变化：

1.“风伤皮毛”

1）病机：风热犯卫。

2）症状：发热，恶寒，汗出，咽干，咳嗽，脉浮数。

2.“风舍于肺”

1）病机：邪热壅肺。

2）症状：咳喘，咽干，胸满，多唾浊沫，时时振寒。

3.“热伤血脉”

1）病机：热壅肺溃。

2）症状：咳吐脓血，腥臭异常。

如此理解，则简明扼要，便于掌握。切不可生解强释，随文释义，死于句下，而应重点理解其精神。

所谓“疑点条文”，是指极少数或因脱简缺漏，文义未尽；或因众说纷纭，莫衷一是的条文。如《奔豚气病》篇第一条：“师曰：病有奔豚，有吐脓，有惊怖，有火邪，此四部病，皆从惊发得之。”即属此例。对于本条的认识，陈修园认为文中四病皆因惊恐而起；而吴谦等人认为“篇中只有奔豚一证，而吐脓、惊怖、火邪皆脱简，必有缺文”；尤在泾则认为“吐脓有咳与呕之别，其从惊得之旨未详。”谈到火邪，他又说：“此亦必因火邪而发惊，非因惊而发火邪也。”可见，注家对本条的认识三说鼎立，各持己见，难以统一，从临床上亦难以验证。《金匮》中类似这样的条文即可视为疑点条文。

对于以上三类条文，学习时应分别采取不同态度区别对待，即掌握重点，理解难点，保留疑点。

1.5.3 掌握因、机、症、治

在《金匮》一书的重点条文中，各种方证占有主要篇幅。全书计有方证二百零五首，数量较大，叙证简略，加之文字艰深，颇难理解。所以学习时应着重掌握每个方证的因（病因）、机（病机）、症（症状）、治（治则与方药），其中尤以掌握病因病机为要。例如《痰饮咳嗽病》篇第十七条云：“夫短气有微饮，当从小便去之，苓桂术甘汤主之；肾气丸亦主之。”本条只告诉我们病属微饮，症状仅有“短气”一症，学习本条时，初学者常感无从入手。但若分析其病因病机，苓桂术甘汤证属脾阳不运，饮停于胃，而肾气丸证则为肾阳虚弱，停水犯胃。二证病因病机不同，症状、治则自然有别，苓桂术甘汤证病位以脾胃为主，当有心下痞满、气逆上冲、目眩心悸、神疲乏力等症，治宜健脾利水，而肾气丸证病位以肾为主，故见畏寒足冷、腰膝酸软、小腹不仁等症，法当以温化水气为治。因此，掌握了每个方证的病因病机，不仅有助于推导和记忆本方证的症状和治则，而且也有助于掌握它和其他方证的区别。

至于推断方证病因病机的方法，经常使用的有以脉测证、以症测证、以方测证以及条文前后互参等，这里不再一一赘述。

1.5.4 旁参有关医著

张仲景在《伤寒杂病论·原序》中说：“勤求古训，博采众方，撰用素问、九卷、八十一难……为伤寒杂病论合十六卷”，说明他在撰写《金匮》时，把《内经》、《难经》理论作为杂病辨证论治的理论基础。所以学习《金匮》必须参考《内经》、《难经》才能深研精究张仲景的学术思想和理论精髓。例如《水气病》篇第十八条云：“诸有水者，腰以下肿，当利小便；腰以上肿，当发汗乃愈。”张仲景在本条指出了治疗水气病的两大法则——发汗散水法及利尿行水法，但其理论却是源于《内经》。《素问·阴阳应象大论》云：“其下者引而竭之”，“其在皮者汗而发之”，可见张仲景是继承了《内经》理论，根据因势利导、上下分消的原则，制定了发汗、利尿两大法则。

《金匮》与《伤寒论》一源而两歧，同出于《伤寒杂病论》，书中重复的方证有三十九条之多。因此在学习《金匮》时，必须参考《伤寒论》。譬如《痰饮咳嗽病》篇第十六条：“心下有痰饮，胸胁支满，目眩，苓桂术甘汤主之。”原文中苓桂术甘汤证的症状仅有胸胁支满、目眩两症，但若与《伤寒论》第六十七条对读，便可发现本证还应有“心下逆满，气上冲胸，起则头眩、脉沉紧”等症。所以，只有把《金匮》与《伤寒论》有关条文对照学习，才能使我们对《金匮》有关方证的认识更臻全面。

此外，明清两代注家对《金匮》颇多阐述，其中最著名的有《金匮要略心典》、《金匮玉函经二注》、《金匮要略论注》、《金匮直解》、《金匮要略浅注》、《金匮玉函要略辑义》等，有选择地阅读部分注本，往往使人群疑冰释，获益匪浅。

1.5.5 验于临床实践

学习《金匮》时，仅从理论方面探讨仍嫌不足，尚须注重临床验证，方能匡其不逮。例如《痰饮咳嗽病》篇第二十六条："支饮胸满者，厚朴大黄汤主之。"对于本条的认识历来颇有分歧。陈念祖（修园）认为本证应有"胸满"的症状，病机为"支饮在胸"；吴谦等却提出相反意见，认为"支饮胸满之胸字，当是腹字。若是胸字，无用承气汤之理，是传写之讹"，其病机应为胃肠有形热结；而何任则认为"支饮多有胸满的症状，但如支饮兼见肠胃实者，就会出现腹满"。

笔者遵何氏之说，用本方治疗证属宿食久滞，化热生痰，痰热迫肺的小儿咳喘病（急性支气管炎、大叶性肺炎）获效甚捷，说明本证病机确如何氏所论，系由支饮兼夹肠胃实热所致，文中"胸满"二字亦非"传写之讹"，其症状亦应理解为胸满与腹满并见。

由此可见，学习《金匮》必须和临床实践相结合，才能解疑排难，取得正确认识。

复习思考题

1. 张仲景诊治杂病的主要精神是什么？试述其主要内容。
2. 《金匮要略》一书的分篇原则是什么？举例说明。
3. 以原文为例，说明"异病同治"的原则在《金匮要略》中是如何应用的？
4. 试述《金匮要略》的主要学术成就。

（乔 模）

2

脏腑经络先后病脉证第一

目的要求

1. 了解本篇是全书的总纲以及篇名意义。

2. 熟悉脏腑经络的病理变化是疾病发生发展的基础，是辨证施治的依据，并熟悉杂病的四诊要领。

3. 掌握杂病的预防思想、病因病机、治疗原则及对杂病预后的判断。

重点内容

杂病的预防思想、发病学说、五邪性质及致病规律和杂病的治疗原则。

本篇以“脏腑经络先后”作为篇名，寓意深刻，旨在说明人体的脏、腑、经、络是一个有机的整体。脏病、腑病、经病、络病之间相互影响，相互传变。因此，罹病之后则病有先后，治分缓急。

本章属于全书的概论性质，是全书的总纲。张仲景在本篇中，根据《内经》、《难经》理论，结合自己的体会和实践经验，对杂病的病因、病机、诊断、治疗及预防等方面，采用举例说明的方法，作了原则性的提示，在全书中具有纲领性的意义。

2.1 病因、发病及预防

2.1.1 已病防传，虚实异治

【原文】

問曰：上工[①]治未病[②]，何也？師曰：夫治未病者，見肝之病，知肝傳脾，當先實脾[③]，四季脾旺[④]不受邪，即勿補之；中工不曉相傳，見肝之病，不解實脾，惟治肝也。

夫肝之病，補用酸，助用焦苦，益用甘味之藥調之。酸入肝，焦苦入心，甘入脾。脾能傷腎，腎氣微弱，則水不行；水不行，則心火氣盛；心火氣盛，則傷肺，肺被傷，則金氣不行；金氣不行，則肝氣盛。故實脾，則肝自愈。此治肝補脾之要妙也。肝虛則用此法，實則不在用之。

經曰："虛虛實實，補不足，損有餘"，是其義也。餘臟準此。(一)

【注释】 ① 上工：指高明的医生。

② 治未病：本处是指已病防传，即预防疾病从已病脏腑向未病脏腑的传变。

③ 实脾：即调补脾脏。

④ 四季脾旺：一指春、夏、秋、冬每季之末的各十八天，为脾旺之时，因脾气得到自然界阳气之助而不虚，故不需实脾。一指一年四季脾气旺盛之时。

【释义】 本条原文举例说明已病防传（即治未病）的思想、肝虚证的治法和虚实异治的原则。

A. 已病防传（治未病）原则

已病防传，即原文所说"治未病"。张仲景在书中依据《难经·七十七难》中所述理论，对"治未病"的道理以肝病为例进行了论述。

学习本段条文，重点应掌握以下三方面的内容：

什么叫"治未病"？在本篇中，张仲景所说的"治未病"，即预防疾病从已病脏腑向未病脏腑的传变，也叫已病防传，或既病防传。

为什么要"治未病"？这是因为疾病的传变具有一定的规律性。正如《素问·玉机真脏论》所说："五脏相通，移皆有次，五脏有病，则各传其所胜。"可见，一脏有病，往往按照乘克相传的规律传变到其所克之脏，例如肝病传脾即属此例。其次，疾病在脏腑之间传变，又必须具备一定的条件。简言之，即在患病之脏感受实邪，而被传之脏正气已虚的情况下，疾病就会依据乘克相传的规律，从已病之脏向未病之脏传变。

怎样"治未病"？根据原文中治未病的原则，在治疗本脏疾病的同时，必须注意调补其他正气已虚的脏腑，特别是被克脏腑的正气，使之正气充足，抗邪有力，从而预防疾病从已病脏腑向未病脏腑的传变。这正如第一条原文中所说："见肝之病，知肝传脾，当先实脾。"需要说明的是，张仲景在此处仅仅举出肝病传脾的例子用以说明“治未病”的道理，而非“治未病”仅限于肝病传脾，其他如心病传肺、脾病传肾、肾病传心、肺病传肝，亦可根据“治未病”的道理进行防治。

下面以小柴胡汤证为例加以说明。从杂病的角度来看，小柴胡汤证的病位本在肝胆，张仲景在使用柴胡、黄芩疏解肝胆邪热的同时，又用人参、甘草、大枣调补脾土，治肝补脾，预防肝胆疾病向脾脏的传变。刘渡舟教授在谈到小柴胡汤时曾说：“柴胡配黄芩，以清少阳胆腑之热，并疏泄肝胆之气郁……人参、甘草、大枣甘温补脾，助正祛邪，以防邪传太阴。”可见小柴胡汤即是张仲景在杂病中运用“治未病”原则的典型范例。

B. 肝虚证治法

《金匮》原文云：“夫肝之病，补用酸，助用焦苦，益用甘味之药调之。”即是论述肝虚证的治法。根据五行理论，可以用酸味入肝的药物来调补肝脏，即以“本味补本脏”。“助用焦苦”者，是因为焦苦入心，而心为肝之子，根据“子能令母实”的道理，可以使用焦苦入心补血的药物辅助治疗。《难经·十四难》云：“肝苦急，急食甘以缓之。”因而加用甘味之药可以缓肝之急。这种治疗肝虚证的方法，也同样适用于其他四脏虚证，但对于诸脏实证，则不宜使用。

至于“酸入肝……此治肝补脾之要妙也”十七句，是用五行生克制化理论，解释肝虚证使用“酸补、苦助、甘调”治法的意义。文中“脾能伤肾”一句，“伤”字应理解为“制约”之意。甘味之药调补脾脏，一则可补土制水，使肾中寒水之气不亢而为害，以使心之少火之气旺盛而制约肺金。肺金受制，不致乘侮肝木，肝气盛则其病自愈。二则土能荣木，使脾气旺盛，气血充盈则有助于肝虚证的康复。总之，本段从脏腑相关的整体观念出发，根据五行生克制化的原理，使用调补助益治法，通过调整脏腑功能，从而达到治疗肝虚证的目的。后世医家多认为此节条文非仲景原文，值得进一步探讨。

C. 虚实异治法则

《金匮》原文：“虚虚实实，补不足，损有余”一段，提出了虚实异治的治法，亦即虚证宜用补法，实证宜用泻法。反之，若虚证误用泻法，而实证误用补法，则均属错误的治疗。

2.1.2 发病学说与预防原则

【原文】

夫人稟五常[①]，因風氣[②]而生長，風氣雖能生萬物，亦能害萬物，如水能浮舟，亦能覆舟。若五臟元真[③]通暢，人即安和。客氣邪風[④]，中人多死。千般疢難[⑤]，不越三條：一者，經絡受邪，入臟腑，爲内所因也；二者，四肢九竅，血脉相傳，壅塞不通，爲外皮膚所中也；三者，房室、金刃、蟲獸所傷。以此詳之，病由都盡。

若人能養慎，不令邪風干忤經絡；適中經絡，未流傳臟腑，即醫治之。四肢纔覺重滯，即導引⑥、吐納⑦、針灸、膏摩⑧，勿令九竅闭塞；更能無犯王法⑨、禽獸灾傷，房室勿令竭乏，服食[10]節其冷、熱、苦、酸、辛、甘，不遺形體有衰，病則無由入其腠理。腠者，是三焦通會元真之處，爲血氣所注；理者，是皮膚臟腑之文理也。(二)

【注释】　① 人禀五常：禀，受的意思。五常，即五行。

② 风气：这里指自然界的气候。

③ 元真：即五脏之元气或真气。

④ 客气邪风：外至曰客，不正曰邪，系指导致疾病的不正常的气候。

⑤ 疢难：疢（chèn，音趁）。疢难即疾病。

⑥ 导引：《一切经音义》云："凡人自摩自捏，伸缩手足，除劳去烦，名为导引；若使别人握搦身体，或摩或捏，即名按摩也。"

⑦ 吐纳：是通过调整呼吸以养生却病的方法。

⑧ 膏摩：用药膏摩擦体表一定部位的外治方法。

⑨ 无犯王法：王法即国家法令。无犯王法，是指不要触犯国家的法令。

10 服食：即衣服、饮食。《灵枢·师传篇》："食饮衣服，亦欲适寒温。"

【释义】

A. 发病学说

对于疾病的发生，张仲景概括为三条："一者，经络受邪，入脏腑，为内所因也；二者，四肢九窍，血脉相传，壅塞不通，为外皮肤所中也；三者，房室、金刃、虫兽所伤。"从本段原文可以看出，若感受六淫之邪，如脏腑正气内虚，则在表之邪乘虚内陷，深入脏腑，形成脏腑疾病；如脏腑正气不虚，则邪气只在四肢九窍、血脉等体表部位为患。至于房劳过度、金刃、虫兽等灾害损伤，则是另外一种致病原因。

通过以上讲述可知，张仲景发病学说的特点是以脏腑经络分内外，六淫邪气为主要致病原因，以邪正力量的对比决定病位的深浅。因此，它实际上既有对病因的论述，也有对决定病位的因素以及发病途径的论述。以上这些方面就构成了张仲景发病学说的特点。

在本节原文中，张仲景提出了二个主要致病原因，即六淫之邪和金刃、虫兽所伤，亦即后世所谓外因和不内外因。对于内因，张仲景在此处并未论述，这是张仲景发病学说与后世"三因学说"的不同之处。此外，张仲景通过本节原文提示我们，正气的虚实是决定疾病部位的主要因素，为其独到之处。

B. 预防原则

在本条原文中，张仲景提出了五项预防原则：① 养正气。其云："若人能养慎"，又云："若五脏元真通畅，人即安和。""养"，即内养正气；"五脏元真通畅"，也是要求人们应当注意调养正气，使"正气存内，邪不可干"，从而预防疾病的发生。② 防灾害。原文中指出："更能无犯王法、禽兽灾伤。"即指防止犯罪及意外灾害，以免损害形体，耗伤正气。③ 慎房室。原文云："房屋勿令竭乏”，意即不可纵欲太过，而应适当地节制性欲，以免耗损肾气。④ 节饮食。⑤ 调寒热。原文云：“服食节其冷、热、苦、酸、辛、甘，不遗形体有衰，病则无由入其腠理。”所谓“服”，是指衣服穿着，“食”是指饮食，意即衣服穿着应随气候冷暖而调适；饮食亦应注意冷热适中，同时也不可五味偏嗜，以免损伤五脏元真之气，而为贼邪所侵，罹患疾病。

C. 整体观念

人与自然界是一个密切相关的整体。自然界气候正常则有益于人与其他生物的生长发育，而反常的气候就会影响人与其他生物，从而导致疾病的产生，犹如水能载舟，也能颠覆船只一样。但另一方面，人体正气又有很强的抗病能力，若五脏正气充盈，功能正常，就能抗御病邪，保持人体健康。

D. 早期治疗原则

张仲景认为，人体患病之初，即应及早治疗，因为此时往往病在经络，未入脏腑，而正气亦未受损，处于邪浅正盛状态，故易于治愈。正如原文所说：“适中经络，未流传脏腑，即医治之。四肢才觉重滞，即导引、吐纳、针灸、膏摩，勿令九窍闭塞”，即属此意。

2.1.3 病因

2.1.3.1 五邪性质及致病规律

【原文】

清邪居上，濁邪居下，大邪中表，小邪中裏，槃飪[①]之邪，從口入者，宿食也。五邪[②]中人，各有法度，風中于前[③]，寒中于暮，濕傷于下，霧傷于上，風令脉浮，寒令脉急，霧傷皮腠，濕流關節，食傷脾胃，極寒傷經，極熱傷絡。（十三）

【注释】 ① 槃饪：槃同榖（gǔ，音谷）。饪（rèn，音任），原指味美的熟食，此处泛指饮食。

② 五邪：指风、寒、湿、雾、饮食之邪。

③ 前：指午前。

【释义】 五邪，系指五种致病邪气，即文中所说大邪（风邪）、小邪（寒邪）、清邪（雾露之邪）、浊邪（水湿之邪）、槃饪之邪（宿食）。

五邪由于各自性质不同，侵犯人体导致的疾病也有不同的规律。雾露之邪属于阳邪，因其轻清上浮，侵犯人体时其病位多在上半身及皮肤腠理；水湿之邪属于阴邪，因其重浊下沉，侵犯人体时其病位多在下半身和关节部位。风邪为阳邪，其性散漫，故多侵犯人体体表部位，发病时间多在午前，又因风性升散，故脉象以浮为主。寒邪属于阴邪，因而多侵犯人体较深偏里的部位，而寒性紧束收敛，故脉象以紧为主。至于宿食为患，暴饮暴食，饮食常常停滞于脾胃，故多见嗳腐吞酸，脘腹胀满，恶心呕吐等症状。根据“大邪中表，小邪中里”的道理，由于经脉属阴在里，络脉属阳在表，因此寒邪伤人多中于在里的经脉，而热邪伤人多中于在表的络脉。总之，五邪伤人各有其规律，但终究是因其阴阳属性不同，而呈现出一定的规律，这就是中医理论所说的“热气归阳，寒气归阴”的道理。

2.1.3.2　反常气候

【原文】

問曰：有未至而至①，有至而不至，有至而不去，有至而太過，何謂也？師曰：冬至②之後，甲子③夜半少陽④起，少陽之時，陽始生，天得温和。以未得甲子，天因温和，此爲未至而至也；以得甲子，而天未温和，爲至而不至也；以得甲子，而天大寒不解，此爲至而不去也；以得甲子，而天温如盛夏五六月時，此爲至而太過也。（八）

【注释】　① 未至而至：第一个“至”是指时令已至，第二个“至”是指代表那个时令的气候已至。下文同。

② 冬至：农历二十四节气之一，居“大雪”与“小寒”之间。

③ 甲子：是古代用天干、地支配合起来计算年、月、日的方法。天干共十个（甲、乙、丙、丁、戊、己、庚、辛、壬、癸），地支共十二个（子、丑、寅、卯、辰、巳、午、未、申、酉、戌、亥），二者互相配合，始于甲子，终于癸亥，共六十个。这里是指冬至之后六十日第一个甲子夜半，此时正当雨水节。

④ 少阳：古人将一年分为三阴三阳六个阶段，各主六十天，自少阳始，至厥阴止。详见《难经·七难》。

【释义】　本条论述自然界的气候变化对人体健康的影响。如若气候与节气不相适应，人体就会受到影响，乃至发生疾病。一年共有二十四个节气，每个节气的气候各不相同。如冬至之后的雨水节，正是少阳当令的时候，阳气开始生长，气候转为温和，这是正常的规律。如未到雨水节，而气候已转温和，此为未至而至，是时令未到，气候已到；如已到雨水节，而气候未转温和，此为至而不至，是时令已到，气候未到；如已至雨水节，气候仍然很冷，此为至而不去，是时令已至雨水节，而寒冬之气候犹迟迟未去；如已至雨水节，气候变得大热如盛夏之时，此为至而太过，是此时的气候已超过雨水节应有的气候。总之，凡是气候先至、不至、不去、太过，皆属异常气候，都会影响人体健康，发生各种疾病。

本条原文指出气候与时令的太过、不及都可成为致病因素。在正常的情况下，时令与气候是相应的，如春温、夏热、秋凉、冬寒等。这种气候有利于自然界万物的生、长、化、收、藏，人体也能与之相适应，因而不会发生疾病，所以这种情况下的风、寒、暑、湿、燥、火称为“六气”。假如非其时而有其气，超过了人体的适应能力就会引发发病。这时的风、寒、暑、湿、燥、火则成为致病因素，称为“六淫”。因而正确认识气候与时令的关系，主动适应气候变化，对防病治病具有一定的现实意义。

2.2 病　　机

【原文】

問曰：經云："厥陽獨行"，何謂也？師曰：此爲有陽無陰，故稱厥陽。(十)

【释义】　本条以厥阳独行为例，举例说明阴阳失衡是产生杂病的基本病机。在正常状态下，人体的阴与阳保持着相对平衡。阳代表着人体的功能，阴代表着人体的物质基础，"无阴则阳无以生"，故阳总是依附于阴，如若在病理状态下，阴气衰竭，阳气失去依附，有升无降，就会产生"有阳无阴"的"厥阳独行"的病理机制，发生相应的疾病。同时，张仲景通过本条原文也提示我们，治疗疾病的过程，实际上也就是恢复阴阳平衡的过程。

2.3 四诊举例

2.3.1　望诊举例

2.3.1.1　面部望诊举例

【原文】

問曰：病人有氣色見于面部，願聞其説。師曰：鼻頭色青，腹中痛，苦冷者死。鼻頭色微黑者，有水氣；色黄者，胸上有寒；色白者，亡血也，設微赤非時者死；其目正圓者痙，不治。又色青爲痛，色黑爲勞，色赤爲風，色黄者便難，色鮮明者有留飲。(三)

【释义】　本条论述面部望诊的临床应用。面部望诊主要包括鼻头、面部及眼睛的色泽变化。鼻头属脾所主，其色当黄，根据五色配五脏和五行生克制化的原理，若鼻部出现青色，属肝木乘克脾土，症状当见腹中痛。如再兼极度怕冷，则为阳气衰败所致，其病危笃。鼻部出现微黑色，由于黑为水色，此属肾水反侮脾土之征象，主有水气。面色黄者，因黄为脾色，多为脾脏有病，脾失健运，以致饮停胸膈，故云："胸上有寒"，饮邪属于阴邪，故此处寒指水饮而言。面色白者，往往由于失血过多，阴血不能上荣于面而致，故面色白者主亡血。如亡血之人出现面色微红，又非炎热季节，乃属失血过多，阴不涵阳，虚阳上浮之象。如若两目直视不能转动，则属风邪鸱张，五脏精气将绝之候，属于痉病，难以救治。

"色青为痛"一段，是论述面部望诊的应用。面部色青，为血脉凝滞之色，故主痛。黑为肾色，病属虚劳，为肾精不足，肾色外露之兆。风为阳邪，多从阳化热，火色为赤，因此面赤主风。黄属脾色，若其人面色鲜明，多为湿邪蕴结，脾气壅滞，大肠传导失职，可见大便秘结症状。面色鲜明者，是因水饮停聚，上泛于面，形成面目浮肿，所以反见明亮光泽之色。

中医理论认为,五脏六腑的精华皆上注于面,故望面部之气色可知脏腑盛衰,所以望色是望诊的重要内容之一。临证在望色时,尚应四诊合参,辨证才能更臻全面。

2.3.1.2　呼吸望诊举例

【原文】

師曰：吸而微數，其病在中焦，實也，當下之即愈；虛者不治。在上焦者，其吸促①，在下焦者，其吸遠②，此皆難治。呼吸動摇振振③者，不治。(六)

【注释】　① 吸促：吸气短促，止于胸肺。

② 吸远：吸气深远而长，达于腹部。

③ 振振：是形容全身振颤动摇。

【释义】　第六条论述通过望呼吸形态以诊察疾病部位和轻重程度的方法。"吸而微数"，是指吸气短促，多由于中焦实邪阻滞，气不得降而致。治宜通下中焦腑实，则气机通畅，呼吸自可恢复正常。若"吸而微数"，是由于宗气衰竭，肾不纳气，为无根失守之气，故属不治。"在上焦者，其吸促"，指心肺宗气衰竭，呼吸短促表浅；病"在下焦者，其吸远"，属肝肾元气衰微，肾不纳气，此二者均为正气不支之象，多属难治证候。若在呼吸时全身动摇振振，为元气衰惫、正气不支之象，故曰不治。

2.3.2　闻诊举例

【原文】

師曰：病人語聲寂然①喜驚呼者，骨節間病；語聲喑喑然②不徹者，心膈間病；語聲啾啾然③細而長者，頭中病。(四)

【注释】　① 寂然：谓寂然不语，或语声低而不可闻。

② 喑喑然：指语声低微而不清彻。

③ 啾啾然：谓唧唧哝哝，语声小而悠长。

【释义】　本条论述闻诊在诊疗中的应用。患者寒凝骨节，营卫不和，关节不利，静则痛减，故语声寂然，喜静恶动；若动则关节痛增，故喜惊呼；若痰湿浊邪窒塞心膈，气机不畅，则患者发声喑喑然而不彻；若病在头中，语声啾啾然细小悠长，高声言语则震动头部，其痛必甚，故病人不愿高声言语，以护其痛。

2.3.3　切诊举例

【原文】

師曰：寸口①脉動者，因其旺時而動②，假令肝旺色青，四時各隨

其色[③]。肝色青而反色白，非其時色脉，皆當病。(七)

師曰：病人脉浮者在前[④]，其病在表；浮者在後[⑤]，其病在裏，腰痛背強不能行，必短氣而極也。(九)

【注释】 ① 寸口：指两手桡动脉，包括寸、关、尺三部。

② 因其旺时而动：肝旺于春，脉弦。心旺于夏，脉钩。肺旺于秋，脉毛。肾旺于冬，脉石。脾旺于长夏，脉代。

③ 四时各随其色：指春色青，夏色赤，秋色白，冬色黑，长夏色黄。

④ 浮者在前：是指浮脉在关脉之前，也就是寸脉浮。

⑤ 浮者在后：是指浮脉在关脉之后，也就是尺脉浮。

【释义】 第七条根据“天人合一”的观点，论述四时与脉象、肤色相结合的诊断方法。随着四时气候的变化，人体五脏的生理随之发生相应的变化，因而气色和脉象也会有相应改变。一般来说，春季肝气旺，脉象弦，面色青；夏季心气旺，脉象洪，面色赤；长夏脾气旺，脉象濡，面色黄；秋季肺气旺，脉象毛，面色白；冬季肾气旺，脉象沉石，面色黑。反之，假如春季应肝旺、脉弦、色青，而见到面色白、脉象毛，则是人体不能适应四季气候的变化，而出现肺金乘克肝木之象，属于病理现象。其余各季，非应时之色脉者，均属异常状态。

本条论述人的生理机能应随着季节的变化而变化，反之，则会发生疾病。

第九条说明同一脉象出现的部位不同，主病各不相同。病人寸口出现浮脉，并伴有恶寒发热、头疼身痛等表证，属于外感表证；若尺部脉浮，则属肾阴不足，虚阳外浮，病位在里。腰为肾之外府，肾阴亏虚，失于濡养，则腰痛背强；肾不纳气，则呼吸短促而频数。

本条举例说明根据脉象部位诊断疾病的方法，但应四诊合参，方能准确诊断疾病。

2.3.4 四诊合参举例

【原文】

師曰：息摇肩者，心中堅；息引胸中上氣者，咳；息張口短氣者，肺痿唾沫。(五)

【释义】 第五条论述望呼吸形态诊察肺部疾病的方法。呼吸而摇肩，是呼吸发生困难，故抬肩以举助呼吸。“心中坚”，是指胸中邪气壅，肺气闭郁，则呼吸喘促。若呼吸之时，自觉胸中气机上逆者，必有咳嗽症状；若呼吸张口短气者，为上焦有热，耗伤津液，而致肺叶枯萎，肺气不足，形成肺痿病，呼吸时呈现张口短气状态。肺叶枯萎则津液不布，停留于肺，饮随气逆则咳吐涎沫。

以上诸条虽以论述望诊、切诊、闻诊为主，但问诊内容也内寓其中，如原文“息引胸中上气者，咳”中的“息引胸中上气”症状，即是依靠问诊获取的。因此，可以认为张仲景是通过以上条文的论述，举例说明四诊在杂病诊断中的运用。

2.4 治疗原则

2.4.1 表里缓急治则

【原文】

問曰：病有急當救裏救表者何謂也？師曰：病，醫下之，續得下利清穀不止，身體疼痛者，急當救裏；後身體疼痛，清便自調者，急當救表也。（十四）

【释义】 本条论述表里同病，急者先治的治疗原则。患者既有表证，也有里证，应当采取什么治疗原则？首先应分别辨别表证和里证的病势缓急，然后采取先治急证，后治缓证的原则进行治疗。以太阳病患者误用苦寒攻下治法为例，由于表证仅见身体疼痛，并无恶寒发热等症，病势较缓；而里证则见到“下利清谷不止”的急重病势，因而治宜先治病势较急的里证，以免发生亡阴亡阳之变；俟里证好转后再治“身体疼痛”的表证。

在一般情况下，表里同病有三种治则可供选择：① 先治表证，后治里证；② 先治里证，后治表证；③ 表里同治。至于临证选择哪种治则，则需根据具体病情而定。若里证不重，表证势急，则当先治其表，如《伤寒论》所说“太阳病，外证未解，不可下也，下之为逆。欲解外者，宜桂枝汤。”即属此例。因本条表证势急，里证势缓，若先攻其里则表邪内陷，变生他证，故应采取先表后里的治则。若里证势急，表证轻浅，则当先治其里，后攻其表，如本篇第十四条所论。本条证属里阳虚寒，又兼表邪，如先发其表，则犯了“虚虚”之戒，重伤阳气，反有亡阳之虞，故当先以四逆汤温其里，使里证缓解，再用桂枝汤解散表邪。前已述及，本证表里同病，先治其里，是因为里证既虚且急，切不可误解为表里同病，虚者先治。

其实，在《伤寒杂病论》中不难找出表里同病，先治里实急证的例子。例如，张仲景在讨论抵当汤证时说：“太阳病六七日，表证仍在……其人发狂者，以热在下焦，少腹当鞭满，小便自利者，下血乃愈。所以然者，以太阳随经，瘀热在里故也，抵当汤主之。”本条不先解表，径用抵当汤以攻其里，是因蓄血既重且急，攻逐之法不可稍缓，故先治其里。所以，表里同病，应采取急者先治的原则。只有在表病与里病俱急或俱缓的情况下，才可表里同治。

2.4.2 新久先后治则

【原文】

夫病痼疾加以卒病，當先治其卒病，後乃治其痼疾也。（十五）

【释义】 本条论述新久同病，先治新病的治疗原则。在既有痼疾，又有新病的情况下，应采取什么治则？一般来说，应当先治新病，后治痼疾。其一，从病势方面来看，痼疾一般病势较缓，变化较少；而新病势急，传变迅速，易生变证。其二，从病情方面观之，痼疾一般病情沉重，证候复杂，沉疴难起，非旦夕可图；而新病多病情轻浅，易于骤除。因此，在痼疾（旧病）加以新病（卒病）的情况下，应该先治卒病，后治痼疾。

2.4.3 随五脏所喜治则

【原文】

師曰：五臟病各有所得①者愈，五臟病各有所惡②，各隨其所不喜者爲病。病者素不應食，而反暴思之，必發熱也。（十六）

【注释】 ① 所得：指适合病人的饮食、居处及治疗条件。

② 所恶：指不适合病人的饮食、居处及治疗条件。

【释义】 本条论述应根据五脏所喜进行治疗的原则。由于病人的五脏特性不同，患病之后各有其所适宜和厌恶的饮食、居处及治疗条件。以脾病为例，如脾为湿困之人，多见脘腹胀满、恶心呕吐、纳呆食少、身重倦怠、舌苔厚腻，像这样的患者往往厌食肥甘厚腻之品，而喜食辛燥饮食，用药亦应芳香化浊，则脏腑得其所喜而日渐向愈；反之多食肥甘厚腻，饮多则必增重湿邪而加重病情。又如胃阴不足之患者，多喜食凉润饮食，如梨汁、莲藕、甘蔗、牛乳等食物，胃病多会向愈；如反其道而行之，偏嗜辛辣香燥食物，必然会重伤胃阴，病必不愈；治疗疾病亦应选用凉润益阴之品，少用刚燥辛热之剂方可收效。又如风湿性关节炎（痹证）患者，居处自宜干燥，而远避寒湿，反之亦会加重病情。

故此，《灵枢·师传篇》云“顺其志，问所便”；《难经》亦有“问其所欲五味”的记载。所以，在治疗疾病时，应当审清疾病之所在，明辨五脏之喜恶进行治疗和护理，才能取得满意的疗效。

2.4.4 审因论治原则

【原文】

夫諸病在臟①，欲攻②之，當隨其所得③而攻之，如渴者，與猪苓湯。餘皆仿此。（十七）

【注释】 ① 在脏：这里指在里的疾病。

② 攻：即治疗之意。

③ 所得：指入里之邪与体内原有之邪相结合的意思。

【释义】 本条论述审因论治的原则。论治杂病，必须明晰病因，才能进行有效的治疗，也就是应该审因论治。如病初虽为外感六淫之邪，若病邪入里，传于脏腑，则往往与体内素有的痰饮、水湿、瘀血等邪气结合，形成新的病因危害人体，因此医者也必须随证辨治，审因论治，才能效如桴鼓，立起沉疴。如热与水结，郁热伤阴者，治用猪苓汤；若热与食结，治用大、小承气汤；若热与血结，又宜桃核承气汤治疗。

综上所述，张仲景在本篇中先后共提出了六条治疗原则，即虚实异治原则（第一条）、早期治疗原则（第二条）、表里先后治则、新久先后治则、随五脏所喜治则、审因论治原则，使后世治疗杂病有所遵循。

2.5 预后判断

2.5.1 审查病位

【原文】

問曰：寸脉沉大而滑，沉則爲實，滑則爲氣，實氣相搏，血氣入臟即死，入腑即愈，此爲卒厥①，何謂也？師曰：唇口青，身冷，爲入臟即死；如身和，汗自出，爲入腑即愈。（十一）

【注释】 ① 卒厥：突然昏倒。

【释义】 本条以卒厥为例，说明根据病位深浅判断疾病预后的道理。左寸脉候心主血，右寸脉候肺主气。寸脉沉为血分有实邪，右寸滑为气分邪实，邪气内入，气血同病，因而发生突然昏倒，不省人事的卒厥证。此时病涉危殆，可能会有两种转归：一为入脏，一为入腑。其入脏者，因“脏”在里属阴，藏而不泻，病情深重。病至于此，往往阳气衰微，阴血瘀滞，出现唇口色青，肢体变冷的症状，预后不良，故云“入脏即死”；其入腑者，因“腑”在表属阳，泻而不藏，由于腑病较脏病病情轻浅，阳气常可恢复，出现身体温和，微汗自出等症，预后良好，故云“入腑即愈”。

可见，本条是根据观察病位的深浅以判断疾病的预后，说明了“腑病易治，脏病难疗”的道理。

2.5.2 观察病势

【原文】

問曰：脉脱①入臟即死，入腑即愈，何謂也？師曰：非爲一病，百病皆然。譬如浸淫瘡②，從口起流向四肢者可治，從四肢流來入口者不可治；病在外者可治，入裏者即死。（十二）

【注释】 ① 脉脱：指脉乍伏不见，为邪气阻遏正气，血脉一时不通所致。

② 浸淫疮：为皮肤病之一，病由湿热所致，初起如粟，形如米粒，瘙痒不止，破后流出黄水，浸淫成片，可从局部遍及全身。

【释义】 本条以浸淫疮的传变为例，说明可以根据观察病势的方法判断疾病的预后。脉脱为正邪相争，邪气阻滞经脉，正气被遏，经脉不通，故脉绝似脱。本条重点论述根据病势判断预后的方法。就一般疾病而言，病在表者属阳病轻，病在里者属阴病重。以浸淫疮为例，因为口为表里交界之处，故病若由口向四肢发展，为疾病由里出表，说明病情由重转轻，故云“可治”；若病从四肢流来入口，为疾病由表入里，说明病情由轻变重，故云“不可治”。因此，本条是通过观察疾病的发展趋势而判断疾病的预后。

2.6 结 语

本篇作为《金匮要略》开宗明义第一篇，是全书的总纲。在整体观念的指导下，本篇以脏腑经络学说为理论依据，对疾病的病因、病机、诊断、治疗、预防、护理等各方面都做了原则性的提示。

首先，张仲景继承了《内经》、《难经》的学术思想，从两方面重申了整体观念在诊治疾病中的作用，其一为人和自然界密切联系，气候异常就会导致疾病的发生；其二为人体脏腑经络密切相连，脏、腑、经、络之间的疾病相互影响、相互传变。

在预防方面，张仲景提出了未病先防和即病防传的预防思想。认为未病先防应注意以下五个原则：① 调养正气；② 预防灾害；③ 调适寒热；④ 调节饮食；⑤ 节制性欲。在既病防传（治未病）原则中提出，在治疗已病脏腑疾病的同时，还应调补正气已虚的脏腑，从而预防疾病从已病脏腑向未病脏腑的传变。

在病因方面，张仲景提出五邪（风邪、寒邪、雾邪、湿邪、宿食）、六淫、房室、金刃、虫兽所伤、正气内虚等是杂病的致病原因，并对五邪的性质和伤人规律做了详尽的论述。在病机方面，提出阴阳失调是发生疾病的基本病机。

关于杂病的诊断，本篇在望色泽、闻语声、察脉象、视呼吸、问病情等方面，都做了示范性的提示。

在杂病的治疗原则方面，提出了六条治疗原则：① 虚实异治原则；② 早期治疗原则；③ 表里缓急原则；④ 新久先后原则；⑤ 审因论治原则；⑥ 根据五脏所喜进行治疗的原则。

在判断疾病的预后方面，认为应当通过审查病位和观察病势的方法进行判断。

复习思考题

1. 什么是治未病？为什么要治未病？怎样治未病？试举方证加以说明。
2. 整体观念在本篇中是如何体现的？试举例说明。
3. 张仲景提出了哪些预防原则？
4. 什么是“五邪”？其性质及伤人的规律是什么？
5. 张仲景在《脏腑经络先后病脉证》篇中提出了哪些治疗原则？试举原文说明。
6. 张仲景的发病学说是什么？它与陈无择的“三因学说”有何异同？试比较说明。

（乔 模）

3

痉湿暍病脉证治第二

目的要求

1. 了解痉、湿、暍三病的基本概念及合篇意义。
2. 熟悉痉、湿、暍三病的病因病机。
3. 掌握湿病的治疗原则及痉、湿、暍三病的辨证施治。

重点内容

1. 栝蒌桂枝汤、葛根汤、麻黄加术汤、防己黄芪汤、桂枝附子汤、白术附子汤、甘草附子汤、白虎加人参汤在痉、湿、暍病中的应用。
2. 背诵原文第十四、十八条。

本篇论述痉、湿、暍三种疾病的辨证论治。

痉病病在筋脉，以项背强急、口噤不开、甚至角弓反张为主症。外感、内伤都可致痉，但本篇所论是以外感为主，病由素体津亏，外感风寒，邪气阻滞，筋脉失养所致，与温病热盛或津伤引起的痉厥有所不同。

湿病病在肌肉关节，以发热身重、骨节疼烦为主症。湿邪有外湿、内湿之分，且湿邪为病，多夹风、夹寒、夹热。本篇所论以外湿及其兼证为主。

暍病，又称中暍、中热，是夏季伤暑引发的病证，以发热自汗、烦渴溺赤、少气脉虚为主症。暑邪伤人，每易兼寒夹湿，形成虚实夹杂证候。本篇所论暍病属外感伤暑范畴，与后世所说烈日下远行，卒然昏倒之中暍（或称中暑），有所不同。

由于痉、湿、暍三病，均因感受外邪引起，初起都有太阳表证，故合为一篇讨论。

3.1 痉　　病

3.1.1 成因

【原文】

太陽病，發汗太多，因致痙。（四）

夫風病[①]，下之則痙，復發汗，必拘急。（五）

瘡家[②]雖身疼痛，不可發汗，汗出則痙。（六）

【注释】 ① 风病：指太阳中风证。

② 疮家：有两种解释，一指久患疮疡，津血亏虚之人；二是“疮”古时与“创”通，指被刀斧器械所伤，失血过多之人。

【释义】 以上三条论述误治伤津所致痉病。太阳病属于表证，应当用发汗法治疗，但发汗要适度，宜微似有汗为佳，不可如水淋漓。假如发汗太过，耗伤津液，筋脉失养，则变成痉病。

太阳中风，理当用桂枝汤治疗，若误用下法，阴液下夺，筋脉失其濡养，亦能致痉；如再误汗，则气津两伤，筋脉失于阳气的温煦和阴血的濡养，必致拘急不舒。

久患疮疡或金刃创伤的患者，因长期流脓失血，阴血已伤，虽见身体疼痛的表证，亦不可径用发汗，若贸然发汗，则重伤津液，筋脉失养，必然导致痉病。

痉病可因误治而成，亦可不经误治而成，前者称为继发性痉病，后者称为原发性痉病。以上三条皆因误治导致痉病，故属于继发性痉病，其误治手法虽有汗、下之别，但致痉之理则一，即津液损伤，筋脉失养。

3.1.2 辨证

【原文】

太陽病，發熱無汗，反惡寒者，名曰剛痙。（一）

太陽病，發熱汗出，而不惡寒，名曰柔痙。（二）

【释义】 以上两条论述刚痉与柔痉的区别。条文冠以“太阳病”，其涵义与《伤寒论》同，说明外感风寒，病邪在表。风寒外束，阳气奋起抗邪，故发热；寒性凝敛、收引，寒邪偏胜，腠理固密，则恶寒而无汗，属表实，称为刚痉；风性开泄、发散，风邪偏胜，腠理疏松，则不恶寒（即恶风）而汗出，属表虚，称为柔痉。刚柔二字的含义如《辑义》所云：“盖刚柔乃阴阳之义，阴阳乃虚实之谓，表实故称以刚，表虚故称以柔。”刚痉、柔痉同属痉病，除表实、表虚见证外，必有项背强急，口噤不开等痉病主症，条文未言，属省文笔法，用一“痉”字即已概括。

从以上论述可以看出，刚痉与柔痉皆为外感风寒所致，属于外感痉病，二者的区别在于：刚痉为表实无汗，柔痉为表虚有汗。此外，外感痉病除与风寒邪气有关外，内在津液不足是引起痉病的重要因素，这与太阳病伤寒、中风之单纯感受风寒者不尽相同。

3.1.3 脉证

3.1.3.1 证候

【原文】

病者身熱足寒，頸項強急，惡寒，時頭熱，面赤，目赤，獨頭動搖，卒口噤①，背反張②者，痓病也。若發其汗者，寒濕相得，其表益虛，即惡寒甚。發其汗已，其脉如蛇。（七）

【注释】 ① 卒口噤：卒，突然的意思。口噤，牙关紧闭，不能言语。

② 背反张：即角弓反张。

【释义】 本条论述外感痉病趋于热化的证候。外感痉病的传变，类似于伤寒，也是由表入里，由太阳而传阳明。风寒邪气外束太阳之表，邪正相搏，则身热、恶寒、足寒；邪郁化热，内传阳明，阳热上壅，则时头热、面赤、目赤；热盛伤津化燥动风，则出现颈项强急，独头动摇，卒口噤，背反张等痉病主症。

“若发其汗者”句以下，文义难明。历代医家有认为属错简者，有认为属痉病汗后转归者，众说不一，可存疑待考。

本证病在太阳、阳明，较之第一、二条邪气仅在太阳者，病情又有所发展。

3.1.3.2 脉象

【原文】

夫痓脉，按之緊如①弦，直上下②行。（九）

【注释】 ① 如：读为“而”，“如”、“而”二字，古人互用。

② 上下：上指寸部，下指尺部。

【释义】 本条论述痉病的主脉。痉病是由筋脉强急而致，故其脉亦表现为劲急强直之紧弦脉。“直上下行”，是指紧弦之脉可见于寸、关、尺上下三部，“按之”两字，说明痉病脉象不但弦劲有利，且重按不减，它与虚寒病情的弦脉应加区别。

上条论述痉病的主要症状，本条论述痉病的主要脉象，前后合参，则痉病的脉证始较完备。凡本篇所提到的痉病，虽未指出脉证，亦应包括主脉主症在内。古人文法简略，每每如此。

3.1.4 证治

3.1.4.1 柔痉证治

【原文】

太陽病，其證備，身體強，几几然①，脉反沉遲，此爲痓，栝蔞桂

枝湯主之。(十一)

栝蔞桂枝湯方：

栝蔞根二兩　桂枝三兩　芍藥三兩　甘草二兩　生薑三兩　大棗十二枚

上六味，以水九升，煑取三升，分温三服，取微汗。汗不出，食頃，啜熱粥發之。

【注释】　几几然：几几，音 shū，几几然，指短翅之鸟，伸颈欲飞而不能之状，借以形容病人项背强急，俯仰不能自如。

【释义】　本条论述柔痉的证治。太阳病，其证备，指头项强痛、发热、汗出、恶风等表虚证具备。身体强，几几然，即项背强急，为痉病的主症，由风邪化燥，筋脉失养所致，“此为痉”一句，当指柔痉。脉不浮缓而沉迟，是由于内在津液不足，不能濡养筋脉，荣卫之行亦复不利所致，其特点是沉迟中带有弦紧，与阳虚寒盛的沉迟无力之脉截然不同。治宜疏风润燥，生津缓脉，方用栝蒌桂枝汤，方中用栝蒌根清热生津，滋养筋脉，合桂枝汤祛风解肌，调和荣卫，解太阳卫分之邪。

本证与《伤寒论》桂枝加葛根汤证颇为类似，但有轻重之别，彼为项背强几几，此则身体强几几，彼为邪胜于表，故加葛根，重在解肌；此则津伤于里，故加栝蒌根，重在滋液。

学习本条应与第二条结合研究，相互合参。

附　医案举例

金某某，男，4 岁。发烧头疼，频繁呕吐，儿科以流脑收入院治疗。给予输液打针，用各种镇静剂 40 多天效果不佳。一直处于昏迷状态，遂停西药，改用中药治疗。治以银翘散加花粉，每日一剂，并送下安宫牛黄丸半粒，经服上药三剂后，抽风次数逐渐减少，持续时间缩短，神志渐清，会哭，并能稍进饮食。继以上药加减化裁，体温降至正常，抽搐虽减但未痊愈。后多以寒凉生津之品或以羚羊钩藤熄风解痉之类治之，少有效验。患儿面色皖白，唇舌色淡，精神疲惫，大便溏，手足不温。据此，为过用寒凉，挫伤阳气，不仅脾胃损伤，而且气阴皆虚，不能濡养经脉，抽风终难治愈，遂以栝蒌桂枝汤治疗，连服五剂。十数日后复诊，抽搐次数显著减少，程度也轻。宗此方加白术、当归、党参等调治一月痊愈。(《经方发挥》. 95)

3.1.4.2　欲作刚痉证治

【原文】

太陽病，無汗而小便反少，氣上　胸，口噤不得語，欲作剛痙，葛根湯主之。(十二)

葛根湯方：

葛根四兩　麻黄三兩（去節）　桂枝二兩（去皮）　芍藥二兩　甘草二兩（炙）　生薑三兩　大棗十二枚

上七味，㕮咀，以水一斗，先煑麻黄、葛根，减二升，去沫，内諸藥，煮取三升，去滓，温服一升，覆取微似汗，不须啜粥，餘如桂枝湯法將息及禁忌。

【释义】 本条论述欲作刚痉的证治。太阳病无汗为表实之证，由寒束肌表，卫气闭塞所致。一般而论，有汗则小便量少，无汗则小便量多，今无汗而小便亦少，故曰“反”，说明在里之津液已伤。因无汗则邪不外达，小便量少则邪不下行，因而邪气逆而上冲，则出现胸满。口噤不得语，是邪阻筋脉，强急不利所致，为发痉之先兆，所以说“欲作刚痉”，若病势进一步发展，必将出现角弓反张，脚挛急，齘齿等证，故宜乘其病势未盛之时而夺之，方予葛根汤，方中麻黄合桂枝汤发汗散寒，祛除在表之寒邪；葛根升腾津液，舒缓拘挛之筋脉，共奏解表散寒、升津缓脉之功。

以上两条，一论柔痉，一论刚痉，二者皆属太阳痉病，均由素体津亏，外感风寒，筋脉失养所致，症状都有外感表证及痉病主证，治疗均需解表散邪，舒缓筋脉，但二者有所不同。柔痉病因以风邪为主，病机属风邪化燥伤津，筋脉失养，症状除见发热、恶风、汗出等太阳中风表虚证外，并见口噤不开，角弓反张，颈项强急等痉病主症，治宜解表疏风，生津缓脉，方用栝蒌桂枝汤。刚痉病因以寒邪为主，病机属寒邪阻滞经脉，津失输布，筋脉失养，症状除见发热、恶寒、无汗等太阳伤寒表实证外，并见口噤不开、角弓反张、颈项强急等痉病主症，治宜解表散寒，升津缓脉，方用葛根汤。

此外，上条方后注云“取微汗”，本条方后注云“覆取微似汗”，提示治疗痉病应时时注意固护津液，不可过汗伤津，这是治疗痉病的一条基本原则。

【现代研究】 本方能扩张血管、加速血液循环而起到发汗退热、解痉止痛、改善胃肠功能等作用。

单味葛根及其提取物，近代应用也很广，如葛根乙醇浸膏片对高血压症状、心绞痛和突发性耳聋均有显著疗效，葛根黄酮苷还能降低血糖和血脂。

有人认为本方治过敏性疾患有效，其机理是使血中嗜碱粒细胞、肥大细胞内cAMP浓度上升，抑制这些细胞释放过敏性化学介质。

据报道，葛根含有一种生物碱，具有很强的乙酰胆碱样作用，表现为心脏抑制、血管扩张、内脏平滑肌兴奋、括约肌松弛，体弱者服葛根煎剂出现头晕、胸闷、出汗等可能与此有关。

本方现代临床上用于治疗高血压脑动脉供血不足、脑血管意外、糖尿病和若干轻型尿崩症，以及胃下垂、腹泻、胆汁分泌不良和其他一般平滑肌运动不良、麻疹、风疹不透等，均可取效。（柯雪帆．现代中医药应用与研究大系·伤寒及金匮分册．上海：上海中医药大学出版社，1995，151）

附　医案举例

张某，13岁。1977年9月13日初诊：初起偶有外感症状，身体不适，两天后猝然抽搐，先口噤，继而项背强急，角弓反张，无汗，神清，自觉憋气，困倦酸重。检查：体温37.5℃，血压：14.7/9.33kPa（110/70mmHg），生理反射正常，无病理反射。化验血象：白细胞15.2×10^9/L。症见舌苔薄白，脉紧数。诊断：刚痉，由风寒壅阻脉络，气血滞阻，故筋脉挛急，项背强直，治以祛风散寒，解肌和营。处方：葛根 10.0 克 、麻黄 3.0 克、桂枝 5.0 克、白芍 12.0 克、天花粉 12.0 克、甘草 3.0 克、生姜 3 片、大枣 4 枚（掰），送服解痉散 3.0 克（全蝎、蜈蚣等分，共研细末，每服 1.5~3 克），覆被取汗。复诊：服药一剂，遍身漐漐微似有汗，痉止，嘱其再进一剂而愈。[薛近芳．治疗流行性痉病的经验介绍．江苏医药 · 中医分册，1979，(1)：24]

3.1.4.3　里实成痉证治

【原文】

痓爲病，胸滿，口噤，臥不着席[①]，脚攣急，必齘齒[②]，可與大承氣湯。(十三)

大承氣湯方：

大黄四兩（酒洗）　厚朴半斤（炙去皮）　枳實五枚（炙）　芒硝三合

上四味，以水一斗，先煑二物，取五升，去滓，内大黄，煑取二升，去滓，内芒硝，更上火微一二沸，分温再服，得下止服。

【注释】　① 卧不着席：即指角弓反张的症状。

② 龂齿：指牙齿切磋有声，为口噤不开，牙关紧闭之甚。

【释义】　本条论述邪入阳明之里的痉病证治。表证失于开泄，邪气内传，郁于阳明，热盛伤津，筋脉失养，亦致痉病。胸满是里热炽盛，壅滞气机所致；口噤，卧不着席，脚挛急，龂齿，皆筋脉强急之象，为热盛耗灼津液所致，但病情较邪在太阳之表更为严重。热邪不去，津液不复，则痉病不解，故以大承气汤通腑泻热，急下存阴。方中大黄苦寒，荡涤邪热；芒硝咸寒，泻热润燥；枳实、厚朴消痞除满。四味合用，意在直攻阳明之热，而非下阳明之实。

前两条论述邪在太阳之表，故条文冠以“太阳病”，治以解表散邪为主，使病从外解，并加栝蒌根、葛根滋液生津；本条是邪入阳明之里，故条文开首即言“痉为病”，而无“太阳病”三字，治以泻热存阴为主，使邪从内除。

【现代研究】　本方具有以下作用：

1）能明显增加肠蠕动，具有强烈泻下作用。本方以大黄为主药，大黄的主要药理作用为泻下。实验证明，大黄能提高远段和中段结肠的张力，并使其运动加强，抑制大肠内水分的吸收，使水分滞留于肠腔而促进排便。泻下的主要成分是恩苷。大黄内含有多量鞣质，因此小剂量不仅不起泻下作用，反而出现收敛作用。停药后也往往出现继发性便秘。大黄对小肠运动无明显影响，因而不影响营养物质的吸收，小量短期应用也不影响水盐代谢。

芒硝的主要成分为结晶硫酸钠，为盐类泻药。其硫酸根离子不易被肠黏膜吸收，口服后形成高渗状态的肠内容物，由于渗透压的作用，能阻止水分从肠道内吸收，甚至吸收体内水分至肠腔内，从而使肠内容物的容积大大增加，刺激肠壁而增强肠道运动（包括小肠），排出半稀释的粪便。

厚朴煎剂对肠管平滑肌有兴奋作用，枳实亦能使胃肠运动收缩节律增加而有力，两者既能增强泻下效果，又能消除腹部胀满。

2）能改善肠壁的血液循环。本方能增加肠血流量，起到改善肠管血运状态的作用，从而能增加肠壁或腹腔脏器的血氧供应，有利于肠壁的生理机能，当肠麻痹或肠循环不足时，肠内腐败分解过程增加，厌氧菌繁殖可能加速，肠壁血流量增加，可改变细菌学状态。

3）有抑菌消炎作用。本方对大肠杆菌、葡萄球菌等有抑制作用。大黄的抗菌力强，抗菌谱广，其抑菌的主要成分是大黄酸、大黄素和芦荟大黄素，这些成分在炙大黄中增多，较敏感的有葡萄球菌、溶血性链球菌、淋病双球菌、白喉杆菌、痢疾杆菌等，大黄对病毒、真菌也有抑制作用。厚朴在体外试验中也有较强的广谱抗菌作用。故本方有很好的抗菌消炎作用。（柯雪帆. 现代中医药应用与研究大系·伤寒与金匮分册. 上海：上海中医药大学出版社，1995. 158）

附　医案举例

某医院一破伤风患儿，病起迄四日，曾用驱风镇痉之玉真散，不效，邀余会诊。热不退，便不通，痉不止，舌燥苔黄，脉见数实。证属热结阳明，热极生风，法当下。急予大承气汤：大黄5克（后下），芒硝12克，厚朴24克，枳实12克。越日再诊，证情未减。硝黄当显效，何迟迟未下？心疑不解，询知乃病家恐前方过峻，自行减半以进。由于病重药轻，服后便结如故，当此风热正盛，燥结如石，非借将军之力下之不为功。遂照方急煎叠进，药后四五个小时，肠中漉漉，先排出石硬色黑如鸡卵大粪块，随下秽物半便盆，如鼓之腹得平，再剂又畅行三次，痉止身凉，病愈。继用养血疏肝剂调理巩固。［郑玉抗．略证方剂．新中医，1980，（6）：47］

3.1.5　预后

3.1.5.1　邪盛正虚，预后不良

【原文】

太陽病，發熱，脉沉而細者，名曰痓，爲難治。（三）

【释义】　本条从脉象论述痉病的预后。“脉沉而细”是本条辨证的关键。一般来说，痉病初起虽见发热等太阳表证，脉多弦紧或沉迟有力，今脉沉而细，是正气不足、无力抗病之象，邪盛正虚，预后大都不良，故为难治。

在此尚需说明，痉病与伤寒不同，伤寒发热、脉沉而细者，为麻黄附子细辛汤、麻黄附子甘草汤所主，并不认为是难治之证，唯痉病见此脉，则属难治。因痉病若见项背强急、口噤不开、角弓反张，本属险恶之候，若更脉见沉细，是精血已虚，正虚邪实，攻补两难，此乃难治之因。

3.1.5.2　津血亏虚，预后不良

【原文】

痓病有灸瘡[①]，難治。（十）

【注释】 ① 灸疮：因火灸而引起的疮疡。

【释义】 本条论述痉病有灸疮的预后。灸疮患者，脓血久溃，津血本已亏损，再患痉病，势必血枯津伤，转增风燥，病情自然较一般痉病患者严重，所以难治。

关于痉病与灸疮的先后问题，历来注家见解不一。赵氏认为先有痉病，后有灸疮。章氏认为先有灸疮，而后感邪成痉，根据本条精神来看，这是倒装文法，章氏说可从。

3.1.5.3 痉病欲解与发痉的不同表现

【原文】

暴腹脹大者，爲欲解。脉如故，反伏弦者，痙。（八）

【释义】 本条论述痉病的两种转归。痉病患者发痉时，因角弓反张使胸部高突，腹部凹陷。若腹部胀大，说明角弓反张症状有所缓解，脉亦必转和缓，是疾病向愈的趋势，故曰“为欲解”。脉如故，是指仍见痉病的紧弦脉，这意味着筋脉强急之势未趋缓和；若脉象沉伏而弦，则是邪气深入，病情正在进展，仍将发痉。

3.2 湿　病

3.2.1 治法

3.2.1.1 微汗法

【原文】

風濕相搏，一身盡疼痛，法當汗出而解，值天陰雨不止，醫云此可發汗，汗之病不愈者，何也？蓋發其汗，汗大出者，但風氣去，濕氣在，是故不愈也。若治風濕者，發其汗，但微微似欲出汗者，風濕俱去也。（十八）

【释义】 本条论述风湿病的发汗方法。外感风湿，邪郁肌表，流注关节，卫外之气痹阻，故一身尽疼痛。治疗当用汗法，使风湿之邪从表而散，如适逢阴雨天气，因外湿较甚而身疼加重，此时需适当增重辛散之力以发汗祛湿，但应注意辛散不可太过，否则易致大汗而使风去湿存，原因在于：风为阳邪，其性轻扬，易于表散；湿为阴邪，其性黏滞，难以速去，结果不仅病不能愈，且因过汗伤阳导致亡阳的危险，所以湿病禁大汗。结合风湿的特点，其正确的治疗方法是微发其汗，使阳气内蒸于肌肉、关节之间，风湿之邪自然随微汗而解。

通过学习本条应掌握以下内容：① 微汗法是治疗外感湿病的重要法则。② 湿病患者与气候关系较为密切，每因气候潮湿而使病情增剧。③ 外感湿病禁用大汗。

3.2.1.2 利湿法

【原文】

太陽病，關節疼痛而煩[①]，脉沉而細者，此名濕痹。濕痹之候，小

便不利，大便反快，但當利其小便。（十四）

【注释】 ① 烦：谓因疼痛而烦扰不安。

【释义】 本条论述湿痹内外合邪的证候及其治法。湿为六淫之一，初起多伤太阳之表，而见发热、身疼等症，条文以“太阳病”三字以概括。湿性重浊，易流关节，湿邪痹着，阳气不通，故关节疼痛，痛剧而烦扰不宁。脉沉而细者，沉为在里，细脉主湿，说明湿邪不仅伤于太阳，流注关节，而且内合于脾，形成了内外合邪之证。所以，其证候除身体疼痛、关节疼痛而烦之外，又见小便不利、大便反快等里湿之症。因里湿为重，治当利小便，小便得利，则里湿袪除，阳气得以内蒸外达，外湿亦可得解。至于利小便的方剂，一般注家主张用五苓散，《金匮发微》认为宜五苓散倍桂枝。

结合本条和上条来看，湿病有外湿、内湿之分，外湿为外感湿邪所致，临床表现以身体疼重为主症；内湿因脾运失常、水湿内停所致，临床表现以小便不利为主症。但内湿和外湿又是相互影响的，如素有内湿，脾不健运，容易招致外湿；外感湿邪，影响脾运，又可产生内湿。其治法，外湿宜取微汗，内湿当利小便。

3.2.2 证候

【原文】

濕家之爲病，一身盡疼，發熱，身色如熏黄①也。（十五）

【注释】 ① 熏黄：色黄而晦暗，色如烟熏。

【释义】 本条论述湿病发黄的证候。湿病患者，由于感受了湿邪，肌表之气不宣，湿阻气滞，故一身尽疼痛。湿为阴邪，本不发热，如湿郁气分，郁久化热，湿热郁蒸不解，则身色发黄，因湿重于热，故“身色如熏黄”也。

3.2.3 证治

3.2.3.1 头中寒湿证

【原文】

濕家病身疼發熱，面黄而喘，頭痛鼻塞而煩，其脉大，自能飲食，腹中和無病，病在頭中寒濕，故鼻塞，納藥鼻中則愈。（十九）

【释义】 本条论述寒湿在上的证治。《金匮》首篇云：“清邪居上，浊邪居下”，“雾伤于上”，“雾伤皮腠”，本条所述湿病即是雾之湿气蒙蔽头面清窍所致，“头痛鼻塞而烦”，为本条主症。由于湿犯肌表，阳气被郁，则身疼发热；这里的“面黄”，在病机上与黄疸不同，是湿郁于表的反映。表郁则肺气上逆，故喘。脉大，是病邪在上。“自能饮食，腹中和无病”，说明湿邪并未传里，因寒湿侵犯头面，病证轻浅，故只须纳药鼻中，宣泄上焦，使肺气通利，则寒湿散而疾病愈。

纳药鼻中，原文未曾指出何方，历来注家多主张用瓜蒂散搐鼻，或以绵裹塞鼻中，令出黄水宣泄寒湿。有人用鹅不食草纳鼻，亦有疗效。后世对于类似本条证候的治法，多采用辛香开发之味作嗅剂，如《证治准绳》辛荑散（辛夷、细辛、藁本、白芷、川芎、升麻、防风、甘草、木通、苍耳子）一类方剂，亦多有效。

3.2.3.2 寒湿表实证

【原文】

濕家身煩疼，可與麻黄加术湯發其汗爲宜，慎不可以火攻之。（二十）

麻黄加术湯方：

麻黄三兩（去節） 桂枝二兩（去皮） 甘草一兩（炙） 杏仁七十個（去皮尖） 白术四兩

上五味，以水九升，先煑麻黄，減二升，去上沫，内諸藥，煑取二升半，去滓，温服八合，覆取微似汗。

【释义】 本条论述寒湿在表的证治和禁忌。身烦疼，是指身体疼痛剧烈而烦扰不宁，由寒湿痹阻、阳郁不伸所致，治疗可用麻黄加术汤。该方由麻黄汤加白术而成，由此可知患者除身烦疼外，应有发热、恶寒、无汗等表证。方中麻黄得术，虽发汗而不致过汗，术得麻黄，能并行表里之湿，如此配伍，既可使寒邪从表而散，又能使湿邪化汗而解，是湿病微汗法治则的具体体现。如用火攻发汗，则大汗淋漓，病必不除。且火热内攻，与湿相合，可引起发黄或衄血等病变，故湿病禁用火攻。

本条与上条皆论湿病寒湿证，但上条为寒湿郁于头面，病情较轻，治疗不必内服汤药，只需纳药鼻中则愈；本条为寒湿郁于肌表，病情较重，必须内服麻黄加术汤治疗。

【现代研究】 本方治疗荨麻疹病人30余例，疗效满意。作者认为，本方具有祛除肌表风寒湿之邪，而达到营卫协调之功。故临床上遇到风寒湿邪害于肌表，导致营卫不和而引起的荨麻疹病人，投以本方多能应手起效。［刘柏．麻黄加术汤治疗荨麻疹．山东中医学院学报，1980，（3）：66］

本方也可以治疗急性肾炎初起，发热恶寒、肢体浮肿、身重疼痛者。［张谷才．从《金匮》方来谈痹证的治疗．辽宁中医杂志，1980，（9）：17］

附 医案举例

单某，女，37岁。时值初冬，因雨淋透衣襟，归后即发热恶寒，周身疼痛而重，少汗，头痛如裹。脉浮而紧，苔白而滑。证属风寒夹湿外侵，邪在太阳。治宜发汗解表，除湿散寒。方拟麻黄加术汤加味：麻黄6克、桂枝6克、杏仁10克、甘草4克、苍术12克、生姜3片、大枣3枚。服药四剂，汗出表解，身痛解除，症状消失。治用原方去麻黄，调和脾胃，注意饮食起居。［张谷才．从《金匮》方来谈痹证的治疗．辽宁中医杂志，1980，（9）：18］

3.2.3.3 风湿表实证

【原文】

病者一身盡疼，發熱，日晡所[①]劇者，名風濕。此病傷于汗出當風，或久傷取冷[②]所致也。可與麻黄杏仁薏苡甘草湯。（二十一）

麻黄杏仁薏苡甘草湯方：

麻黄（去節）半兩（湯泡） 甘草一兩（炙） 薏苡仁半兩 杏仁十個（去皮尖，炒）

上銼麻豆大，每服四錢匕，水盞半，煑八分，去滓，温服，有微汗，避風。

【注释】 ① 日晡所：晡即申时，约傍晚的时候。

② 取冷：贪凉的意思。

【释义】 本条论述风湿在表的证治和成因。风湿在表，营卫不利，故一身尽疼。风与湿合，湿郁化热，故身疼发热而日晡增剧，这是风湿病的特点，究其病因乃由汗出当风，或经常贪凉，湿从外侵所致。既然风湿在表，治疗仍当微汗而解，方用麻杏薏甘汤，方中麻黄、甘草微发其汗，疏散风湿；杏仁、薏苡仁宣畅肺气，利湿清热，诸药合用，具有疏风除湿、兼以清热之效，可以轻清宣化在表之风湿。

麻黄加术汤和麻杏薏甘汤，均用于治疗湿邪在表的表实证，症状都有发热、身疼，同为微汗祛湿的代表方剂，但两者在病因、病情和证候的表现上有所不同，前者为寒湿袭表，无化热之势，其发热无朝轻暮重的变化，其身痛固定不移，治宜散寒除湿，药用麻黄三两，且配桂枝偏于温散。后者风湿袭表，有化热之势，其发热日晡时加剧，其身痛游走不定，治宜祛风除湿，兼以清热，药用麻黄半两，且与薏苡仁配伍偏于凉散。前者病情较重，后者病情较轻。

【现代研究】 本方既可治风湿在表之痹证，又可治肺系化脓性感染等疾患，如慢性支气管炎急性发作，急性副鼻窦炎，急性肾小球肾炎等。［李小湘．麻杏薏甘汤的临床运用．浙江中医杂志，1983，（8）：353］

有报道：本方亦可用治扁平疣。［段百善．麻黄杏仁薏苡甘草汤治疗扁平疣．陕西中医，1981，（1）：6］

附 医案举例

李某，男，36岁，工人，1975年因汗出风吹，以致汗郁皮下成湿，湿郁化热，今发热已十余日不解，每日下午热势增重。伴有咽痛而红肿，咳嗽痰白而黏稠，无汗，自用辛凉解表药，更增恶寒，舌苔白腻，脉濡缓略浮，遂议为风湿性感冒病，因风湿郁闭，湿阻气机，气机不畅而出现各症，劝其试服麻杏薏甘汤。麻黄、杏仁各10克，薏苡仁30克，甘草7克，更加秦艽10克，波蔻7克。仅服一剂，果然热退身安，咽已不痛，咳嗽亦舒，劝其更服二剂，以巩固疗效。［诸葛连祥．《金匮要略》论外湿的临床意义．云南中医学院学报，1978，（3）：14］

3.2.3.4 风湿表虚证

【原文】

風濕，脉浮、身重，汗出惡風者，防己黄芪湯主之。（二十二）

防己黄芪湯方：

防己一兩　甘草半兩（炒）　白术七錢半　黄芪一兩一分（去蘆）

上銼麻豆大，每抄五錢匕，生薑四片，大棗一枚，水盞半，煎八分，去滓，温服，良久再服。喘者加麻黄半兩，胃中不和者加芍藥三分，氣上衝者加桂枝三分，下有陳寒者加細辛三分。服後當如蟲行皮中，從腰下如冰，後坐被上，又以一被繞腰以下，温令微汗，差。

【释义】　本条论述风湿表虚的证治。脉浮主风，身重主湿，脉浮身重是风湿伤于肌表；汗出恶风，为表虚卫气不固。证候虽属风湿为患，但表卫之气已虚，故不用麻黄等以发汗，而用防己黄芪汤疏风祛湿，益气固表。方中黄芪益气固表，防己、白术祛风除湿，甘草、生姜、大枣调和荣卫。方后云："温令为汗，差"，说明本方仍属微汗之剂；若"服后当如虫行皮中"，为卫阳振奋，风湿欲解之征。

本条与上条均为湿病风湿证，但上条为风湿表实证，本条为风湿表虚证。

【现代研究】　防己黄芪汤具有：①抗炎作用。动物实验证明，防己黄芪汤水煎醇沉液能明显地抑制各种致炎物质引起的耳郭及足跗肿胀（$P<0.05$），其疗效与吲哚美辛近似。实验证明，防己黄芪汤煎剂中含有明显抗炎作用的SOD样活性物质。②镇痛作用。防己黄芪汤对实验性动物的关节痛有明显镇痛作用。其抗炎镇痛的机理可能与煎剂中SOD样活性物质有关。③利尿作用。防己黄芪汤对实验性肥胖症大鼠有明显增加尿量作用。④降血脂作用。防己黄芪汤提取物或煎剂能明显降低实验性肥胖大鼠或人体的胆固醇、三酰甘油、低密度脂蛋白的血清水平。⑤抗凝血作用。防己黄芪汤加味能明显降低人体全血黏度、血浆比黏度，提高红细胞变形能力，抑制血小板聚集性（$P<0.001$）。⑥抗动脉硬化作用。防己黄芪汤能明显降低实验性动物及人类血清血脂水平，并降低致动脉粥样硬化指数。⑦减肥作用。防己黄芪汤提取物或煎剂能明显降低实验性肥胖大鼠或人类的体重和肥胖度（$P<0.001$），并能降低人类体重指数。⑧抗辐射作用。防己黄芪汤提取物能延长5周龄ICD系雄性小鼠的X线骨髓致死量照射存活的时间。⑨抗急性肾损伤作用。防己黄芪汤提取物对庆大霉素诱导性肾病模型大鼠的肾损伤引起的尿蛋白、尿NAG排泄有明显改善或对抗作用。

防己黄芪汤在临床上可用于治疗风湿性或类风湿性关节炎、特发性水肿、慢性肾炎、高脂血症、肝硬化、肥胖症、结节性血管炎、腰椎间盘突出症等。[秦增祥．防己黄芪汤药理与应用．中成药杂志，1998，(9)：37]

附　医案举例

张某，男，35岁，农民，于1978年4月8日诊治。患者近期多次冒雨劳动，以致发热，关节酸痛，经服复方阿司匹林（APC）、抗生素治疗，热退，余症依然。面色萎黄，头重神疲，倦怠嗜卧，骨节酸楚，重滞难移，肘关节尤甚，汗出恶风，胃纳欠佳，舌苔白腻，脉濡涩。检查：肘、膝关节肿胀活动受限；血沉34mm/h；抗链“O”测定1250U。诊断为风湿性关节炎。此属表虚夹湿之着痹，治以防己黄芪汤加减：黄芪、白术、宣木瓜各10克，汉防己15克，薏苡仁、徐长卿、茯苓各20克，滑石30克，通草5克，水煎服。服五剂后，诸症均减，连服一个月后，血沉、抗链“O”均已正常。[蒋森. 试论黄疸. 吉林中医药，1981，(2)：8]

3.2.3.5　风湿表阳虚证

【原文】

傷寒八九日，風濕相搏，身體疼煩，不能自轉側，不嘔不渴，脉浮虛而澀者，桂枝附子湯主之；若大便堅，小便自利者，去桂加白术湯主之。(二十三)

桂枝附子湯方：

桂枝四兩（去皮）　生薑三兩（切）　附子三枚（炮去皮，破八片）　甘草二兩（炙）　大棗十二枚（擘）

上五味，以水六升，煑取二升，去滓，分温三服。

白术附子湯方：

白术二兩　附子一枚半（炮去皮）　甘草一兩（炙）　生薑一兩半（切）　大棗六枚

上五味，以水三升，煑取一升，去滓，分温三服。一服覺身痹，半日許再服，三服都盡，其人如冒狀，勿怪，即是术、附竝走皮中，逐水氣，未得除故耳。

【释义】　本条论述风湿表阳虚的证治。伤寒八九日，是说伤寒表证八九日不解。不解的原因在于，本证非单纯风寒为患，而是风寒湿合邪，相互搏结所致，因湿性濡滞，加之表阳不足，驱邪无力，所以缠绵难愈。风寒湿痹着肌表，经脉不利，故见身体疼烦，不能自转侧。不呕，说明湿邪并未传里犯胃；不渴，表明湿邪亦未郁而化热。脉浮虚而涩，“浮虚”为浮而无力，“涩”为湿滞，是表阳已虚而风寒湿邪仍逗留于肌表的征象。用桂枝附子汤温经助阳，祛风除湿。方中重用桂枝祛风，伍以附子温经助阳，甘草、生姜、大枣，调和营卫，以治表虚。该方是为表阳虚风邪偏盛者而设。

“小便不利，大便反快”，为湿在里，湿困脾土。今“大便坚，小便自利”，说明里湿已除，里气调和。经服桂枝附子汤后，风邪已去，但湿邪未尽，仍留于肌表，尚有身体疼痛，转侧不便等症，故用白术附子汤祛湿温经。方中白术、附子既可祛除肌表湿邪，又可温助表阳；甘草、生姜、大枣调和营卫。本方是为表阳虚湿气偏胜者而设。方后注云“一服觉身痹，半日许再服，三服都尽，其人如冒状，勿怪，即是术、附并走皮中，逐水气，未得除故耳”，可知本方仍为微汗之剂，可使外湿从肌表而除。

白术附子汤由桂枝附子汤去桂枝加白术而成，从药物剂量看，白术附子汤用量为桂枝附子汤之半，所以，白术附子汤证较桂枝附子汤证轻。

【现代研究】　桂枝附子汤加减可用于治疗心动过缓、坐骨神经痛和雷诺症。三种病证虽不同，但致病因素则一，均为寒湿之邪阻滞血脉，影响气血流通引起，故能异病而同治。[黄显达. 桂枝附子汤治验举隅. 吉林中医药，1984，(6)：22]

用桂枝附子汤提取物散剂治疗糖尿病并发神经痛有效。[赤洋好温 . 用桂枝附子汤提取物散剂治疗糖尿病并发神经痛的效果 . 汉方研究，1980，(3)：96]

附　医案举例

梁某，男，成年。素易感冒，1975 年 8 月，忽觉恶风，微汗出，周身筋肉酸痛沉重，卧而难以转侧，四肢关节屈伸不利，无头痛项强、口渴呕吐等证，二便调，口淡苔白，脉浮虚，体温 38. 5℃. 前医以三仁汤加减治疗未效而转诊。笔者认为，此证为阳虚之体，感受风寒湿，为痹证之初，正如《伤寒论》所说“风湿相搏，身体疼烦，不能自转侧，不呕不渴，脉浮虚而涩者，桂枝附子汤主之。”故投以桂枝 10 克、熟附子 12 克、生姜 3 片、大枣 6 枚、炙甘草 6 克，服三剂，诸证消失而愈。[王传吉等. 中医治疗小儿上感 160 例疗效分析. 新中医，1980，(2)：30]

3. 2. 3. 6　风湿表里阳虚证

【原文】

風濕相搏，骨節疼煩掣痛，不得屈伸，近之則痛劇，汗出短氣，小便不利，惡風不欲去衣，或身微腫者，甘草附子湯主之。(二十四)

甘草附子湯方：

甘草二兩（炙）　白术二兩　附子一枚（炮去皮）　桂枝四兩（去皮）

上四味，以水六升，煑取三升，去滓。溫服一升，日三服，初服得微汗則解，能食，汗出復煩者，服五合。恐一升多者，服六、七合爲妙。

【释义】　本条论述风湿表里阳气俱虚的证治。骨节疼烦掣痛，不得屈伸，近之则痛剧，可知风湿已由肌肉侵入关节，病情较上条尤剧。汗出，恶风不欲去衣，是表阳已虚，卫外不固；短气、小便不利、身微肿，是里阳亦虚，不能化湿。上述诸症表明，本证由风湿两盛，表里阳气皆虚所致。甘草附子汤中，桂枝、白术、附子并用，温助表里阳气，祛风化湿；以甘草名方，意在缓行，使药力逗留于关节之间，缓缓驱邪。

本证较桂枝附子汤证重，但附子用量却减少，道理何在？《二注》云：“此条风湿半入里，入里者妙在缓攻，仲景正恐附子多则性猛且急，骨节之窍未必骤开，风湿之邪岂能托出，徒使大汗出而邪不尽耳。君甘草者。欲其缓也，和中之力短，恋药之用长也。”做了很好说明。

桂枝附子汤、白术附子汤与甘草附子汤三方，同治风湿相搏的阳虚证，但主治证候各有不同。桂枝附子汤主治风邪偏胜，药用桂枝、附子配伍以助阳祛风；

白术附子汤主治湿气偏盛，药用白术、附子配伍以助阳除湿；甘草附子汤主治风湿两胜，药用桂枝、白术、附子配伍助阳祛风除湿。前二者仅是表阳虚，病位在肌肉，而后者则表里之阳俱虚，病位在关节。

【现代研究】　凡风湿夹寒者，按此汤加味，效能极佳。尤其对于兼有汗症者，无不效如桴鼓。[孙华周. 甘草附子汤止汗之例. 辽宁中医杂志，1980，(5)：15]

本方为风湿病风湿在表，心肾阳虚的常用方。慢性肾炎，脾肾阳虚者，亦可用本方治疗。[张谷才. 从《金匮》方来谈痹证的治疗. 辽宁中医杂志，1980，(9)：17]

附　医案举例

杨某，女，22岁。患风湿性关节痛数年，中药常服祛风除湿，散寒宣痹，活血祛痰诸药无效。西药先服祛风湿止痛药，后服激素治之，疼痛始终不能解。近一月来，周身关节疼痛加剧，手足屈伸不利，汗出恶风，动则短气，头眩心悸，食少便溏，小便不利，下肢足跗浮肿。病邪由表传里，由心脾及肾，形成表里阳虚，心、脾、肾诸不足症。病情复杂，治极棘手，欲去其风湿，则阳更虚，欲补其心、脾、肾，则风湿更甚。治当表里兼顾，虚实同治。方选甘草附子汤加味，久服可缓解其症状。药用：附子12克，桂枝10克，白术10克，甘草5克，黄芪10克，防己6克。上方加减服20剂，外证关节疼痛减轻，手足屈伸自如，饮食增多，大便已实，小便自利，跗肿消退。药已对症，病已衰退，遂宗原方加活血通络之品，再服20剂，诸证渐次消减，病情缓解，嘱常服原方调治，防病反复。[张谷才. 从《金匮》方来谈痹证的治疗. 辽宁中医杂志，1980，(9)：18]

3.2.4　误治变证

3.2.4.1　误下变证

【原文】

濕家，其人但頭汗出，背強，欲得被覆向火。若下之早則噦[①]，或胸滿，小便不利，舌上如胎[②]者，以丹田[③]有熱，胸上有寒，渴欲得飲而不能飲，則口燥煩也。(十六)

【注释】　① 哕：即呃逆。

② 如胎：胎，同苔。如胎，指舌上湿润白滑，似苔非苔。

③ 丹田：穴名，在脐下三寸，这里泛指下焦，与胸上对举。

【释义】　本条论述湿病误下引起的变症。湿病之人，由于外感寒湿，肌腠闭塞，阳气不能外达，反逆而上出，故但头汗出；太阳经脉夹脊抵腰，寒湿客表，太阳经气不利，故背强不和；湿阻阳痹，故其人恶寒，欲得被覆向火。此时治疗，法当温经除湿，舒展卫阳，若误用下法则变症丛生。下后中阳受损，胃气上逆则变生呃逆；表湿内陷，湿阻阳郁，气化不行，则在上胸满，在下小便不利。所谓“丹田有热，胸上有寒”，就是指湿病误下后形成一种寒热错杂，下热上寒的病理变化。由于寒湿在上，阳郁不能升腾，故舌面白滑，似苔非苔。下焦有热则渴欲得饮，上焦有寒不能消水，则口燥而不能饮。凡此诸变，均由误下之后，湿遏热伏所致。

外湿宜发汗，内湿宜利小便，这是治疗湿病的大法，若非化燥成实，而纯属里实热证者，下法断不可用。

3.2.4.2　误下坏证

【原文】

濕家下之，額上汗出，微喘，小便利者死；若下利不止者亦死。（十七）

【释义】　本条论述湿病误下引起的坏证。湿为阴邪，最易损伤阳气，若误用下法，则里阳更伤，势必形成阳虚阴盛的危候。虚阳上越，则额上汗出而微喘；阴寒内盛，则小便清长，甚或失禁，此为阴液下脱之征。由于阳气上越而阴液下脱，病情非常危重，故曰“死”。假如误下而见下利不止，其理与小便自利相同，亦属真阳失守，阴脱于下所致，因阴阳两竭，故亦主死。

本条与上条同为误下引起的变证，但病情不同，预后亦异，其关键主要取决于病人中阳的盛衰。从上条来看，患者表阳虽郁，里阳犹治，故虽经误下，阳气仍然郁伏于里，能与阴邪抗争，形成湿遏热伏之势，预后尚可；而本条则因患者中阳素虚，感湿以后，一经误下，真阳失守，毫无抵抗能力，故病情凶险，预后较差。

另外，前条与本条均有头汗，但病机迥异，前条“但头汗出”，是湿郁于表，阳气逆而上出所致，见于误下之前，属于实证；本条的“额上汗出”，为虚阳上越所致，见于误下以后，属于虚证。

3.3　暍　　病

3.3.1　脉证

【原文】

太陽中暍[①]，發熱惡寒，身重而疼痛，其脉弦細芤遲。小便已，洒洒然毛聳[②]，手足逆冷，小有勞，身即熱，口開[③]，前板齒[④]燥。若發其汗，則惡寒甚；加温針，則發熱甚；數下之，則淋甚。（二十五）

【注释】　① 暍：音 yè，《说文》：伤暑也；《玉篇》：中热也。

② 洒洒然毛耸：形容小便后洒淅寒战的样子。

③ 口开：谓暑热内扰，气逆作喘。

④ 前板齿：即门齿。

【释义】　本条论述中暍的主要脉证及其误治后的变证。中暍，即夏季的伤暑证，有明显的季节性。暑为六淫之一，暑邪外感，与其他外感一样，先从太阳开始，具有发热恶寒等症，所以称为“太阳中暍”。但暑多夹湿，故又见身重而疼痛。暑季气候炎热，容易大量汗出而伤津耗气，所以中暍多呈气阴两伤。其脉弦细或芤迟，都属气阴两虚之象。太阳内合膀胱，外应皮毛，小便之后，热随尿失，一时阳气虚馁，所以感觉洒淅形寒而毛耸。但稍有劳动，阳气外张则身热，张口气喘；津伤失润，则前板齿燥。本证实属机体不能适应气候炎热，因虚而致之病，热不甚高，虚象却很突出，与其他外感初起多见实证者迥异。

本证表里异气，虚实错杂，治应兼顾。如因见表证而贸然发汗，必致阳气更伤，使恶寒加重；如因见恶寒而贸然温针，必增重暑邪，使发热益剧；如将其发热误认为内有实热而屡用攻下，则更伤其阴，津液内竭，必致小便淋涩，较溺赤之症更甚。凡此诸症，皆属误治之变，临证时当引以为鉴。

本条无治法，后世多用东垣清暑益气汤，此方重在升阳益气除湿，对于元气本虚，而又伤于暑湿，耗伤阳气之证，有一定的疗效。如暑热耗伤气阴，无湿邪兼夹者，则宜用王士雄（孟英）清暑益气汤，本方偏于凉润，重在养阴生津。临证时可参酌选用。

3.3.2 证治

3.3.2.1 暑热证

【原文】

太陽中熱者，暍是也。汗出惡寒，身熱而渴，白虎加人參湯主之。（二十六）

白虎加人參湯方：

知母六兩　石膏一斤（碎）　甘草二兩　粳米六合　人參三兩

上五味，以水一斗，煮米熟湯成，去滓，温服一升，日三服。

【释义】 本条论述暍病暑热偏盛的证治。暍病，也称中热、伤暑。本条云“太阳中热”，是感受暑热而引起。暑热熏蒸，逼津外泄，即见汗出，汗出多而腠理空疏，卫外阳气不足，故其人恶寒。但须注意，伤暑的汗出恶寒，是汗出在先，恶寒在后，与《伤寒论》白虎加人参汤证的“时时恶风”，“背微恶寒”同一机理。暑热偏盛，则身必发热，暑热伤津，则其人口渴，这些都是暑病的主症。至于心烦、溺赤、口舌干燥、倦怠少气、脉虚等症，亦为临床所常见，病属暑热内盛，气阴两虚，故用白虎加人参汤清热祛暑，益气生津，这是暑病的正治法。

中暍恶寒，伤寒亦恶寒，但两者的病机不同。中暍恶寒，是因腠理开泄，汗出太多所致；伤寒恶寒，是因腠理闭塞，阳气被郁所致，不可不知。

此外，中暍之脉也与伤寒有别，伤寒脉必长洪，中暍脉多虚微，前条脉之弦细芤迟，即其明证。故临证亦须详查。

附　医案举例

谌某，男性，7岁。1944年孟秋，盛暑于日中游戏归，甫入室，卒然昏倒，旋即高热神昏，喘息鼻煽，自汗足冷，舌色鲜红无苔，脉细弱，乃手太阴肺中暍使然，内经所谓“息贲”。息贲者，呼吸奔逆之谓，暑热刑金，失其清肃，故喘逆，痰鸣，鼻煽，诚险重之候，急用人参白虎汤加味。处方：西洋参 9 克，生石膏 24 克，肥知母 24 克，麦冬 9 克，甘草 9 克，粳米半合，并嘱其用麦冬、玄参等煎水代茶饮频服，一剂尽愈。［张燮均. 张应瑞医案. 江西中医药，1960，（4）：47］

3.3.2.2 暑湿证

【原文】

太陽中暍，身熱疼重，而脉微弱，此以夏月傷冷水，水行皮中所致也。一物瓜蒂湯主之。（二十七）

一物瓜蒂湯方：

瓜蒂二十個

上剉，以水一升，煮取五合，去滓，頓服。

【释义】 本条论述暍病暑湿偏盛的证治。伤暑则身热，夹湿则疼重，暑湿伤阳，则脉微弱。究其病因乃夏月因热而贪凉饮冷，或汗出之时入于水中，水湿乘虚阻遏肌表，使邪热不能借汗外泄所致。治宜一物瓜蒂汤，《本经》记载：瓜蒂主大水，身面四肢浮肿。说明该药具有祛湿散水之功，水气去则暑无所依，而病自解。

另，《医宗金鉴》主用香薷饮或大顺散发汗，可以取法。

【现代研究】 瓜蒂味苦，性升催吐，对痰涎宿食，填塞上脘，胸中痞硬，烦躁不安等证，用之得当，有立竿见影之效。［唐祖宣. 瓜蒂散的临床运用. 浙江中医杂志，1980，（12）：556］

治疗急性黄疸型传染性肝炎。口服法：取未成熟的甜瓜蒂 5 克，装入小瓶内，加开水 100 毫升，浸 10 分钟后加热，待瓶口微微出气约 3~4 分钟，即将瓶口塞紧；10 天后取出过滤 3~4 次，经高压灭菌 3~4 小时后始可服用。每日 2~3 次食后服，成人每次 5 毫升。鼻腔吸入法：将瓜蒂阴干，文火焙黄，研粉，0.5~0.15 克分4~6等份，于晨起空腹时每隔 20~30 分钟从鼻孔各吸入 1 等份。4 次为一疗程。［中国人民解放军 201 医院. 医学资料汇编，1973，（1）：7］

附 医案举例

仲师于《金匮》出一物瓜蒂汤，历来注家，不知其效用。予治新北门永兴龙板箱店顾五郎亲试之。时甲子六月也，予甫临病者卧榻，病者默默不语，身重不能自转侧，诊其脉则微弱，证情略同太阳中暍，惟多一呕吐，考其病因，始则饮高粱酒大醉，醉后口渴，继以井水浸香瓜六枚，卒然晕倒。因念酒性外发，遏以凉水浸瓜，凉气内薄，湿乃并入肌腠。此与伤冷水水行皮中正复相似。余乃使店友向市中取香瓜蒂四十余枚，煎汤进之，入口不吐。须臾尽一瓯，再索再进，病者即沉沉睡，遍身微汗，迨醒而诸恙愈矣。（《伤寒发微》. 230）

3.4 结　语

本篇所论痉、湿、暍三病，均由感受外邪所致，初起都从太阳开始，具有太阳表证，与伤寒有相似之处，但它们各有特点，故此三种病证，除见于《伤寒论》外，又列于本书之前，作为论述杂病的开始。

痉病病在筋脉，以颈项强急，口噤不开，角弓反张，脉紧弦有力为主要脉证表现。致病原因在于：素体津液不足，又外感风寒之邪，伤及筋脉所致。痉病的传变类似伤寒，也是由太阳而传阳明。在太阳者，临床根据汗之有无，分为刚痉与柔痉两种，以发热无汗者为刚痉，治疗用葛根汤升津养筋，发汗解表；以发热有汗者为柔痉，治疗用栝蒌桂枝汤滋养津液，解肌祛风。这和《伤寒论》太阳病之分表实表虚相似，都是比较而言的。本病病情发展比较迅速，邪在太阳不解，常化热入里，内传阳明，若热从燥化，津伤筋急，则成为里实热证，症见胸满口噤，卧不着席，脚挛急，龂齿等，急当用大承气汤泄热存阴。但应注意，痉病预后的好坏，每每取决于津气的盛衰，因而无论用汗用下，治疗时都必须时时固护津液，这是治疗痉病的一项重要原则。至于由误治耗液伤津所致之虚痉，本篇虽未出方治，但据此可以推知，凡治疗阴液枯竭，肝风内动之痉病，当以柔润息风、调畅肝木为法。

湿病有外湿、内湿之分，外湿多因汗出当风，或久伤取冷所致，以发热身重，骨节疼烦为主症；内湿多因运化失常，水湿内停所致，以小便不利，大便反快为主症。治湿之法，外湿宜微发其汗，内湿当通利小便，本篇所论重在外湿，故以微汗为主要法则。

湿从外来，多兼风夹寒，湿夹寒者为寒湿证，湿兼风者为风湿证。寒湿为患，病有轻重之分，轻者为寒湿之气郁于头面，因病证轻浅，毋须内服汤药，但纳药鼻中，宣泄寒湿即愈；重者为寒湿郁于肌表，症见身体疼烦，发热恶寒，无汗，治宜散寒除湿，方用麻黄加术汤。风湿为患，病有虚实之分。风湿表实者，症见一身尽疼，日晡所剧，治宜祛风除湿，方用麻杏薏甘汤；风湿表气虚者，症见脉浮，身重，汗出恶风，治宜益气固表，祛风除湿，方用防己黄芪汤；风湿表阳虚者，症见身体疼烦，不能自转侧，脉浮虚而涩，若风邪偏盛者，治宜温经助阳，祛风解肌，方用桂枝附子汤；若湿邪偏盛者，治宜温经助阳，祛除表湿，方用白术附子汤；风湿表里阳气俱虚者，症见骨节疼烦掣痛，不得屈伸，近之则痛剧，汗出短气，小便不利，恶风不欲去衣，或身微肿，治宜祛风除湿，温助表里之阳，方用甘草附子汤。以上六首方剂，皆属微发汗之剂，无论表实表虚，都以温服取微汗为佳，这是因为湿为濡滞之邪，在发汗的具体方法上，与风寒为病有所不同，必须缓缓蒸发，微微汗出，湿邪方能与汗俱去，否则汗出太骤，风去湿存，徒伤阳气，病必不除。

暍病即伤暑，也称中热，是因夏月感受暑热之气，或贪凉饮冷，汗出入水所致，初起每见恶寒发热的太阳表证。暑为阳邪，极易耗气伤津，其病多呈气阴两伤，阴阳不足之象，故汗、下、温针等伤阳劫阴治法，皆当禁用。如暑热偏重，症见汗出恶寒，身热口渴，用白虎加人参汤清热生津；如暑湿偏重，症见身热疼重，脉象微弱，治宜祛暑除湿，方用一物瓜蒂汤；后世有主张用香薷饮、大顺散等，可作临证抉择。

复习思考题

1. 试述痉病的病因病机及主要脉证。
2. 刚痉与柔痉的鉴别要点是什么？
3. 痉病如何辨证施治？
4. 湿病的治疗大法是什么？试述其理。
5. 麻黄加术汤证与麻杏苡甘汤证有何异同？
6. 试比较桂枝附子汤证、白术附子汤证、甘草附子汤证的异同。
7. 试述暍病的病因病机和主要证候。

（吴晋英）

4

百合狐惑阴阳毒病脉证治第三

目的要求

1. 了解百合、狐惑、阴阳毒三病的概念及合篇意义。
2. 熟悉阴阳毒的证治。
3. 掌握百合、狐惑的病因病机及辨证论治。

重点内容

1. 百合病的病因、病机及辨证论治。
2. 狐惑病的病机、主症及内服、外治方法。
3. 阴阳毒的病机、症状及治疗。

本篇论述百合病、狐惑、阴阳毒三种疾病的辨证与治疗。由于三者在病史上均可由热病传变而来，在病因上都有热邪为患，在症状上或有神志方面的症状，或有热证，因此张仲景将三病合篇进行论述。

百合病是由于热病之后，余热未尽，或情志不遂，五志化火而致。其主要症状为精神恍惚不定，饮食行动不调，以及口苦，小便赤，脉微数等。

狐惑病系由湿热虫毒为患而成。主要症状为咽、眼及前后二阴溃烂。其中咽喉部蚀烂称之为惑；前后二阴部溃烂称之为狐。

阴阳毒是由感染疫毒起病，主要表现为发热、咽痛，属于急性热病范畴。

4.1 百 合 病

4.1.1 病因、脉证及预后

【原文】

論曰：百合病[①]者，百脉一宗，悉致其病也。意欲食復不能食，常默默，欲臥不能臥，欲行不能行，欲飲食，或有美時，或有不用聞食臭時，如寒無寒，如熱無熱，口苦，小便赤，諸藥不能治，得藥則劇吐利，如有神靈者，身形如和，其脉微數。

每溺時頭痛者，六十日乃愈；若溺時頭不痛，淅然[②]者，四十日愈；若溺快然，但頭眩者，二十日愈。

其證或未病而預見，或病四五日而出，或病二十日或一月微見者，各隨證治之。(一)

【注释】 ① 百合病：百合病是一种由于热病之后，余热伤阴，或情志不遂，五志化火而引起的疾病。其病机为心肺阴虚内热，其症状以精神恍惚不定，饮食行动失调为特征。

② 淅然：(xī，音西）形容怕风，寒栗之状。

【释义】 本篇论述百合病的病因、病机、症状及预后。主要分三段进行论述。

第一段论述百合病的病因、病机和症状。百合病是一种由于心肺阴虚内热而致的疾病。中医理论认为，“心主百脉”，“肺朝百脉”，若心肺阴虚内热，则百脉俱受其累，以致百脉不和，症状百出，故曰“百脉一宗，悉致其病”。百合病的症状可以分为主观症状及客观症状两类。其中主观症状为精神恍惚不定，饮食行动失调，主要表现为“意欲食复不能食，常默默，欲卧不能卧，欲行不能行，欲饮食，或有美时，或有不用闻食臭时，如寒无寒，如热无热，口苦”等症；客观症状为“小便赤”、“脉微数”。所谓“诸药不能治，得药则剧吐利”者，是指医者审证不明，误用发汗、涌吐、泻下等治法，药不中病，是故不愈。

第二段论述百合病的预后。文中数字为约略之词。“每溺时头痛者，六十日乃愈”，说明病在奇恒之腑（头部），较后二者病位深重，难以治疗；“若溺时头不痛，淅然者，四十日愈”，说明病在皮毛，病位较浅，易于治疗；“若溺快然，但头眩者，二十日愈”，为病在头部，属表中之表，病位最浅，最易治愈。

第三段论述百合病的病因。百合病主要由二方面的原因引起：一为热病之后，余热未清，阴液未复；二为情志不遂，化火伤阴，故而形成百合病。因此，在治疗百合病时，应视具体情况，辨证施治。

4.1.2 治疗原则

【原文】

百合病見于陰者，以陽法救之；見于陽者，以陰法救之。見陽攻陰，復發其汗，此爲逆，見陰攻陽，乃復下之，此亦爲逆。(九)

【释义】 本条论述百合病治疗原则。百合病多发生在热病之后，病机为阴虚内热，如若见到发热、口渴、尿赤等虚热证者，宜用养阴清热法治疗，此即“见于阳者，以阴法救之”。若见到唇淡口和，小便清长等虚寒证者，又宜使用扶阳法治疗，亦即“见于阴者，以阳法救之”之意。一般来说，百合病多属虚多邪少之证，其属阴虚内热者，养阴则热自退，若误认为实热而发汗，则重伤其阳，故为逆治。同样，寒证多属阳虚内寒，扶阳则寒自解。如误认为实寒而用攻下法治疗，则更伤其阳，此亦为逆治。因此，治疗百合病应“见阳救阴，见阴救阳”，亦即调和阴阳，使阴阳恢复平衡状态，则其病可愈。

综上所述，百合病既有属于阴虚内热证者，也有属于阳虚内寒证者，而从本篇所述症状及治疗方剂来看，是以阴虚内热证为主，但亦不能因此而忽略属于阳虚内寒证者。

4.1.3 证治

4.1.3.1 正证

【原文】

百合病，不經吐、下、發汗，病形如初者，百合地黄湯主之。(五)

百合地黄湯方：

百合七枚（擘）　生地黄汁一升

上以水洗百合，漬一宿，當白沫出，去其水，更以泉水二升，煎取一升，去滓，内地黄汁，煎取一升五合，分温再服。中病，勿更服。大便當如漆。

【释义】 本条论述百合病的正治法。百合病未经发汗、涌吐、泻下等误治，具有原文第一条所说百合病固有症状，即精神恍惚不定，饮食行动失调及口苦、小便赤、脉微数等症，应予百合地黄汤进行治疗。该方以生地色赤入心，滋心阴，清血热；百合色白入肺，养肺阴，清气热；泉水下热气，利小便，共奏润养心肺，凉血清热之效。

【现代研究】 据李克光等报道，近代临床运用百合地黄汤常可用治下列疾病：①神经衰弱：证属心肺阴虚，虚火上炎，而见头昏健忘，心悸失眠等症者。(上海龙华医院．医案选编．)。②眩晕：证属心阴不足，虚火上炎，临床表现为头昏且痛，夜寐欠佳，烦躁者。（《上海老中医经验选编．程门雪医案》）③疮疹：证属心肺阴虚，症见肌肤失养，身体斑疹，生疮溃破，烦躁易怒者。（成都中医学院．《老中医医案选》．第一集）④梅核气：证属阴虚阳亢，虚火上浮，表现为咽喉异物感者，可以本方合酸枣仁汤加减。（《张仲景药法研究》）⑤本方合温胆汤治疗肝胃不和，虚热内扰，而致烦躁失眠，午后面热，四肢麻木，腹胀纳差等症。（李克光等. 高等中医院校教学参考丛书．金匮要略．北京：人民卫生出版社，1987. 94）

附　医案举例

患者病昏昏默默，如热无热，如寒无寒，欲卧不能卧，欲行不能行，虚烦不耐，若有神灵，莫可名状，此病名百合，病在心肺两经，以心合血脉，肺朝百脉故也。盖心藏神，肺藏魄，神魄失守，故见此症。良由伤寒邪热，失于汗、下、和解，致热伏血脉而成。方用百合一两，生地汁半盅，分为两次服用，必俟大便如漆乃瘥。（清·魏之　．续名医类案．北京：人民卫生出版社，1982. 14）

4.1.3.2　误治证

（1）误汗证

【原文】

百合病發汗後者，百合知母湯主之。（二）

百合知母湯方：

百合七枚（擘）　知母三兩（切）

上先以水洗百合，漬一宿，當白沫出，去其水，更以泉水二升，煎取一升，去滓；別以泉水二升煎知母，取一升，去滓；後合和，煎取一升五合，分温再服。

【释义】　本条论述百合病误用汗法后的证治。如第一条原文所述，百合病本有“如寒无寒，如热无热”等症状，若医者误以为是表实证而发其汗，汗后伤津，心肺阴虚更甚，使虚热加重，故可出现心烦、口渴等症。治用百合知母汤养阴清热，润燥除烦。方中百合清心润肺，益气安神；知母清热除烦，养阴止渴；配用泉水清热利尿，导热下行。三药相配，以奏养阴除热之效。

（2）误下证

【原文】

百合病下之後者，滑石代赭湯主之。（三）

滑石代赭湯方：

百合七枚（擘）　滑石三兩（碎，綿裹）　代赭石如彈丸大一枚（碎、綿裹）

上先以水洗百合，漬一宿，當白沫出，去其水，更以泉水二升，煎取一升，去滓；別以泉水二升煎滑石、代赭，取一升，去滓；後合和重煎，取一升五合，分温服。

【释义】 本条论述百合病误下后的证治。百合病由于心肺阴虚内热，而致饮食行动失调，故有“意欲食复不能食”，饮食“或有不用闻食臭时”症状，医者若误认为热结胃腑，或宿食停滞而误投苦寒攻下之剂，则会出现二种变症：一为误用苦寒泻下之剂，服后胃气受损，气逆上冲而表现为呕吐、呃逆等症；二是下后阴液损伤，而致小便涩少。治当清热利尿、养阴降逆，宜服滑石代赭汤。方中百合清养心肺之阴，滑石、泉水利尿泻热，代赭石降逆和胃，使阴复热除，胃气和降，诸症自瘳。

（3）误吐证

【原文】

百合病，吐之後者，用後方主之。（四）

百合鷄子湯方：

百合七枚（擘） 鷄子黄一枚

上先以水洗百合，漬一宿，當白沫出，去其水，更以泉水二升，煎取一升，去滓，内鷄子黄，攪匀，煎五分，温服。

【释义】 本条论述百合病误用吐法后的证治。百合病本属津亏阴虚之证，忌用吐法，惟恐重伤胃阴。若见患者“饮食或有美时，或有不用闻食臭时”，误以为饮食停滞，或痰涎壅聚而用吐法，虚证实治，误犯“虚虚”之戒，不仅误吐耗伤胃阴，使燥热增重，又且涌吐之余，可致胃气上逆而出现虚烦不安、胃中不和等症，治当养阴清热、安中和胃，方用百合鸡子汤。方中百合清心肺、养阴津；鸡子黄养胃阴、和胃气，共奏养阴除烦之功，俾阴复胃和，则虚烦自除。

附 医案举例

患者王某，男，44岁。因肝炎后肝硬化合并克鲍二征，第二次出现腹水已九个月，于1970年9月4日入院。入院后经综合治疗，腹水消退……1971年1月21日患者性格改变，一改平日谨慎寡言而为多言多语，渐渐啼笑不休，不能辨认手指数目，精神错乱，考虑肝昏迷Ⅰ度……用麸氨酸钠……并用清营开窍、清热镇静方剂治疗后，患者症状无改变，清晨好转，午后狂乱，用地西泮无效，需耳尖放血，始能平静入眠，而精神错乱如故，考虑其舌红脉虚，神魂颠倒，乃从百合病论治。从2月1日起加百合鸡子汤，每日一剂，每剂百合1两、鸡子黄1枚，煎服。2月2日患者意识有明显进步……2月3日患者神志完全恢复正常。继用百合鸡子汤两剂后，改用百合地黄汤（百合1两，生地5钱）。患者病情保持稳定。1971年3月21日出院时，精神良好，如常人行动。腹水征（-），肝功能试验基本正常。1972年6月与患者联系，情况保持良好。[山西省中医研究所肝病科．中西医结合治疗肝硬变肝昏迷40例经验小结．新医药学杂志，1974，(2)：13]

4.1.3.3 变证

（1）变口渴证

【原文】

百合病一月不解，變成渴者，百合洗方主之。（六）

百合洗方：

上以百合一升，以水一斗，漬之一宿，以洗身。洗已，食煑饼，勿以鹽豉也。

百合病，渴不差者，用後方主之。（七）

栝蔞牡蠣散方：

栝蔞根　牡蠣熬等分

上爲細末，飲服方寸匕，日三服。

【释义】　第六、七两条原文论述百合病口渴证治。百合病本无口渴症状，因其本属心肺阴虚内热，但若日久失治，则内热耗津，致使阴愈虚而热愈盛，肺津亏虚难以上润，变生口渴。因肺合皮毛，其气相通，洗其外则可通其内，故张仲景以百合洗方渍水洗身以滋肺润燥，并食用面条以益气生津。

若热盛阴损，日久不解，药不胜病，则非但心肺阴虚未复，且会上病及下，耗伤胃阴，致使口渴不止，则以栝蒌牡蛎散治之。方中花粉（瓜蒌根）生津止渴，清养肺胃；牡蛎咸寒，益阴潜阳，导热下行，合收养阴清热之功。

惟以上二证，是在百合地黄汤证症状的基础上，又增口渴一症，说明津伤与内热均较百合地黄汤证为重，故在使用上述二方的同时，亦应加服百合地黄汤更为对证，否则有病重药轻之嫌。

（2）变发热证

【原文】

百合病變發熱者，百合滑石散主之。（八）

百合滑石散方：

百合一兩（炙）　滑石三兩

上爲散，飲服方寸匕，日三服。當微利者，止服，熱則除。

【释义】　本条论述百合病发热的证治。就百合病本证而言，由于心肺阴虚内热，精神恍惚不定，故有"如寒无寒，如热无热"的症状，但并非发热。今见发热症状，是因百合病经久不愈，热盛于里，外达肌表之故。此属阴虚津亏、里热外达之候，治宜养阴清热，方用百合滑石散，方中以百合滋养肺阴，清其上源，使其不燥；以滑石甘寒清热，通利小便，导热从小便而出，使热降阴复，发热遂止。

4.2 狐惑病

4.2.1 症状及内服方

【原文】

狐蟚之爲病，狀如傷寒，默默欲眠，目不得閉，卧起不安，蝕于喉爲蟚，蝕于陰爲狐，不欲飲食，惡聞食臭，其面目乍[①]赤、乍黑、乍

白。蝕于上部則聲喝[②]，甘草瀉心湯主之。（十）

甘草瀉心湯方：

甘草四兩　黄芩三兩　人参三兩　乾薑三兩　黄連一兩　大棗十二枚　半夏半升

上七味，水一斗，煑取六升，去滓再煎，温服一升，日三服。

病者脉數，無熱[③]，微煩，默默但欲卧，汗出，初得之三四日，目赤如鳩眼[④]；七八日，目四眥[⑤]黑。若能食者，膿已成也，赤豆當歸散主之。（十三）

赤豆當歸散方：

赤小豆三升（浸，令芽出，曝乾）　當歸

上二味，杵爲散，漿水[⑥]服方寸匕，日三服。

【注释】　① 乍：《广雅·释言》："暂也。" 此处引申为突然之义。

② 声喝：喝（音 yè，叶），是指说话声音嘶哑或噎塞不利。

③ 无热：谓无寒热，是无表证的互词。

④ 鸠眼：鸠，鸟名。俗称斑鸠，其目色赤。

⑤ 四眥：眥，即眼角。四眥指两眼内外眼角。

⑥ 浆水：浆，酢也。《本草纲目》称浆水为酸浆。嘉谟云："炊粟米熟，投冷水中，浸五六日，味酸，生白花，色类浆，故名。" 此法现已少用。

【释义】　狐惑病系因感受湿热火毒起病。其病机总属湿热为患。狐惑病的症状可以分为二类。一类为咽、眼及前后二阴溃烂，是因为湿热内蕴，酿成痈脓，而致上述部位产生蚀烂。另一类症状为发热恶寒，默默欲眠，状如伤寒，目不得闭，卧起不安，不欲饮食，恶闻食臭。湿热内蕴，营卫失和，则发热、恶寒，状如伤寒；湿热内忧心神，心神不安，则目不得闭，卧起不安，默默欲眠；湿热内阻，胃不受纳，则不欲饮食，恶闻食臭；湿热壅积，气血失和，则面目乍赤、乍黑、乍白。在狐惑病中，将溃烂发生于喉部者称为惑，溃烂发生于前阴者称为狐。

治疗狐惑病当以清热解毒，化湿安中为法。方宜甘草泻心汤。本方以甘草为君，配用黄芩、黄连清热解毒，燥湿杀虫；半夏、干姜辛开苦降，温中化湿；人参、大枣扶正益气，补脾运湿。诸药合方，共奏清热解毒，化湿扶正之效。

若狐惑病湿热酿脓，则可见到目赤如鸠眼、脉数、心烦、默默欲卧、汗出等症。热盛于里，则汗出，脉数；湿热扰心，心神不安，则心烦而默默欲卧；血分邪热，循肝经上扰，将成痈脓，故目赤如鸠眼。

痈脓将成，法当利湿清热，排脓解毒。治以赤豆当归散，方中用赤小豆排脓解毒，渗湿清热；当归养血活血，祛瘀生新；浆水清凉解毒，全方合奏清热渗湿，排脓活血之功。

本病与现代医学的白塞综合征（即眼、口、生殖器三联综合征）相类似，主要症状为目、口、舌、咽及前后二阴溃烂。临证运用甘草泻心汤随证加减，有一定疗效。

附　医案举例

郭某，女，36岁，口腔及外阴溃疡半年，在某医院确诊为口、眼、生殖器综合征，曾用激素治疗，效果不佳。据其脉证，诊为狐惑病，采用甘草泻心汤加味。方用：生甘草30克，党参18克，生姜6克，干姜3克，半夏12克，黄连6克，黄芩9克，大枣7枚，生地30克，水煎服12剂。另用生甘草12克，苦参12克，四剂，煎水外洗阴部。复诊时口腔溃疡及外阴溃疡已基本愈合。仍按前方再服14剂，外洗方四剂，患者未再复诊。[中医研究院西苑医院．赵锡武医案．北京：人民卫生出版社，1980. 99]

4.2.2　外治方

4.2.2.1　外洗方

【原文】

蚀于下部[①]则咽乾，苦参湯洗之。(十一)

【注释】　① 下部：这里指前阴。

【释义】　本条论述狐惑病前阴蚀烂的外洗法。足厥阴肝经，绕阴器，抵少腹，上通咽喉。狐惑病之湿热毒邪循经下注，则前阴蚀烂；湿热之邪上逆，则咽喉干燥。用苦参汤煎水熏洗，可奏清热解毒，杀虫燥湿之效。狐惑病前阴蚀烂者，用苦参煎汤外洗，可使药物直接作用于病灶，从而加强祛邪杀虫的功效。然而，此类疾病若在使用苦参汤外洗的同时，加服甘草泻心汤则疗效更为显著。

附　医案举例

高某，女，市表链厂工人。外阴瘙痒二年之久。经市某院检查，大阴唇偏平而硬，小阴唇萎缩变白角化，大而硬，附件增厚有压痛。诊断：癌前期黏膜白斑。内服：苦参、百部、紫荆皮、苍术、黄药子、荆芥、全蜕、甘草、芍药30余剂，外用苦参汤熏洗之，并其他丸药内服。最后检查：大阴唇已柔软，痛痒已止，黏膜不粗糙，白斑消退，阴唇已变红润，基本痊愈。[孙剑璞．苦参临床应用体会．辽宁中医，1979，(2)：44]

4.2.2.2　外熏方

【原文】

蚀于肛者，雄黄熏之。(十二)

雄黄

上一味爲末，筒瓦二枚合之，燒，向肛熏之。

【释义】　本条论述狐惑病后阴蚀烂的治法。湿热虫毒蚀于后阴，则肛门溃烂。以雄黄熏治，取其杀虫、解毒、燥湿之功。

在临床实际运用中，以甘草泻心汤内服，再配用雄黄加热烧烟熏肛门溃烂之处，则燥湿杀虫解毒之功更为显著。

附　医案举例

焦某，女，41岁，干部。1962年5月初诊。患者于20年前因在狱中居处潮湿得病，发冷发烧，关节疼痛，目赤，视物不清，皮肤起有大小不等之硬斑。口腔、前阴、肛门均见溃疡。20年来时轻时重，缠绵不愈，近来月经先期，色紫有块，黄白带下，五心烦热，失眠、咽干、声嘎、手足指（趾）处硬斑，日久已成角化，肛门周围及直肠溃疡严重。不能正坐，口腔黏膜及舌面也有溃疡，满舌白如粉霜，大便干结，小便短黄，脉滑数，诊为狐惑病。即予治惑丸、甘草泻心汤加减内服，苦参煎水熏洗前阴，并以雄黄粉熏肛。肛门熏后，见有蕈状物突出肛，奇痒难忍。用苦参汤洗后，渐即收回。服药期间，大便排出恶臭黏液多量，阴道也有多量带状浊液排出，病情日有起色，四肢角化硬斑亦消失，治疗四个月，诸症消失，经停药观察一年余，未见复发。[王子和．狐惑病的治疗经验介绍．中医杂志，1963，(11)：10]

4.3　阴　阳　毒

4.3.1　阳毒证治

【原文】

陽毒之爲病，面赤斑斑如錦紋①，咽喉痛，唾膿血。五日可治，七日不可治。升麻鱉甲湯主之。(十四)

升麻鱉甲湯方：

升麻二兩　當歸一兩　蜀椒（炒去汗）一兩　甘草二兩　雄黄半兩　鳖甲手指大一片（炙）

上六味，以水四升，煮取一升，頓服之，老小再服②，取汗。

【注释】　① 锦纹：指有彩色花纹的丝织品。此处形容面部有如织锦一样的花纹。

② 再服：指分两次服。

【释义】　本条论述阳毒的证治。阳毒是因感受疫疠火毒之气致病。火毒内蕴，扰于营血，迫血妄行，溢于皮下，故面赤斑斑如锦纹；火毒上灼咽喉，则咽喉疼痛；火毒壅滞，血腐成脓，故吐脓血。由此可知，本证病势凶险，应在邪气未盛，正气不衰，易于治疗之时急行救治。若正虚邪盛，则难于治疗，故曰："五日可治，七日不可治。"本证治用升麻鳖甲汤清热解毒、活血排脓。方中升麻、甘草清热解毒，以治血分热毒；当归、鳖甲活血养血，散瘀排脓；雄黄辛温，散瘀解毒；蜀椒温里止痛；且二药均为辛热之品，"以阳从阳欲其速散"，可增升麻、甘草解毒之力，又可助鳖甲、当归散瘀排脓。诸药相配，使热除毒解，阳毒可愈。

4.3.2 阴毒证治

【原文】

陰毒之爲病，面目青，身痛如被杖[1]，咽喉痛。五日可治，七日不可治，升麻鱉甲湯去雄黄、加蜀椒主之。（十五）

【注释】 ① 身痛如被杖：形容身体如被木杖击打一样疼痛。

【释义】 本条论述阴毒的证治。阴毒是因感受疫疠火毒，经脉瘀阻所致。瘀血阻滞，故见面部、目睛色青；经脉阻塞，血脉不通，不通则痛，故身痛如被杖；疫疠毒邪结于咽喉，故咽喉疼痛。“五日可治，七日不可治”义同前文。因病机与阳毒相仿，故治疗时亦可以升麻鳖甲汤去雄黄、蜀椒，解毒化瘀驱邪。

在前条中，以升麻鳖甲汤治阳毒，方中用雄黄、蜀椒。治阴毒却减去此二味辛温之品，使学者疑惑不解。尤怡认为：“其蜀椒、雄黄二物，阳毒用之者，以阳从阳欲其速散也；阴毒去之者，恐阴邪不可劫，而阴气反受损也。”此说可供参考。

本方方后注云：“老小再服”是指老人和小孩分两次服。因本方有辛温之品，不可妄事发汗。老少体弱，汗之太过，易使病情更加恶化，故分二次服完，以防发汗太过。

【现代研究】 据李氏报道，近代用升麻鳖甲汤加减治疗紫癜、红斑性狼疮属于热毒血瘀者，疗效颇佳，可供参考。（李克光等．高等中医院校教学参考丛书．金匮要略．北京：人民卫生出版社，1987．109）

4.4 结　　语

本篇论述了百合、狐惑、阴阳毒三种疾病的证治。其中重点是论述了百合、狐惑二种疾病的证治。

百合病的病因是热病之后，余热未尽，或情志不遂，化热伤阴，病机为心肺阴虚内热，症状主要表现为精神恍惚不定，饮食行动失调和口苦、小便赤、脉微数。治疗应以养阴清热、润养心肺为主，当以百合地黄汤为主方。在临床治疗时，本病尚有误治证和变证之分。百合病若误汗伤津而见心烦口渴者，宜用百合知母汤养阴清热，除烦止渴；若误下伤胃，气逆上冲而见呃逆、尿少者，宜用滑石代赭汤养阴清热，降逆和胃；若误吐伤阴，胃中失和而见嘈杂不食者，又宜百合鸡子汤养阴清热，安中和胃。若百合病日久失治，邪热聚肺，症见口渴者，当以百合洗方煎洗皮肤，润肺清热；若口渴不止者，宜用栝蒌牡蛎散清养胃阴；若里热较甚，内热外达变发热者，宜用百合滑石散清热养阴，使热降阴复，发热遂止。

狐惑病系湿热内蕴，腐蚀气血所致。症状以咽喉、前后二阴溃烂和目赤为临床特征。治宜清热解毒，燥湿杀虫，可用甘草泻心汤治疗。其中蚀于前阴而至前阴溃烂者，可用苦参汤外洗；蚀于后阴，而至肛门溃烂者，可用雄黄外熏；狐惑成脓者，则用赤小豆当归散清热解毒，活血排脓。

阴阳毒系感受天地疫疠火毒之气所致的疾病。阴毒与阳毒两者均有咽喉痛症状，但阳毒病机为血分热毒，以面赤斑斑如绵纹、吐脓血为主症，方用升麻鳖甲汤清热解毒，活血排脓；阴毒病机为血分热毒，瘀血阻滞，症状以面目发青，身痛如被杖，咽喉痛为主症，治疗可用升麻鳖甲汤去雄黄、蜀椒以解毒散瘀。

复习思考题

1. 试述百合病的病因病机与辨证论治。
2. 百合病的变证及误治证如何辨证治疗？
3. 试述狐惑病的病因病机与辨证论治。
4. 阴毒和阳毒的病因病机各是什么？两证如何鉴别与治疗？
5. 名词解释：百合病、狐惑、阴毒、阳毒。

（乔　模）

5

疟病脉证并治第四

目的要求

1. 了解疟病的病机与治则。
2. 熟悉疟病的分类与治疗。

重点内容

1. 疟疾的分类。
2. 瘅疟的病机、症状。
3. 温疟、牝疟、疟母的病机证治。

本章专论疟病，是一病成篇，主要论述疟病的脉证、类型及其治法，其中对温疟、牝疟、疟母提出了具体的治疗方药，为后世治疟奠定了理论和临床基础。

5.1 脉证、病机与治则

【原文】

師曰：瘧脉自弦，弦數者多熱，弦遲者多寒，弦小緊者下之差，弦遲者可溫之，弦緊者可發汗、針灸也，浮大者可吐之，弦數者風發①也，以飲食消息止之②。(一)

【注释】 ① 风发：风，泛指邪气。风发，是指感受邪气而发热。

② 以饮食消息止之：指用甘寒的饮食进行调理。

【释义】 本条从脉象论述疟病的病机和治则。“疟脉自弦”，不仅代表了疟病的主脉，也说明了疟病的病机为邪搏少阳。但由于病人体质和发病的原因不同，因此疟病不但出现弦脉，并常与数、迟等脉象兼见。临证根据不同的表现测知其病位所在，从而采取不同的治疗原则，如脉弦小紧者，是病偏于里，多兼食滞内结，可酌用下法；弦迟者则为里寒，可用温法；弦紧者，为病偏于表，多兼感风寒，可用发汗法，或结合针灸治疗；浮大者为病位偏上，可用吐法以去其邪；脉弦数而有发热之象，属风邪化热、里热内盛，可以甘寒饮食进行调理等。

本条是以脉来阐述疟病的病机、治则，说明疟病的治法除和解少阳之外，还有多种治法，但当结合临床症状进行使用。

5.2　分类证治

5.2.1　瘅疟证治

【原文】

師曰：陰氣孤绝，陽氣獨發，則熱而少氣煩冤[①]。手足熱而欲嘔，名曰癉瘧[②]。若但熱不寒者，邪氣内藏于心，外舍分肉之間，令人消鑠肌肉。（三）

【注释】　① 烦冤：心中烦闷不舒的感觉。

② 瘅疟：瘅者，热也，瘅疟是但热不寒的一种疟病。

【释义】　本条是论述瘅疟的病机和症状。瘅疟是一种阳热炽盛，阴液耗伤，表现只热不寒的疟病。“阴气孤绝，阳气独发”，“邪气内藏于心，外舍分肉之间”言其病机为内外热盛，表里俱热。由于阴液不足，阳热过盛，因此症状表现只热不寒。热则伤气而见少气、心中烦闷。四肢为诸阳之本，里热炽盛故见手足发热；内热上扰于胃则出现欲作呕吐；表里俱热，阴液耗伤，所以令人肌肉消损，形体消瘦。对于瘅疟，仲景没有提出具体的治法和方剂，后世医家多主张用白虎加人参汤、竹叶石膏汤化裁，清其独盛之热，兼以养阴。

5.2.2　温疟证治

【原文】

温瘧者，其脉如平[①]，身無寒但熱，骨節疼煩，時嘔，白虎加桂枝湯主之。（四）

白虎加桂枝湯方：

知母六兩　甘草二兩（炙）　石膏一斤　粳米二合　桂枝（去皮）三兩

上剉，每五錢，水一盞半，煎至八分，去滓，温服，汗出愈。

【注释】　① 其脉如平：指脉象如疟病常见之脉象，多见弦数。

【释义】 本条论述温疟的症状和治疗。温疟为里热炽盛，表兼寒邪，症见身无寒但热，是发热多而恶寒少。外有表寒，则骨节疼烦，邪热犯胃则时而呕吐，总为里热表寒，治以白虎加桂枝汤清里热，解表邪。方中石膏、知母、甘草、粳米清热生津止呕，桂枝解散表邪，如此则温疟可除。

【现代研究】 据王付报道：实验研究证明该方具有显著的降温退热作用，对小白鼠在发热情况下进行灌注或腹腔注射该方水煎剂 1 小时后体温明显下降，其降温时间在 5 小时以上，另外本方还有抗炎、镇痛、降低毛细血管通透性的作用。

今人用白虎加桂枝汤非仅治疗温疟，对急性风湿热、痛风、成人期异位性皮炎、荨麻疹、脉管炎等，只要符合该方证的病机者均可用之。（王付．《伤寒杂病论》汤方现代研究及其应用．西宁：青海人民出版社，1993）

附 医案举例

张某，女，32 岁，初产妇九日，下地外出，感受风寒，突然发生寒战，耸动有力，继之则上身汗出烦热不堪而下身无汗。自觉寒冷彻骨，口中干渴，时时索水，视其人缘缘面赤，舌色红绛，附有一层薄白苔，脉浮按之则大，余问曰：头痛否？答曰：痛在左。又问恶风否，答曰：在背。

综其脉证，合而观之，此证为内有伏热，值生产之后，血弱气尽，受如持虚，风邪因入而为病。阳郁于上，不周于下，则下肢反冷，里热伤津，故而渴欲饮水；新邪束表，则背反恶寒，而脉又浮。

处方：桂枝 6 克，白薇 10 克，玉竹 10 克，生石膏 30 克，知母 10 克，甘草 6 克，粳米一大撮。

服药仅一剂，病霍然解。（刘渡舟．金匮要略诠解．刘渡舟治验．天津：天津科学技术出版社，1984）

5.2.3 牝疟证治

【原文】

瘧多寒者，名曰牝瘧[①]，蜀漆散主之。（五）

蜀漆散方：

蜀漆（洗去腥） 雲母（燒二日夜） 龍骨等分

上三味，杵爲散，未發前以漿水服半錢。温瘧加蜀漆半分，臨發時服一錢匕。

【注释】 ① 牝疟：《医方考》云：“牝，阴也，无阳之名，故多寒名牝疟。”牝疟即以寒为主的一种疟病。

【释义】 本条论述牝疟证治。牝疟多由素体阳虚，或复加痰饮阻遏，致使阳气不温四末，故发作时以寒多热少为特征。治以蜀漆散祛痰通阳截疟。方中蜀漆（即常山苗）为主药祛痰截疟，配云母、龙骨以助阳扶正，镇逆安神，且能制约蜀漆涌吐太过，三药合用共奏祛痰通阳截疟。方后注“临发时服”，很有实践意义。现在临床使用此类方剂需注意：一是服药时间，一般应在疟疾未发前一至二小时内服药，过早或过迟都会影响药物截疟效果。二是使用蜀漆或常山治疟，虽疗效肯定，但致吐不良反应大，可用酒煎或姜汁炒熟后使用，也可适当配伍半夏、陈皮等和胃止吐，以减轻致吐的不良反应。

5.2.4 疟母的形成与治疗

【原文】

病瘧以月一日發，當以十五日愈，設不差，當月盡解；如其不差，當云何？師曰：此結爲癥瘕[①]，名曰瘧母[②]，急治之，宜鱉甲煎丸。(二)

鱉甲煎丸方：

鱉甲十二分（炙） 烏扇三分（燒） 黄芩三分 柴胡六分 鼠婦三分（熬） 乾薑三分 大黄三分 芍藥五分 桂枝三分 葶藶一分（熬） 石葦三分（去毛） 厚朴三分 牡丹五分（去心） 瞿麥二分 紫葳三分 半夏一分 人參一分 䗪蟲五分（熬） 阿膠三分（炙） 蜂窩四分（炙） 赤硝十二分 蜣螂六分（熬） 桃仁二分

上二十三味，爲末，取鍛灶下灰一斗，清酒一斛五斗，浸灰，候酒盡一半，着鱉甲于中，煑令泛爛如膠漆，絞取汁，内諸藥，煎爲丸，如梧子大，空心服七丸，日三服。

【注释】 ① 癥瘕：是腹中有积聚痞块的统称。这里指胁下有痞块。

② 疟母：指疟病迁延日久，反复发作，正气渐衰，疟邪假血依痰，结成痞块，居于胁下而形成癥块的一种病证。

【释义】 本条论述疟母的形成与治疗。疟病，以月计之，一日而发，当以十五日愈，因为古人以五日为一候，三候为一气，一气为十五天，人受气于天，息息相通，节气变更，则人身之气亦随之变化，“时至而气旺”，则不受邪而自愈；假设不瘥，应当月尽解，即应当在第二个节气自愈。“如其不差”，指月底还没有病愈，则说明邪气亢盛，正气渐虚，日久则疟邪假血依痰，结成痞块，居于胁下，形成疟母。“急治之”以示早期治疗，否则病久正衰，病情难愈，治当鳖甲煎丸行气化瘀，除痰消癥，攻补兼施。方中重用鳖甲软坚散结、散寒除热，配大黄、桃仁、蜣螂、蜂窝、鼠妇等活血化瘀，以葶苈、石苇、瞿麦、厚朴行气利水，以助行瘀散结之力，更以黄芩、干姜、柴胡、桂枝、半夏调理寒热，人参、阿胶补益气血。全方 23 味药物，共奏扶正祛邪，消癥化瘀之功。临床除适用于治疗疟母之外，还适用于多种原因引起的肝脾大、子宫肌瘤等。

【现代研究】 据李凌台报道：以鳖甲煎丸为主治疗 41 例晚期血吸虫病肝脾大者，23 天后，肝脾大均有缩小（或软化）者达 80%，其余症状或阳性体征均有不同程度改善。为患者接受锑剂治疗创造了一定条件。［李凌台．金匮鳖甲煎丸配合

阿魏消痞丸治疗晚期血吸虫病肝脾大 41 例疗效观察．浙江中医杂志，1957，（4）：153］

附 医案举例

张某，男，34 岁，两年来患三日疟，反复发作，今夏病发至秋，病尚未愈，形体消瘦，面色萎黄，肢体无力，脘闷腹胀，饮食不佳，脾大肋下 4 厘米。疟来先恶寒怕冷，随即发热，体温 38℃上下，两小时后汗出热退，脉象稍弦，舌苔薄白。邪在少阳留恋不解，痰湿内蕴，气滞血瘀，结于左胁。治当先截其疟后治其痞，方拟鳖甲汤加减，处方：

鳖甲 15 克，柴胡、黄芩、半夏各 15 克，常山、槟榔、草果各 6 克，生姜 3 片，大枣 2 枚。于疟发前服药，服药三帖，疟停止，随用鳖甲煎丸，以治其癥积，每日服鳖甲煎丸 30 克，分 3 次服，连服两月，疟未发作，脾大缩小为肋下 2 厘米，再服鳖甲煎丸一个月，疟疾根本控制，脾大缩小为 1 厘米，形体渐壮，饮食增加，病已痊愈。嘱常服鳖甲煎丸，以消余癥，防其再发。［张谷才．从《金匮》方谈瘀血的证治．辽宁中医杂志．1980，（7）：1］

5.3 附《外台秘要》方

（1）牡蛎汤

【原文】

牡蠣湯：治牝瘧。

牡蠣四兩（熬） 麻黄四兩（去節） 甘草二兩 蜀漆三兩

上四味，以水八升，先煑蜀漆、麻黄，去上沫，得六升，內諸藥，煑取二升，温服一升。若吐，則勿更服。

【释义】 本方适用于痰湿内结兼有表寒的疟病。症以寒多热少为特征，可兼见头痛、鼻塞、咳嗽等。方中牡蛎咸寒软坚、散结消痰，敛阴固阴；麻黄辛温散寒，发越阳气；牡蛎与麻黄相伍，一散一收，使邪去而正不伤；蜀漆化痰截疟为主药；甘草调和诸药，共奏化痰截疟、祛痰散邪之功。

（2）柴胡去半夏加栝蒌根汤

【原文】

柴胡去半夏加栝蔞根湯：治瘧病發渴者，亦治勞瘧。

柴胡八兩 人參 黄芩 甘草各三兩 栝蔞根四兩 生姜二兩 大棗十二枚

上七味，以水一斗二升，煑取六升，去滓，再煎，取三升，温服一升，日二服。

【释义】 本方即小柴胡汤去半夏加栝蒌根而成。具有和解少阳，清热生津之功。适用于疟病寒热往来，发作有时，口渴欲饮；或疟久不愈，正虚邪实者。方中小柴胡汤和解少阳，栝蒌根清热生津。

(3) 柴胡桂姜汤

【原文】

柴胡桂薑汤：治瘧寒多微有熱，或但寒不熱。

柴胡半斤 桂枝三兩（去皮） 乾薑二兩 栝蔞根四兩 黄芩三兩 牡蠣三兩（熬） 甘草二兩（炙）

上七味，以水一斗二升，煑取六升，去滓，再煎，取三升，温服一升，日三服。初服微煩，復服汗出便愈。

【释义】 本方用于治疗寒多微有热，或但寒不热之疟病。但从方药组成及功效分析似有不妥。因柴胡和解少阳，桂枝、干姜温散寒邪，黄芩、栝蒌根清热生津，牡蛎散结，甘草调和诸药，共奏和解少阳，平调寒热之功，而非寒多热少或但寒不热之用。

5.4 结 语

疟病最早见于《内经》，在症状、分类上都有具体的描述，仲景在此基础上提出疟病的脉象为弦脉，并根据寒热的多少把疟病分为温疟、瘅疟、牝疟，以及疟病治疗不及时所形成的疟母等，并提出了明确的治法方药。在治疗方法上，指出了汗、吐、下、温、清、消及针灸、饮食调理等方法，而疟病采用和法治疗自在不论之中，凡此对后世运用中医理论治疗疟病奠定了坚实的基础。

复习思考题

1. 瘅疟、温疟、牝疟在症状、病机、治疗方面有何不同？
2. 何为疟母？怎样治疗？

（李俊莲）

6

中风历节病脉证并治第五

目的要求

1. 了解中风与历节的概念及合篇意义。
2. 熟悉中风与历节的病因病机。
3. 掌握中风的辨证特点及历节病的证治。

重点内容

1. 中风在络、在经、入腑、入脏的不同证候表现。
2. 风湿历节与寒湿历节的证治。

本篇论述中风和历节两种疾病。

中风是以口眼㖞斜，语言不利，半身不遂，甚或突然昏倒，不省人事为主要临床表现的疾病。其病因多由正气亏虚，偶受外邪诱发所致。本篇所论的中风与《伤寒论》中的中风不同，《伤寒论》所说的中风，是外感风邪，病邪在表的一个证候，属于外感病的范畴。本篇所论中风，属于杂病中的范畴。

历节是以疼痛遍历关节，痛势剧烈，日久可致骨节变形为主要临床表现的疾病。除正气亏虚为发病条件外，尚与感受风邪有较密切关系。

由于这两种病都属于广义风病的范畴，故合为一篇讨论。

6.1 中　　风

6.1.1 脉证与鉴别

【原文】

夫風之爲病，當半身不遂[①]，或但臂不遂者，此爲痹。脉微而數，中風使然。(一)

【注释】 ① 不遂：不能随意运动。

【释义】 本条论述中风病的脉证及中风与痹症的鉴别。中风病常见半身不遂，这是突然中风后风邪入中经络的主要症状。若仅见到某一侧肢臂不遂，则属于痹证，是由风寒湿三气杂至，经脉闭塞不通所致，应加鉴别。“脉微而数”，微为气血不足，数为邪气有余，说明中风的根由是因气血不足，外邪诱发为病。

另外，也有注家认为，中风的主要症状是半身不遂，若病变较轻者，也可出现一臂不遂。“此为痹”一句，揭示了中风的病机为经脉闭阻，以致气血不能畅行，筋脉失却濡养所致。此说可供参考。

6.1.2 成因与辨证

【原文】

寸口脉浮而緊，緊則爲寒，浮則爲虚；寒虚相搏，邪在皮膚；浮者血虚，絡脉空虚；賊邪不瀉，或左或右；邪氣反緩，正氣即急，正氣引邪，喎僻[①]不遂。

邪在于絡，肌膚不仁；邪在于經，即重不勝[②]；邪入于腑，即不識人；邪入于臟，舌即難言[③]，口吐涎。(二)

【注释】 ① 㖞僻：即口眼歪斜。

② 重不胜：肢体重滞不易举动。

③ 舌即难言：谓舌强，语言不利。

【释义】 本条论述中风的病因、病机和脉证。寸口脉浮而紧，浮主里虚，紧为表寒，浮紧并见，说明中风的病因乃正气不足，又外感风寒，所以说：“虚寒相搏，邪在皮肤。”

“浮者血虚，络脉空虚，贼邪不泻，或左或右，邪气反缓，正气引邪，㖞僻不遂”，解释了口眼歪斜的机理。脉浮主血气虚，血气虚则络脉空虚，卫外不固，风寒之邪乘虚侵袭；由于里虚不能抗邪外出，邪随虚处而停留。此时受邪的一侧，因经脉之气闭塞，经络缓而不用，故见松弛状态；无病的一侧，血气运行如常，经络功能正常，相对表现为紧张状态，缓者为急者所牵引，于是出现了口眼㖞斜，所以中风之人口眼歪向左侧者，病反在右，口眼歪向右侧者，病反在左。

“邪在于络，肌肤不仁；邪在于经，即重不胜；邪入于腑，即不识人；邪入于脏，舌即难言，口吐涎。”一段，论述了邪气在络、在经、入腑、入脏的不同证候表现。如病变较轻，邪中于络脉，则营气不能运行于肌表，而见肌肤麻痹不仁；如病变较重，邪中于经脉，则血气不能运行于肢体，而见肢体沉重；如邪气深入脏腑，使脏腑功能严重紊乱，神机失灵则出现昏不识人，不能言语，口吐涎沫等严重证候。在络、在经、入腑、入脏，反映了中风病由浅入深，由表入里，由轻到重，由经络到脏腑的演变过程。总之，中经络者，病情轻浅尚易治疗；入脏腑者，病情深重难以治疗。后世将中风分为中经络和中脏腑，实源于此。

“中风”的病因学说，本篇是从内虚外风立论，后世医家在此基础上，有较大的发展。刘完素主“心火暴盛”；李杲主“正气自虚”；朱震亨主“湿热生痰”；张介宾主“内伤积损”，这样对中风的认识更臻完善。

6.1.3 病机

【原文】

寸口脉遲而緩，遲則爲寒，緩則爲虛；營緩則爲亡血，衛緩則爲中風。邪氣中經，則身癢而癮疹[①]；心氣不足，邪氣入中[②]，則胸滿而短氣。(三)

【注释】 ① 瘾疹：即风疹块（疙瘩）。其病常突然发作，起伏不定。

② 入中：谓邪不外泄而内传。

【释义】 本条论述中风与瘾疹的发病机制。寸口主表，亦主营卫。假如寸口见到“迟而缓”的脉象，因迟脉属寒，缓为荣卫气血不足。荣卫不足，表气不固，易中风邪，病重的可发为中风，这与第一条“脉微而数，中风使然”及第二条“脉浮而紧”同一机理。病轻的亦能发生瘾疹，其主要症状是身体奇痒，瘾疹身痒是风邪外泄的现象，并非坏事。如正气不足，无力抗邪，则邪不外泄，反向内传，此时就会出现胸闷、短气等症。因为“诸痛痒疮，皆属于心”（《素问·至真要大论》），胸中为表之里，为心肺所居，邪气内传，影响心肺，故胸闷烦躁，呼吸短气。本条大意是说营卫气血不足之人，易为风寒侵袭，既能构成中风，亦可发为瘾疹。

6.2 历 节

6.2.1 病因、病机及脉证

6.2.1.1 肝肾不足，水湿浸渍

【原文】

寸口脉沉而弱，沉即主骨，弱即主筋，沉即爲腎，弱即爲肝。汗出入水中，如水傷心[①]，歷節黄汗出[②]，故曰歷節。(四)

味酸則傷筋，筋傷則緩，名曰泄。咸則傷骨，骨傷則痿，名曰枯。枯泄相搏，名曰斷泄。營氣不通，衛不獨行，營衛俱微，三焦無所御[3]，四屬斷絶[4]，身體羸瘦，獨足腫大，黄汗出，脛冷。假令發熱，便爲歷節也。(九)

【注释】　① 如水伤心：心主血脉，如水伤心，犹言水湿伤及血脉。

② 历节黄汗出：指关节痛处溢出黄水，是历节病中的并发症状，与黄汗病的汗出色黄，遍及全身者不同。

③ 御：作“统驭”、“统治”讲。

④ 四属断绝：是说四肢得不到气血的营养。

【释义】　第四条论述肝肾不足、寒湿内侵的历节病机。寸口脉沉而弱，沉为病在里，主肾气不足，肾主骨，故曰：“沉即主骨”，“沉即为肾”；弱为肝血不足，肝主筋，故曰：“弱即主筋”，“弱即为肝”。肝肾精血不足，筋骨失养是形成历节的内在因素。

由于肝肾精血不足，筋骨虚弱，当汗出腠理开泄之时，入于水中沐浴，或从事水中作业，或冒雨涉水，寒湿之邪乘虚内侵，郁为湿热，伤及血脉，浸淫筋骨，流入关节，影响气血运行，则周身关节疼痛，痛处肿大，溢出黄汗，这就会形成历节病。

第九条论述过食酸咸、内伤肝肾所致的历节病，并与黄汗病加以鉴别。五味调和以养五脏，若五味偏嗜，反能伤害五脏。如酸味本能补肝，过食酸味却反伤肝。肝主筋而藏血，肝伤则血泄，筋失所养而弛缓不用，谓之曰“泄”。咸味本能益肾，过食咸味却反伤肾。肾主骨而生髓，肾伤则髓枯，骨失所养而痿弱不能行立，谓之曰“枯”。“枯泄相搏，名曰断泄”，是说酸咸太过，势必损伤肝肾，使肝肾精血虚竭。由于肝为藏血之脏，肾为元气之根，肝肾俱虚，气血亦因之而衰微，元气不能运行于三焦，肢体失其营养，日渐羸瘦，气血循行发生阻碍，湿浊下注，所以两脚肿大。若无其他症状，只属肝肾虚损。假如胫冷，不发热，遍身出黄汗而无痛楚，是为黄汗病；如果胫不冷，发热，关节痛，即使有黄汗，亦仅在关节痛处，属历节病，两者必须鉴别。

以上两条的主要精神，在于说明历节的病机，以肝肾先虚为本，以寒湿外侵为标，治疗时应分清标本缓急。

6.2.1.2　阴血不足，外感风邪

【原文】

少陰[1]脉浮而弱，弱則血不足，浮則爲風，風血相搏，即疼痛如掣。(六)

【注释】　① 少阴：一指手少阴神门脉，在掌后锐骨端陷中；一指足少阴太溪脉，在足内后五分陷中。

【释义】　本条论述血虚受风所致历节的病机、证候。少阴为心、肾之脉。

少阴脉弱为心肾阴血不足；脉浮为风邪外袭。由于阴血不足，风邪乘虚侵袭，邪正相互搏结，导致经脉痹阻，筋骨失养，以致关节掣痛，不能屈伸。

本证未提出治法，但据其病机可知，治疗时当以养血为主，因为“治风先治血，血行风自灭”。所以在养血之中可以加祛风的药物进行治疗。

6.2.1.3 阳虚湿盛，外感风邪

【原文】

盛人[①]脉濇小，短氣，自汗出，歷節痛，不可屈伸，此皆飲酒汗出當風所致。(七)

【注释】 ① 盛人：指身体肥胖的人。

【释义】 本条论述阳虚湿盛历节的病机、证候。身体肥胖之人，往往有余于外，不足于内，故其脉多涩小无力；由于阳气不足，所以气短；阳虚不固，所以自汗出。汗出则腠理空虚，易被外风侵入，况且肥人多湿，加之饮酒当风，则风与湿内外相搏，留滞于筋骨关节，阻滞气血的运行，因此形成历节疼痛，不能屈伸之症。

6.2.1.4 胃有蕴热，外感风湿

【原文】

趺陽[①]脉浮而滑，滑則穀氣實，浮則汗自出。(五)

【注释】 ① 趺阳：为胃脉，在足背上五寸骨间动脉处，即足阳明经的冲阳穴。

【释义】 本条论述胃有蕴热复感风湿的历节病机。趺阳脉用以候胃气。脉滑为“谷气实”，“谷气实”是指胃热盛。脉浮为外感风邪，风性疏泄，腠理易于升发，内热盛而腠理开泄，故汗自出。假使汗出当风，或汗出入水中，外感风湿，内热与外邪相互搏结，痹阻关节，亦能形成历节病。

本条语气未完，疑有脱简，似“浮则汗自出”之下，当有汗出入水中，或汗出当风，历节痛，不可屈伸等语。

6.2.2 证治

6.2.2.1 风湿历节

【原文】

諸肢節疼痛，身體魁羸[①]，脚腫如脱[②]，頭眩短氣，温温[③]欲吐，桂枝芍藥知母湯主之。(八)

桂枝芍藥知母湯方：

桂枝四兩　芍藥三兩　甘草二兩　麻黄二兩　生薑五兩　白术五兩　知母四兩　防風四兩　附子二兩（炮）

上九味，以水七升，煑取二升，温服七合，日三服。

【注释】 ① 魁羸：是形容关节肿大，沈氏、尤氏、《金鉴》本俱作“尫羸”（wāng léi，音汪雷），是指身体瘦弱。

② 脚肿如脱：形容两脚肿胀，且麻木不仁，似乎和身体要脱离一样。

③ 温温：作蕴蕴解，谓心中郁郁不舒。

【释义】 本条论述风湿历节的证治。风湿流注于筋脉关节，气血通行不畅，故肢节疼痛肿大；痛久不解，正气日衰，邪气日盛，故身体逐渐消瘦；风邪上犯，则头昏眼黑；湿阻中焦，则短气呕恶；湿无出路，流注下肢，气血不畅，则两脚肿胀且麻木不仁。病由风湿外袭，渐次化热伤阴所致，治以桂枝芍药知母汤祛风除湿，滋阴清热。方中以桂枝、麻黄、防风、附子、白术祛风除湿，知母、芍药清热养阴，生姜和胃止呕，甘草缓急止痛，调和诸药。

风湿历节反复发作，多出现身体瘦弱，关节肿大或变形，剧烈疼痛，或发热不解等症。治疗须祛风除湿、温经宣痹、滋阴清热并用，风湿去、虚热除、阴血生，则病自愈。

附 医案举例

戴某，男，48岁，番禺农民，1995年7月10日来诊。患者于诊前4天与朋友饮酒食海鲜，当晚半夜觉周身骨痛，以左足踇趾及距小腿关节为甚，活动不利，并有发热38℃，第二天于当地医院就诊，诊断为急性风湿性关节炎，经用青霉素、吲哚美辛等处理后，疼痛稍减，但红肿不退，转我院继续治疗。当时患者仍发热38.2°C，倦怠胸闷，左足踇趾及距小腿关节红肿疼痛，活动受限，皮肤灼热，足不能触地，舌红苔黄腻，脉滑数。血 WBC 11.8×10^9/L，N 78%，L 22%，ESR 45mm/h，UA 650μmol/L，类风湿因子试验（RF）：（-），ASO：（-）。中医诊断：痹证（风湿热型），西医诊断：急性痛风性关节炎，选桂枝芍药知母汤治疗，药用桂枝12克，芍药9克，甘草6克，麻黄6克，生姜15克，白术15克，知母12克，防风12克，制附子6克，水牛角30克，泽泻12克，黄柏12克。服五剂，热退，关节肿痛明显减轻，血象正常，ESR 20mm/h，UA 480μmol/L，去水牛角再服五剂，热退，关节活动正常，血尿酸、血沉正常，再服原方20剂以巩固疗效，随访至今二年未见复发，每半年检查血尿酸均在正常范围。[李思宁. 桂枝芍药知母汤治疗急性痛风性关节炎18例. 福建中医药，1998，(2)：29]

6.2.2.2 寒湿历节

【原文】

病歷節不可屈伸，疼痛，烏頭湯主之。（十）

烏頭湯方：治脚氣疼痛，不可屈伸。

麻黄 芍藥 黄芪各三兩 甘草三兩（炙） 川烏五枚（㕮咀，以蜜二升，煎取一升，即出烏頭）

上五味，㕮咀四味，以水三升，煑取一升，去滓，内蜜煎中，更煎之，服七合。不知，盡服之。

【释义】 本条论述寒湿历节的证治。寒湿留于关节，经脉痹阻不通，气血运行不畅，故关节剧烈疼痛，不能屈伸。治以乌头汤温经祛寒，除湿止痛。方中麻黄发汗宣痹通阳；乌头祛寒除湿止痛；芍药、甘草缓急舒筋；黄芪益气固卫，既助麻黄、乌头以温经止痛，又可防麻黄过于发散；白蜜甘缓，能解乌头毒。诸药配伍能使寒湿之邪微汗而解，病邪去而正气不伤。

本条与第八条同为历节病，但在病机、症状和治法上有所不同。桂枝芍药知母汤用于外感风湿，化热伤阴之历节，症状以关节疼痛，游走不定，痛处灼热，形体消瘦为主，兼见头眩短气，温温欲吐，脚肿如脱等症，治宜祛风除湿，养阴清热；乌头汤用于寒湿侵袭，痹阻关节之历节，症状以关节剧痛，不得屈伸，痛处不移，局部喜热畏寒为主，治宜温经祛寒，除湿止痛。

乌头有毒，服后可能有反应，故应掌握适当的剂量。如服乌头汤后，唇舌肢体麻木，甚至昏眩吐泻，则应加以注意。若脉搏、呼吸、神志等方面无大变化，则为“瞑眩”反应。见到这种反应，则疗效尤速。如服后见到呼吸急促，心跳加快，脉搏有间歇现象，甚至神志昏迷的，则为中毒反应，急当抢救。

附　医案举例

邱某，男，49岁。患坐骨神经痛3个月，中药先后用过阳和汤、四妙汤、甘草附子汤等无效，后服西药祛风湿、激素等药，初用似乎缓解，后全无效，最后改用推拿、针灸治疗，效亦不显著。症状右侧腰以下至臀部剧痛，下至足趾肌肉筋骨牵引痛，屈伸不利，行走艰难。脉来沉细，舌苔淡白。病乃寒湿凝滞，经脉痹阻不通所致。治疗非用大剂温阳散寒解痛不可。拟加味乌头汤主之。处方：生川草乌各4克，麻黄6克，细辛4克，白芍15克，甘草6克，黄芪10克，牛膝15克，白芥子15克，鹿角片9克，白蜜30克（冲服），加减连服35剂，疼痛减轻，屈伸自如。再服20剂，疼痛消失，行动如常，病即痊愈，恢复工作。[张谷才. 从《金匮》方来谈痹证的治疗. 辽宁中医杂志，1980，(9)：20]

6.3 附　方

(1) 侯氏黑散

【原文】

侯氏黑散：治大風四肢煩重，心中惡寒不足者。

菊花四十分　白术十分　細辛三分　茯苓三分　牡蠣三分　桔梗八分　防風十分　人參三分　礬石三分　黄芩五分　當歸三分　乾薑三分　芎窮三分　桂枝三分

上十四味，杵爲散，酒服方寸匕，日一服，初服二十日，温酒调服，禁一切鱼肉大蒜，常宜冷食，六十日止，即藥積在腹中不下也，熱食即下矣，冷食自能助藥力。

【释义】　风邪由外入内，直中脏腑经络，经脉阻痹，故四肢烦重。阳气大虚，风寒入中，故心中恶寒不足。治宜扶正祛风，方用侯氏黑散，方中菊花、防风解表祛风，当归、川芎、人参、茯苓补气养血，白术、桔梗燥湿化痰；牡蛎、矾石固涩开结，桂枝、酒、姜温散风寒，黄芩清热。但本方重在治疗气血不足，复感风寒所致之中风证。

（2）风引汤

【原文】

風引①湯：除熱癱癇。

大黄　乾薑　龍骨各四兩　桂枝三兩　甘草　牡蠣各二兩　寒水石　滑石　赤石脂　白石脂　紫石英　石膏各六兩

上十二味，杵，粗篩，以韋囊盛之，取三指撮，井花水三升，煑三沸，温服一升。

【注释】　① 风引：即风痫掣引之候。

【释义】　肝阳亢盛，风邪内动，故大人中风，小儿惊风，而见四肢抽搐，角弓反张，风邪入络，经脉痹阻，故半身不遂而瘫痪。治用风引汤重镇潜阳，清热熄风。方中用牡蛎、龙骨、石脂、石英重镇以潜肝阳之亢；石膏、寒水石、滑石咸寒以泻风化之火；妙在用大黄之苦寒泻下，使热盛风动得以平息；反佐以干姜、桂枝之温，以制诸石之咸寒；甘草和中以调和诸药。该方是治疗肝火偏旺，风邪内动所致中风病的常用方剂。

（3）防己地黄汤

【原文】

防己地黄湯：治病如狂狀，妄行，獨語不休，無寒熱，其脉浮。

防己一錢　桂枝三錢　防風三錢　甘草二錢

上四味，以酒一杯，浸之一宿，絞取汁；生地黄二斤，㕮咀，蒸之如斗米飯久，以銅器盛其汁，更絞地黄汁，和，分再服。

【释义】　病者如狂，妄行，独语，表无寒热而脉浮，为血虚生热，外邪乘虚侵袭，热扰心神所致。治疗用防己地黄汤养血清热祛风。方中重用地黄养血清热为君，轻用防己、防风、桂枝疏风祛邪，甘草和中补气。但须注意，若无外感风邪，而见狂妄谵语者，此方不宜使用。

（4）头风摩散

【原文】

頭風①摩②散方：

大附子一枚（炮）鹽等分

上二味爲散，沐了，以方寸匕，已摩疾上，令藥力行。

【注释】　① 头风：是发作性头眩、头痛之类的疾患。

② 摩：是涂搽外敷的意思。

【释义】　头风是由风寒外侵，经络痹阻引起。因病在头部经络，故用头风摩散外搽头部治疗，取效较为快捷。方中附子味辛大热，可以散经络之风寒；盐味咸微辛，入血分去皮肤的风毒，两药合用共奏祛风散寒止痛之功。该方是治头风外用的良方，有很好的疗效。

（5）矾石汤

【原文】

礬石湯：治脚氣衝心①。

礬石二兩

上一味，以漿水一斗五升，煎三五沸，浸脚良。

【注释】　① 脚气冲心：是指脚气病而见心悸、气喘、呕吐诸症者。

【释义】　脚气病是由寒湿或湿热下注引起，症见腿足肿胀痛重。若湿邪上冲于心，则见心悸、气喘、呕吐诸症。矾石即明矾，具有收湿解毒之功，使毒解湿收，上冲自止，脚肿自消。

（6）《古今录验》续命汤

【原文】

《古今録驗》續命湯：治中風痱，身體不能自收持，口不能言，冒昧不知痛處，或拘急不得轉側。

麻黄　桂枝　當歸　人參　石膏　乾薑　甘草各三兩　芎藭一兩　杏仁四十枚

上九味，以水一斗，煑取四升，温服一升，當小汗，薄覆脊，憑几坐，汗出則愈；不汗，更服。無所禁，勿當風。並治但伏不得臥，咳逆上氣，面目浮腫。

【释义】　中风痱是中风的一个证候类型，源于《素问·热病》篇“痱之为病也，身无痛者，四肢不收，智乱不甚，其言微知，可治，甚者不能言，不可治也。”风痱由气血不足，外风入侵人体所致，因而治宜补气养血，祛风散邪。方中用人参、甘草补中益气；当归、芎　养血调营；麻黄、桂枝疏风散邪；石膏、杏仁清热宣肺；干姜和胃温中。如气血渐旺，风邪外出，则风痱自愈。

（7）《千金》三黄汤

【原文】

《千金》三黄湯：治中風手足拘急，百節疼痛，煩熱心亂，惡寒，經日不欲飲食。

麻黄五分　獨活四分　細辛二分　黄芪二分　黄芩三分

上五味，以水六升，煑取二升，分温三服。一服小汗，二服大汗。心熱加大黄二分，腹滿加枳實一枚，氣逆加人參三分，悸加牡蠣三分，渴加栝蔞根三分，先有寒加附子一枚。

【释义】　卫气不足，风邪外中，营卫不和，故恶寒、手足拘急、百节疼痛；风为阳邪，最易化热，邪热扰心，则烦热心乱，火热伤脾，脾失运化，则经日不欲饮食，治宜固卫祛风，解表清热，用三黄汤，方中用黄芪补气固表，麻黄、独活、细辛解表疏风，黄芩清热降火。如热邪内结成实，发热便秘，则用大黄泻热通腑。

(8)《近效方》术附汤

【原文】

《近效方》术附湯：治風虛頭重眩，苦極，不知食味，暖肌補中，益精氣。

白术二兩　甘草一兩（炙）　附子一枚半（炮去皮）

上三味，剉，每五錢匕，薑五片，棗一枚。水盞半，煎七成，去滓，温服。

【释义】　本方治疗阳虚夹风寒的头眩证。脾肾阳虚不能温煦头目，湿浊不化，故见头重眩，痛苦难忍。不能运化水谷精微，故不知食味。方用附子温肾阳，白术、甘草补脾胃，生姜、大枣调和营卫。

(9) 崔氏八味丸

【原文】

崔氏八味丸：治脚氣上入，少腹不仁。

乾地黄八兩　山茱萸四兩　薯蕷四兩　澤瀉　茯苓　牡丹皮各三兩　桂枝一兩　附子一兩（炮）

上八味，末之，煉蜜和丸，梧子大。酒下十五丸，日再服。

【释义】　见《虚劳病》篇。

(10)《千金方》越婢加术汤

【原文】

《千金方》越婢加术湯：治肉極，熱則身體津脱，腠理開，汗大泄，厲風氣，下焦脚弱。

麻黄六兩　石膏半斤　生薑三兩　甘草二兩　白术四兩　大棗十五枚

上六味，以水六升，先煑麻黄去上沫，内諸藥，煑取三升，分温三服。惡風加附子一枚，炮。

【释义】　见《水气病》篇。

6.4 结　　语

本篇论述了中风和历节的病因、病机及脉证表现，并对历节提出了具体的证治。中风是以口眼歪斜，语言不利，半身不遂，甚或突然昏倒，不省人事为主要表现的病证。其发病以正气亏虚为主因，外感风寒为诱因。由于病情的轻重不同，中风有在络、在经、入腑、入脏之别。邪在于络，肌肤不仁；邪在于经，即重不胜；邪入于腑，即不识人；邪入于脏，更增舌即难言、口吐涎。总之，在经络者病情轻浅，入脏腑者病情深重。

历节以疼痛遍历关节为主症，其发病以肝肾气血不足为内因，风寒湿邪侵犯为诱因。由于感受邪气不同，历节有风湿与寒湿之分，风湿历节，症见身体魁羸，脚肿如脱，头眩短气，温温欲吐者，用桂枝芍药知母汤治疗；寒湿历节，症见关节疼痛而不可屈伸的，用乌头汤治疗。

复习思考题

1. 何谓中风？其病因病机及主症是什么？
2. 中风在络在经、入腑入脏有何不同表现？四者有何内在联系？
3. 桂枝芍药知母汤与乌头汤同治历节，二者有何异同？

（吴晋英）

7

血痹虚劳病脉证并治第六

目的要求

1. 了解血痹与虚劳的概念及合篇意义。
2. 熟悉血痹与虚劳的病因病机和症状表现。
3. 掌握血痹与虚劳的治法和方药。

重点内容

1. 血痹的证治。
2. 虚劳的脉象纲要。
3. 虚劳的证治。

本篇论述血痹与虚劳两种疾病的因机证治。

血痹以肢体局部麻木为主症，是由气血不足，感受外邪所致。血痹与痹证有所不同，后者以肢体筋骨疼痛为主症，是由风寒湿三气杂感所致，二者应加以区别。

虚劳是指由过度劳伤所致的慢性衰弱性疾患的总称，其范围相当广泛，本篇所论包括气虚、血虚、气血两虚、阴虚、阳虚、阴阳两虚，以及虚劳兼风和虚劳夹瘀等证型，但重点是阴阳两虚；治法上虽有补气、益血、温阳、滋阴之别，而重点在调补脾肾。本篇所论的虚劳与后世所说的肺痨有所不同，应予区别。

由于血痹与虚劳两病均属虚证，故合为一篇论述，但重点在于论述虚劳。

7.1 血　痹

7.1.1 血痹成因及轻证的证治

【原文】

問曰：血痹病從何得之？師曰：夫尊榮人[①]骨弱肌膚盛，重困[②]疲勞汗出，臥不時動摇，加被微風，遂得之。但以脉自微濇在寸口，關上小緊，宜針引陽氣，令脉和緊去則愈。（一）

【注释】 ① 尊荣人：指好逸恶劳、养尊处优的人。

② 困：《医统》本作“因”，从之。

【释义】 本条论述血痹的病因及轻证的治法。凡是好逸恶劳、养尊处优的人，肌肉虽然丰盛，实则筋骨脆弱，腠理不固，因而抵抗病邪的能力薄弱。这种有余于外，不足于内的人，如稍事劳动，即疲劳汗出，或无事多思，因而在卧后辗转反侧难以入眠，此时虽感受微风，亦足以形成血痹。

脉微为卫阳不足，涩为血行涩滞，紧为外受风寒。可见，血痹是因正气不足，外感风寒，使阳气痹阻，血行涩滞引起，由于正虚不甚，受邪较浅，所以微涩而紧之脉仅见于寸口和关上。治疗可用针刺法引动阳气，阳气行则邪气去，邪去则脉和而不紧，如此，则血痹可愈。

由此可知，因阳气不行而致血行不畅之病，不当独治血分，而应以导引阳气为主，令气行则血行。因受风而使气血不行者，亦不当独去邪气，而应以畅通气血为主，此亦“血行风自灭”之意。

7.1.2 血痹重证的证治

【原文】

血痹陰陽俱微，寸口關上微，尺中小緊，外證身體不仁，如風痹狀，黄芪桂枝五物湯主之。（二）

黄芪桂枝五物湯方：

黄芪三两　芍藥三兩　桂枝三兩　生薑六兩　大棗十二枚

上五味，以水六升，煮取二升，温服七合，日三服。

【释义】 本条论述血痹重证的证治。阴阳俱微是指营卫气血俱不足；寸口关上微，是阳气甚虚；尺中小紧，为重感风寒。血痹的症状，主要是以局部肌肉麻木为特征，如受邪较重，亦可兼有酸痛感，所以说“如风痹状”。但血痹与风痹的症状是有区别的，前者以麻木为主，而后者则以疼痛为主。

上条正虚不甚，感邪较轻，故“脉自微涩在寸口，关上小紧”，属血痹的轻证，本条正虚较甚，受邪亦重，故“寸口关上微，尺中小紧”属血痹重证，治以黄芪桂枝五物汤温阳行痹，即《灵枢·邪气脏腑病形》篇所说：“阴阳形气俱不足，勿取以针，而调以甘药”之意。方用黄芪甘温补气，桂枝、芍药通阳除痹，生姜、大枣调和营卫，共奏温阳行痹之效。

附　医案举例

沈某，女，35岁。产后半个月，先觉上肢麻木，后觉下肢麻木，有时酸楚，中医从痹证论治无效。现在症状：上下肢常觉麻木不仁，酸楚，恶风怕冷，时已初夏，棉衣着而不能脱，多汗，面无华色，精神疲倦，头眩心慌，脉象虚大，舌淡苔白。病因产后血虚，风邪外袭，经脉痹而不畅，故上下肢麻木不仁。治风先治血，血行风自灭；治血先行气，气行血亦行。方拟加味黄芪桂枝五物汤主之。处方：黄芪12克，芍药10克，桂枝10克，生姜3片，大枣3枚，当归10克，川芎5克。加减连服10剂，上下肢麻木酸楚基本消失，病即痊愈。［张谷才. 从《金匮》方来谈痹证的治疗. 辽宁中医杂志，1980，(9)：20］

7.2　虚　　劳

7.2.1　脉象总纲

【原文】

夫男子平人[①]，脉大爲勞，極虚亦爲勞。(三)

【注释】　① 平人：这里是指外形看来好像无病，其实内脏气血已经虚损之人。亦即《难经》所说：“脉病形不病”者。

【释义】　本条论述虚劳病的脉象总纲。脉大是大而无力，为有余于外，不足于内的脉象，由真阴不足，虚阳外浮所致；极虚，是轻按则软，重按极无力的脉象，为精气内损的反映。脉大与极虚，虽形态不同，但都是虚劳病的脉象，所以说：“脉大为劳，极虚亦为劳。”

本条是以“大”脉和“极虚”脉概括虚劳病总纲的两类脉象，即以下条文中的浮、浮大或芤脉等属大脉范畴，虚沉弦或微紧脉等皆属极虚脉范畴，故仲景以此作为论述虚劳脉象的开端。此外，本条冠以“男子”二字，是强调虚劳病的成因与肾脏亏损有密切关系，非谓虚劳全是男子为病。

7.2.2　辨证

7.2.2.1　阴血不足

【原文】

男子面色薄[①]者，主渴及亡血，卒喘悸[②]，脉浮者，裏虚也。(四)

【注释】　① 面色薄：指面色苍白而无华。

② 卒喘悸：“卒”同“猝”。卒喘悸，谓病人稍一动作，即突然气喘、心悸。

【释义】 本条论述阴血不足的虚劳脉症。《素问·五脏生成篇》谓“心之合脉也，其荣色也”。血虚不能荣于面，故面色白而无华；血虚津亏，故口渴；血虚不能养心，故心悸；阴血不足，多因失血所致，故主亡血；气随血脱，肾不纳气，故气喘；阴血不足，阳气浮越，故脉浮，但此脉浮为浮大而无力，多见于久病或亡血之后，且与气喘、心悸诸虚证并见，才能认为是虚象。

本条脉浮里虚，与《脏腑经络先后病》篇的“浮者在后，其病在里”之意相似，可以互参。

7.2.2.2 气血亏虚

【原文】

男子脉虚沉弦，無寒熱，短氣裏急，小便不利，面色白，時目瞑[①]，兼衄，少腹滿，此爲勞使之然。(五)

【注释】 ① 目瞑：瞑、眩通用。目瞑即目眩。

【释义】 本条论述气血两虚的虚劳脉症。虚劳病若见到沉取弦而无力的脉象，又无外感寒热的症状，是气血两虚的征象。面白、时目瞑、兼衄是肝脾血虚所致；短气、里急、小便不利、少腹满，是肾阳不足不能温化水液所引起。凡此脉症，都属于虚劳的范围，所以说：“此为劳使之然。”

7.2.2.3 虚劳与季节的关系

【原文】

勞之爲病，其脉浮大，手足煩，春夏劇，秋冬瘥，陰寒[①]精自出，酸削[②]不能行。(六)

【注释】 ① 阴寒：阴指前阴。阴寒即前阴寒冷。

② 酸削：指两腿酸痛消瘦。

【释义】 本条论述阴虚的虚劳证与季节的关系。阴虚则阳浮于外，故脉浮大无力；阴虚生内热，四肢为诸阳之本，故手足烦热。本证阴虚阳亢，春夏木火正盛，阳气外浮，则阴愈虚，故病加重；秋冬金水相生，阳气内藏，故病减轻。由于阴损及阳，精关不固，故阴寒精自出。肾藏精而主骨，精失则肾虚，肾虚则骨弱，故两腿酸痛瘦削，不能行动。此即《难经》所论：“骨痿不能起于床”之候。

7.2.2.4 肾虚无子

【原文】

男子脉浮弱而濇，爲無子，精氣清冷。(七)

【释义】 本条从脉象论述虚劳无子证。脉浮弱指脉浮无力，为真阳不足之象，涩指脉象不流利，为精血衰少之象；由于真阳不足，精气交亏，所以精清不温，不能授胎。正如《诸病源候论·虚劳无子候》所云：“丈夫无子者，其精清如水，冰冷如铁，皆无子之候。”这是古人的经验总结，非常可贵。

7.2.2.5 虚劳盗汗

【原文】

男子平人，脉虚弱細微者，喜盜汗也。（九）

【释义】 本条论述虚劳盗汗的脉象。虚微主阳虚、气虚，细弱主阴虚、血虚。病者阴阳气血皆虚，故脉见虚弱细微，阳虚不固，阴虚不守，则容易发生盗汗。

一般来说，盗汗多属阴虚，但虚劳日久不愈，病由阴虚而及阳虚，使阳虚不固，阴虚不守，也可发生盗汗。本证因属阴阳气血皆虚，治方可用桂枝加龙骨牡蛎汤，或用《小品方》的二加龙骨牡蛎汤。如属于阴虚火旺的盗汗，脉见浮数或弦细，症见舌红、心烦者，则可用当归六黄汤治疗。

7.2.2.6 辨三种不同的虚劳证

【原文】

人年五六十，其病脉大者，痹俠背行[①]，若腸鳴，馬刀俠癭[②]者，皆爲勞得之。（十）

【注释】 ① 痹侠背行：指脊柱两旁有麻木感。

② 马刀侠瘿：结核生于腋下名马刀，生于颈旁名侠瘿，二者常相联系，或称为瘰疬病。

【释义】 本条论述三种虚劳病的辨证。人年五六十，肾气已虚，精气衰少，虚阳浮越或阴虚火旺，则脉大而按之无力；精气内衰，经脉失养，所以脊柱两旁有麻木的感觉；若脉大而见肠鸣，则为脾气虚寒，运化失职所致，属虚寒证；若脉大而见马刀侠瘿，则为阴虚阳浮，虚火上炎，痰火相搏所致，属虚热证。以上三种病症，皆属虚劳范畴。

7.2.2.7 脾肾阳虚

【原文】

脉沉小遲，名脱氣[①]，其人疾行則喘喝[②]，手足逆寒，腹滿，甚則溏泄，食不消化也。（十一）

【注释】 ① 脱气：这里指病机，即指阳气虚衰而言。

② 喘喝：即气喘有声。

【释义】 本条论述脾肾阳气虚衰的脉证。脉沉小迟是脾肾阳虚的反应，肾虚不能纳气，故其人疾行则气喘；阳虚寒盛，阳气不能外达肢末，则手足逆冷；脾胃阳虚，腐熟和运化功能减退，则腹满便溏，饮食不化。

本证由脾肾阳气虚衰所致，治宜温补脾肾，可用附子理中汤治疗。

7.2.2.8 精血亏损

【原文】

脉弦而大，弦則爲減，大則爲芤，減則爲寒，芤則爲虚，虚寒相

搏，此名爲革。婦人則半産漏下[①]，男子則亡血失精。（十二）

【注释】 ① 漏下：非月经期间阴道出血，淋漓不断。

【释义】 本条论述精血亏损的虚劳脉象。革脉包括弦大二脉之象，但弦脉一般来说是弦劲有力，按之不移，而革脉之弦，重按则减，所以说“弦则为减”；大脉一般来说是洪大有力，但革脉之大，是大而中空，类似芤脉，所以说“大则为芤”。重按减弱的脉象主寒；大而中空的脉象主虚，这两种脉象结合则为革脉。所以说虚寒相搏，此名为革。革脉为外强中空，如按鼓皮，多因妇人半产、漏下，或男子亡血、失精之后，由于精血大亏，虚阳外浮所致，为虚劳严重之候。

7.2.3 证治

7.2.3.1 阴阳两虚证

（1）阴损及阳证

【原文】

夫失精家[①]少腹弦急，陰頭寒，目眩，髪落，脉極虚芤遲，爲清穀亡血，失精。脉得諸芤動微緊，男子失精，女子夢交[②]，桂枝加龍骨牡蠣湯主之。（八）

桂枝加龍骨牡蠣湯方：

桂枝 芍藥 生薑各三兩 甘草二兩 大棗十二枚 龍骨 牡蠣各三兩

上七味，以水七升，煑取三升，分温三服。

【注释】 ① 失精家：指经常梦遗、滑精之人。

② 梦交：夜梦性交。

【释义】 本条论述阴阳两虚的遗精证治。久患遗精之人，由于经常梦遗滑泄，精液损耗太过，阴虚及阳，下焦失却阳气温煦，故少腹弦急，前阴寒冷；精血衰少，则目眩发落。“脉极虚芤迟，为清谷、亡血、失精”是插笔，意思是说，极虚芤迟的脉象既能见于失精的病人，也可见于失血或下利清谷的患者。

芤动为阳，乃阴虚阳浮之象；微紧为阴，乃阳虚内寒之象；脉见芤动微紧乃阴阳两虚之征，在男子见于失精之人，在女子则见于夜梦性交，二者皆属阴阳两虚证，治疗用桂枝加龙骨牡蛎汤。方中用桂枝汤调和阴阳，加龙骨、牡蛎潜镇摄纳，如阳能固摄，阴能内守，则失精、梦交乃愈。

本条说明同一疾病可以出现不同脉象，如失精家既可见极虚或芤或迟之脉，亦可见芤动或微紧之脉；反之，不同的疾病，又可见到相同的脉象，如亡血和下利清谷的患者，都可以见到极虚或芤迟之脉。

【现代研究】 本方可用于治疗小儿肺炎后期，由于患儿体弱，肺部病灶长期不易吸收，对临床表现为心阳不振、营虚卫弱、正虚邪恋、虚多邪少之证者，有明显效果。辨证应抓住以下特点：①年幼体弱，病程较长；②有汗而热不解，身热起伏，热势虽高，但无面赤、口渴、舌红、苔黄等化燥伤阴者；③面色苍白，舌质淡嫩，脉细无力；④全身有汗，汗性黏凉，汗后皮肤少温。［王苹分. 运用桂枝加龙牡汤治疗 13 例小儿肺炎临床报告. 中医杂志，1964，(10)：12］

另，本方对有梦无梦之遗精、带下、自汗、盗汗、偏汗、遗尿、乳泣等症，辨证属阴阳俱虚者，皆有较好疗效。

附 医案举例

王某，男，30 岁。失眠遗精，服地西泮、谷维素、维生素类药及六味地黄丸均无效，症见形体消瘦，头昏目眩，寐则梦遗，动辄气喘汗出，食欲减退，脉数无力，舌淡苔白。证属失精，处方：桂枝 9 克，白芍 9 克，生姜 6 克，大枣 10 枚，甘草 6 克，龙骨 30 克，牡蛎 30 克，炒枣仁 30 克，金樱子 30 克，莲子须各 15 克。水煎服。

服六剂，睡眠好，梦遗止，为巩固疗效，嘱患者早服六味地黄丸两粒，晚服人参归脾丸两粒，坚持一月，调理而愈。(刘渡舟等. 当代医家论经方. 北京：中国医药出版社，1993. 530)

（2）阳损及阴证

【原文】

虛勞裏急[①]，悸，衄，腹中痛，夢失精，四肢痠痛，手足煩熱，咽乾口燥，小建中湯主之。(十三)

小建中湯方：

桂枝三兩（去皮） 甘草三兩（炙） 大棗十二枚 芍藥六兩 生薑三兩 膠飴一升

上六味，以水七升，煑取三升，去滓，内膠飴，更上微火消解，温服一升，日三服。

【注释】 ① 里急：指腹部有挛急感，按之不硬。

【释义】 本条论述阴阳两虚的虚劳腹痛证治。人体阴阳是相互维系的，虚劳病日久，往往阳虚及阴，阴虚及阳，从而形成阴阳两虚之证。阳虚生寒，阴虚生热，当阴阳两虚时，就会出现寒热错杂的证候。阳气不足，腹部失于温煦，则里急，腹中痛；阴虚生热，则衄血，手足烦热，咽干口燥；阴血不足，心失所养则心悸；肾虚阴不能内守，则梦遗失精；气血虚衰，不能营养四肢，则四肢酸疼，这些都是阴阳失调的表现，治用小建中汤建立中气，调补阴阳。方中甘草、大枣、胶饴甘以建中缓急；桂枝、生姜辛以通阳调卫；芍药酸以收敛和营，本方是甘温与酸甘合用之剂，甘温助阳，酸甘化阴，故能调和阴阳。

阴阳两虚之证为何从中焦脾胃着手治疗？原因在于：脾胃为后天之本，是气血营卫生化之源，久病脾胃虚弱，营养之源不继，气血亏虚，这是形成阴阳两虚证的关键。此外，脾胃还是阴阳升降之枢，中虚失运，则阴阳升降失序，所以，阴阳两虚之证宜补益脾胃，待气血充裕，阴阳即可由不协调而达到协调，偏寒偏热的症状就可以消失。正如《心典》谓："欲求阴阳之和者，必于中气，求中气之立者，必以建中也。"

小建中汤虽用以治疗阴阳两虚证，但该方毕竟属于甘温之剂，其病机应以阳虚为重，症状以里急腹痛为主，如衄血、手足烦热、口干咽燥等阴虚内热之证明显者，当慎用。

【现代研究】 小建中汤在临床上广泛用于治疗脾虚所致的多种病证：如脾土虚弱，生化无权所致的血虚；太阴中土虚弱，脾失健运所致的腹痛；脾气虚弱所致的体虚发热；脾土虚弱，健运失司所致的虚黄，均有很好疗效。[万桂华等. 小建中汤临床应用. 陕西中医，1980，(5)：34]

附 医案举例

患者，男，74岁。病者述偶纳食不慎则胃脘胀满。近一年余纳食减少，大便反多而溏薄，乏力。半年来痰涎稀涕壅盛，常涕不觉而淌，痰屡吐不绝，咳轻微，不喘，痰白质稀，其舌淡苔白滑，体瘦弱，面无华，脉滑缓。证属中气虚损，脾土虚寒，宜用温中补虚、健脾利湿之法，方用小建中汤加味：白芍12克，桂枝6克，生姜9克，炙甘草3克，大枣4枚，川椒6克。诸药合用4剂后，老人痰涕皆减，纳稍增。守方再进14剂，痰涕壅盛基本痊愈，胃纳复常。[高家芹. 小建中汤新用. 天津中医，1994，(3)：46]

(3) 中气虚弱证

【原文】

虛勞裏急，諸不足，黃芪建中湯主之。(十四)

【释义】 本条承上条继续论述阴阳两虚的虚劳腹痛证治。里急是腹中拘急，诸不足是气血阴阳俱不足，治疗用黄芪建中汤补中以缓急迫，该方由小建中汤加黄芪而成，由此可知，本证较小建中汤证证情略重，气虚更甚，其证候表现应有上条小建中汤诸症，本条未言是省文笔法，仲景以“虚劳里急”一句而概之，从加用黄芪来推测，本证尚有自汗或盗汗，身重或不仁等症。

上述三证，均属阴阳两虚之证，其病机区别在于：桂枝加龙骨牡蛎汤证为肾阴先虚，阴损及阳；小建中汤证是脾胃阳气先虚，阳损及阴；而黄芪建中汤证是在小建中汤证的基础上，又增气虚证候。三方皆由桂枝汤化裁而来，“桂枝汤外证得之能解肌去邪气，内证得之能补虚调阴阳”（《心典》）。以上三方中正是取桂枝汤调和阴阳的作用。

【现代研究】 实验证明黄芪建中汤具有以下作用：①抗消化道溃疡作用。黄芪建中汤没有直接的局部抗酸作用，它的抗溃疡作用是通过阻碍迷走神经而抑制胃液、胃酸分泌的。动物实验还证明，本方能抑制胃肠运动，能明显对抗乙酰胆碱和毛果芸香碱，说明本方有类似抗胆碱药的作用。②提高机体免疫功能。实验证明，本方具有提高细胞免疫作用，对体液免疫也有一定影响，提示本方的治疗效果与提高机体免疫功能有关。

在临床上，本方多用于治疗慢性胃炎、胃及十二指肠球部溃疡、神经衰弱、自汗、盗汗等各种身体虚弱性疾患，近年来，有人用本方治疗妇科带下症、五官科过敏性鼻炎及顽固性口腔溃疡也收到了很好效果。[李孟周. 黄芪建中汤的临床应用及药理研究. 中成药，1990，(11)：36]

附 医案举例

张某，男，34岁。1987年11月2日就诊。两年前偶因过食生冷，胃脘疼痛，某医生给予硫酸阿托品片，服后痛止。时隔月余，胃痛又作，便自购阿托品服之。后胃脘反复疼痛，均服阿托品，二年来不能间断。如停服阿托品，则感脘腹疼痛加重，腹胀如鼓，不思饮食，小便不利，苦痛难以名状；继服阿托品诸证立即消失。刻诊：患者面黄肌瘦，精神萎靡，畏寒肢冷，体倦乏力，下肢微肿，舌质胖嫩，边有齿痕，苔薄白，脉细无力。检查，胃脘钡餐透视，未发现器质性病变。西医诊断为阿托品依赖症。中医辨为中焦虚寒证。由于长期服用阿托品，中焦功能受抑，导致中阳不振，运化无力，故嘱患者停服阿托品，治以补中益气，温脾和胃。方用黄芪建中汤加味：炙黄芪20克，炒白芍15克，桂枝10克，党参、炒白术各10克，茯苓9克，半夏、木香、砂仁、炙甘草各6克，生姜3片，大枣4枚。一日一剂，分二次温服。服六剂后，诸症消失。后以香砂六君子丸调服，身体康复。随访五年胃痛未再复发。阿托品依赖症随之而除。［王心好. 加味黄芪建中汤治疗阿托品依赖症. 四川中医，1988，(6)：32］

7.2.3.2 阳虚证

【原文】

虚勞腰痛，少腹拘急，小便不利者，八味腎氣丸主之。(十五)

腎氣丸方：

乾地黄八兩 山藥 山茱萸各四兩 澤瀉 牡丹皮 茯苓各三兩 桂枝 附子（炮）各一兩

上八味末之，煉蜜和丸梧子大，酒下十五丸，加至二十五丸，日再服。

【释义】 本条论述肾阳不足的虚劳证治。腰为肾之外府，肾阳虚则腰痛；肾与膀胱相表里，膀胱位于少腹，如肾阳不足，则膀胱气化不利，故见少腹拘急，小便不利。治用八味肾气丸，方中用六味地黄丸滋补肾阴，加桂枝、附子温阳化气，该方阴阳并补，但方中滋阴药多，而助阳药少，原因在于肾阳为阴中之阳，命火为水中之火，故“善补阳者，必于阴中求阳，则阳得阴助而生化无穷”(《景岳全书》)。八味肾气丸助阳之弱以化水，滋阴之虚以生气，如此肾气振奋，则诸症自愈。

【现代研究】 《金匮》肾气丸为中医名方，今人在辨证的基础上广泛用于治疗：①心血管系统疾病，如心绞痛、缓慢性心律失常、冠心病窦性心动过缓、原发性高血压、脑血管病伴偏瘫、静脉血栓形成。②呼吸系统疾病，如慢性支气管炎。③消化系统疾病，如泄泻、便秘。④泌尿系统疾病，如肾病综合征、慢性肾功能不全、肾积水、淋症、前列腺病、先天性疝。⑤内分泌系统疾病，如糖尿病。⑥生殖系统疾病，如性功能障碍、不育症。⑦骨骼系统疾病，如骨质疏松症、腰椎间盘突出症。［娄月丽. 肾气丸临床应用近况综述. 中成药，1998，(7)：41］

附 医案举例

余某，女，37 岁。喘促已七年余，服氨茶碱七年多，腰酸腿软弱，卧床不起，形貌苍老与年龄不称。下肢浮肿，小便失禁。脉沉细，舌质淡。自诉久治医药罔效。处方：六味地黄丸作汤剂加附子 5 克、肉桂 3 克，分二次吞服，三剂。三天后来诊，病人自己步行来，谓服药一剂后喘促较平，二剂后小便有知，已能起动，续以肾气丸加减巩固之。（刘渡舟等. 当代医家论经方. 北京：中国中医药出版社，1993. 204）

7.2.3.3 阴虚证

【原文】

虚勞虛煩不得眠，酸棗湯主之。（十七）

酸棗仁湯方：

酸棗仁二升　甘草一兩　知母二兩　茯苓二兩　芎藭二兩

上五味，以水八升，煮酸棗仁，得六升，内諸藥，煮取三升，分温三服。

【释义】　本条论述虚劳阴虚失眠的证治。肝藏魂，心藏神，故失眠与肝心两脏关系密切。本证即是由肝阴不足、心血亏损所致。肝阴不足，虚热内生则魂不归肝，心血亏虚则神难守舍，虚热扰及心神，则虚烦失眠，治以酸枣仁汤，方中酸枣仁为君以养肝阴，与甘草合用，酸甘合化，以增养阴之力，知母清虚热；川芎理血疏肝，茯苓宁心安神，共奏养阴清热、宁心安神之效。

《伤寒论》栀子豉汤证亦有虚烦不得眠之症，但与本证病机不同。前者是因无形之邪热郁于胸膈所致，“虚”即无形之邪，是与有形之实邪比较而言，非正气虚之意；本证是因阴血不足，虚热内扰引起，一虚一实，迥然不同。

【现代研究】　临床研究表明，给正常人服用酸枣仁汤后，用多种波动描记器记录用药前后波动图，并以入睡度、熟睡度、觉醒时的爽快感等指标综合判断疗效，结果表明在整个实验期间，服药者的入睡度、熟睡度、觉醒时的爽快感均好。（邓文龙. 中医方剂的药理与应用. 重庆：重庆出版社，1990.）

附 医案举例

马某，女，45 岁。患神经衰弱，经常头昏头痛，心烦失眠，精神疲倦，记忆减退，血压波动在 17.3～19.4/10.7～12.0 kPa（130～145/80～90 毫米汞柱）之间，舌红无苔，脉象弦细。曾服谷维素、甲丙氨酯、氯氮、补脑汁等药无效。此肝虚夹热、心神受扰，治宜清肝除烦、养心宁神，用酸枣仁汤：炒枣仁 12 克，川芎 3 克，知母 10 克，茯苓 10 克，甘草 5 克，加钩藤 12 克，菊花 10 克，蒺藜 10 克，生地 15 克，白芍 10 克，生牡蛎 15 克，服 10 剂，头痛失眠稍好，继用天王补心丹嘱其常服，以善其后。（谭日强. 金匮要略浅述. 北京：人民卫生出版社，1981. 107～108）

7.2.3.4 虚劳兼风证

【原文】

虚勞諸不足，風氣①百疾，薯蕷丸主之。（十六）

薯蕷丸方：

薯蕷三十分　當歸　桂枝　麯　乾地黄　豆黄卷各十分　甘草二十八分　人參七分　芎藭　芍藥　白术　麥門冬　杏仁各六分　柴胡　桔梗　茯苓各五分　阿膠七分　乾薑三分　白蘞二分　防風六分　大棗百枚爲膏

上二十一味，末之，煉蜜和丸，如彈子大，空腹酒服一丸，一百丸爲劑。

【注释】　① 风气：泛指外感病邪，因风为百病之长，风邪乘虚入侵人体，能引起多种疾病。

【释义】　本条论述虚劳兼风证的证治。虚劳诸不足，是人体气血阴阳诸不足。由于人体诸虚不足，抗病力薄弱，容易受外邪侵袭而形成虚损兼夹外邪之证。治疗应以扶正为主，兼顾祛邪，方用薯蓣丸，方中薯蓣专理脾胃，人参、白术、茯苓、干姜、豆黄卷、大枣、甘草、曲益气调中，当归、芎　、芍药、地黄、麦冬、阿胶养血滋阴，柴胡、桂枝、防风祛风散邪，杏仁、桔梗、白蔹理气开郁，综观全方以健脾为主。因脾胃为后天之本，是气血营卫生化之源，气血阴阳诸不足，非脾胃健运，饮食增加，则无由资生恢复。

对于虚劳而受风者，治疗时不能单纯补虚或单纯祛风，因纯用补虚容易恋邪，单用祛风则损伤正气，反使风邪不得外解，故应以调补为主，兼以祛风，如此方可收扶正祛邪之功。

【现代研究】　薯蓣丸用于慢性心脏病心功能减退的恢复治疗，收效良好。根据现代药理学研究提示，方中的不少药物，特别是人参、桂枝、干姜等，具有明显的扩张血管、兴奋心肌、刺激冲动、增加心率等作用，可使整个心脏的传导、搏血功能大为改善。[邵桂珍. 薯蓣丸治疗心功能减退 113 例. 河南中医，1994，(6)：257]

附　医案举例

何某，男，40 岁。患虚劳有年，咳嗽痰少，食欲不振，体重减轻，精神疲倦，手足烦热，舌淡无苔，脉象细弱。经 X 线摄片，诊断为浸润型肺结核，曾口服雷米封、肌注链霉素，病情得以稳定，脉证如上。此肺脾劳伤，气血虚损，拟健脾理肺，益气补血，用薯蓣丸：西党参 15 克，白术 10 克，茯苓 10 克，干地黄 15 克，当归 10 克，白芍 10 克，麦冬 10 克，柴胡 10 克，杏仁 10 克，桔梗 6 克，黄豆卷 12 克，炙甘草 6 克，大枣 5 枚，去麦曲、桂枝、干姜、川芎、防风、白蔹，加鳖甲 15 克，百部 12 克，川贝 6 克，百合 10 克，知母 6 克，桑皮 10 克。文火浓煎去滓，再下怀山末 30 克，胎盘粉 30 克，阿胶 10 克，冰糖 30 克，白蜜 30 克，和匀熬膏，每服两汤匙，日三服。调理年余，X 线复查肺部病灶钙化，身体亦渐康复。（谭日强. 金匮要略浅述 . 北京：人民卫生出版社，1981. 106~107）

7.2.3.5　虚劳夹瘀证

【原文】

五勞虚極羸瘦，腹滿不能飲食，食傷、憂傷、飲傷、房室傷、饑

傷、勞傷、經絡營衛氣傷，内有乾血，肌膚甲錯，兩目黯黑。緩中補虛，大黄　蟲丸主之。（十八）

大黄　蟲丸方：

大黄十分（蒸）　黄芩二兩　甘草三兩　桃仁一升　杏仁一升　芍藥四兩　乾地黄十兩　乾漆一兩　虻蟲一升　水蛭百枚　蠐螬一升　蟲半升

上十二味，末之，煉蜜和丸小豆大，酒飲服五丸，日三服。

【释义】　本条论述虚劳兼夹干血的证治。五劳有两种解释，一指心劳、肝劳、脾劳、肾劳、肺劳；一指《素问·宣明五气篇》"久视伤血，久卧伤气，久坐伤肉，久立伤骨，久行伤筋。"食伤、忧伤、饮伤、房室伤、饥伤、劳伤、经络营卫气伤，合称为七伤。由于五劳七伤使人体虚损发展到严重程度，以致形体消瘦。即文中所谓"虚极羸瘦"。腹满不能饮食，是脾胃虚弱，运化失常的表现。由于虚劳日久不愈，经络气血的运行受到影响，从而产生瘀血，瘀血久留于体内而成"干血"。瘀血内停，则两目黯黑，妨碍新血的生成，肌肤失去营养，故粗糙如鳞甲状。本证因虚致瘀，又且瘀积已甚，治宜大黄　虫丸祛瘀生新，缓中补虚，方中用大黄、　虫、桃仁、虻虫、水蛭、蛴螬、干漆活血化瘀；芍药、地黄养血补虚；杏仁理气；黄芩清热；甘草、白蜜益气和中，诸药合用制成丸剂，意在峻药缓用，使祛瘀而不伤正，扶正而不留瘀，达到攻补兼施的目的，此即"缓中补虚"之意。

【现代研究】　大黄　虫丸不同于一般的活血化瘀方剂，该方破血散结之力虽猛，但攻瘀而不伤正，特别适用于久病正虚，干血瘀结，形成肿块的干血证，疗效优于血府逐瘀汤等其他活血化瘀方剂。现代研究证明，本方尚有以下作用和用途：①有降血脂作用，且降血脂作用优于西药烟酸肌醇，对高脂血症有防治作用。②具有改善血液流变性和血流动力学，溶解血栓，促进渗出血液吸收等作用，可用于治疗外科血栓栓塞性脉管炎、静脉曲张综合征、下肢栓塞性深静脉炎、四肢浅静脉炎、术后瘀血所致肠粘连及妇科结核性盆腔炎、盆腔腹膜炎、宫外孕、子宫肌瘤等。③具有保肝作用。大黄　虫丸通过改善血液流变性，改善血流动力学和补血生新，使四氯化碳造成慢性肝损伤大鼠的肝病减轻，乳酸脱氢酶和谷丙转氨酶活性明显降低，血清白蛋白回升，γ-球蛋白明显降低，肝胶原蛋白明显减少。可用于治疗慢性活动性肝炎、肝硬化、肝腹水等肝病。［程得新. 大黄　虫丸近十年的药理研究与临床应用. 北京中医，1992，(2)：40］

附　医案举例

石姓，女，19岁。患者16岁月经来潮，18岁初月经渐少，后即经闭不行，形体日渐消瘦，面色晄白，饮食减少，精神衰弱，头眩心悸，诸医有从气血虚弱论治，常服八珍、归脾汤；有从虚寒论治，用温经汤等，诸药乱投，月经不行，形体更瘦，少腹拘急不舒，脉象迟涩，舌中有紫斑。病久气血内损，治宜补气养血，但月经不行，瘀血内阻，新血不生，因此治当通瘀破瘀。治仿《金匮》大黄　虫丸，攻补兼施，汤丸并进，久服方能达到气血恢复，月经通行的目的。处方：当归、党参、白术、熟地各10克，桃仁、 虫、红花各6克，甘草4克，大枣5枚，川芎6克，两日服一剂。大黄 虫丸每服4克，日服三次。原方加减共服两个月，形体健壮，面渐红润，月经已行一次，量少，原方既获显效，再服一月，经行正常，病即痊愈。[张谷才. 从《金匮》方来谈瘀血的证治. 辽宁中医杂志，1980，(7)：1]

7.2.4　附方

(1) 天雄散

【原文】

天雄散方

天雄三兩（炮）　白术八兩　桂枝六兩　龍骨三兩

上四味，杵爲散，酒服半錢匕，日三服，不知，稍增之。

【释义】　本方是补阳摄阴之方，主要用于治疗肾阳不足引起的失精腰痛。方中天雄补命门、壮肾阳；白术补脾胃、温中阳；桂枝助天雄以温肾阳；龙骨收敛摄精。现代用本方治疗肾阳不足所致之不育、阴汗、阴冷、更年期综合征等取得较好疗效。

(2) 炙甘草汤

【原文】

《千金翼》炙甘草湯：治虚勞不足，汗出而悶，脉結悸，行動如常，不出百日，危急者十一日死。

甘草四兩（炙）　桂枝　生薑各三兩　麥門冬半升　麻仁半升　人參　阿膠各二兩　大棗三十枚　生地黄一斤

上九味，以酒七升，水八升，先煑八味，取三升，去滓，内膠消盡，温服一升，日三服。

【释义】　本方即《伤寒论》中的炙甘草汤。虚劳不足，指阴阳气血不足，阳气虚，卫外不固，则汗出，气血两虚，脉道不充，血行不畅，心失所养，则脉结代，胸闷心悸。轻者如常人，重者可危及生命。炙甘草汤中甘草、人参、大枣补中益气，麦冬、麻仁养阴润燥，地黄、阿胶养血复脉，桂枝、生姜温阳通脉，共奏滋阴养阳、补益气血之效。

结合《伤寒论》来看，不论伤寒、杂病，凡是因气血阴阳不足而出现脉象结代，心悸怔忡等症，皆可用本方治疗。

(3) 獭肝散

【原文】

《肘後》獭肝散：治冷勞①，又主鬼疰②一門相染。

獭肝一具

炙乾末之，水服方寸匕，日三服。

【注释】　① 冷劳：指寒性虚劳。

② 鬼疰："疰"同"注"，形容病邪具有传染性，一人方死，另一人复得。其病邪隐蔽难见，似有鬼邪作祟，故名鬼疰，即今之肺痨。

【释义】 獭肝性甘温，既能扶助阳气，又能杀灭痨虫，所以用治冷劳和鬼疰。

7.3 结 语

本篇论述了血痹和虚劳的病因、病机及脉证治疗。

血痹是因气血不足，感受风邪，阳气痹阻，血行涩滞引起，以肢体局部麻木为主症，重者亦可见轻微疼痛。治宜通阳行痹，轻证可用针刺疗法；重证可用黄芪桂枝五物汤治疗。

虚劳是以五脏气血阴阳不足为发病机制，本篇可分为阴虚、阳虚、阴阳两虚以及虚中夹实等类型。由于阴阳两虚之证病情复杂，辨证困难，治疗棘手，故仲景将此作为重点，不厌其烦地加以阐述。

虚劳病范围很广，涉及五脏，从本篇内容来看，仲景尤其重视脾肾两脏，这是因为肾为先天之本，是真阴真阳所寄之处；脾胃为后天之本，是气血营卫生化之源，故补益脾肾，是虚劳的治本之法。

本篇除附方外，治疗虚劳病的方剂共七首。虚劳阳虚者，症见腰痛，少腹拘急，小便不利，治宜八味肾气丸温补肾阳；虚劳阴虚者，症见心烦、失眠，治宜酸枣仁汤养阴清热，除烦安神；虚劳阴阳两虚者，可分别选用桂枝加龙骨牡蛎汤、小建中汤和黄芪建中汤治疗。其中肾阴亏虚，阴损及阳的失精，宜用桂枝加龙骨牡蛎汤调和阴阳、固涩精液；脾胃阳虚，阳损及阴的腹痛，宜用小建中汤甘温健中，调和阴阳；若气虚明显者，宜用黄芪建中汤健中益气；虚劳兼风者，治宜薯蓣丸扶正祛邪；虚劳夹瘀者，治宜大黄 虫丸去瘀生新。上述诸方，多数属甘温之剂，可见仲景治疗虚劳侧重甘温扶阳。

复习思考题

1. 血痹的病因、病机和主症是什么？如何进行治疗？
2. 小建中汤为什么能治疗阴阳两虚的虚劳病？
3. 试述阴阳两虚虚劳证的证治。
4. 何谓"缓中补虚"？其适应证及代表方剂是什么？

（吴晋英）

8

肺痿肺痈咳嗽上气病脉证治第七

目的要求

1. 了解肺痿、肺痈、咳嗽上气的合篇意义。
2. 熟悉肺痿、肺痈、咳嗽上气的病因病机及其相互关系。
3. 掌握肺痿、肺痈、咳嗽上气的辨证论治。

重点内容

1. 肺痿的分类证治。
2. 肺痈的发病过程、症状特点、诊断依据、治疗方药。
3. 咳嗽上气的辨证论治。

本篇论述了肺痿、肺痈和咳嗽上气三种疾病的辨证论治。三者在病位上均属于肺，症状上均有咳嗽表现，且在病理变化方面也有着一定的联系，故合篇进行讨论。

肺痿即肺气痿弱不用，病情有虚寒、虚热之分。前者属于热在上焦，津液枯竭；后者属于肺气虚冷，上不制下。在性质上，肺痿属于慢性虚弱性疾患，多续发于其他疾病或误治之后，主要症状为多唾涎沫。

肺痈即肺生痈脓的病变，由感受风热病邪引起，病理变化主要分为三个阶段：表证期、酿脓期、溃脓期，症状以咳嗽、胸痛、吐脓痰腥臭为主。一般来说，肺痈属于实证，但若迁延日久，伤津耗气，亦可转变为虚证。

咳嗽上气即咳嗽气逆，证情有虚实之别。从本章所论方证来看，以实证居多，在病机方面，属于实证者又可分为痰饮内阻和外邪内饮两种类型。临床主要表现为咳嗽气喘、不能平卧，或喉中痰鸣。肺胀，亦属咳逆上气，但在病机上以外感表邪，内夹饮热迫肺所致的肺气胀满为其特征，临床表现以咳喘、胸满、烦躁等为主。

8.1 肺 痿

8.1.1 成因、脉证与鉴别

【原文】

問曰：熱在上焦者，因咳爲肺痿，肺痿之病，從何得之？師曰：或從汗出，或從嘔吐，或從消渴①，小便利數，或從便難，又被快藥②下利，重亡津液，故得之。

曰：寸口脉數，其人咳，口中反有濁唾涎沫③者何？師曰：爲肺痿之病。若口中辟辟④燥，咳即胸中隱隱痛，脉反滑數，此爲肺癰，咳唾膿血。

脉數虚者爲肺痿，數實者爲肺癰。(一)

【注释】 ① 消渴：指渴而消水，饮不解渴，小便利数的消渴病。

② 快药：指大黄一类的攻下药。

③ 浊唾涎沫：浊唾指稠痰，涎沫指稀痰。

④ 辟辟：形容口中干燥状。

【释义】 本条论述虚热肺痿的成因。肺痿有虚热、虚寒之分，肺痿的原因主要是肺中阴虚内热。导致阴虚内热的原因常见的有如下几种：或因发汗过多；或因呕吐频作；或因消渴为患，小便频数；或因大便秘结，过用攻下之品。凡此种种，均可“重亡津液”，致使津液耗伤，阴虚内热，熏灼于肺，从而使肺气痿废不用，形成本病。

肺痿的病机既为阴虚内热，理应干咳少痰，而肺痿的症状却为咳吐浊唾痰沫，这是因为肺气痿弱，肺的宣发肃降失职，则由脾转输至肺中的津液失于敷布，又为肺中虚热熏灼，因病为虚热，故未能炼液为痰，而形成稠痰白沫，随肺气上逆而吐出，这是肺痿最为显著的特征。“寸口脉数”，是指虚热肺痿的脉象。因肺痿究属阴虚内热，故其脉必数而无力。

如若症见口中干燥异常，咳嗽、胸痛，咳唾脓血，为邪热壅肺，结聚成痈之候，属于肺痈，其脉必滑数有力，与虚热肺痿迥然不同。

肺痿与肺痈病位均在肺，症状方面均有咳嗽，脉象也皆有数脉，其不同之处在于：①病机方面，肺痿属阴虚肺热，性质属虚热。肺痈属邪热壅肺，热壅肺溃，性质属实热。②症状方面，前者为咳吐浊唾涎沫，后者为咳嗽胸痛，咳吐稠痰腥臭。③脉象方面，前者为虚数，后者为实数。

8.1.2　肺痿证治

8.1.2.1　虚寒证

【原文】

肺痿吐涎沫而不咳者，其人不渴，必遺尿，小便數。所以然者，以上虚不能制下故也。此爲肺中冷，必眩，多涎唾，甘草乾薑湯以温之。若服湯已渴者，屬消渴。（五）

甘草乾薑湯方：

甘草四兩（炙）　乾薑二兩（炮）

上㕮咀，以水三升，煑取一升五合，去滓，分温再服。

【释义】　本条论述虚寒肺痿证治。虚寒肺痿是由于肺气虚冷，上不制下所致。主要症状表现为多涎唾、头目眩晕、遗尿、小便频数。肺气虚冷，清阳不升则头眩；肺气虚冷，气不布津则多吐涎沫；上焦虚冷，不能制约下焦则遗尿、小便频数。治当温肺益气，宜投甘草干姜汤。方中炙甘草补肺益气，干姜炮用，取守而不走、温肺散寒之功。

附　医案举例

宁某，女，58岁，1968年11月25日就诊。有肺结核、气管炎病史已久，经常低热盗汗，咳嗽，近三年来气喘加重，入冬尤甚，经检查确诊为肺源性心脏病。症见形体消瘦，咳吐白痰，自觉痰凉，咳即遗尿，浸湿衣裤，胸闷气喘，不能平卧，四肢欠温，舌质淡，苔白腻，脉沉细。证属肾阳虚衰，气虚下陷，治以温补肾阳，益气固正。

方用：熟地24克，山萸、山药、陈皮、半夏各12克，丹皮、茯苓各9克，黄芪30克，白术15克，桂枝、附子各45克。

三剂后咳喘稍减，但饮食欠佳，余症同前，乃求于周师。师观其脉证，谓“此乃中阳虚衰，运化无权，上不生金则肺痿，失去肃降之力，不能通调水道，故咳而遗尿，病机为肺中虚冷，阳气不振，上虚不能制下也。乃甘草干姜汤证无疑。”方用甘草30克、干姜30克，浓煎频服。服药二剂，遗尿、咳嗽减轻，再增甘草60克，三剂。症状基本控制，继用肾气丸加减调治而愈。[唐祖宣．甘草干姜汤的新用．浙江中医杂志，1982，(2)：23]

8.1.2.2　虚热证

【原文】

大逆上氣，咽喉不利，止逆下氣者，麥門冬湯主之。（十）

麥門冬湯方：

麥門冬七升　半夏一升　人參三兩　甘草二兩　粳米三合　大棗十二枚

上六味，以水一斗二升，煑取六升，温服一升，日三夜一服。

【释义】　本条论述虚热肺痿证治。该证属阴虚内热，主要症状表现为咳吐涎沫浊唾，咽喉不利，脉象微数。治宜清养肺胃，化痰降逆，方用麦门冬汤。方中以麦门冬为君，养阴清热；人参、甘草、粳米、大枣补土生金，益气养阴；半夏化痰降逆，共奏养阴清热、化痰降逆之功，用治虚热肺痿颇为适宜。需要指出的是，麦门冬汤证本属阴虚有热，因其咳吐浊唾涎沫，故需加用半夏化痰降逆，但半夏辛苦而温燥，容易劫耗津液，因此张仲景在本方中将麦冬与半夏之比定为7：1，如此用法则既可发挥原方养阴清热、化痰降逆之效，又可去除半夏温燥劫阴之弊，可谓相辅相成，相得益彰。此外，本方亦可用治咳逆上气病中的虚火咳喘，二者虽病名不同，而病机相同，故治法、用方一致。

附　医案举例

游某，男，15岁。患支气管炎，久咳不止，口干咽燥，其家长曾疑为肺结核，经X线透视，心肺正常，膈肌平滑运动自如，饮食尚可，大便干燥，舌红无苔，脉虚而数。此肺胃阴液不足，虚火上炎所致。治宜生津润燥，滋养肺胃，用《金匮》麦门冬汤：麦冬12克，沙参15克，甘草6克，大枣3枚，粳米10克，加桑叶10克、石斛12克、枇杷叶10克、冰糖30克、梨汁1杯，服五剂，其咳遂止。（谭日强．《金匮要略》浅述．北京：人民卫生出版社，1981）

8.2　肺　　痈

8.2.1　病因、辨证及预后

【原文】

問曰：病咳逆，脉之①，何以知此爲肺癰？當有膿血，吐之則死，其脉何類？師曰：寸口脉微而數，微則爲風，數則爲熱；微則汗出，數則惡寒。風中于衛，呼氣不入；熱過②于營，吸而不出；風傷皮毛，熱傷血脉；風舍于肺，其人則咳，口乾喘滿，咽燥不渴，多唾濁沫，時時振寒。熱之所過，血爲之凝滯，蓄結癰膿，吐如米粥。始萌③可救，膿成則死。（二）

【注释】　① 脉之：即诊脉。

② 过：作至字讲，到达之意。

③ 始萌：指病的开始阶段。

【释义】　本条论述肺痈的病因、病机、脉证和预后。肺痈是由于感受风热邪气所引起，因此寸口脉浮而数。其病理演变大致可分为三个阶段：

表证期：病机为风热袭表，症状为恶寒发热，有汗，咽喉干燥发痒，咳嗽，脉数。即“风伤皮毛”阶段。

酿脓期：病机为痰热壅肺，症状为咳嗽口燥，喘满，胸痛，咳吐臭痰，时时振寒，脉象滑数或实数。即原文“风舍于肺”阶段。

溃脓期：病机为热壅肺溃，症状为咳吐脓痰，腥臭异常，形如米粥。即原文

"蓄结痈脓，吐如米粥"阶段。

至于"呼气不入"、"吸而不出"，意指肺痈在表证期病邪轻浅易于驱除，在酿脓期及至热入于营，病邪深入，难于驱除，提示应及早治疗。

肺痈预后的原则是"始萌可救，脓成则死"。"始萌可救"，是指本病初期，病在卫分，邪衰正盛，易于治疗，预后较佳。"脓成则死"，意即病入血分，邪盛正衰，难于治疗，预后不良。

8.2.2　证治

8.2.2.1　痰热壅肺证

【原文】

肺癰，喘不得臥，葶藶大棗瀉肺湯主之。(十一)

葶藶大棗瀉肺湯方：

葶藶（熬令黄色，搗丸如彈子大）　大棗十二枚

上先以水三升，煑棗取二升，去棗，内葶藶，煑取一升，頓服。

肺癰胸滿脹，一身面目浮腫，鼻塞清涕出，不聞香臭酸辛，咳逆上氣，喘鳴迫塞，葶藶大棗瀉肺湯主之。(十五)

【释义】　第十一条论述肺痈实证喘甚的证治。肺痈初期邪热壅肺，炼津为痰，壅塞于肺，则见咳嗽气喘，胸满喘鸣，甚则喘不得卧，属于邪实气闭的实证，治当开肺逐邪，方以葶苈大枣泻肺汤。

第十五条继论肺痈证治。痰热壅肺，肺气失于宣发肃降，则咳喘气逆，喘鸣迫塞。肺窍不利，则"鼻塞清涕出，不闻香臭酸辛"。肺痈，气机壅滞，则胸部胀满；通调失职，水随气逆，则"一身面目浮肿"。证属痰热壅肺，治应清泻肺气，逐痰平喘。

葶苈子味苦性寒，清热泻肺，逐痰平喘；配用大枣，缓和葶苈子峻猛之性，使之泻肺而不伤正。

本方临床应用很广泛，常配伍其他药物用于治疗渗出性胸膜炎、哮喘性支气管炎、百日咳、肺心病等属于肺实气闭、形证俱实而见喘气不得平卧者。

附　医案举例

钱某，女，51岁，1981年12月5日初诊。咳喘痰多，心悸气短10余年，经西医确诊为"肺心病"。此次由外感后，喘咳气短不能平卧，动则心悸更甚，溲少，晨起眼睑浮肿；尤苦于晨起泡沫痰甚多，不唾时口内流出清稀涎沫，咽喉刺痒，胸胁胀满。诊脉沉弦，舌淡胖，边有齿痕，质紫暗。先拟泻肺祛痰以缓急。处方：葶苈子21克、红枣6枚，一剂。水煎顿服。服后约半小时，吐出痰涎约一碗，顿觉胸部舒适，喘咳、气短、心悸等亦随之而减，并能平卧，后以苓桂术甘汤加丹参、当归、泽兰等，调理半月余，能从事家务之活。[岳在文．重用葶苈一得．中医杂志，1983，(3)：78]

8.2.2.2 热壅肺溃证

【原文】

咳而胸滿，振寒脉数，咽乾不渴，時出濁唾腥臭①，久久吐膿如米粥者，爲肺癰，桔梗湯主之。（十二）

桔梗湯方：

桔梗一兩　甘草二兩

上二味，以水三升，煑取一升，分温再服，則吐膿血也。

【注释】　① 浊唾腥臭：指吐出脓痰，气味腥臭。

【释义】　本条论述肺痈溃脓期证治。肺痈脓已成时，症状主要表现为咳吐大量腥臭脓痰。因热毒壅肺则“咳而胸满”，邪热郁肺则“振寒脉数”。热则咽干，热壅血瘀，蓄结痈脓则不渴。“久久”言其病久正虚，不适宜用峻攻之葶苈大枣泻肺汤，而应用桔梗汤排脓解毒。方中桔梗排脓，甘草解毒，兼以益气。方后注“分温再服，则吐脓血也”，说明本方具有排脓祛痰解毒之功，服药后吐痰排出脓血是有效的反应。此外，临床常与《千金》苇茎汤合用治疗肺痈脓已成证。也可加用鱼腥草、败酱草、蒲公英、红藤等清热排脓药物以提高疗效。

【现代研究】　据报道：用桔梗汤、桔甘汤、青霉素各治疗一组猩红热患者，做疗效对比。三组患者的临床观察，桔梗汤具有良好的效果。表现在：①平均退热时间在1.26天（青霉素组1.44天，桔甘汤组2.02天）。咽痛消失快，白细胞及自主神经系统机能的恢复均较快。②减少早期并发症，无一例发生晚期并发症。③没有复发等。[昆明医学院．桔梗汤治猩红热收效快．中药通报，1958，(11)：386]

附　医案举例

花某，男，20岁。病史摘要：患者发烧、咳嗽、全身不适五天，经查血、胸透诊断为肺脓疡，用中西药治疗一周，使用大量抗生素，服中药《千金》苇茎汤加味，症状未得减轻。改用桔梗60克、生甘草20克，服药两帖，排出大量腥臭脓痰，热势顿降。改桔梗为30克、生甘草10克，加南沙参、鱼腥草、冬瓜子、生苡仁、麦冬等连服10帖而告痊愈。[吴清择．桔梗汤治疗肺痈的临床体会．江苏中医杂志，1981，(3)：35]

8.3 咳嗽上气

8.3.1 辨证及预后

【原文】

上氣①，面浮腫，肩息②，其脉浮大，不治。又加利，尤甚。（三）

上氣，喘而躁者，屬肺脹，欲作風水③。發汗則愈。（四）

【注释】　① 上气：指气逆不降之意。

② 肩息：指气喘伴有抬肩呼吸，是呼吸极度困难的表现，也称“息高”、“息贲”。

③ 风水：病名，是水气病的一种。

【释义】 第三、四两条论述咳逆上气应首辨虚实。第三条论述虚喘的辨证及预后。肾阳虚惫，摄纳无权，气升不降，则咳逆上气，抬肩呼吸，脉象浮大无力；肾为水脏，若肾阳虚弱，不能化气行水，水气上溢，则面目浮肿。肾不纳气，阳气上浮，正气欲脱，病属危殆，故曰不治。若加下利一症，此属阴竭于下，阳浮于上，因此病情尤为险恶。第四条论述实喘的辨证及预后。肺胀所致咳逆上气，系由风寒外束，水饮内阻，肺失宣降而成。外邪内饮，肺气胀满，则咳喘胸满；饮郁化热，则烦躁不安。肺为水之上源，职司敷布津液，通调水道，下输膀胱。若风袭于表，饮停于肺，风遏水阻，风激水泛，欲成风水之势，治当解表发汗，俾风从表解，水从外散，则肺气通畅，职司宣降，而咳逆病解。故曰“发汗乃愈”。

8.3.2 证治

8.3.2.1 寒饮郁肺证

【原文】

咳而上氣，喉中水鷄聲[①]，射干麻黄湯主之。(六)

射干麻黄湯方：

射干十三枚 麻黄四兩 生薑四兩 細辛 紫菀 款冬花各三兩 五味子半升 大棗七枚 半夏（大者洗）八枚

上九味，以水一斗二升，先煑麻黄兩沸，去上沫，内諸藥，煑取三升，分温三服。

【注释】 ① 水鸡声：形容喉间痰鸣声连连不绝，好像水鸡的叫声一样。水鸡，即田鸡。

【释义】 本条论述寒饮郁肺证治。寒饮郁肺，是因寒邪外束，水饮内停，肺失宣降所致。外寒内饮，肺气失宣，则咳逆上气，气喘迫促；痰阻气道，气触其痰则喉中如有水鸡叫声。因兼外寒，当有恶寒发热、无汗身痛等太阳表实证，治以散寒宣肺，化痰降逆。方用射干麻黄汤。方中麻黄、生姜、细辛解表散寒，射干、半夏配生姜、细辛化饮散结，麻黄、五味子、款冬花、紫菀止咳平喘，大枣安中和药，使邪气去而正不伤，故本方为治疗寒饮咳喘的常用方剂。

附 医案举例

蒋某，女，22岁。患支气管哮喘有年，遇寒即发，胸闷憋气，呼吸困难，脸色苍白，喉间痰鸣如水鸡声，患者比较瘦弱，月经色淡量少，舌苔薄白，脉象浮紧。此寒饮郁肺，塞迫气道，拟散寒涤痰，宣肺平喘，发作时用射干麻黄汤：射干10克、麻黄3克、生姜3片、细辛3克、五味子5克、紫菀10克、款冬花10克、法夏10克、大枣3枚以治其标；休止时用桂鹿

丸，以固其本，调理一个冬季，至今五年未发，（谭日强．《金匮要略》浅述．北京：人民卫生出版社，1981）

8.3.2.2 痰浊壅肺证

【原文】

咳逆上氣，時時吐濁①，但坐不得眠，皂莢丸主之。（七）

皂莢丸方：

皂莢八两（刮去皮，用酥炙）

上一味，末之，蜜丸梧子大，以棗膏和湯服三丸，日三夜一服。

【注释】 ① 吐浊：指吐出黏浊稠痰。

【释义】 本条论述痰浊壅肺证治。痰浊壅肺，阻塞气道，则咳嗽气喘；胸中痰浊，随上气而出，故频频吐浊；由于痰浊壅盛，虽时时吐浊，咳喘逆满仍然不减，且不能平卧，卧则气道受阻，呼吸更加困难，有痰壅气闭之虞，故以皂荚丸宣壅导滞，利窍涤痰。由于皂荚除痰力猛，故将其酥炙蜜丸，并用枣膏调服，以缓和皂荚峻猛之性，兼以顾护脾胃。

【现代研究】 据周庆伟等使用本方治疗慢性阻塞性肺病痰浊壅肺型的临床研究发现，该方在改善症状方面优于对照组，尤其是咳痰、喘息的改善在90%以上。由于皂荚有祛顽痰之效，痰除则瘀消，气道通畅，从而改善了血液黏稠度及肺功能；皂荚含三萜皂苷，能刺激胃黏膜，反射性地促进呼吸道分泌，有良好的祛痰作用，但镇咳作用不太理想。［周庆伟，李素云．《金匮要略》皂荚丸治疗慢性阻塞性肺病痰浊壅肺型的临床研究．中国医药学报．1997，（4）：35］

附 医案举例

宣统二年，侍先妣邢太安人病亲视之，先妣平时喜进厚味，又有烟癖，厚味被火气熏灼，因变浊痰，气吸于上，大小便不通。予不得已，自制皂荚丸进之。长女昭华煎枣膏汤，如法昼夜四服。以其不易下咽也，改丸如绿豆大，每服九丸。凡四服，清晨而大小便通，可以去被安睡矣。（曹颖甫．经方实验录．上海：上海科学技术出版社，1979．53）

8.3.2.3 饮热迫肺，病位近表证

【原文】

咳而脉浮者，厚朴麻黄湯主之。（八）

厚朴麻黄湯方：

厚朴五兩　麻黄四兩　石膏如鷄子大　杏仁半升　半夏半升　乾薑二兩　細辛二兩　小麥一升　五味子半升

上九味，以水一斗二升，先煑小麥熟，去滓，内諸藥，煑取三升，温服一升，日三服。

【释义】 厚朴麻黄汤证与泽漆汤证原文均叙证简略，学习时应以方测证。

厚朴麻黄汤证病属饮热迫肺，病位近表。主症为咳喘气急，肺胀胸满，喉间痰声漉漉，心情烦躁，脉浮苔滑。可以厚朴麻黄汤宣肺降气，化饮清热。方中厚朴、麻黄、杏仁宣肺降气，细辛、半夏、干姜化饮止咳，石膏清热除烦，五味子敛肺止咳，小麦益气安正。共奏宣肺降气、化饮清热之功。

附　医案举例

李某，男，13岁。患支气管哮喘，发作时胸满烦躁，咳痰黄稠，呼吸不利，喉间有哮鸣音，口渴苔黄，脉象数。此饮郁化热，塞迫气道，宜宣肺利气，清热化饮，曾用定喘汤，咳痰转清，哮喘仍发，后用厚朴麻黄汤：厚朴10克、麻黄3克、杏仁10克、生石膏10克、法夏10克、干姜3克、细辛1.5克、五味子1.5克、小麦10克，服三剂，咳喘均止。（谭日强.《金匮要略》浅注.北京：人民卫生出版社，1981.122）

8.3.2.4　饮热迫肺，病位偏里证

【原文】

脉沉者，澤漆湯主之。（九）

澤漆湯方：

半夏半升　紫參五兩　澤漆三斤（以東流水五斗，煮取一斗五升）　生薑五兩　白前五兩　甘草　黄芩　人參　桂枝各三兩

上九味，㕮咀，内澤漆汁中，煮取五升，温服五合，至夜盡。

【释义】　本条与第八条症状相同，据脉辨治。“脉沉者，当责有水”，为病在里，乃水饮内结，主症为咳嗽喘促，身体浮肿，二便不利，脉象沉伏。治宜逐水通阳，止咳平喘，方中以泽漆为君，配用紫参峻下逐水；桂枝、人参、甘草甘温助阳，化气行水，半夏、生姜、白前止咳化痰，佐用黄芩清解郁热。

本证与厚朴麻黄汤证颇为相似。二证的共同点为：①病位均在肺部；②病机均为饮热迫肺；③症状均见咳嗽气喘，咳吐痰涎。不同之处在于：①本证病位偏里，前证病位偏表；②本证病机为水饮内结，前证病机为饮热迫肺，未见结实；③症状方面，本证可见脉沉，二便不利，身体浮肿，前证则见脉浮，烦躁，痰声漉漉。

附　医案举例

曾某，男，50余岁，农民。住遂宁幸福公社九大队。形体尚结实，三年来长期咳嗽，吐泡沫痰夹少量黏稠痰，时作喘息，甚则不能平卧，咳喘冬夏均有发作，无外感时也可突然发作，面目及四肢凹陷性浮肿，饮食尚佳，口渴喜饮（不分冷热），口腻，大便时干时稀，小便短少，曾服小青龙汤、射干麻黄汤、杏苏散、苓甘五味姜辛汤等，均无显效，时作时止，舌苔薄白有津，舌根苔微黄，脉不浮而沉滑，诊为肺胀，水饮内停，气郁化热，投泽漆汤原方一剂，咳吐涎痰明显减少，腹泻二次。再进四剂，诸症痊愈。观察三年未复发。［张家礼.漫谈泽漆汤——附彭履祥教授治验一例.成都中医学院学报，1978，(2)：105］

8.3.2.5 饮热迫肺肺胀证

【原文】

咳而上氣，此爲肺脹，其人喘，目如脱狀①，脉浮大者，越婢加半夏湯主之。（十三）

越婢加半夏湯方：

麻黄六兩　石膏半斤　生薑三兩　大棗十五枚　甘草二兩　半夏半升

上六味，以水六升，先煑麻黄，去上沫，内諸藥，煑取三升，分温三服。

【注释】　① 目如脱状：形容两目胀突，似乎要脱出来一样。

【释义】　本条论述饮热迫肺所致肺胀证治。肺胀因外感风邪，饮热迫肺，肺失宣降所致。症状可见咳嗽喘甚，目如脱状，口渴自汗，脉浮而大。宜投越婢加半夏汤治疗。方中重用麻黄、石膏辛寒相伍，疏风散水，兼清里热；生姜、半夏散水降逆，化饮祛痰；甘草、大枣调和诸药。

附　医案举例

谭某，女，1岁。患支气管肺炎。两天前曾感冒、发热、咳嗽、鼻塞流涕，服银翘散一剂，发热未退。体温39℃，咳嗽，气喘，呕吐痰涎，鼻翼扇动，口唇发绀，舌苔白滑，指纹青紫。此饮热郁肺，塞迫气道所致。治宜清热涤痰，宣肺平喘，乃一面肌注青霉素；一面用越婢加半夏汤：麻黄2克，生石膏10克，法半夏6克，甘草3克，生姜2片，大枣1枚。一剂热退，再剂喘咳即夹止。（谭日强．《金匮要略》浅述．北京：人民卫生出版社，1981．126）

8.3.2.6 寒饮夹热肺胀证

【原文】

肺脹，咳而上氣，煩躁而喘，脉浮者，心下有水，小青龍加石膏湯主之。（十四）

小青龍加石膏湯方：

麻黄　芍藥　桂枝　細辛　甘草　乾薑各三兩　五味子　半夏各半升　石膏二兩

上九味，以水一斗，先煑麻黄，去上沫，内諸藥，煑取三升，強人服一升，羸者減之，日三服，小兒服四合。

【释义】　本条论述寒邪外束，内夹饮热所致肺胀证治。其症状除见咳嗽气喘、烦躁不安等饮热内停症状外，尚可见到发热、恶寒、头痛、身疼等伤寒表实症状，宜用小青龙加石膏汤散寒化饮，清热降逆，方中麻黄、桂枝、芍药、甘草解表散寒，宣肺平喘，调和营卫；细辛、干姜、半夏化饮降逆；五味子敛肺平喘，防止辛散太过，耗伤正气；石膏清热除烦，与麻黄配伍，可以发散水气。

附　医案举例

陈某，女，76岁。患肺气肿已多年，平时咳吐涎沫，动则气喘，近因感冒，恶寒发热，咳痰黏稠，呼吸困难，烦躁口干，不欲多饮，用小青龙加石膏汤：麻黄3克、桂枝10克、白芍10克、法半夏10克、干姜3克、细辛2克、五味子3克、甘草3克、生石膏10克，服二剂，寒热已罢，咳痰转清。后用六君子汤加干姜、五味子、细辛，服三剂，咳喘渐平。（谭日强．《金匮要略》浅述．北京：人民卫生出版社，1981．127～128）

8.4　附　　方

(1)《外台》炙甘草汤

【原文】

《外臺》炙甘草湯：治肺痿涎唾多，心中温温液液者。

【释义】　本方即《伤寒论》中的炙甘草汤，主治“心动悸，脉结代”，具有养阴复脉之功。在此用于治疗肺痿咳唾涎多、心中泛泛欲吐之症，方中人参、炙甘草、生姜、大枣温补脾肺，温肺益气，桂枝温通阳气以行津液，麦冬、生地、麻仁、阿胶滋养阴血，共奏温肺养阴益气，用于肺痿偏凉者较为妥当。

(2)《千金》甘草汤

【原文】

《千金》甘草湯：

甘草

上一味，以水三升，煑减半，分温三服。

【释义】　本方仅甘草一味，具有生津润燥、止咳下气、解毒扶正的功效，适宜于肺痿轻证，症状可见咳吐涎唾，咽干且痒等。

(3)《千金》生姜甘草汤

【原文】

《千金》生薑甘草湯：治肺痿咳唾涎沫不止，咽燥而渴。

生薑五兩　人参三兩　甘草四兩　大棗十五枚

上四味，以水七升，煑取三升，分温三服。

【释义】　本方适用于脾胃中虚所致肺痿之证。脾胃虚乏，水寒不运，不能化津上承，以致肺叶枯萎，出现咳吐涎沫不止，咽干口燥而不渴。“咽燥而渴”据《外台·卷十》引《集验》主疗下注云：“一云不渴”宜从。方中人参、甘草、大枣扶脾胃而化津液，生姜辛散温通，暖中宫而布散津液。共奏培土生津，滋津润燥。

(4)《千金》桂枝去芍药加皂荚汤

【原文】

《千金》桂枝去芍藥加皂莢湯：治肺痿吐涎沫。

桂枝三兩　生薑三兩　甘草二兩　大棗十枚　皂莢一枚（去皮子，

炙焦）

上五味，以水七升，微微火煑取三升，分温三服。

【释义】 本方所论为气不布津的肺痿证治。上焦阳虚，气寒水凝，胸阳不布，使肺中津枯，肺气痿弱，气不摄津又不布津，则津液凝聚，故吐涎沫。治以桂枝去芍药加皂荚丸温肺散寒，润燥除痰。方中桂枝、生姜温通胸肺，以行阳气；甘草、大枣培土生津润燥；皂荚除痰，共奏标本兼顾，扶正祛邪。

（5）《外台》桔梗白散

【原文】

《外臺》桔梗白散：治咳而胸滿，振寒脉數，咽乾不渴，時出濁唾腥臭，久久吐膿如米粥者，爲肺癰。

桔梗　貝母各三份　巴豆一份（去皮，熬，研如脂）

上三味，爲散，強人飲服半錢匕，羸者減之。病在膈上者吐膿血，膈下者瀉出，若下多不止，飲冷水一杯則定。

【释义】 本方所治与原文十二条相同，均为肺痈脓成。病情轻者，用桔梗汤开肺排痰；病情重者，用本方泻痰排脓。方中贝母开胸中之郁结，以利巴豆之峻攻，桔梗排痰，巴豆泻脓，共奏泻痰排脓。适宜于肺痈脓成而正气不虚者。

（6）《千金》苇茎汤

【原文】

《千金》葦莖湯：治咳有微熱、煩滿、胸中甲錯，是爲肺癰。

葦莖二升　薏苡仁半升　桃仁五十枚　瓜瓣半升

上四味，以水一斗，先煑葦莖，得五升，去滓，内諸藥，煑取二升，服一升，再服，當吐如膿。

【释义】 本方所治为肺痈脓成期。症状表现咳嗽、胸中烦满、微热、咳吐腥臭脓痰，胸中肌肤甲错。病为痰热瘀血蓄结肺中，气滞血凝，肌肤失养。治以苇茎汤清肺化痰，活血排脓。方中苇茎清肺泻热；薏苡仁、冬瓜仁除湿排痰，以消内痈；桃仁活血祛瘀，泻血分热毒。本方是肺痈脓成的常用方剂。

8.5 结　　语

肺痿病性属虚，可分为虚寒、虚热两种类型。主症为咳吐大量涎沫，治疗可分别选用甘草干姜汤、麦门冬汤。肺痈为肺部痈肿，病性属实，多为原发性疾病，分表证期、酿脓期、溃脓期。表证期病机为风热袭表，症状为恶寒发热，有汗，咽喉干燥发痒，咳嗽，脉数；酿脓期病机为痰热壅肺，症状为咳嗽口燥，喘满，胸痛，咳吐臭痰，时时振寒，脉象滑数或实数；溃脓期病机为热壅肺溃，症状为咳吐脓痰，腥臭异常，形如米粥。根据各期的特点分别选用银翘散、葶苈大枣泻肺汤、桔梗汤。咳逆上气有寒、热、虚、实之分，虚证属虚火咳喘者，治以麦门冬汤；肾不纳气者，有证无方。实证包括痰饮为患和内外合邪两种，其中痰饮所致者有痰浊壅盛的皂荚丸证，有饮热迫肺、病位近表的厚朴麻黄汤证，有饮热内结、病位偏里的泽漆汤证；内外合邪有外寒邪内水饮的射干麻黄汤证，外寒邪内饮热的小青龙加石膏汤证及外风邪内饮热的越婢加半夏汤证。仲景在遣药上祛痰多用皂荚、紫菀、款冬，寒饮郁肺多用干姜、细辛、五味子，发越水气常用麻黄、石膏等，迄今亦常为人效仿。

复习思考题

1. 试述肺痿的病因、病机及辨证论治。
2. 肺痈的病机、症状特点是什么？如何治疗？
3. 虚热肺痿与肺痈有何区别？
4. 张仲景论述咳嗽上气有何特点？
5. 试比较麦门冬汤与甘草干姜汤、葶苈大枣泻肺汤与桔梗汤、射干麻黄汤和厚朴麻黄汤、越婢加半夏汤和小青龙加石膏汤等方的适应证及用法。

（李俊莲）

9

奔豚气病脉证治第八

目的要求

1. 熟悉奔豚气的病因和症状特征。
2. 掌握奔豚气的辨证论治。

重点内容

1. 奔豚气的发病原因、临床表现、分型施治。
2. 桂枝加桂汤证与苓桂甘枣汤证的鉴别。

本篇讨论了奔豚气的病因、病机、症状和治疗。

奔豚气的症状，以“气从少腹上冲咽喉，发作欲死，复还止”为特征。奔豚的含义，从字义解释，“奔”者，跑也；“豚”者，豕也，正如陆渊雷所言：“谓之奔豚者，其状上冲，如豚之奔突。”可见该病是依其症状而命名。其病因病机多与情志变化及阳气虚弱有关，但有在肝、在肾和属寒、属热的区别。

奔豚气是指气从少腹上冲咽喉的一种突然发作性疾病，与《难经》中的肾积奔豚有别，肾积奔豚属于积聚范畴，与本篇所论奔豚气名同而病异。

9.1 成因与主症

【原文】

師曰：病有奔豚，有吐膿，有驚怖[①]，有火邪[②]，此四部病，皆從驚發得之。師曰：奔豚病，從少腹起，上衝咽喉，發作欲死，復還止，

皆從驚恐得之。(一)

【注释】　① 惊怖：指惊悸、恐怖一类病证。

② 火邪：泛指误用烧针、艾灸、火熏等方法所引起的病变。

【释义】　本条论述奔豚病的病因和症状。奔豚、惊怖的发病，每与“惊恐”有关。文中“惊”及“惊恐”系指猝受惊恐，又可泛指精神刺激，情绪波动。“惊”或“惊恐”易致气血乖张，奔突冲撞，发为奔豚。又且“惊则气乱”、“恐则气下”，引起气机郁滞，逆而上行，即可发为奔豚。至于火邪、吐脓、惊怖三病亦有因惊而病者，惊则气乱，气乱而郁，郁而化火，则病成矣。

奔豚气的临床特征为发作时自觉有气从少腹上冲咽喉，少腹疼痛，胸闷欲死，此时病人极度痛苦，难以忍受，发作后一如常人，故云“发作欲死，复还止”。

综上所述，奔豚气有以下特点：①发作时向上冲顶；②时发时止，呈阵发性；③一般无器质性病变。而从病因方面分析，主要与精神刺激有关，亦可因伤寒误汗而致，病位主要责之心、肝、肾三脏。与现代医学相参照，本病多见于神经官能症。

9.2　证　　治

9.2.1　肝郁奔豚证

【原文】

奔豚氣上衝胸，腹痛，往來寒熱，奔豚湯主之。(二)

奔豚湯方：

甘草　芎藭　當歸各二兩　半夏四兩　黄芩二兩　生葛五兩　芍藥二兩　生薑四兩　甘李根白皮一升

上九味，以水二斗，煑取五升，温服一升，日三夜一服。

【释义】　本条论述肝郁奔豚的证治。本病由于情志不遂，肝郁化热，气逆上冲，发为奔豚。肝郁气滞，乘克脾胃则腹痛；肝气郁结，化火上逆则见气上冲胸；肝胆互为表里，脏病及腑，胆气不和，故见往来寒热。本证病属肝气郁结，化热上冲，治当疏肝清热，降逆止痛，方用奔豚汤。方中重用李根白皮清肝热、降冲逆；生姜、半夏降逆平冲；葛根、黄芩清火平肝；芍药、甘草缓急止痛；当归、川芎养血调肝。诸药合用，共收调达肝气，清热降逆之效。

本方列为治疗奔豚病之第一方，并名为奔豚汤，犹言奔豚病的发生与情志因素较为密切，从而与上条“皆从惊恐得之”前后呼应。方中李根白皮为治疗奔豚之主药，古已有载，如《别录》云：“李根皮大寒，主消渴，止心烦逆，奔豚气。”《外台秘要》一书中治奔豚病有 13 方，其中 8 方用李根白皮，可见李根白皮为治疗奔豚病之要药。

【现代研究】　黄氏等对 25 例奔豚气及梅核气进行观察，发现二者均在肝郁气滞基础上发生，与肝郁气滞证的病理基础是一致的。由于腹腔神经丛的机能紊乱出现复杂的内部感觉形成的惰性兴奋灶持久存在，造成皮层及皮层下自主神经中枢及其支配等功能发生一系列改变，可能是该病产生的病理生理基础。［黄柄山等. 奔豚气与梅核气之临床及现代病理生理基础的探讨. 黑龙江中医药，1987，(5)：40］

附　医案举例

何某，女，27岁，职工。1989年11月20日初诊。患者每日早晨5时左右自觉少腹胀满疼痛，有气上冲脘腹已两年有余。近1月来，上述症状加重，每早发作时，气从少腹上逆，上冲胸脘，甚则胸闷短气、不能入睡，舌质淡胖苔白多津，脉细弦。形寒肢冷，面色苍白，小便清长，大便时清。此乃下焦气逆所致，为奔豚气病，投奔豚汤一剂：全当归、川芎、白芍、半夏、炒黄芩、生姜各15克，粉葛根20克，甘草5克。患者服上方后，少腹胀满顿减，气上逆缓解，药已中病，守法治疗半月而愈。［王靖宇. 奔豚治验. 云南中医杂志，1991，(6)：7］

9.2.2　阳虚寒逆奔豚证

【原文】

發汗後，燒針令其汗，针處被寒，核起而赤者，必發奔豚，氣從少腹上至心，灸其核上各一壯，與桂枝加桂湯主之。(三)

桂枝加桂湯方：

桂枝五兩　芍藥三兩　甘草二兩(炙)　生薑三兩　大棗十二枚

上五味，以水七升，微火煑取三升，去滓，温服一升。

【释义】　本条论述心阳不足，寒气上冲所致奔豚的证治。表证当汗，汗后表邪未解，医者又用烧针再发其汗，致使腠理开泄，卫阳不固，寒邪乘虚而入，寒凝火郁，则见针处核起而赤。

“汗为心之液”，若一汗再汗，重伤阳气，心阳必虚，加之外受寒邪，内外阴寒相援，则下焦阴寒之气必上凌心阳，而见气从少腹上冲，直至心下，发为奔豚。其症状除奔豚典型表现外，尚可见到少腹拘急疼痛，喜温喜按，畏寒肢冷，舌淡苔白等症。本证病属心阳不足，下焦寒气上逆，且夹表寒，故当内外同治，内以桂枝加桂汤解表散寒，助阳平冲；外以灸法温散表寒，俟阳复阴降，则诸证自愈。

桂枝加桂汤中“桂”究竟当为何药？后世看法不一，如陈念祖、黄元御等医家主张用桂枝，而方有执、徐大椿等人主张用肉桂，更有主张根据病情决定者，如章楠（虚谷）等。但据《伤寒论》桂枝加桂汤条所云“与桂枝加桂汤，更加桂枝二两也”及方后注“桂枝汤，今加桂满五两，所以加桂者，以泄奔豚气也”观之，“桂”当系桂枝；又据《金匮要略》一书用药，书中凡用桂者，皆为桂枝，即使在温助肾阳的方剂中亦然，如肾气丸。另据考证，肉桂一药，最早出现于南北朝陶弘景所著《名医别录》一书，晚于汉代，因此本方所加之“桂”，当为桂枝。

附 医案举例

隋某，男，23岁，1984年8月10日初诊。近一周自觉脐下有一股寒冷之气上冲行至胸中，日发10余次，发作后则心慌不能自持，痛苦不可名状。患者一周前曾患“化脓性扁桃体炎”，在某医院静点时曾发生热源反应，经治疗好转。俟后遂患此疾，该院西医诊断“神经官能症”，经治未效，而改求中医治疗。

诊时症见：表情痛苦，面色皖白，神疲乏力，语言低微，视其腹直肌如波浪上下起伏状，尤以脐下明显，不能自持。舌质淡嫩，苔白而润，脉弦，两尺无力。

据此脉证，似属肾阳虚弱，寒气上逆所致之奔豚气，治宜温阳散寒，方用桂枝加桂汤加味：桂枝15克，白芍10克，沉香10克，槟榔片10克，茯苓10克，炙甘草15克，生姜2.5克，加水500毫升，水煎至300毫升，日3次，温服100毫升。

二诊：服两剂后，患者面显喜色，言服此药后，发作次数明显减少，日作二三次。其势也较前轻微。原方加大枣10枚（擘），桂枝增至20克，水煎二剂，服法同前。

三诊：脐下偶有上冲之势，小便清长。此乃阴寒逆冷之气虽降，而肾间水寒仍未尽化，遂改服金匮肾气汤三剂调理而愈。随访六月未发。［刘永铭. 奔豚治验. 黑龙江中医药，1987，(3)：46］

9.2.3 阳虚饮逆奔豚证

【原文】

發汗後，臍下悸者，欲作奔豚，茯苓桂枝甘草大棗湯主之。(四)

茯苓桂枝甘草大棗湯方：

茯苓半斤 甘草二兩（炙） 大棗十五枚 桂枝四兩

上四味，以甘瀾水一斗，先煑茯苓，減二升，内諸藥，煑取三升，去滓，溫服一升，日三服。

【释义】 本条论述心阳不足，水饮上逆，欲作奔豚的证治。病者素有下焦停水，气化不利，今发汗过多，内伤心阳，不能下温肾水，下焦水饮有向上冲逆之势，故见脐下筑筑动悸，此乃欲发奔豚之兆。治以苓桂草枣汤温阳利水，培土制水。方中茯苓为君，渗利水饮；桂枝温心阳、平冲逆；佐用甘草、大枣补益中气，培土制水。以甘澜水煎药者，因其性行而不滞，不助水邪。

本方证与桂枝加桂汤证同属心阳不足、下焦阴邪上逆所致之奔豚证，应予鉴别。

桂枝加桂汤证病属心阳不足，下焦（肾）寒气上逆；茯苓桂枝甘草大枣汤证病属心阳不足，下焦（肾）寒水上逆。由此可见，二者共同点为：病位都在心、肾二脏；病机皆为心阳不足，下焦阴邪（寒邪或饮邪）上逆；性质皆属病从寒化。二证的不同点为：桂枝加桂汤证属下焦寒气上逆，茯苓桂枝甘草大枣汤证属下焦寒水上逆；前者外兼表邪，后者外无表邪；前者已作奔豚，病情较重；后者欲作奔豚，病情较轻；前者为无形寒气为患，病势较急，后者为有形水饮发难，病势缓慢；前者方中重用桂枝为君，以伐肾寒，助阳平冲，后者方中茯苓用量独重，以伐肾水，利水平冲。因此二证在病机、病情、病势、用药等方面均有明显不同。

【现代研究】 据《汉方临床》报道，将苓桂甘枣汤精制颗粒 6 克，分 3 次服用，对 1992 年 2 月至 4 月就诊的以悸动为主诉的 18 名患者进行调查，结果发现，以悸动为首的 21 项症状（悸动、气从少腹上冲感、腹痛、肠鸣、腹胀、起立眩晕、不安感、焦躁感、上火、易疲劳、易惊、肌肉胋动、麻木等）同服药前比较，服药后均明显减轻。尤其是悸动、气从少腹上冲感、颈凝、上腹部不适、肠鸣、腹胀、焦躁感、易惊、肌肉胋动等 9 种症状，服后翌日即明显减轻，但对咽喉梗塞、腹痛症状无明显减轻。可见苓桂甘枣汤不仅对悸动，而且对自主神经症状、神经官能症状亦广为有效。[黄云．苓桂甘枣汤与悸动、“惊、惊恐”．国医论坛，1993，(5)：48]

附　医案举例

患者黄某，男，43 岁，木工，初诊于 1981 年 11 月 30 日。

三个月前因劳动汗出受风后，即感身痛心悸，经服感冒清热冲剂，身痛缓解，但心悸日益加重，气短乏力，多汗，以致不能劳动。经某医院内科诊为冠状动脉供血不全，按冠心病常规服药半月，效果不显。又经中医诊治，服用益气养血、补心健脾药 20 余剂，仍不见效，转来试治。见面色㿠白，精神不振。察询病情，发作之前，自觉有一股凉气从少腹上冲至胸，随之心悸不休，坐卧不安，须手按心胸部始舒，喜暖恶寒，口不渴。脉象沉细小数而无力。舌淡红苔薄白而润滑。此脉证与《伤寒论》“发汗后，其人叉手自冒心，心下悸，欲得按者，桂枝甘草汤主之”；《金匮要略》“发汗后，其人脐下悸者，欲作奔豚，茯苓桂枝甘草大枣汤主之” 相符。故诊为心阳不足、水气上乘证。拟温通心阳，化气行水法。

处方：茯苓 14 克，桂枝 12 克，炙甘草 6 克，大枣 15 枚。嘱一剂三煎，日三服。服药二剂症大减，继服二剂，病即痊愈。[李祥舒. 苓桂甘枣汤证治验一则. 北京中医，1983，(4)：44]

9.3 结　　语

本篇主要论述了奔豚病的病因、病机、症状和治疗。

奔豚病以“气从少腹上冲咽喉，发作欲死，复还止”为临床特征，主要分为两种类型。一为病位在肝，病从热化，证属肝郁化火，气逆上冲；一为病在心、肾，病从寒化，证属心阳不足，下焦阴邪（寒气或水饮）上逆。前者治以奔豚汤疏肝清热，平冲降逆；后者证属心阳不足，下焦寒气上逆者，治以桂枝加桂汤助阳散寒，平冲降逆；证属心阳不足，下焦水饮上逆者，又宜苓桂甘枣汤温阳下气，培土伐水。

复习思考题

1. 什么是奔豚气？其主要症状是什么？可分为哪些类型？
2. 肝郁奔豚如何治疗？
3. 桂枝加桂汤证与茯苓桂枝甘草大枣汤证有何异同？

（乔　模）

10

胸痹心痛短气病脉证治第九

目的要求

1. 了解胸痹、心痛和短气的概念及合篇原因。
2. 熟悉胸痹、心痛的病因、病机和典型症状。
3. 掌握胸痹、心痛的辨证施治。

重点内容

1. 胸痹、心痛的病因、病机、典型症状及分型论治。
2. 栝蒌薤白桂枝汤证、栝蒌薤白半夏汤证与枳实薤白桂枝汤证以及枳实薤白桂枝汤证与人参汤证、茯苓杏仁甘草汤证与橘枳汤证的鉴别。

本篇主要论述胸痹、心痛的病因、病机和证治。因短气仅是胸痹的一个伴发症状，故不作为独立病证进行讲述。

胸痹是以病位和病机命名的疾病。“胸”指胸膺部，“痹”即闭塞不通，不通则痛。因此，胸痹是由于胸阳不足、阴邪上乘、痹阻胸阳引起的以胸膺部痞塞满闷或疼痛为主症的病证。心痛也是因病位和症状命名，“心”指心窝部。心痛是因阳虚阴盛导致的以心窝部疼痛为主症的病证。

胸痹与心痛，在病位上虽有偏上、偏下之分，然皆属胸膈疾病，故病位相近；二者病机相类，皆由阳虚阴盛，痹阻阳气所致；在症状上均有疼痛，且胸痹与心痛在疾病过程中亦可相兼发作，故将二者合为一篇加以论述。从本篇内容来看，胸痹应作为学习的重点疾病。

10.1 胸痹、心痛病机

10.1.1 阳虚阴盛，闭阻胸阳

【原文】

師曰：夫脉當取太過不及①。陽微陰弦②，即胸痹而痛。所以然者，責其極虚也。今陽虚知在上焦，所以胸痹、心痛者，以其陰弦故也。（一）

【注释】 ① 太过不及：系指脉象的改变，其中盛于常脉为太过，弱于常脉为不及。太过主邪盛，不及主正虚。

② 阳微阴弦：就脉象而言，关前脉为阳，关后脉为阴。阳微即寸脉微，阴弦即尺脉弦。就病机而言，阳微阴弦，说明胸痹、心痛的病机为阳虚阴盛，阴邪上乘，闭阻胸阳。

【释义】 本条根据脉象论述胸痹、心痛的病机。

“太过”与“不及”均属病脉，由于能够反映疾病邪盛与正虚两种基本性质，故医者在诊脉时应注意辨别。“阳微阴弦”既指脉象，复言病机。“阳微”即不及之脉，代表上焦阳气不足，胸阳不振；“阴弦”为太过之脉，系指下部阴寒内盛，水饮内停。“阳微”与“阴弦”同时并见，说明胸痹、心痛的病机系因上焦阳虚，下部阴邪内盛，阴乘阳位，痹阻胸阳所致。

“所以然者，责其极虚也。今阳虚知在上焦，所以胸痹、心痛者，以其阴弦故也”为自注句，张仲景进一步从正虚与邪盛两方面阐述了胸痹、心痛的发病条件。正虚为胸痹、心痛发病之本；邪盛乃胸痹、心痛发病之标。若仅有胸阳之虚，而无阴邪之盛，或仅有阴邪之盛，而无胸阳之虚，都不致发生本病。而只有在胸阳不足的前提下，阴邪乘虚入侵阳位，二者相互搏结，致生本病。所以，胸痹、心痛属于阳虚阴盛、本虚标实之证。

正确理解“阳微阴弦”是学习本条的关键。对“阴”、“阳”的理解，历代医家颇有争议，概括起来主要有3种认识：其一认为阳指寸脉，阴指尺脉；其二认为阳指浮取，阴指沉取；其三认为阳指左脉，阴指右脉。参照本篇所论胸痹、心痛各方证观之，应以第一种认识为妥。

“阳微阴弦”说明了胸痹、心痛的常见病机。本篇所列方证之病机，多属此种类型。文中“阴弦”，系指下部阴邪有余，参照下文各方证分析，或属阴寒内盛，或属水饮停聚，学习时应详加区别。

【现代研究】 冠心病属“胸痹、心痛”范畴，为本虚标实之证，气虚为本，血瘀为标。实验研究表明：当心气不足时，红细胞表面电荷减少，稳定性降低，红细胞表面相互靠近，易发生聚集，形成“血瘀”。心气虚证候的变化与左心功能不全密切相关，轻证心气虚者首先表现为心舒张功能减退（PEP降低，

LVET 延长），而重症气虚患者除有心舒张功能减退表现外，还有泵血功能减退（EF 减低）。气虚或阳虚动物的血液在血管中存在着血瘀或血瘀的倾向，其血液流变学指标全部或多数出现异常变化。TXA_2 和 PGI_2 在冠心病发病中的作用已受到国内外学者的广泛重视。血浆 TXB_2（血栓素 B_2）水平增高，6-keto-PGF_{1a}（6-酮-前列腺 F_{1a}）水平降低和 TXB_2/6-keto-PGF_{1a}比值升高可能是冠心病本虚标实的主要特征之一。[雷燕．冠心病气血关系的探讨．福建中医药，1990，（2）：49]

10.1.2 饮邪上乘，闭阻胸阳

【原文】

平人無寒熱，短氣不足以息者，實也。(二)

【释义】 平人，系指身体“健康”貌似常人之人。如果这种人在没有感受外邪，没有寒热症状的情况下，突然出现胸膈痞闷，呼吸短促症状，这是由于痰浊水饮极盛，正不胜邪，阻滞胸中，痹阻胸阳所致，故曰“实也”。“实”，一指本证病机系由痰浊水饮等实邪为患，一指疾病性质属于纯实无虚之证。

上条指出胸痹、心痛的病机为“阳微阴弦”，本虚标实，本条则云“实也”，补出阳气未虚、饮阻胸阳所致的纯实无虚的胸痹、心痛病机。可见上条论胸痹、心痛病机之常，本条言胸痹、心痛病机之变，故学习时，应知常达变，前后互参。

有些医家认为，本条所说的“平人”是指疾病未发作时，其人虽形同常人，其实正气已虚。这类患者在无外感寒热的情况下，也会突然出现“短气不足以息”的胸痹症状，这是由于阳气不足，饮邪上乘，胸阳痹阻所致，属本虚标实之证，但以标实为主。治疗时应从证之急，逐饮邪之盛。此说可供参考。

10.2 胸痹证治

10.2.1 主证主方

【原文】

胸痹之病，喘息咳唾，胸背痛，短氣，寸口脉沉而遲，關上小緊數，栝蔞薤白白酒湯主之。(三)

栝蔞薤白白酒湯方：

栝蔞實一枚（搗） 薤白半斤 白酒七升

上三味，同煑，取二升，分温再服。

【释义】 本条论述胸痹的典型证候和治法。“喘息咳唾、胸背痛、短气”是胸痹的典型证候。由于胸阳不振，饮邪上乘，阳虚邪闭，胸背气机闭阻不通，故胸背疼痛、短气；气闭胸中，肺失肃降则喘息咳唾。胸痹诸症之中，当以胸背痛、短气为辨证要点，因喘息咳唾一症非胸痹独有，其他如肺痈、肺胀等病均可发生。

“寸口脉沉而迟，关上小紧数”一句是借脉象阐述胸痹病机。“寸口脉沉而迟”，为上焦阳虚、胸阳不振之征；“关上小紧数”者，正如《金匮·腹满寒疝宿食病》篇所说：“脉数而紧乃弦。”故“关上小紧数”即关脉弦之意，主中焦停饮，阴邪内盛。可见，本条所述胸痹病机当属上焦阳气不足，中焦寒饮内盛，饮邪上乘，痹阻胸阳，与首条所论“阳微阴弦”之旨一致。

栝蒌薤白白酒汤具有通阳散结、豁痰下气之功。方中栝蒌甘寒滑润，宽胸涤痰；薤白辛温通阳，疏滞散结，豁痰下气；白酒通阳宣痹，载药上行。诸药同用，俾饮邪得去，阳气宣通，则胸痹诸症自除。

本条指出了胸痹主症“喘息咳唾、胸背痛、短气”，以下凡言胸痹者，多应具有上述症状。

栝蒌薤白白酒汤是治疗胸痹的基础方剂，临证时可根据病情随证加减运用。方中白酒原指米酒，系用粳米或糯米不加药曲酿制而成，临床医家认为亦可用高粱酒，或绍兴白酒，或米醋代替，用上述诸品皆有温通上焦阳气的作用，故用治胸痹均可收效。

因本条原文言“寸口脉沉而迟”，故历代医家对“关上小紧数”一句认识颇不一致。程林认为“数字误”；徐彬认为“数者，阴中夹燥火也。”纵观《金匮》全书，“数”，非单指热证而言，如《痰饮咳嗽病脉证治》篇云：“久咳数岁……实大数者死”即主邪气强盛，故本条脉见紧数，乃由中焦饮邪有余所致。

【现代研究】 栝蒌有显著的扩张冠状动脉效果，在离体豚鼠或离体兔心标本均可使冠状动脉血流量显著增加。栝蒌的不同部位扩冠强度不同，其强度顺序为栝蒌皮>栝蒌霜>栝蒌子>栝蒌仁>栝蒌子壳；栝蒌还对神经垂体激素引致的大鼠急性心肌缺血有显著的保护作用，并能明显增加小鼠对常压和减压缺氧的耐受力，提高异丙肾上腺素所致减压缺氧小鼠的生存率。栝蒌在扩张冠状动脉的同时对心率有一定抑制，但适当剂量的栝蒌能增强豚鼠离体心脏的收缩力。栝蒌还可使兔血清总胆固醇降低。薤白对冠状动脉血流量的影响不定，但有较强的抑制血小板聚集活性，这可能与其能抑制 TXA_2 合成及作用于血小板膜影响其释放过程等有关。薤白能显著抑制主动脉和冠状动脉脂质斑块的形成，其主要机制在于降低血脂及过氧化脂质，提高 PGI_2，cAMP 水平，减少血小板聚集，保护血管内壁以及减少泡沫细胞形成和抑制平滑肌细胞增生。白酒在方中可能有两方面作用，其一为共煎时增加栝蒌和薤白醇溶性物质的溶出；其二为酒本身就具有显著的心血管活性，乙醇因抑制血管运动中枢而引起外周血管扩张，并能减轻心绞痛，但它不能有效地扩张冠状动脉。（邓文龙. 中医方剂的药理与应用. 重庆：重庆出版社，1990. 487~488）

附 医案举例

黄某，男，55岁，干部。罹患胸膺闷痛、心悸三年，每至暑季病情加重。1982年7月初住院。病人喜食肥甘厚味，身体虚胖，面色无华，近半月来胸闷气短，心中闭塞之感日益加重，稍有劳累或情绪紧张则显刺痛，平素头昏失眠，饮食尚可，二便自调。1979年经心电图等检查，诊断为冠心病。脉细弱，舌质淡苔白腻。观其脉证系心阳不宣之胸痹，故宗通阳宣痹之法。选瓜蒌薤白白酒汤加味治之，药用瓜蒌 15 克，薤白 10 克，桂枝 5 克，枳壳 10 克，厚朴 6 克，法半夏 10 克，白豆蔻 3 克，茯苓 12 克，陈醋一酒杯，同煎。连服七剂，胸背刺痛日渐缓解，次数减少，苔由白腻变薄。病已见退，继仰上方去厚朴、白豆蔻加丹皮 12 克，赤芍 10 克。守方 20 剂，诸证消失，再用温胆汤合酸枣仁汤化裁善后。随访，至秋季未见复发。[徐用宏．瓜蒌薤白白酒汤临床运用举隅．湖南中医，1990，(2)：14]

10.2.2 饮邪壅盛证

【原文】

胸痹不得臥，心痛徹背者，栝蔞薤白半夏湯主之。(四)

栝蔞薤白半夏湯方：

栝蔞實一枚（搗）　薤白三兩　半夏半升　白酒一斗

上四味，同煑，取四升，温服一升，日三服。

【释义】　本条承上条进一步论述痰浊壅盛、痹塞胸阳所致的胸痹证治。本条冠以“胸痹”二字，当包括上条“喘息咳唾，胸背痛，短气，寸口脉沉而迟，关上小紧数”等胸痹典型脉症。在病机方面，由于痰浊壅盛，肺失宣降程度增重，所以“喘息咳唾、短气”症状严重，以至于不能平卧；又因痰浊壅盛，胸阳痹阻程度亦随之加重，所以胸痛症状亦由“胸背痛”发展至“心痛彻背”。由此可见，本条是上条病机的进一步发展，且较上条病情为重。究其原因，主要在于胸阳不振，痰浊壅盛，胸阳痹阻。故在治疗时，仍遵通阳散结、豁痰下气大法，于栝蒌薤白白酒汤中更加一味半夏以化饮降逆，并增加白酒用量，以增强通阳止痛之效。

栝蒌薤白白酒汤与栝蒌薤白半夏汤均为治疗胸痹的主要方剂。两方的运用区别主要在于饮邪微甚。换言之，本方证可以视为在栝蒌薤白白酒汤证的基础上饮邪进一步增重而形成。由于本证痰饮增重，故肺失宣降及胸阳痹阻程度亦随之增重，因此出现喘息“不得卧”和“心痛彻背”等症状。

由于本证痰饮壅塞，阻滞气机，往往引起气滞血瘀，故临证可于两方中酌加红花、丹参、赤芍、降香等行气活血之品以增强疗效。

本证之“不得卧”当与肺痈病葶苈大枣泻肺汤证之“不得卧”相区别。葶苈大枣泻肺汤证出现“不得卧”乃因痰热壅肺，邪实气闭所致，治宜泻肺逐痰；而本证之“不得卧”则系胸阳不振，痰饮壅盛所致，故宜通阳宣痹，逐饮降逆。

【现代研究】　据邹碧云报道：用加味栝蒌薤白半夏汤治疗冠心病 106 例，取得了满意的临床效果。其基本方及用法是：瓜蒌 20 克，薤白 15 克，半夏 10 克，三七 30 克，丹参 20 克，枳壳 10 克，檀香 5 克。气虚者加黄芪 50 克，党参 30 克；阴虚火旺者加生地 30 克，麦冬 15 克，条黄芩 10 克。每日 1 剂，分早晚两次服，疼痛较甚者日服 2 剂，3 个月为 1 疗程。其中显效者 52 例，有效 46 例，无效 8 例，总有效率为 92.5%。[邹碧云．加味栝蒌薤白半夏汤治疗冠心病 106 例．湖南中医杂志，1993，(2)：45]

附　医案举例

程某，男，56 岁。1988 年 11 月 17 日初诊。患者患慢性咳喘 20 余年。现咳喘，胸部闷痛，心悸，气短加重一周。近年来常出现胸部闷痛，心悸，气短，心前区疼痛时作。曾多次因工作紧张、受凉、饮食不当而诱发。经住院治疗症状缓解。一周前又因受凉后引发咳嗽，痰多，气喘，胸闷气急，心悸，心前区刺痛阵发性加剧，时而痛引背部，舌质暗，脉弦滑。诊为胸痹。证属胸阳不展，痰瘀交阻。治宜通阳化痰，行气活血，方用栝蒌薤白半夏汤加味。药用：栝蒌 15 克，薤白、当归、香附各 10 克，半夏、郁金各 9 克，桂枝 6 克，丹参 25 克。服药 3 剂后，自述心悸、胸闷、气急、咳嗽、痰多和心前区疼痛等症明显减轻。再予原方连服六剂，症状消失。追访半年，未见复发。［严天顺．栝蒌薤白半夏汤加减治疗胸痹．四川中医，1991，(5)：18］

10.2.3　气机郁滞证

【原文】

胸痹心中痞①，留氣結在胸②，胸滿，脅下逆搶心③，枳實薤白桂枝湯主之；人參湯亦主之。(五)

枳實薤白桂枝湯方：

枳實四枚　厚朴四兩　薤白半斤　桂枝一兩　栝蔞一枚（搗）

上五味，以水五升，先煑枳實、厚朴，取二升，去滓，内諸藥，煑數沸，分温三服。

人參湯方：

人參　甘草　乾薑　白术各三兩

上四味，以水八升，煑取三升，温服一升，日三服。

【注释】　① 心中痞：指胃脘部痞塞不通。

② 留气结在胸：系指胸满病机，即寒饮羁留，阻滞气机。

③ 胁下逆抢心：指胁下气逆，上冲心胸。

【释义】　本条论述胸痹气机郁滞虚、实证的不同治法。从本条叙症观之，当是在胸痹主症的基础上，更添“心中痞，胸满，胁下逆抢心”症状，病变范围已由胸膺部扩展至胃脘两胁，形成心胃合病证候。其病机仍由“阳微阴弦”所致，但有偏虚、偏实之异，临证必须详审。

其证属实者，乃由胸阳不振，寒饮羁留，胁下阴寒之气乘虚上逆，气机郁滞，痹阻胸阳所致，其病情表现较急，临证尚可兼有腹胀、大便不畅、舌苔厚腻、脉象弦紧等症。治宜通阳开结，泄满降逆，方用枳实薤白桂枝汤。方中栝蒌宽胸除痰；桂枝、薤白通阳宣痹；枳实消痞除满；厚朴宽中下气。诸药同用，则痞结之气可开，痰浊之邪可去，阳气得以恢复，此即尤怡所谓“去邪之实，即以安正”之法。

其属虚者，系中焦阳虚，虚寒之气上逆，气机郁滞，痹阻胸阳而成，其病势较缓，临证尚兼四肢不温、倦怠少气、便溏、舌淡、脉弱而迟等中焦阳虚症状。

治宜温中益气以培其本，方用人参汤（即理中汤）。方中人参、白术、炙甘草补中益气；干姜温中助阳，俾阳气振奋，阴寒自散，痞满、胸痛诸症自消，此即尤怡所谓“养阳之虚，即以逐阴”之法。

枳实薤白桂枝汤与人参汤均治“胸痹心中痞，留气结在胸，胸满，胁下逆抢心”证，但二者病势不同。前者病势由上及下，即由胸膺部向下扩展到胃脘两胁；后者病势由下及上，即虚寒之气由胃脘向胸部冲逆。前者属实，治宜祛邪为主，邪去则正安；后者属虚，治当扶正为主，扶正则邪退。一虚一实，一补一通，体现了同病异治的治疗原则。

栝蒌薤白半夏汤与枳实薤白桂枝汤均由栝蒌薤白白酒汤化裁而来。其中栝蒌薤白白酒汤用治胸痹“喘息咳唾、胸背痛、短气”，是治疗胸痹的基础方剂；若饮邪增重，更见“不得卧，心痛彻背”者，则在栝蒌薤白白酒汤中加半夏以增强化饮降逆之力，名为栝蒌薤白半夏汤；若病势向下扩展，复见“心中痞，胸满，胁下逆抢心”者，又可于栝蒌薤白白酒汤中去轻扬上行之白酒，加枳实、厚朴、桂枝下气泄满，通阳降逆，名为枳实薤白桂枝汤。以上三方用药，充分体现了仲景治疗胸痹用药的原则性与灵活性。

【现代研究】 焦树德报道，用栝蒌薤白白酒汤、栝蒌薤白半夏汤、枳实薤白桂枝汤三方合方，即瓜蒌30~40克，薤白12~15克，半夏10克，枳实6~10克，厚朴10克，桂枝6~10克，檀香6~9克（后下），红花10克，丹参12~15克，茯神30克，炒五灵脂12克，蒲黄10克（布包）。药煎好后，临服前兑入米醋20~30毫升。嗜酒者，也可不用醋，兑入绍兴黄酒20~30毫升。心胸疼痛严重或发作频繁者，可再加苏合香丸，每次1丸，1日2次，治疗以胸背痛为主要症状的疾病，如冠心病、心肌炎、心绞痛、胸肋神经痛，每收良效。［焦树德．瓜蒌薤白剂活用体会．中医杂志，1992，（10）：56］

附 医案举例

王某，女，68岁，初诊日期：1990年4月26日。原有高血压、糖尿病史10余年，冠心病史二年。本次因反复发作心前区疼痛1天，持续加重4小时，伴胸闷、胸部发紧、恶心欲呕、大汗出，多次服硝酸甘油无显效而收入监护室治疗。经心电图、心肌酶谱等项检查，诊断为冠状动脉粥样硬化性心脏病，急性心肌梗死；原发性高血压Ⅱ期；糖尿病Ⅱ型。给予硝酸甘油静脉点滴及硝苯地平、硝酸异山梨酯、双嘧达莫等口服，然疼痛无缓解。即邀焦氏会诊。查其舌质暗，白苔中著，脉沉紧。辨证：年迈体弱，阴津耗损，气血不足，胸阳不振，发为心痹。治宜活血通脉，养阴益气。

处方：全瓜蒌25克，薤白12克，细辛3克，紫丹参20克，檀香9克（后下），苏梗12克，远志10克，珍珠母20克（先煎），焦山楂10克，赤芍12克，红花10克，炒蒲黄10克，茯苓15克，生地18克，西洋参5克（另煎兑入），炒枳壳10克，桂枝3克。因目前心痛持续不解，故又配用苏合香丸。温开水送服，每日二次，每次一丸。

服上药二剂后，心前区疼痛、胸闷均减轻，汗出明显减少。继服上方三剂后，未再发生心前区疼痛，即停服苏合香丸。因尚有轻度胸闷、气短、乏力、腰膝酸软等不适，故仍用原方酌加熟地、桑寄生等继服12剂，未出现心前区疼痛。复查心肌酶谱已恢复正常；复查心电图示：

ST-T 改变基本恢复正常，仍存在病理性 Q 波。病情稳定出院。出院后继守原方稍事出入，坚持服用 40 余剂。未再发生心前区闷痛，主诉无明显不适。三个月后随访，心痛未作，半年及一年后二次追访，心痛未再发生。［阎小萍．焦树德对心痹的治疗经验．中医杂志，1993，(6)：331］

10.2.4 胸痹轻证

【原文】

胸痹，胸中氣塞，短氣，茯苓杏仁甘草湯主之；橘枳薑湯亦主之。(六)

茯苓杏仁甘草湯方：

茯苓三兩　杏仁五十個　甘草一兩

上三味，以水一斗，煑取五升，温服一升，日三服。不差，更服。

橘枳薑湯方：

橘皮一斤　枳實三兩　生薑半斤

上三味，以水五升，煑取二升，分温再服。

【释义】　本条论述胸痹轻证的证治。胸痹主症为“喘息咳唾，胸背痛，短气”，本条仅有“胸中气塞，短气”，而无胸痛见症，说明本条为胸痹轻证。气塞、短气虽均由饮阻气滞所致，但在病情上有偏于饮盛与偏于气滞之异，治疗时也应分别施以不同方药。若饮邪偏盛，上乘于肺者，除胸中气塞、短气外，多兼见咳逆、吐涎沫、小便不利等症，治宜宣肺利水，方用茯苓杏仁甘草汤。方中茯苓淡渗利水，杏仁宣肺利气，甘草和中扶正。三药相合，俾饮去气顺，则短气、气塞等症可除。

若气滞偏盛，气机郁滞，阴邪停留，胃失和降者，除见胸中气塞、短气症状外，多兼见心下痞满、呕吐气逆等症，治宜行气化饮，和胃降逆，方用橘枳姜汤。方中橘皮理气和胃，枳实下气消痰，生姜温胃散饮。三药同用，使气畅饮散，则气塞、短气等症自除。

茯苓杏仁甘草汤与橘枳姜汤均属平和之剂，同治以气塞、短气为主要表现的胸痹轻证。但前者病机偏于饮盛，后者病机偏于气滞；前者病位偏于肺，后者病位偏于胃；前者治以宣肺化饮为主，后者治以理气和胃为主，可见二者病机、病位、治法、方药迥然有别。

由于饮阻与气滞在病机上存在着互为因果的关系，临床上也难以截然区分，因此在运用茯苓杏仁甘草汤与橘枳姜汤时，两方可分可合。若胸痹轻证进一步发展，出现“胸背痛”等症，也可将以上两方与瓜蒌、薤白、半夏等药配合使用。

附　医案举例

贺某，男，16 岁。患风湿性心脏病，其证胸满咳嗽，吐黏沫痰，心悸气促，端坐呼吸，面色苍白，小便不利。肝在肋下 1.5 厘米，下肢有凹陷性水肿，舌苔白滑，脉象结代。此心阳郁痹，水气内结。治宜理气散结，通阳利水，方用茯苓杏仁甘草汤合枳实薤白桂枝汤：茯苓 15 克，杏仁 10 克，甘草 3 克，枳实 6 克，厚朴 10 克，瓜蒌 10 克，薤白 10 克，桂枝 10 克，加法半夏 10 克。服五剂，咳喘稍平。继用苓桂术甘汤、橘枳姜汤、瓜蒌薤白半夏汤加防己，服五剂，脚肿亦消。后用归脾丸常服调理。（谭日强．《金匮要略》浅述．北京：人民卫生出版社，1991. 146～147）

10. 2. 5 胸痹急证

【原文】

胸痹缓急①者，薏苡附子散主之。（七）

薏苡附子散方：

薏苡仁十五兩　大附子十枚（炮）

上二味，杵爲散，服方寸匕，日三服。

【注释】 ① 缓急：即缓解急证之意。

【释义】 本条论述胸痹急证的证治。从条文观之，本条叙证简略。既云胸痹，当有喘息咳唾、胸背痛、短气，或心痛彻背症状。惟病情急重，故疼痛相当剧烈。此外尚兼舌淡、苔白滑、脉沉而迟或弦紧等症。究其病机，乃由阳气衰微，寒湿上乘，胸阳痹塞所致。治宜散寒除湿、通阳止痛，方用薏苡附子散。方中炮附子温阳散寒，通阳止痛；薏苡仁除湿宣痹，缓解拘挛。二药相合为散，则功专力宏，取效迅捷，旨在缓解胸痹急迫之势。

对“缓急”一词，历代医家见解不同，归纳起来有五：①认为是指胸痹急证，此说以周扬俊、丹波元坚为代表；②认为是指胸痹疼痛时发时止，时缓时急，此说以程林、吴谦等医家为代表；③认为是指四肢筋脉拘急，此说以尤怡为代表；④认为指口眼引纵，此说以邹澍为代表；⑤认为“缓急”即缓解急证之谓，系指治法而言。以上各种认识当以第五种认识为当。

张仲景使用附子有生用和炮用之别，其用法区别是：凡亡阳急证，需回阳救逆者，多用生附子，如四逆汤、白通汤等；凡阳虚疼痛，需温阳止痛者，多用炮附子，如桂枝附子汤、白术附子汤等；而对发作性疼痛，证属沉寒痼冷，痛急而有肢冷汗出者，则多用乌头散寒止痛。

附　医案举例

王某，男，40 岁。患者 1981 年至 1989 年因胸闷痛间断性加剧先后 10 次住院治疗。本次住院已 10 日（住院号 206145），诊为病毒性心肌炎（后遗症期），病态窦房结综合征。现症：胸痛憋闷，气短有欲绝之感，心悸阵作，心悸时心率可达 180 次/分，心悸缓解时心率在 38 次/分左右，但胸闷痛难忍，每于夜间 11 时症状加重，心率最低可达 30 次/分，经西药治疗症状控制不理想，于 1989 年 3 月 9 日动员患者安置永久性心脏起搏器，患者及其家属犹豫不决而请中医会诊。

3 月 9 日初诊：见证同前，诊得脉迟，舌淡红苔白，据证分析：患者胸闷痛而急迫，当缓之；子时为阴阳交替之时，此时症状加重，当和之；脉迟无力乃心阳不足，心阴亏损；心悸阵作，心率快时达180次/分，慢时仅30次/分，呈阴阳不和、气血乖戾之状，当调之。尤怡曾言：“求阴阳之和者必求于中气，求中气之立者必以建中也。”因“中者四运之轴，阴阳之机也”，故取薏苡附子散缓急，小柴胡汤和之，黄芪建中汤调之。处方：薏苡仁40克，炮附子10克，柴胡10克，清半夏15克，生黄芪20克，知母10克，桂枝10克，生甘草10克，茯苓15克，降香6克，赤芍10克，以知母代小柴胡汤中之黄芩并与黄芪相配，取张锡纯用黄芪之意。

3月13日二诊：服上方后诸证大减，已决定不安置心脏起搏器，遂以原方化裁，半月后诸证若失出院，已正常工作（心率稳定在50~70次/分左右）。[刘亚娴．薏苡附子散治疗心肌炎危重证举隅．河北中医，1991，(2)：36]

10.3 心痛证治

10.3.1 寒饮气逆证

【原文】

心中痞，諸逆[①]心懸痛[②]，桂枝生薑枳實湯主之。(八)

桂枝生薑枳實湯方：

桂枝　生薑各三兩　枳實五枚

上三味，以水六升，煑取三升，分温三服。

【注释】　① 诸逆：系指停留于心下的水饮或寒邪向上冲逆。

② 心悬痛：指心窝部向上牵引作痛。

【释义】　本条论述寒饮上逆的心痛证治。中焦阳虚，脾失健运，痰饮、寒邪停聚心下，致使痞闷不舒；中焦寒饮阻遏，乃致胃失和降，寒饮随胃气上逆，则见心窝部向上牵引作痛，故曰“诸逆，心悬痛”。可见，本证病属中焦阳虚，寒饮上逆。以药测证，尚可见胸满，甚至呕吐症状。治宜温阳化饮，下气降逆，方用桂枝生姜枳实汤。方中桂枝、生姜通阳散寒，化饮和胃；枳实消痞除满，下气降逆。诸药合用，则中寒得温，痰饮蠲化，则心中痞满、悬痛诸症自除。

本条与前述枳实薤白桂枝汤证均有心中痞、气逆症状，但前者以“胸痹”冠首，说明是胸痛兼心中痞，病势由胸及胃，治疗时既用桂枝、枳实、厚朴通阳下气开痞，亦用瓜蒌、薤白通阳散结开痹；本条病属心痛，证候以心中痞、心悬痛为主，病势由胃及胸，故治疗时不用瓜蒌、薤白，仅用桂枝、枳实、生姜温化水饮，平冲降逆。

本证与前述第六条橘枳姜汤证二者方药仅一味之别，但橘枳姜汤证病属胸痹，胸中气塞、短气症状明显，故用橘皮配生姜、枳实专于理气散结；本方证病属心痛，症状以气逆、心痛为著，故用桂枝配生姜、枳实辛开苦降，散寒化饮，平冲止痛。

10.3.2 阴寒痼结证

【原文】

心痛徹背，背痛徹心，烏頭赤石脂丸主之。(九)

烏頭赤石脂丸方：

蜀椒一兩　烏頭一分（炮）　附子半兩（炮）　乾薑一兩　赤石脂一兩

上五味，末之，蜜丸如桐子大，先食服一丸，日三服。不知，稍加服。

【释义】　本条论述阳衰阴盛，阴寒痼结的心痛证治。“心痛彻背，背痛彻心”，系指心窝及背部牵引作痛，其疼痛特点是痛势剧烈而无休止，并伴有四肢厥冷，脉象沉紧等症。究其原因，乃因阳气衰微，阴寒痼结，寒气攻冲所致。至此阶段，使用一般通阳散结法治疗均已无效，故仲景将乌、附、椒、姜一派大辛大热之品集于一方，逐寒止痛之力极强，并用赤石脂温摄调中，固涩阳气，防止辛散太过。诸药同施，共奏温阳散寒，逐阴止痛之效。

本方配伍特点是乌头与附子同用。乌、附虽属同类，但功用略有不同，乌头性轻疏，长于治疗沉寒痼冷，可使在经之风寒得以疏散；附子性守，善于治疗在里之寒湿，能使在脏之阴寒得以温化。因本证病属阴寒痼结，脏腑经络阴寒凝结之证，故仲景将乌、附同用，目的在于振奋阳气，驱散寒邪。

本条与第四条栝蒌薤白半夏汤证均有“心痛彻背”症状。但前者由胸阳不振，痰涎壅塞所致，病势较本条为轻，且病有休止，故治用栝蒌薤白半夏汤通阳散结，化饮降逆；本条由阴寒痼结，寒气攻冲所致，痛势剧烈而无休止，故治用乌头赤石脂丸祛寒温阳，峻逐阴邪。

【现代研究】　近年来，对乌头、附子药理分析发现，二者主要含有生物碱，为乌头碱（$C_{33}H_{47}O_{11}N$）、新乌头碱（$C_{33}H_{45}O_{11}N$）及次乌头碱（$C_{33}H_{45}O_{10}N$）等，此外还含有非生物碱成分。乌头所含乌头碱量比附子多，这可能就是它们药性不同的原因。药理研究发现它们有如下作用：①强心。能增强心肌收缩力，有效成分为非生物碱。②镇痛。乌头碱的分解产物有一定的镇痛作用。③抗炎。对实验性关节炎有明显的消炎作用。④兴奋垂体-肾上腺皮质系统。其煎剂能显著降低大鼠肾上腺内抗坏血酸的含量，增加尿中17-酮类固醇的排泄，减少末梢血液中嗜酸性白细胞数，对肾上腺皮质功能不全者具有肾上腺皮质激素样作用。[杜仲平．乌头附子临床应用浅谈．甘肃中医，1992，(5)：43]

附　医案举例

吕某，女，62岁，1983年12月15日就诊。间发左胸疼二年，近日天气寒冷，自觉胸闷不适，今晨突发心绞痛不休，急用硝酸甘油片含舌下无效，求余诊治。症见心痛彻背，有时昏厥，汗出肢冷，唇舌青紫，脉细欲绝。心电图检查示出：急性下壁心肌梗死。证属寒凝痹阻，阳虚欲脱之候。治法：回阳救逆固脱。急用乌头赤石脂丸加减：乌头10克，乌附片30克，干姜10克，川椒8克，赤石脂15克，桂枝15克，红参15克。水煎。一昼夜急服2剂，心痛大减，汗止肢温，昏厥随之而除。共服五剂，心痛消失，惟有胸闷不适，舌质淡红，苔白，脉象沉细。心电图复查提示：窦性心动过缓；冠状动脉供血不足。危证已去，改用枳实薤白桂枝汤加丹参20克，瓜蒌10克，黄芪20克，红花4克，调治一月而愈。随访一年未见复发。[李济

民．经方治疗急证二则．国医论坛，1989，(2)：14]

10.4 附 方

九痛丸：治九種心痛。

附子三兩（炮） 生狼牙一兩（炙香） 巴豆一兩（去皮心，熬，研如脂） 人參 乾薑 吴茱萸各一兩

上六味，末之，炼蜜爲丸如桐子大，酒下。強人初服三丸，日三服；弱者二丸。兼治卒中惡，腹脹痛，口不能言；又治連年積冷，流注心胸痛，並冷衝上氣，落馬墜車血疾等，皆主之。忌口如常法。

【释义】 本条论述九种心痛的治法。所谓“九种心痛”是指“一虫心痛，二注心痛，三风心痛，四悸心痛，五食心痛，六饮心痛，七冷心痛，八热心痛，九来去心痛”（《千金》第十三卷心腹痛门）。在九痛丸中，用附子、干姜祛寒散结；吴茱萸散结杀虫，开郁止痛；巴豆温通杀虫，破坚消积，峻逐痰饮；狼牙，《千金》作“狼毒”，能燥湿杀虫，破积聚，消痰饮，除寒热水气；人参补中益气。本方具有温阳祛寒、杀虫散结之效，宜于治疗由于积聚、痰饮、血瘀、虫积、寒冷等原因而引起的心痛，故云“治九种心痛”。九痛丸系辛温大热之剂，具有温散阴寒邪气之效，故可兼治卒中阴寒恶邪引起的腹部胀痛，口不能言等症；或兼治阴寒浊气痼结于内，浊气上逆引起的心胸疼痛，冷冲上气等。又因本方可温散瘀血，缓解疼痛，故亦可用治落马坠车所致之瘀血疼痛。

10.5 结 语

本篇主要论述胸痹、心痛的病因、病机和证治。全篇共有原文九条，载方十首，其中包括附方一首。第一、二条论述胸痹、心痛的发病机理及虚实两证的鉴别；第三～七条论述胸痹的证治；第八、九条论述心痛的证治。

胸痹与心痛的总病机为“阳微阴弦”，即阳气不足，阴邪偏盛，阴乘阳位，痹阻胸阳。其中阴邪包括痰饮和阴寒之气。病机总属本虚标实，治疗自宜扶正祛邪，而在临证时又当本着“急则治其标，缓则治其本”的原则随证施用。

从胸痹的临床表现观之，有的以痞闷为主，有的以疼痛为主，有的痞闷疼痛俱甚。其中以痞闷为主者，有茯苓杏仁甘草汤证和橘枳姜汤证；以疼痛为主者，有栝蒌薤白白酒汤证、栝蒌薤白半夏汤证和薏苡附子散证；痞闷疼痛俱甚者，有枳实薤白桂枝汤证和人参汤证。胸痹尚有轻重、虚实、缓急之分。轻证偏于水饮者，宜用茯苓杏仁甘草汤宣肺化饮；偏于气滞者，又宜橘枳姜汤行气降逆；偏虚属中阳不运者，可用人参汤温中益气；偏实属饮阻气逆者，可以枳实薤白桂枝汤通阳散结、泄满降逆；病情危急胸痛剧烈者，可用薏苡附子散峻逐阴邪以止疼痛；病势较缓者，则用人参汤温补阳气以治其本。

此外，张仲景治疗胸痹，其用药有一定规律可循。凡以瓜蒌、薤白为主组成

的方剂，专为胸痹而设，如栝蒌薤白白酒汤用治胸痹的典型证候；若痰饮壅盛，更见不得卧、心痛彻背者，即于前方中加半夏以增强降逆除痰之力；若病势向下扩展，更见心中痞塞，胁下气逆者，即于前方中加桂枝、枳实、厚朴以降逆除满，温通阳气。至于胸痹危急重证，由于阳气衰微，胸痛剧烈，仅用瓜蒌、薤白则有病重药轻之嫌，故急以附子大补元阳，散寒止痛。

心痛有轻重之分，轻者症见“心中痞，诸逆心悬痛”，治用桂枝生姜枳实汤温胃化饮，下气降逆；重者症见“心痛彻背，背痛彻心”，治用乌头赤石脂丸温阳散寒，逐阴止痛。

复习思考题

1. “阳微阴弦”的含义是什么？试述胸痹、心痛的病因病机。
2. 胸痹、心痛如何辨证论治？
3. 试比较栝蒌薤白白酒汤证、栝蒌薤白半夏汤证、枳实薤白桂枝汤证以及茯苓杏仁甘草汤证与橘枳姜汤证的异同。
4. 解释下列名词：胸痹、心痛、阳微阴弦。

（乔　模）

11

腹满寒疝宿食病脉证治第十

目的要求

1. 了解腹满、寒疝和宿食三病的概念及其合篇含义。
2. 熟悉宿食的病因、病机及基本治疗法则。
3. 掌握腹满、寒疝的病因病机及辨证论治。

重点内容

1. 腹满的虚、实辨证方法及其分型论治。
2. 寒疝的辨证分型及治疗。
3. 宿食病的病机、症状及治则。

本篇主要论述腹满、寒疝、宿食三种病证的辨证施治。

腹满即腹部胀满，在本篇既作为一种疾病论述，又作为一个症状出现，其病机较为复杂，有虚实寒热之别，根据“阳道实，阴道虚”的理论，可概括为实热与虚寒两种类型，其中病位属实热证者多责之于肠胃，属虚寒证者多责之于脾肾。

寒疝病，是一种阴寒性腹痛病症，多由于寒气攻冲或寒积日久所致。本病与后世所说疝气不同。《素问·长刺节论》云：“病在少腹，腹痛不得大小便，病名曰疝，得之寒”。《诸病源候论》亦云：“疝者，痛也，此由阴气积于内，寒气结搏而不散，脏腑虚弱，风冷邪气相击，则腹痛里急，故云寒疝腹痛也。”以上所论对本病的病因、病机、症状及部位做了较为详尽的论述。此外，本篇所论寒疝，在病情方面尚有虚实之别，在病位方面亦有表里之异。

宿食，又称伤食、食积，是由于饮食不节，食滞胃肠所致，临证主要表现为嗳腐吞酸，脘腹痞满或疼痛，呕恶泻利等症。

腹满、寒疝、宿食三者病位均在脘腹部，病变脏腑均以脾胃为主，症状多有腹满或腹痛，所用方剂亦可相互借用，故合为一篇加以讲述。

11.1　腹　　满

11.1.1　辨证与治则

11.1.1.1　虚寒腹满

【原文】

趺陽脉微弦，法當腹滿，不滿者必便難，兩胠①疼痛，此虚寒從下上也，當以溫藥服之。(一)

【注释】　① 胠：音区，指胁上靠腋部位。

【释义】　本条论述虚寒性腹满病的病机和治疗原则。趺阳脉以候中焦脾胃病变，脉微属中阳不足；弦为肝脉，主寒主痛，与《痰饮咳嗽病脉证并治》篇之“脉双弦者，寒也”同义，证属肝经虚寒，故本条病机总属脾胃虚寒兼夹肝寒上逆。“脏寒生满病”，故可见到腹满症状。如果腹部未出现胀满症状，或可见到大便秘结或两胠疼痛，其机理与腹满相同，均为中阳不足，肝寒上逆。脾胃虚寒，阴寒凝聚，大便传导失职，则生“便难”；肝失疏泄，其气上逆则见两胠疼痛。肝属下焦，寒为阴邪，从下而上，上逆中焦，故云“此虚寒从下上也”。病属虚寒，故治疗当以温补为法。

对本条病机的虚实属性，历代医家认识不一，多数医家认为本条病机属“木盛土虚”，亦即脾胃虚寒，肝气上逆，而丹波元坚则认为是寒实为患，其云：“虚犹虚烦之虚，非虚寒之虚。”但从“趺阳脉微弦”观之，明示中阳不足；弦为肝脉，微弦同见，主肝经虚寒为患，可见本条病属肝脾虚寒无疑，故丹波氏所论与理欠通。

【原文】

腹滿時減，復如故，此爲寒，當與溫藥。(三)

【释义】　本条论述虚寒腹满的辨证和治则。“腹满时减，复如故”，系指腹部胀满有时减轻，有时胀满如初。“此为寒”是指腹满系由脾胃虚寒所致，由于脾胃虚寒，寒气凝聚，气失宣通，则腹部胀满。因寒邪得阳则散，得阴则聚，故虚寒腹满若施以揉按或热敷则可减轻，过后则阴寒复聚而胀满如初，因此“腹满时减，复如故，此为寒”，病属阳虚内寒，治当以温药温阳散寒，则胀满可除。

前条言腹满的辨证及治法，虚实对举，可资鉴别。实证腹满为有形积滞停留于肠胃，故此按之痛剧，胀满且无减轻之时，即第二条中所论“腹满不减，减不足言”之义。虚寒腹满为无形之寒气凝聚，寒邪可因热敷或揉按时散时聚，因此胀满时轻时重，有增有减；前者治当攻下，方用承气汤类方，后者治宜温补，方选理中汤辈。

11.1.1.2 虚实相兼腹满

【原文】

病者痿黄[①]，躁而不渴，胸中寒實，而利不止者，死。（四）

【注释】 ① 痿黄："痿"与"萎"同，指肤色枯黄，黯淡无神。

【释义】 本条论述脾阳衰微，寒实内结的腹满危证。面色枯黄，黯淡无华，为脾阳衰败，不能上荣所致；口不渴为里无热邪，无热而见"躁"症，可见"躁"非阳明热盛，上扰神明，而属胸中寒实，亦即脾阳衰微，寒实内结，虚阳上脱而致躁动不安，属于阴躁范畴。若更兼见下利不止者，则为阳衰阴竭，脏气下脱，病变至此，正虚邪实，攻补两难，故曰"死"，言其病情危笃，预后不良。

本条辨证关键在于"躁而不渴"。腹满而见"躁"者，似为实证，但"不渴"却明示无热，实为中阳衰微，寒实内结，临证当须明察。此外，"利不止者，死"，虽言出现下利不止者预后较差，但也启示了临床治疗本病不可单用攻下之法，结合《痉湿暍》篇第十七条"湿家下之，额上汗出，微喘，小便利者死，下利不止者亦死"的论述，可见疾病预后的吉凶，每与中阳盛衰相关，临证须当注意。

【原文】

寸口脉弦，即脅下拘急而痛，其人嗇嗇惡寒也。（五）

【释义】 本条论述表里皆寒的腹痛脉证。寸口主表，又见啬啬恶寒，故属表寒。弦脉主寒主痛，又主肝病，因肝脉布于两胁，肝本虚寒，复感外寒，肝失疏泄，则胁下拘急而痛。

本条与第一条均有胁下疼痛症状，但前者趺阳脉微弦，表寒不甚，病变要点在于脾胃虚寒，且疼痛以大腹为主；而后者表里皆寒，里寒病位主要在肝，疼痛以胁下拘急疼痛为主，故本条治疗时当以温散为法，意在表里双解；前者则以温养为治，旨在温散里寒。

【原文】

夫中寒[①]家，喜欠，其人清涕出，發熱色和者，善嚏。（六）

中寒，其人下利，以里虛也，欲嚏不能，此人肚中寒。（七）

【注释】 ① 中寒："中"，读作"zhòng"，即感受外寒之意。

【释义】 第六条论述感受外寒的证候表现。感受外寒之人，因寒邪束表，表阳不得舒展，故常呵欠。寒邪袭表，表阳不虚，正邪相争，则见发热而面色正常。因皮毛内合于肺，寒邪客表，肺窍不利，故见其人清涕出；因正气不虚，尚有驱邪外出之势，故其人常嚏。

第七条论述里虚之人感受外寒的证候表现。本证因中阳素虚，卫外无力，复感外寒，寒邪直侵中焦，致使中阳不运，因而下利；阴寒凝聚脾胃，阳虚不得驱寒外出，故欲嚏不能。

第六、七两条原文论述体质不同之人同感寒邪，病位、症状各有不同。第七条论述里阳虚甚之人外感寒邪，则寒邪直中入里，故病位在里，病情深重；第六条亦为中寒，但里阳虚而不甚，正气抗邪于外，故此病位在表，病情轻浅。可见正气的强弱决定了病位的深浅和病情的轻重。

11.1.1.3 寒实腹满

【原文】

其脉數而緊乃弦，狀如弓弦，按之不移。脉數弦者，當下其寒；脉緊大而遲者，必心下堅；脉大而緊者，陽中有陰，可下之。(二十)

【释义】 本条论述寒实腹满证。“其脉数而紧乃弦”，是以脉象论其病机。“数”，指脉来急迫；紧者，有力之谓。紧数相合则其脉状如弓弦，按之不移，故言“状如弓弦”，主阴寒内结肠胃。数主邪盛，弦主寒实内结，故尔此证当属寒实腹满，治宜温下寒实。

“脉紧大而迟”，指大而有力之脉，是因寒实之邪，凝聚肠胃，痼结更甚，则心下痞硬。脉大而紧者，大为邪实，紧主寒盛，系阳为阴遏之象，故言“阳中有阴”，此属寒实证。治疗此症，“非温不能已其寒，非下不能去其实”，故应以温下法治之。

本条论述寒实腹满证，从脉象可测知其症状尚应有腹痛、腹满，大便不通，或见胁腹偏痛等。

11.1.1.4 实热腹满

【原文】

病者腹滿，按之不痛爲虛，痛者爲實，可下之。舌黃未下者，下之黃自去。(二)

【释义】 本条论述腹满虚实的辨证和实证腹满的治法。腹满有虚实寒热之分，而虚实之辨常借助于触诊。虚证腹满，多因脾胃虚寒、气虚不运所致，所谓“脏寒生满病”之义，因无宿食、燥屎等有形之邪停留，所以腹虽满而按之不痛；而实证腹满，因胃肠有宿食，燥屎积滞未去，腑气不通，为有形之邪内阻，故按之则痛，治疗时可用下法以去其实。“可”字有斟酌之义。因此，可从喜按与拒按辨别腹满之虚实。对于腹满的寒热之辨，可借助于望舌苔。若苔黄焦燥，为实热积滞肠道，未下之时，可径用下法，使实祛热清，则苔黄自去；若苔黄已用下法而黄苔未去者，则当细辨病情，辨证施治，不可妄用下法贻误病情。

本条论述了运用触诊对腹满虚实证的辨别方法，提示了“按之不痛为虚，痛者为实”的诊断原则，并指出实证腹满宜用下法治疗。

此外，仲景也揭示了黄苔在腹满辨证中的重要意义及治法。腹满苔黄属阳明腑实热证者，皆宜用苦寒攻下法通腑泻热，则实去热清而黄苔自去。另一方面仲景又提示读者，但若苔黄已下者，则须进一步详审病情，其属阳明腑实热证，而病重药轻者，则须加大剂量，继用下法治之；凡属舌苔黄腻，湿热内蕴脾胃者，则当改用清热化湿法为宜，不可妄用苦寒攻下，以致贻误病情。

11.1.2 证治

11.1.2.1 实热腹满证治

（1）里实兼太阳表证

【原文】

病腹滿，發熱十日，脉浮而數，飲食如故，厚朴七物湯主之。（九）

厚朴七物湯方：

厚朴半斤　甘草三兩　大黄三兩　大棗十枚　枳實五枚　桂枝二兩　生薑五兩

上七味，以水一斗，煑取四升，温服八合，日三服。嘔者加半夏五合，下利去大黄，寒多者加生薑至半斤。

【释义】　本条论述腹满兼有表证的治法。发热、脉浮为风寒在表，发热十日而仍见脉浮，此属表邪不解，邪入阳明，从阳化热，故见脉数；热壅气滞，腑实不通则见腹满。本证病变位置重点在肠，与胃无碍，故饮食如故。由此可见，本证病属太阳表邪未罢，阳明腑实已成，表里同病。

然本证虽属表里同病，但里证重于表证，故当通腑泄热，兼散表邪，方选厚朴七物汤双解表里。本方即由厚朴三物汤合桂枝汤去芍药而成，方中以厚朴、枳实、大黄行气除满，通腑泄热；以桂枝汤去芍药调和营卫，解表散邪。因本证病本腹满，又且芍药本属酸敛之品，故去而不用。

本证病属表里同病，其治疗常法应为先解其表，后治其里。今发热十日，脉不浮紧而浮数，腹部又见胀满，可知病位重心在里，故当表里双解。本方即厚朴三物汤合桂枝汤去芍药而成，方中以厚朴为君行气除满，用量独重；大黄通腑泄热，用量较轻，可知本证气滞重于积滞，症状以气滞不行所致之腹满为主，故方中复配用枳实，则行气除满之力尤甚。

本证虽有表证，但其表现惟见脉浮、发热二症，而无恶寒、无汗、身痛诸症，故本证虽属表里同病，但以里证为重。

附　医案举例

侯某，女，30岁，湖南人。患经漏二月余，曾经中西医治疗，而经漏如故，且脐腹绞痛难忍，用吗啡止痛，收效不显，反而出现口干、舌燥、自汗、发热等症。症见脉弦细，舌苔白腻少津。结合上述诸症，显系血枯化燥，血室瘀热所致。势非攻下，莫可救治。但患者体质虚损，用下恐再伤正气，经漏更甚，以致危殆。宜本“体功重病邪”之原则，治法当分两步。先从健脾养肝，恢复机体功能，待体质好转，方再议下，处方用逍遥散加胡黄连，数剂后，果现脉数，舌转黄燥，发热、自汗、腹痛拒按，大便秘结，数日未解。此瘀热伤津，而肠燥之征象已备，体功已趋好转，下清之条件已具，乃用仲景厚朴七物汤。

处方：川厚朴9克，枳实9克，大黄9克，桂枝9克，甘草9克，生姜3片，大枣3枚。嘱服上方一剂，次日来诊，大为好转，自诉大便已通，下黑粪两次，每次半痰盂之多，且汗止舌润，脉静身凉。两月多来之经漏已随之而止。继以归芍六君汤调理而愈。[戴慧芬．崩漏六例．云南中医学院学报，1980，(2)：36]

(2) 里实兼少阳证

【原文】

按之心下满痛者，此爲實也，當下之，宜大柴胡湯。(十二)

大柴胡湯方：

柴胡半斤　黄芩三兩　芍藥三兩　半夏半升（洗）　枳實四枚（炙）　大黄二兩　大棗十二枚　生薑五兩

上八味，以水一斗二升，煮取六升，去滓，再煎，温服一升，日三服。

【释义】　本条论述少阳阳明合病所致的腹满痛证治。“按之心下满痛”为本条辨证的关键，结合第二条“病者腹满，按之不痛为虚，痛者为实”来看，今“按之心下满痛”，属实邪内结为患，本条“心下满痛”，即脘腹胀满疼痛，并牵及两胁，证属少阳失和，阳明里实。“此为实也”为自注句，强调其病邪属性，参考《伤寒论》大柴胡汤证有关论述，可知本证除见上述症状外，尚可见有往来寒热，胸胁苦满，微微郁烦，舌红苔黄，脉弦有力等症。治宜和解少阳，通腑泄热，方用大柴胡汤。方中柴胡、黄芩、半夏、生姜和解少阳邪热，大黄、枳实清泻阳明热结，芍药、大枣缓急止痛。诸药合用，则可外解少阳邪热，内泻阳明腑实，俾“心下满痛”诸症自消。

此外，厚朴七物汤与大柴胡汤均为双解表里之剂，且二者均以里证为主，但前者兼有太阳之表，而后者兼有少阳之候，故应予鉴别。

【现代研究】　王氏等采用大柴胡汤加味治疗 84 例急性胰腺炎，疗效显著，并体会到：大柴胡汤集清热、透表、行气、开郁、降逆、活血、攻下于一方，可疏理气机，泄热通腑。在临床观察中还发现，通畅腑气是治疗的关键。从观察结果中显示：便秘改善时间先于其他症状的缓解，随泻下的出现，呕吐、腹痛、发热、腹胀、肠麻痹等症状及体征均相继得到缓解。正如古人所云“不通则痛”，“通则不痛”，“痛随利减”。可见大柴胡汤治疗急性胰腺炎的机理也就在于清热泄浊，通畅气机。[王玉芬等．大柴胡汤加味治疗急性胰腺炎 84 例总结．北京中医学院学报，1991，(4)：12]

附　医案举例

许某，女，43 岁。住院号 30355，因上腹部剧烈疼痛两天，于 1982 年 10 月 13 日入院。两天前饱餐 3 小时后突发上腹疼痛，以左上腹为著，呈持续性疼痛阵发性加剧，向后背放射，多次呕吐苦水，口渴喜冷饮，便结尿黄。体检：体温 37.8℃，血压 20.0/13.3kPa（150/100 毫米汞柱）。腹略膨隆，全腹压痛，轻度反跳痛，以左上腹为重。舌红，苔黄腻，脉弦数。化验：白细胞 17.4×10^9/L，中性 82%。尿淀粉酶 1 024U（温氏法）。诊断：急性胰腺炎。治疗宜清热解毒、行气活血。方用大柴胡汤：柴胡 15 克，黄芩 15 克，半夏 10 克，白芍 12 克，枳实 10 克，生姜 10 克，大黄 15 克（后下），加玄明粉 15 克，急煎服。3 小时后排稀便约 400 克，腹痛减轻，继用原方。第二天，呕吐停止，腹痛缓解。第三天，体温正常，诸症悉除，能下床活动，复查血象及淀粉酶均正常。第八天痊愈出院。[欧阳雄. 加减大柴胡汤治疗急性胰腺炎. 湖南中医杂志，1987，(1)：23]

(3) 里实胀重于积证

【原文】

痛而閉者，厚朴三物湯主之。(十一)

厚朴三物湯方：

厚朴八兩　大黄四兩　枳實五枚

上三味，以水一斗二升，先煮二味，取五升，内大黄，煮取三升，温服一升。以利爲度。

【释义】　本条论述里实气滞所致的腹满证治。痛而闭，即腹部胀满疼痛且大便不通，其病机为胃肠实热积滞闭阻不通，气滞不行，且气滞重于积滞，故以厚朴三物汤除胀消痞，通腑泻热。方中重用厚朴为君行气除满，枳实为臣破气消痞，复以大黄泻热导滞。三药同用，使实热积滞消除，腑气通畅，则腹满疼痛自愈。

厚朴三物汤与小承气汤用药相同，但药量不同，故主治证候各异。厚朴三物汤重用厚朴、枳实，意在行气除满，故其证气滞重于积滞；小承气汤重用大黄，旨在通导积滞，故该证积滞甚于气滞。此即尤怡所谓“承气意在荡实，故君大黄；三物意在行气，故君厚朴”。

本证与厚朴三物汤证均有阳明腑实，症状表现方面均有腹痛、便秘，但大柴胡汤证属少阳阳明合病，病位偏重在胃，且连及少阳，治宜和解少阳，通下里实，双解表里；厚朴三物汤证属阳明腑实，气滞重于积滞，病位在肠，腹痛部位在大腹，故治用厚朴、枳实、大黄行气除满，通腑泄热。

【现代研究】　何氏近年来采用厚朴三物汤加减治疗肠梗阻 130 例，取得了总有效率 85.3%的满意效果。药物用量为厚朴 35 克，枳实 30 克，生大黄 20 克。肠腑气滞加莱菔子 30 克；气滞血瘀加桃仁 8 克，丹参 15 克，赤芍 10 克；热结阳明加芒硝 30 克；寒凝肠腑加附片 9 克，细辛 3 克；蛔虫梗阻肠道加槟榔 10 克，苦楝子 12 克，花椒 3 克；食滞胃肠加山楂 9 克，麦芽 10 克，莱菔子 20 克。何氏从疗效与病种的关系研究中发现本方对狭窄性高位性肠梗阻效果欠佳，对粘连性肠梗阻复发率较高，而对单纯性肠梗阻治疗效果较好。[何华廷. 厚朴三物汤治疗肠梗阻 130 例临床观察. 河北中医杂志，1984，(1)：24]

李氏对厚朴三物汤、厚朴大黄汤、小承气汤三方单味中药的部分金属元素的含量进行了测试和分析，结果表明：①三方的通便、消胀、止痛功能与钙、镁含量有关。钙为肌肉收缩的激活因子，使细胞膜去极化而触发；镁是泻盐的活性物质，可刺激肠道蠕动增强；钙、镁与蒽醌类物质的协同作用，可增强肠道的蠕动和肠壁平滑肌的收缩运动，达到通便的目的。肠道内细菌分解、发酵、腐败的内容物减少或排除，从而减轻消除了腹胀、腹痛的症状。②行气除满还与锌元素有关。现代医学认为腹胀、腹痛、胀满不适的原因是由于消化道平滑肌收缩运动的减弱、肠蠕动低下，随食物吞咽的气体和肠内容物受细菌分解、发酵腐败过程增加产生大量的二氧化碳，使肠腔膨胀、刺激肠壁而引起。而实验证明：锌元素是大肠杆菌天冬氨酸转移酶和丙酸杆菌属的转羧化酶的必需因子，亦是丙酮酸羧肽酶的必需因子，这些酶的作用是转移和分解二氧化碳。三方所含锌量也是富集的。并且三方“行气”作用的大小与它所含锌量的多少成正比。作者认为，三方是通过锌-锌酶-二氧化碳来降低肠内二氧化碳的浓度，减轻或排除肠膨胀和肠刺激，而达到“行气除满”的作用。[李岳夷．厚朴三物汤等三方单味中药的部分金属元素的含量测试和分析．湖南中医杂志，1988，(3)：38]

附 医案举例

患者王某，男，21岁，教员，1984年12月28日就诊。12月26日上午8时许，突觉胃部不适，逐渐全腹疼痛，无呕吐。以急性胃炎收住院，下午至夜间呕吐数次，腹痛加剧，排便排气停止。次日腹透，左侧横膈升高2~3cm，胃、小肠、大肠均大量胀气，未见明显液平面。经输液、胃肠减压、灌肠等方法治疗两天均未见好转，而转请中医治疗。刻诊：除上述症状外，腹胀如鼓，叩之空然，疼痛难忍，按之尤甚，呕吐频作，大便三日未解，舌苔薄白，脉弦紧，证属内实气滞，升降失调。宗仲景“痛而闭者，厚朴三物汤主之”之义处方用药：川厚朴15克，枳实15克，大黄10克，二剂水煎。嘱当日趁热徐徐服完。一剂后，肠音略有增强；服完二剂，矢气频频，解大便一次，便后矢气持续10分钟左右，胀痛顿消，饥饿欲食，一夜安静入睡，翌日又大便一次。腹透：仅见降结肠远端少量胀气，余无明显改变，痊愈出院。为巩固疗效，又服三剂健脾胃、理气机、调升降之品，随访一年，一切正常。[陈立富．厚朴三物汤治愈麻痹性肠梗阻．吉林中医药，1990，(1)：28]

(4) 里实胀积俱重证

【原文】

腹满不减，减不足言，當须下之，宜大承氣湯。(十三)

【释义】 本条论述胀积俱重的腹满证治。“腹满不减，减不足言”是形容腹部胀满没有减轻之时，为实热腹满的辨证关键。本证病由胃肠燥结，气滞不通所致，与“腹满时减，复如故”之虚满形成明显对照。此则因肠中燥热内结，里实壅滞，气机不通，故腹满始终不减；彼则由于脾胃虚寒，内无实邪，若阳气暂通，则腹满时有减轻，临证当应区别。本证气滞与积滞并重，属腹满重证，故当急下，选用大承气汤峻下通便，行气泄满。方中大黄苦寒泄热，荡涤肠胃实热积滞；芒硝咸寒软坚润燥，泻热通便；枳实、厚朴行气除满。四药同用，共奏通腑泄热、行气除满之功。

厚朴三物汤证与大承气汤证俱属阳明腑实热证，均有腹满症状，但前者胀重于积，病情较轻；后者胀积俱重，病情较重。故前者重用厚朴为君，意在行气除满，而后者选用硝、黄、枳、朴合方，旨在胀积并治。

【现代研究】 康氏等通过大承气汤对肠梗阻大鼠离体结肠平滑肌^{45}Ca内流影响的实验研究，结果表明：结肠梗阻组大鼠结肠平滑肌^{45}Ca内流显著增加，大承气汤能明显抑制梗阻结肠^{45}Ca内流，对正常结肠平滑肌^{45}Ca内流无明显影响。揭示肠梗阻的发生与发展和平滑肌内^{45}Ca浓度升高有一定关系。大承气汤抑制梗阻平滑肌^{45}Ca内流增加可能是该方剂治疗急性肠梗阻的离子机制之一。［康毅等. 大承气汤对肠梗阻大鼠离体结肠平滑肌^{45}Ca内流影响的实验研究. 中西医结合杂志，1991，(2)：107］

附　医案举例

苏某，男，50岁。于1984年9月7日突感剧烈腹痛伴呕吐，二日未大便，立即就诊于县医院外科。经放射线检查：腹部有液面，诊断为肠梗阻。经保守治疗一天后无效，腹痛加剧，因惧怕手术，故求治于中医。病人因腹痛呈痛苦面容。主诉：腹胀腹痛难忍。查体：腹痛拒按，脉沉弦。既往无腹痛史。诊断：阳明腑实证。治用大承气汤：大黄20克，芒硝15克，枳实15克，厚朴15克，二剂水煎服。服一剂后无大反应，服第二剂后排便三次，腹痛愈。用香砂养胃丸善后，至今未复发。［郭玉良. 大承气汤治愈肠梗阻. 黑龙江中医药，1990，(6)：35］

11.1.2.2　虚寒腹满证治

(1) 寒饮逆满证

【原文】

腹中寒氣，雷鳴切痛①，胸脅逆滿，嘔吐，附子粳米湯主之。(十)

附子粳米湯方：

附子一枚（炮）　半夏半升　甘草一兩　大棗十枚　粳米半升

上五味，以水八升，煑米熟，湯成，去滓，温取一升，日三服。

【注释】　① 雷鸣切痛：雷鸣，形容肠鸣的声音很响；切痛，形容腹痛犹如刀割一般。

【释义】　本条论述脾胃阳虚、寒饮上逆的腹满痛证治。本病的部位在腹中，主要症状为腹痛、肠鸣；阳虚则生里寒，寒性凝滞，阳气不通，必见腹满、疼痛；阳虚不运，虚寒内生，水饮停留，所以雷鸣切痛，寒饮上逆，则胸胁逆满；胃失和降则生呕吐。治当温中散寒，降逆止呕，方用附子粳米汤，其中炮附子温中散寒止痛，半夏降逆止呕，粳米、大枣、甘草补益脾胃，且能缓急止痛。全方共奏温中散寒、降逆止呕之效。此外，从方药推测，本证除见上述症状外，尚可兼见四肢不温，舌淡苔白，脉象沉迟等症。

理中汤与附子粳米汤均治脾胃虚寒证，症状上均有腹痛、肠鸣，但理中汤证症状以下利为主，其病机在于阳虚不运、水湿下趋，治疗重在温阳散寒，补脾止泻，药选人参、干姜、白术、炙甘草，治在扶本；而附子粳米汤所治脾胃虚寒证，症状以雷鸣切痛、呕吐为主，病机为脾胃阳虚、寒饮上逆，治疗则偏重温中散寒，止痛降逆，药选附子、半夏、粳米、大枣、甘草。故临证当依其病情，辨证选方。

附　医案举例

王某，男，1986年8月19日初诊。患肠鸣、泄泻半年，曾在某医院做大便细菌培养，无致病菌。现肠鸣频作，泄泻日3～5次，四肢欠温，腹部不痛，饮食正常，小便清长，脉弦，舌淡苔白滑。证属脾肾阳虚，水湿内停，气滞不畅。治宜温阳祛湿，兼以理气。处方：制附子

30 克，净半夏 30 克，炙甘草 30 克，干姜 30 克，桔梗 20 克，大枣 5 枚，粳米 30 克，2 剂，每日一剂，水煎服（文火久煎）。

1986 年 8 月 22 日复诊：服上方后大便已成形，日一次，肠鸣减，舌转为正红，苔仍白滑，脉弦，但较前缓和，继服上方二剂。服后肠鸣、泄泻均愈。[李发枝．金匮治验三则．河南中医，1987，(6)：20]

(2) 脾胃虚寒证

【原文】

心胸中大寒痛，嘔不能飲食，腹中寒，上衝皮起，出見有頭足①，上下痛而不可觸近，大建中湯主之。(十四)

大建中湯方：

蜀椒二合（去汗） 乾薑四兩 人參二兩

上三味，以水四升，煑取二升，去滓，内膠飴一升，微火煎取一升半，分温再服；如一炊頃，可飲粥二升，後更服。當一日食糜，温覆之。

【注释】 ① 上冲皮起，出见有头足：形容腹中寒气攻冲，腹皮突起如头足样块状物。

【释义】 本条论述脾胃阳衰，阴寒内盛所致的寒疝证治。心胸中大寒痛，是言其痛势剧烈，疼痛部位广泛。从上下而言，疼痛范围由腹部上至心胸；就内外而言，疼痛范围内至脏腑，外涉经络，均为寒气所充斥。寒邪凝聚则疼痛剧烈；寒气攻冲于内，则见腹皮高起，出现头足状包块，且上下攻冲作痛，不可以手触摸。阴寒之气上逆，则呕不能食。本病总属脾胃阳衰，中焦寒甚，故用大建中汤温中散寒，缓急止痛。方中蜀椒、干姜大辛大热，温中散寒，使中焦阳气恢复，寒气消散；人参、饴糖温补脾胃，甘缓止痛。诸药相合，俾中阳得复，阴寒消散，而腹痛可除。服后一炊顷，令其饮粥者，取其温养中焦之气，助正祛寒之意。

附子粳米汤与大建中汤同治脾胃虚寒，二者均具散寒止痛之功，但二者在病机、症状及用药方面却不尽相同。前者证属脾胃虚寒，寒饮上逆，病情较轻；后者病属脾胃阳衰，阴寒内盛，病情较重；在症状方面，二者除均有腹痛、呕吐症状外，前者可见腹中雷鸣、下利、胸胁逆满等症，病变范围较小；后者则见心胸中大寒痛，上下痛不可触近，呕不能食等症，病变范围广泛；在用药方面，大建中汤中用蜀椒、干姜温阳散寒，人参、饴糖补虚扶正，远较附子粳米汤中附子、粳米、大枣、甘草药力峻猛，可见大建中汤证较附子粳米汤证具有虚甚、寒重的证候特点。

【现代研究】 作者认为大建中汤是以温法为原则的治疗方剂，其主症当为：腹满，腹寒，腹痛，呕吐，便秘，手足厥冷，脉迟弱，苔薄白等。用本方时应注意蜀椒应是山椒实之壳，且需用炙法使其油沥出方能入药。并认为：蜀椒之用量，若照《金匮》原方是过量的，易引起皮炎、不眠等不良反应。以作者之经验，每天蜀椒 2 克，干姜 5 克，人参 3 克，胶饴 30 克煎服为好。[大塚敬节．论大建中汤．广东中医，1958，(6)：7]

附　医案举例

王某，女，42岁，一周来左少腹疼痛不休，彻夜难眠，形体肥胖，面容愁苦，饮食量少，舌苔薄白微腻，舌质淡红，脉弦。内科诊断为：结肠痉挛。以抗生素及解痉剂治疗无效。延余诊治，询之，曰：腹痛昼夜不休，轻按痛减，重按痛剧，痛处固定，可触到10×4cm条索状物，推之可移，大便如常。此证疼痛位于足厥阴经辖地，然而此处内藏阳明大肠。寒冷之气乘虚入侵，积于阳明大肠。腹中寒气凝集则成肠府痉挛之形，出现条索状瘕聚。此即仲景所言："腹中寒，上冲皮起，出现有头足。"予大建中汤，处方：川椒15克，淡干姜15克，台党参30克，炒麦芽30克（代饴糖）。服药2帖，即告食香寐安痛已。[袁兴石等．大建中汤治疗腹部疑难病症．河南中医，1990，（1）：29]

（3）寒实内结证

【原文】

脅下偏痛，發熱，其脉緊弦，此寒也，以温藥下之，宜大黄附子湯。（十五）

大黄附子湯方：

大黄三兩　附子三枚（炮）　細辛二兩

上三味，以水五升，煑取二升，分温三服；若強人煑取二升半，分温三服。服後如人行四五里，進一服。

【释义】　本条论述寒实内结所致腹痛证治。本条病由脾阳虚弱，寒自内生，与食滞相合而致。所谓"胁下"当指胁下及腹部而言。"偏痛"系指腹部偏于一侧，或左或右出现疼痛。"发热"乃是阳气被郁所致。脉象弦紧，主寒主痛。"此寒也"，说明证属寒实内结，临证多兼大便不通之症。此外尚见腹痛拒按，大便秘结，并可见到形寒肢冷、舌苔白腻，治当温下寒实，方用大黄附子汤温阳通便止痛。方中附子温经祛寒，细辛散寒止痛，大黄泻实通便。诸药相合，共奏祛寒开结，通便止痛之功。

本方主治寒实内结所致之胁腹疼痛，其主症为大便不通、胁腹疼痛，病属脾阳虚寒，寒实内结，系阳虚寒盛、本虚标实之候，治疗之时当标本同治，温阳与泻实并施，方可取效。

本方又为温下方剂之祖方，后世温下方剂如《千金要方》及《普济本事方》中的温脾汤均由《金匮要略》大黄附子汤化裁变化而来。

【现代研究】　尹氏应用大黄附子汤加减治疗慢性结肠炎27例，以腹痛、泄泻、便血等为主症，常用量为大黄9~25克，附片25~50克，细辛3~6克，取得总有效率为92.5%的良好效果。作者认为本病多由外邪积聚于大肠，腑气不通，气血凝滞，影响脾运而致。病由久病过用寒凉之品伤及脾肾阳气、湿热蕴结等而成。运用本方随症加减，寒热并用，既能泻下止痛，又能温里散寒；既能散瘀除滞，又能兴奋全身机能，促进新陈代谢，具有寓泻于补，寓补于消之妙。[尹德军．大黄附子汤治疗慢性结肠炎27例．云南中医杂志，1993，（2）：10]

附　医案举例

王某，男，31岁。早年有患痢疾病史，近半月来腹泻日2~3次，伴发热（38~39℃），肝区疼痛，入院治疗。检查：神清，T 39℃，肝上界第4肋，剑突下3指，有叩击痛。血检：WBC 13×10⁹/L，N 0.85，L 0.14，M 0.01，胸透：右侧横膈抬高约1.5cm，活动度降低，心肺（-）。超声波：肝上界第4肋间，剑突下2cm，腋前线、腋中线第6、7、8、9肋间隙可见5cm囊性液平反射。诊断为："阿米巴肝脓肿"。患者症见发热起伏，日久不退，右胁肋胀痛阵作，肝区叩击痛明显，转侧活动受限，胸闷纳呆，大便干结，行而不畅，舌淡红，苔薄腻，脉细弦数。证属寒凝血瘀，气滞痰阻，肝失疏泄，脾失健运，拟大黄附子汤合控涎丹加味以温经散寒，行气活血，破瘀通络。处方：熟大黄、附片各9克，细辛2.4克，川楝子、元胡索、赤白芍、桃仁、莪术各9克，橘叶皮各4.5克，当归10克，茯苓12克，薏苡仁、败酱草各15克，控涎丹1.5克（药前1小时吞服）四剂。药后大便日行2~3次，先清后稀，小水增多，身热渐清，右胁肋胀痛大减，肝区叩击痛不著，纳谷渐增，身体转侧活动较利，舌淡红，脉细滑，再拟前法出入三剂后，右胁肋胀痛消失，肝区叩击痛已除，夜寐转侧活动自如，纳可便调，继以疏肝泄热、理气行滞、健脾和中等法调治半月而愈。[王瑞春．大黄附子汤证治一得．陕西中医，1993，(3)：121]

11.2　寒　　疝

11.2.1　证治

11.2.1.1　阴寒痼结证

【原文】

腹痛，脉弦而緊，弦則衛氣不行，即惡寒，緊則不欲食，邪正相搏，即爲寒疝。

寒疝繞臍痛，若發則白汗①出，手足厥冷，其脉沉緊者，大烏頭煎主之。（十七）

大烏頭煎方：

烏頭大者五枚（熬，去皮，不㕮咀）

上以水三升，煑取一升，去滓，内蜜二升，煎令水氣盡，取二升，強人服七合，弱人服五合。不差，明日更服，不可一日再服。

【注释】　①白汗：因疼痛剧烈所出的冷汗。

【释义】　本条论述寒疝的病机和证治。本条可分两段分析。上段论述寒疝的病机为阳虚寒盛，聚而不散，遇寒而发。"脉弦而紧"为寒疝的主要脉象，弦、紧均为阴脉，主寒、主痛，《痰饮咳嗽病脉证并治》篇云："脉双弦者，寒也"，故弦脉之寒常自内生，属阳虚内寒，以致卫阳不足，卫外失煦而见恶寒；紧脉之寒常自外袭，寒邪入里，影响脾胃运化功能，则见不欲饮食。阳虚与外寒相互搏结，两寒相合，寒凝气结则发为寒疝腹痛。

下段论述沉寒痼冷的寒疝发作时的证治。寒疝病属阳虚阴盛，具有遇寒而发的特点。发作之时，常由外寒引动内寒，内外交作，寒气攻冲，腹痛剧烈，令人冷汗淋漓；寒阻阳闭，阳气不达四肢，则手足厥逆。脉象弦紧转为沉紧，言其寒邪厥冷之甚。外寒当散，里寒当温，故用大乌头煎温阳散寒，以救阳气。方中乌头大辛大热，温散沉寒痼冷而止疼痛，佐用白蜜以制乌头之毒，且可缓急止痛。方后注云"强人服七合，弱人服五合，不可一日再服"，即强调其药力峻猛，用量宜慎重。

寒疝在本篇中是作为一个病名出现，其症状、病机古已有论，如《素问·长刺节论》云："病在少腹，腹痛不得大小便，病名曰疝，得之寒。"《诸病源候论》亦云"疝者，痛也，此由阴气积于内"等，可见寒疝的主要症状是腹痛，其病性为寒，病机为阳虚里寒，聚而不散。二者对寒疝的病位、病机、症状都做了较为详尽的论述，可见寒疝属于阴寒性腹痛范畴，且常感寒而发，故与疝气有所不同。

附　医案举例

沈某，男，50岁，1973年6月间初诊。有多年宿恙，为阵发性腹痛，因旧病复发，自外地来京住院，1959年曾在我院做阑尾炎手术，术后并无异常。此次诊为"胃肠神经官能症"。自述每发皆与寒凉、疲劳有关。其症腹痛频作，痛无定位，惟多在脐周一带，喜温可按，痛甚以致汗大出。查舌质淡，苔薄腻而滑，脉沉弦，诊系寒气内结。阳气不运，寒则凝泣，热则流通。寒者热之，是为正治。曾投理中汤，药力尚轻，药不胜病，非大乌头煎不可，故先小剂量以消息之。乌头用4.5克，以药房煎不便，盖蜜煎缓其毒也，权以黑豆、甘草代之。二剂后，腹痛未作，汗亦未出，知药证相符，乌头加至9克。四剂后复诊，腹痛已止，只腹部微有不适而已。第见腻苔已化，舌转嫩红，弦脉缓和，知沉寒痼冷得乌头大热之品，焕然冰释矣。病者月余痊愈出院。[魏龙骧. 读医话四则. 新医药学杂志，1978，(12)：14]

11.2.1.2　寒饮上逆证

【原文】

寒氣厥逆①，赤丸主之。(十六)

赤丸方：

茯苓四兩　烏頭二兩（炮）　半夏四兩（洗）　細辛一兩

上四味，末之，内真朱②爲色，煉蜜丸如麻子大，先食酒飲下三丸，日再夜一服；不知，稍增之，以知爲度。

【注释】　① 厥逆：有两种含义，一是指寒饮上逆的病机；一是指手足逆冷的症状。

② 真朱：即朱砂。

【释义】　本条论述寒饮上逆所致腹痛证治。本条叙证简略，学习时当以方测证。赤丸方中乌头、细辛散寒止痛；茯苓、半夏化饮止呕，配用朱砂镇逆安神，因此本证病属脾肾阳虚，停饮上逆。由于阳虚饮停，寒气兼夹水饮上逆，导致腹痛、腹满、呕吐、心下动悸、眩晕、手足逆冷等症，故用赤丸散寒止痛，化饮降逆，诸症自愈。

《雷公药性赋》认为：乌头反半夏，不宜同用，此处仲景两药并用，旨在相反相成，以取速效，且配成丸剂用量亦小，又以蜜制其悍，故药后可获良效而无毒性。

附 医案举例

石某，男，4岁。患结核性脑膜炎而入院治疗。时余随石季竹老中医会诊：患儿昏迷不醒，痰声漉漉，双目斜视，四肢厥冷，时而抽搐，苔白微腻，指纹青黯。乃属痰浊蒙闭心包，肝风内动，宜《金匮》赤丸方损益：制川乌、法半夏、石菖蒲各6克，云苓9克，细辛1克，远志5克，生姜汁5滴，竹沥10滴。二帖后，吐出小半碗痰涎，神清厥回，肝风遂止。续经中西医药治疗三个月而愈。[马先造．半夏、贝母不反乌头．上海中医药杂志，1983，(11)：39]

11.2.1.3 血虚内寒证

【原文】

寒疝腹中痛，及脅痛裏急者，當歸生薑羊肉湯主之。(十八)

當歸生薑羊肉湯方：

當歸三兩　生薑五兩　羊肉一斤

上三味，以水八升，煮取三升，温取七合，日三服。若寒多者，加生薑成一斤；痛多而嘔者，加橘皮二兩、白术一兩。加生薑者，亦加水五升，煮取三升二合，服之。

【释义】　本条论述血虚内寒的寒疝证治。不言而喻，寒疝发病多因寒盛而起，本条之寒偏重里寒内生。两胁属肝，肝主藏血，肝血不足则肝气亦虚，阳虚则寒自内生。胁腹失去阳气的温煦和阴血的濡养则拘急疼痛，由于证属虚寒，所以其痛隐隐，得温则减，得按则舒，脉多弦而无力。病由血虚内寒所致。尚可兼见面色苍白，气短乏力，舌淡苔白等症。治当“精不足者，补之以味”，宜用当归生姜羊肉汤养血散寒止痛。方中以味厚之羊肉养血补虚，配以当归补血养肝，重用生姜散寒止痛。若寒多者加生姜以温散寒邪，若肝气犯胃呕吐者，则加橘皮、白术健脾和胃。

大乌头煎证与本证虽均属寒疝证治，但机理不同，故治法亦异。前者阳衰阴盛，寒凝腹中，聚而不散，遇寒触发，疼痛剧烈，治疗当以峻散寒邪为主，选用乌头辛热散寒，佐用白蜜甘缓止痛，共奏温阳散寒、破结止痛之效；本条血虚内寒，痛势绵绵，拘急作痛，一派虚寒征象，治宜缓补肝血，养血散寒，选用味厚之羊肉、性温之当归养血补虚，复用生姜散寒止痛，共收养血散寒止痛之功，两者一虚一实，证治迥然有别。

【现代研究】　李氏等用当归生姜羊肉汤做动物实验发现：给大白鼠灌胃后，能显著提高其在寒冷刺激后肾上腺内胆固醇的含量（$P<0.05$），说明该方提高动物耐寒能力的机能，可能是通过激活棕脂，增加非寒战性产热以避免过强的应激反应，从而具有保护作用。可能增强对神经系统的习惯作用，从而具有调节作用。本方能显著延长小白鼠寒冷（-15℃）生存时间（$P<0.01$），说明该方确能提高动物寒冷的耐受能力。[李星伟等．当归生姜羊肉汤的实验研究——对应

激大、小白鼠的作用．成都中医学院学报，1982，（1）：53］

附　医案举例

患者李某，男，35岁，1988年2月12日就诊。胃脘疼痛四年，遇寒或空腹加重，得温得食则减，痛甚时口吐清涎，自觉胃脘部发凉如有一团冷气结聚不散，曾在某医院检查确诊为十二指肠球部溃疡。久服西药及中药理中、建中之剂，进药则缓，停药则发，终未得除。西医曾劝其手术治疗，因其畏惧而未从。舌淡胖嫩，边有齿痕，脉细弱。辨证为中阳不足，气血虚寒。因观温胃散寒之品前医皆用，遂书当归生姜羊肉汤原方：当归10克，生姜60克，羊肉60克。一剂进，患者自觉腹中温暖舒适，服至10剂，胃部冷感基本消除。后改方中生姜为30克，又继服40余剂，诸症得平，停药至今，未见复发。［宋传荣．当归生姜羊肉汤治验．实用中医内科杂志，1990，（3）：31］

11.2.1.4　寒疝兼表证

【原文】

寒疝腹中痛，逆冷，手足不仁，若身疼痛，灸刺諸藥不能治，抵當烏頭桂枝湯主之。（十九）

烏頭桂枝湯方：

烏頭

上一味，以蜜二斤，煎減半，去滓，以桂枝湯五合解之，得一升後，初服二合，不知，即服三合；又不知，復加至五合。其知者，如醉狀，得吐者，爲中病。

桂枝湯方：

桂枝三兩（去皮）　芍藥三兩　甘草二兩（炙）　生薑三兩　大棗十二枚

上五味，剉，以水七升，微火煑取三升，去滓。

【释义】　本条论述寒疝兼有表证的证治。寒疝之病本由阳气亏虚，寒气内结所致，主症为腹中疼痛。阳气亏虚，四肢失煦则手足逆冷；气血不足，手足失养则麻木不仁；寒邪客表，营卫不利则身体疼痛，本证总属内外皆寒，表里同病，且以里病为主。治疗时若单纯使用灸法、针法解散表邪，或予温散里寒之品难以双解表里之寒邪，只可以乌头桂枝汤表里同治，内外两调方能奏效。

本方即乌头煎合桂枝汤而成，乌头煎中重用乌头，旨在温里散寒以治腹痛；桂枝汤轻解表邪，意在调和营卫而止身痛，两方合用则诸症可望痊愈。方中乌头内含乌头碱，毒性剧烈，故宜久煎，且与蜜同煎以减轻毒性。另一方面，乌头用量宜由小渐增。“其知者，如醉状，得吐者，为中病”，是药已中病，邪正相搏的“瞑眩”现象，但应与乌头中毒之症相区别。若见呼吸急促、心跳加快，心律不齐、四肢抽搐，甚至神昏等现象，则为中毒表现，应立即停药，急当抢救。

本方与大乌头煎、当归生姜羊肉汤均为寒疝而设，其所治均有腹痛之症。三者的区别主要表现为：在病机方面，三证均有内寒为患，但大乌头煎证属沉寒痼冷，常遇寒而发；当归生姜羊肉汤证兼有血虚；乌头桂枝汤证兼有表寒。在症状方面，大乌头煎证腹痛剧烈，甚则四肢厥逆，冷汗不止；当归生姜羊肉汤证腹痛绵绵，喜温喜按，牵及两胁；乌头桂枝汤证兼见身体疼痛等表证。在治疗方面，大乌头煎重在散寒止痛，当归生姜羊肉汤旨在养血散寒，乌头桂枝汤法取温里解表。由此可见病证不同，则治法各异。

【现代研究】 作者使用本方配合人参养荣汤治疗血栓闭塞性脉管炎，效果甚佳。认为本病是由于寒凝血滞，经脉壅塞所致。故用大热通阳之乌头桂枝汤散寒通脉，同时又根据寒者多虚的经验，配合人参养荣汤益气补血则获良效。此外尚用本方治疗类风湿性关节炎，辨证系风寒湿邪外侵，而以寒邪偏盛者，效果亦佳。[任树生. 门纯德老中医临床治验三例. 山西医药杂志，1978，(5)：37]

附 医案举例

杜某，男，54岁，巴中县，复兴公社干部。

1972年8月16日初诊：右上肢肘关节肿痛七天，疼痛剧烈，近两天呻吟不绝，日不能食，夜不能眠。现症：右肘关节肿痛不红，加之局部不发烧，屈伸不利，只能屈不能伸，自觉畏寒，但不发热。舌质淡，苔薄白而津润，脉沉细。问其病因：病前气候炎热，夜睡时两手赤露，而所住宿舍风凉，右侧有窗户，熟睡时被风冷之邪侵袭，加之素体阳虚，阳虚生内寒，内寒与外寒相并，留滞于经络，以致阳气不运所致。诊为阳虚寒凝痛痹。拟以温阳散寒，通络宣痹之法。用乌头桂枝汤加麻绒治疗。

处方：制川乌（另包，先煎3小时）15克，桂尖9克，炒白芍9克，生姜9克，大枣12克，麻绒6克，嘱服两剂。

8月19日复诊：上方服一剂后肿痛大减，夜间能入睡，可进食。两剂后肿痛消失，右肘关节屈伸自如，饮食睡眠基本正常。将上方去麻绒，用乌头桂枝汤全方，嘱服四剂调理善后，遂恢复正常。[王廷富. 对乌头桂枝汤治验三例的认识. 成都中医学院学报，1978，(2)：53]

11.2.2 误治变证

【原文】

夫瘦人繞臍痛，必有風冷，穀氣不行[①]，而反下之，其氣必衝，不衝者，心下則痞也。(八)

【注释】 ① 谷气不行：指大便不通。

【释义】 本条论述里虚寒疝误下后的变证。素体阳虚之人易感风冷邪气。外寒引动内寒，寒凝气结，大肠传导失职，则大便不通、腹痛绕脐，证属内外合邪，寒气凝结，治宜温通。若以此证为阳明腑实便秘，误用苦寒攻下，不但风冷不去，反而更伤中焦阳气，故言“而反下之”。误下之后，若伤阳而不甚，正气尚能抗邪，则见气逆上冲，其上冲之理与《伤寒论》“太阳病，下之后，其气上冲者，可与桂枝汤，若不上冲者，不可与之”同意。若气不上冲，为正气已虚，正不胜邪，则邪气势必内陷心下，中焦气机升降失常，形成痞证。

本条病由素体脾胃虚弱，又兼风冷所致。表现为不大便且腹痛绕脐，易与阳明腑实之不大便、绕脐痛相混淆，《伤寒论》谓："病人不大便五六日，绕脐痛，烦躁，发作有时者，此有燥屎"，此属实热证。而本条不大便、绕脐痛则是由于素体阳虚里寒内生，加之外受风冷，内外合邪，寒凝气结所致，虽症状相近，但病机迥然不同，治法自当有别，故临证应予区别。

11.3 宿　　食

11.3.1　证治

11.3.1.1　食滞上脘证

【原文】

宿食在上脘，當吐之，宜瓜蒂散。（二十四）

瓜蒂散方：

瓜蒂一份（熬黄）　赤小豆一份（煑）

上二味，杵爲散，以香豉七合煑取汁，和散一錢匕。温服之，不吐者，少加之，以快吐爲度而止。

【释义】　本条论述宿食停于上脘的证治。宿食停滞上脘，塞滞气机，胃失和降，临证常见胸脘痞闷、胀满，泛泛欲吐，恶心等症。病属正邪相争，正气有驱邪上出之势。治当因势利导，遵《内经》"其高者，因而越之"之旨，选用瓜蒂散涌吐宿食。方中瓜蒂味苦，涌吐实邪；赤小豆味酸，与瓜蒂相合，酸苦涌泄，增强催吐作用；佐用香豉开郁和胃。服药时宜温服且以快吐为度。因药性峻悍，易伤正气，故亡血及体虚之人不可与之。

在临床使用中，本法亦可用于痰涎壅盛所引起的胸膈胀满等症，凡是邪高证实，病邪迫于胸脘，且有温温欲吐之势者，均可使用本法，不必限于宿食。若病势急迫，取药不便，亦可以手指、盐汤探吐，促其呕吐。

附　医案举例

张某，男，38岁。1975年8月14日初诊。因多次饮酒，过食生冷，又卧湿地，以致水湿结胸，两胁剧痛，烦闷欲死，医用寒凉泻下药物，下利数次，其病不减。由于上肢厥冷，又误为阳虚，投温燥之剂，病更增剧。症见形体消瘦，精神不振，呼吸有力，口出臭气，以手扪胸，时发躁扰，不能言语，四肢厥冷，小便短赤，大便未解，舌红苔黄，脉滑有力，两寸独盛。此为痰热郁于上脘，治宜涌吐痰热。方用瓜蒂、赤小豆、白矾各9克，研细末，分三次服。服后少顷，吐出痰涎和腐物二碗余，当即语言能出，大便随之下泄，身微汗出，四肢转温。中病即止，停服后药，以饮食调养而愈。［康祖宣．瓜蒂散的临床应用．浙江中医杂志，1980，（11）：556］

11.3.1.2　食滞下脘证

（1）宿食久停证

【原文】

問曰：人病有宿食，何以别之？師曰：寸口脉浮而大，按之反濇，尺中亦微而濇，故知有宿食，大承氣湯主之。（二十一）

【释义】　本条从脉象论述宿食久停肠间的证治。宿食之病多因饮食不节、食积不化，留滞中焦所致。常见有嗳腐吞酸，泛泛欲吐，胸脘痞满，舌苔厚腻等症。此外，因宿食内积，气塞于上，则见寸口脉浮而大，按之则涩而有力。尺中亦微而涩者，言其宿食停留，肠中糟粕不通，下焦气机不畅，治宜通泻肺腑，泻下积滞，方用大承气汤治之。

本条辨证的关键有二：一为宿食久停，病程必长，罹病日久；二为脉象必见"寸口脉浮而大，按之反涩，尺中亦微而涩"等食积肠间，气机不畅征象。故可用大承气汤攻下积滞，通调气机。

（2）宿食新停证

【原文】

脉數而滑者，實也，此有宿食，下之愈，宜大承氣湯。（二十二）

【释义】　本条论述宿食新停，郁而化热的宿食证治。宿食停于肠间，郁而不去，生湿蕴热，故见脉来滑数。病在肠腑，"其下者，引而竭之"，故云"下之愈"，治可酌情选用大承气汤荡涤肠中实热积滞。

需要注意的是，本条与前条均属宿食为患，而其脉象一云"脉数而滑"，一云脉涩。本条因宿食初结，生湿化热，故见脉象滑数；彼则宿食久积，壅遏气机，血脉不利，因此脉来涩滞。可见在同一疾病的不同阶段，其脉象亦有区别，因此不可一概而论。

附　医案举例

方某，男，2个月。脐眼突起若乒乓球大已七日，压之稍陷，入手即起，少乳少睡，时有啼哭，大便臭秽，质黏稠，舌质红苔黄厚，指纹紫滞。曾用中药外敷三天无效。辨证为胎热蕴积，郁结肠腑，用力努张，气冲脐间所致。宜大承气汤加味。大黄（后下）、枳实、厚朴、芒硝各3克，广木香、蒲公英、山楂各5克，煎取汁，少量多次喂服。服两剂后，脐突消减过半，去芒硝，再服两剂，脐平如常，患婴遂安。［石中盛．大承气汤治疗婴幼儿疾患两则．湖北中医杂志，1993，(6)：35］

（3）宿食下利证

【原文】

下利不欲食者，有宿食也，當下之，宜大承氣湯。（二十三）

【释义】　本条论述宿食下利的治法。宿食积滞，壅遏太过则见下利。利而不欲食者，则属虽利而肠中积滞未能尽去。因此"当下之"，取"通因通用"之意。可用大承气汤因势利导下其宿食，则下利可止。

原文第 21、22、23 条均论宿食病。第 21 条属宿食久停，气机阻遏；第 22 条属宿食新停，湿热内蕴；第 23 条则属宿食下利，积滞未净。三者均属宿食，病位均在肠腑，虽然脉象、症状略有差异，但因其病机相同，故均可用大承气汤治之。

附　医案举例

唐某，女，35 岁，农民。主诉人工流产后腹胀且痛，肛门坠胀难忍，坐时犹如锥刺，卧不安寝，纳呆食少，大便日行数次，量少质稀，或如水样，已历两月。当时诊断为肠炎，用呋喃唑酮等抗菌药物未效。病势日增，形体消瘦，四肢软弱，某医曾投以大剂补方，服几帖后腹胀气窒，饮食不进，诸症加剧而来我院要求手术治疗。当时患者偏坐于凳子一角，言其所苦。妇科检查：外阴经产式，阴道通畅，宫颈轻度炎症，子宫体中位，大小正常，但左后壁连及左侧少腹有肿块，坚硬压痛拒按，重按时肛门有少许清水流出，此乃燥屎内聚，热结旁流，拟大承气汤加味以荡涤肠腑之燥屎。

处方：大黄（后下）9 克，芒硝（冲）9 克，枳实 9 克，厚朴 6 克，木香 9 克，槟榔 9 克，桃仁 9 克，生甘草 4 克。

药后肠鸣，腹痛阵作，翌晨解出燥屎 10 余枚，坚如弹丸，顿感腹部舒适。原方再进一帖，排出大量坚硬大便。第三次复诊又投增液承气汤加减而收功。[赵翠英等．治疗节育手术后神经功能性疾病三例．江苏中医杂志，1981，(1)：31]

11.3.2　宿食与伤寒鉴别

【原文】

脉緊如轉索無常者，有宿食也。(二十五)

脉緊，頭痛，風寒，腹中有宿食不化也。(二十六)

【释义】　第 25、26 条以紧脉为例，论述外感风寒与宿食的鉴别。紧脉既见于外感风寒，又可见于宿食为患。二者可从脉象、症状方面加以区别。“脉紧如转索无常者”，是形容脉象如同绳索转动之状，乍紧乍滑，乃由宿食不化，停积于中，正邪相搏所致，而不似外感病紧脉固定不变。又在症状方面，外感风寒必兼发热恶寒、头痛身痛等表证；宿食则多见肠胃症状，如恶心、厌食、脘痞、腹痛等里证。因此，脉证合参，足资鉴别。

11.4　附　　方

(1)《外台》乌头汤

【原文】

《外臺》烏頭湯：治寒疝腹中絞痛，賊風入攻五臟，拘急不得轉側，發作有時，使人陰縮，手足厥逆。

【释义】　《外台》乌头汤，与乌头桂枝汤药味相同，而药量则有出入。《外台》原方为乌头十五枚，桂心六两，芍药四两，甘草二两，生姜一斤，大枣十枚。可见虽是一方，只是因为病症较重，所以药量也比较大。徐、沈、魏、尤诸家俱以为即大乌头煎。

（2）《外台》柴胡桂枝汤

【原文】

《外臺》柴胡桂枝湯方：治心腹卒中痛者。

柴胡四兩　黄芩　人參　芍藥　桂枝　生薑各一兩半　甘草一兩　半夏二合半　大棗六枚

上九味，以水六升，煑取三升，温服一升，日三服。

【释义】　本方适用于外感性的胸腹两胁疼痛，小柴胡汤疏表并治胁腹疼痛，合桂枝汤调和营卫，疏解外邪，和胃止痛。

（3）《外台》走马汤

【原文】

《外臺》走馬湯：治中惡心痛腹脹，大便不通。

杏仁二枚　巴豆二枚（去皮心，熬）

上二味，以綿纏槌令碎，熱湯二合，捻取白汁，飲之，當下。老小量之，通治飛屍[①]鬼擊[②]病。

【注释】　① 飞尸：其病突然发生，迅速如飞，症状为心腹刺痛，气息喘急，胀满上冲心胸。

② 鬼击：指不正之气突然袭击人体，症状为胸胁内腹绞急切痛，或兼见吐血、鼻出血、下血。

【释义】　走马汤治疗秽毒壅塞肠胃的一派寒实证，取峻烈温通的巴豆破积攻坚、开通闭塞为主，佐苦温之杏仁宣利肺与大肠之气机，使秽毒邪气从下而泄。

11.5 结　　语

腹满有寒、热、虚、实之不同。在辨证方面，属于虚寒者，腹满时轻时重，按之不痛，舌淡苔白，脉象微弦；属于实热者，腹满多呈持续性，胀满不减，按之疼痛，舌红苔黄，脉多沉实。故此治疗时宜分证论治。其属里实气滞，胀重于积者，方用厚朴三物汤行气除满，通腑泻实；若腹满不减，胀积俱重者，方用大承气汤峻下通里，行气除满；若腹满兼表证者，方用厚朴七物汤消痞除满，通腑解表，表里同治；若阳明少阳合病，腹满兼见少阳证者，方用大柴胡汤和解少阳，泻热除满。若寒实结滞，胁下偏痛者，方选大黄附子汤温下寒实；至于附子粳米汤、大建中汤虽为虚寒性腹痛胀满而设，亦常用治寒疝。其属脾胃虚寒、水湿内停者，可用附子粳米汤温中散寒，降逆止痛；若属脾胃阳微、中焦寒盛所致者，治宜大建中汤温中补虚，缓急止痛。

寒疝病的主要症状是腹痛，主要由于阳虚寒盛引起。若属阴寒内结，寒气攻冲者，宜用大乌头煎散寒止痛；若属血虚里寒者，宜用当归生姜羊肉汤养血散寒止痛；若寒疝兼夹表邪者，宜用乌头桂枝汤散寒解表，表里同治；如属脾肾阳虚、水饮上逆者，宜用赤丸散寒蠲饮，降逆止痛。

宿食，即伤食之谓。若宿食停于上脘，以恶心泛呕、漾漾欲吐为主症者，可用瓜蒂散因势利导，涌吐宿食。若宿食停于下脘，以腹痛、便秘或下利不爽为主症者，可酌用大承气汤泻下积滞，“引而竭之”。

复习思考题

1. 腹满虚、实证应如何鉴别诊断？
2. 腹满病应如何辨证施治？
3. 厚朴三物汤证、厚朴七物汤证、大柴胡汤证及大承气汤证有何异同？
4. 何谓寒疝？如何分类证治？
5. 附子粳米汤证与大建中汤证皆属脾胃虚寒，二证有何不同？
6. 张仲景治疗宿食病有何特点？试举方证说明。

（乔　模）

12

五脏风寒积聚病脉证并治第十一

目的要求

1. 了解积、聚与檕气的区别。
2. 熟悉肝着、脾约、肾着的证治。

重点内容

1. 肝着、脾约、肾着的证治。
2. 积聚与檕气的区别。

本篇论述了五脏中风、中寒的证候，五脏气绝出现的真脏脉，以及积、聚、檕气的鉴别，上、中、下三焦和大小肠所发生的病变。以上诸病均与五脏有关，故合而论述。五脏中风、中寒系指两种不同性质的邪气侵犯五脏而产生的证候，是借用风寒二字来代表两种不同性质的病因（即阳邪和阴邪），非专指外感风邪和寒邪，且病变部位亦以五脏为主。

在本篇所述内容中，由于历史的原因脱简较多，三焦各部病证亦略而不详，故本篇重点论述五脏病证关于肝着、肾着、脾约以及积、聚、檕气的有关内容。

12.1 五脏中风、中寒证及真脏脉

12.1.1 肺中风、中寒证及真脏脉

【原文】

肺中風者，口燥而喘，身運[①]而重，冒[②]而腫脹。(一)

肺中寒，吐濁涕。(二)

肺死臟，浮之虚，按之弱如葱葉，下無根者，死。(三)

【注释】 ① 身运：指身体运转头摇。

② 冒：指头目眩冒。

【释义】 本节论述肺中风、中寒及肺脏的真脏脉象。肺中风者，为阳邪伤于肺脏，若肺伤于风，则肃降失职，气逆而喘，气不布津，故喘；肺主治节，为水之上源，治节失职，卫阳不能外达，故身运而重；肺气不能通调水道，则气滞水停，故肿胀。肺主清肃，清肃之令不行，浊气上逆，故时作昏冒。肺中寒者，为伤于阴邪。肺之液为涕，肺伤于寒，则胸阳不布，津凝为涕，因肺窍不利，则吐浊涕。肺的真脏脉象为浮取虚弱无力，按之如葱叶，沉取无根，为肺气已绝。

12.1.2 肝中风、中寒证及真脏脉

【原文】

肝中風者，頭目瞤，兩脅痛，行常傴[①]，令人嗜甘。(四)

肝中寒者，兩臂不舉，舌本[②]燥，喜太息，胸中痛，不得轉側，食則吐而汗出也。(五)

肝死臟，浮之弱，按之如索不來[③]，或曲如蛇行者，死。(六)

【注释】 ① 伛：驼背。伛者谓行走时常曲背垂肩，腰不能挺直之状。

② 舌本：一指舌根，一指舌体；此处应指舌体而言。

③ 如索不来：沉取脉象如绳索，郁阻坚劲，伏而不起，劲而不柔。

【释义】 论述肝中风、中寒及真脏脉象。肝中风者，表现肝经筋脉躁急之头目胎动，两胁痛，行常伛；肝苦急，急食甘以缓之，故令人嗜甘。肝中寒者，因肝脉循喉咙之后，络于舌本，肝寒火弱，不能蒸津上润而见舌本干燥；肝脉上贯胸膈，肝受寒袭，胸阳不宣，则见胸中痛，不得转侧；肝失调达则善太息；肝寒犯胃，胃不受食，食则吐而汗出。肝的真脏脉象表现为浮取弱小，沉取如按绳索，坚劲不柔，或见曲如蛇行，虽左右奔引，却无上下条达之象，曲行弯曲而无柔和之感。

12.1.3 心中风、中寒、心伤证及真脏脉

【原文】

心中風者，翕翕發熱，不能起，心中饑，食即嘔吐。(八)

心中寒者，其人苦病心如噉蒜狀[①]，劇者心痛徹背，背痛徹心，譬如蠱注[②]。其脉浮者，自吐乃愈。(九)

心傷者，其人勞倦，即頭面赤而下重，心中痛而自煩，發熱，當臍跳，其脉弦，此爲心臟傷所致也。(十)

心死臟，浮之實如丸豆[③]，按之益躁疾者，死。(十一)

邪哭[④]使魂魄不安者，血氣少也；血氣少者屬于心，心氣虚者，其人則畏，合目欲眠，夢遠行而精神離散，魂魄妄行。陰氣衰者爲癲，陽氣衰者爲狂。(十二)

【注释】 ① 心如噉蒜状：噉（dàn），吃的意思。即心里难受，好像吃蒜后心中嘈杂而辣之感。

② 蛊注：病名。指发作时胸闷腹痛，有如虫咬之状。

③ 丸豆：丸作动词解，即和指捻豆子。

④ 邪哭：属精神失常，无故悲伤哭泣，有如邪鬼作祟，故称邪哭。

【释义】 本条论述心中风、中寒、心伤、心死脏脉及精神错乱的病证。心中于风，风为阳邪，故翕翕发热；壮火食气，则不能起；火动于中故心中饥；心胃相通，热扰于胃，故食即呕吐。心中寒表现有胸中似痛非痛，似热非热，像食蒜后的辛辣感觉；甚至如心痛彻背，背痛彻心，似蛊注的病证一般。其脉浮者，病邪有上越外出之机，故自吐乃愈。心伤者，其人症状表现为劳倦、身重、面赤、心中痛、烦躁，病及于肾，则见脐部跳动，脉弦，皆为心血损伤所致。心的真脏脉，其状浮取坚实如弹丸、豆粒样动摇，重按更见躁疾不宁，为心血枯竭，心气涣散，故主死。至于因心血不足，而心神失养所发生的精神错乱，则更为多见。常表现为畏惧、神怯、欲眠而梦远行，甚则神失而妄行，如果病势进一步发展，阴气虚的可以转变为癫证，阳气虚的可以转变为狂证。

12.1.4 脾中风及真脏脉

【原文】

脾中風者，翕翕發熱，形如醉人，腹中煩重[①]，皮目瞤瞤而短氣。(十三)

脾死臟，浮之大堅，按之如覆盃潔潔[②]，狀如摇者，死。(十四)

【注释】 ① 烦重：心烦而腹重，一解为腹重为甚。

② 按之如覆盃洁洁：形容脉象中空，如复空杯，其中绝无涓滴之水。

【释义】 以上论述脾中风及脾死脏脉象。脾中风者，因风为阳邪，脾主四肢肌肉与胃相合，风伤于脾，故见翕翕发热，四肢不收，行如醉人。脾居腹中而主湿，风湿相搏，故腹中烦重。上下眼睑属脾，风胜则动，故皮目眴动。脾不运湿，湿阻气机，呼吸不利则短气。脾脏平脉应从容和缓而有神。若脾脏气绝，失于运化，气血无以充养肌肤，脉气自然失和。若浮取大坚乃脾阴虚，按之中空乃脾阳将绝。脾气微弱，时有而化食，时无而中止，故脉来摇荡不定，乍疏乍数，或左或右。此为脾之阴阳败散之象，故曰死脏脉。

12.1.5 肾死脏脉

【原文】

腎死臟，浮之堅，按之亂如轉丸[①]，益下入尺中者，死。（十七）

【注释】 ① 乱如转丸：形容脉象躁动，如弹丸之乱转。

【释义】 本条论述肾死脏的脉象。肾脉本当沉实有力，今轻取坚而不柔和，重按之乱如转丸，躁动不宁，尺部尤为明显，此乃真气不固而外越，元阴元阳将脱，故主死证。

12.2 五脏病证

12.2.1 肝着证治

【原文】

肝着，其人常欲蹈其胸上[①]，先未苦時，但欲飲熱，旋覆花湯主之。（七）

旋覆花湯方：

旋覆花三兩　葱十四莖　新絳少許

上三味，以水三升，煑取一升，頓服之。

【注释】 ① 蹈其胸上：蹈，原为足踏之意，此处指用手推揉按压，甚则捶打胸部。

【释义】 本条论述肝着证治。肝着是由于肝脏受邪而疏泄失常，其经脉气血郁滞，着而不行所导致的病证。其症状主要表现为胸胁胀满不舒，甚或刺痛。喜用手掌揉按，使气机舒展，气行血运则症状暂时缓解，故“其人常欲蹈其胸上”。本证初起病在气分，若得热饮之助则可使气机通利，痛苦减轻。迨至病成，渐及血分，则致经脉瘀滞，虽得揉按或热饮亦无助益，宜用旋覆花汤行气活血，通阳散结。方中以旋覆花为君通络行气，新绛（茜草）活血行瘀，配用葱茎通阳散结，三药合用，则气畅血行，而肝着乃愈。

【现代研究】 据报道：目前国内医家将旋覆花汤广泛运用于瘀血性的胸胁痛（包括肋间神经痛、慢性迁延性肝炎、肝硬化所致者），以及月经不调、痛经和妊娠行人工流产术后漏下不止，男子乳岩等，均可以之为基础方灵活运用，有一定疗效，对于慢性肝炎后及慢性肺源性心脏病患者，具备肝着病证，右胁胀痛，不能呼吸转侧，纳差，喜热饮，常以拳自捶，以旋覆花汤加味治之，疗效满意。[金先融．旋覆花汤加味治疗肝着．浙江中医杂志，1983，(10)：445]。

附 医案举例

卢某，男，50岁，干部。主诉：顽固胃痛18年。西医诊断慢性胃炎，身瘦体弱，饮食减少求治。初诊：胸胁作痛，喜按，喜热饮，肝着之候也。旋覆花（布包）一两、茜草二钱、火葱十四茎整用（四川葱子较小者名火葱），初次煎好，分二次服之。

二诊：服上方胸痛喜按之证减轻，仍喜热饮，大便曾畅解数次，肾囊微觉冷湿，照前方加味治之。旋覆花（布包）六钱、茜草一钱半、干姜四钱、云茯苓四钱、炒枳实（打）二钱、火葱七茎整用，服二剂。

以后据病情始终以旋覆花汤为主，或配合枳术丸、栝蒌薤白汤、《外台》茯苓饮、六君子汤等，计十一诊，肝着痊愈。[吴擢仙．医案二则．中医杂志，1964，(6)：29]

12.2.2 脾约证治

【原文】

趺陽脉浮而濇，浮則胃氣強，濇則小便數，浮濇相搏，大便則堅，其脾爲約①，麻子仁丸主之。（十五）

麻子仁丸方：

麻子仁二升 芍藥半斤 枳實一斤 大黄一斤（去皮） 厚朴一尺（去皮） 杏仁一升（去皮尖，熬，别作脂）

上六味，末之，煉蜜和丸梧子大，飲服十丸，日三服，漸加，以知爲度。

【注释】 ①其脾为约：指胃强脾弱，脾被胃所约束。

【释义】 本条论述脾约证治。脾约证是因为胃肠燥热，脾阴不足，胃强脾弱，弱者为强者所约束，脾不能为胃输布津液而产生的病证，由于胃肠燥热，脾阴不足，大肠失润则大便秘结；津液偏渗膀胱则小便利数。治以麻子仁丸泄热润燥，缓通大便。方中麻子仁、杏仁、芍药润燥滑肠，大黄、枳实、厚朴泄热导滞，攻下通便。蜜丸可润肠通便。全方合用，使燥热得泄，津液恢复，脾约可愈。

【现代研究】 麻子仁丸可广泛应用于多种病证。如习惯性便秘、老年性便秘、腹部及肛门手术后便秘，也有用于贲门痉挛、慢性咽炎、幽门梗阻，甚至有用于治疗肺源性心脏病、高血压心脏病之哮喘以及老年支气管哮喘伴有大便秘结者，以及老年更年期精神病、脑血栓形成后的大便不通等。[唐祖宣．麻子仁丸的异病同治．浙江中医杂志，1985，(4)：174]

据介绍麻子仁丸能加强肠管蠕动作用。火麻仁的研究表明能使血压显著降低，且无不良反应。（江苏新医学院．中药大辞典．上海：上海科学技术出版社，1986. 498）

附　医案举例

某，女性，72 岁，日本画家，体质肥胖，血压增高，高达 28.0/14.7kPa（210/110 毫米汞柱）时，则发生眼底出血。习惯性便秘已有 40 余年。腹中胀满不适，有时每月仅排便一次，对此患者给予麻子仁丸 5 克，分 2 次服用，每日 2 次。服后大便快适，腹症也减轻，眼底出血渐被吸收。其后患者常备麻子仁丸，每五日服一次，大便一直正常，90 岁后仍能绘画。（《汉方辨证治疗学》）

12.2.3　肾着证治

【原文】

腎着之病，其人身體重，腰中冷，如坐水中，形如水狀，反不渴，小便自利，飲食如故，病屬下焦，身勞汗出，衣裏冷濕，久久得之，腰以下冷痛，腹重如帶五千錢，甘薑苓术湯主之。（十六）

甘薑苓术湯方：

甘草　白术各二兩　乾薑　茯苓各四兩

上四味，以水五升，煑取三升，分温三服，腰中即温。

【释义】　本条论述肾着病的成因和证治。肾着，即寒湿痹着于腰部所致，因腰为肾之外府，故名肾着。其形成的原因是“身劳汗出，衣里冷湿，久久得之”。“身劳汗出”，阳气易虚；“衣里冷湿”，则寒湿之邪易留着于腰部；“久久得之”，说明病程较长。寒主收引凝滞，湿性重浊而黏滞，寒湿所伤，阳气被郁，故腰以下冷痛，如坐水中，形如水状，腰部沉重如带重物，转动不灵，四肢困重。寒湿伤于腰之外府，未及肾之本脏，故气化如常，津液自布，所以口不渴，小便自利，饮食亦未受影响；因湿伤于下，病在下焦。论其治，不需温肾之本脏，而以祛除腰部经络寒湿为主。以甘姜苓术汤温行阳气，散寒除湿，即所谓培土利水。方中干姜辛温散寒而振奋阳气；茯苓、白术健脾祛湿；甘草健中益气以祛湿邪。四味相伍，温脾肾之阳，散阴寒湿邪，正气旺而寒湿去，则肾着可愈。

本方又名肾着汤，后世医家有用此方治疗呕吐腹泻，妊娠下肢浮肿，或老年人小便失禁，男女遗尿，妇女年久腰冷带下，以及老人顽固性坐骨神经痛等，体现了中医异病同治的辨证论治特点。

附　医案举例

盛某，男，32 岁，1985 年 12 月 27 日初诊。患者 1 个月前发现左腿麻木疼痛，痛及足跟，不能行走，一周后右腿亦麻木疼痛，痛处无红肿热现象。舌淡苔根部白腻，脉弦缓。处方：干姜 5g、炙甘草 3g、苍术 10g、独活 10g、狗脊 10g、桑寄生 10g、怀牛膝 10g、桂枝 6g、木瓜

6g、附子5g，2剂，水煎服。药后疼痛减轻，能起床活动，舌脉如前，守上方加当归、香附、防己、葫芦巴各10g，川芎3g，服药5剂后疼痛麻木消失，行动自如，舌苔白腻已化，守方再服五剂，巩固疗效。[宋镇星．江克明运用经方医话选．中国中医药学报，1997，(2)：39]

12.3 三焦及大小肠病证

12.3.1 三焦病证

【原文】

問曰：三焦竭部①。上焦竭善噫②，何謂也？師曰：上焦受中焦氣未和，不能消穀，故能噫耳。下焦竭，即遺溺失便，其氣不和，不能自禁制，不須治，久則愈。（十八）

【注释】 ① 三焦竭部：三焦各部所属脏腑的机能衰退，阴血衰竭。

② 噫：嗳气。

【释义】 本条论述三焦之气不和的辨证。三焦之一部分所属的脏腑生理机能衰退，则会影响其他部分，出现受影响部位的病症。如上焦心肺的机能衰退，而反出现嗳出食气的中焦症状，其原因是上焦心肺功能衰退，气化治节失常，中焦脾胃精微之气不能上达，陈腐之气聚于中焦，故经常嗳出食气。下焦肾、膀胱以及大小肠机能衰退，不能制约二便，故见遗尿或大便失禁。这是下焦本部直接发生的病变。但三焦虽各有分部，它们的功能是相互为用、相互协调、相互维系的。因此，因三焦功能一时失调而发生善嗳、遗尿失便等病变，不需药物治疗，待三焦气和，正气恢复而可自愈。

12.3.2 三焦及大小肠病证

【原文】

師曰：熱在上焦者，因咳爲肺痿；熱在中焦者，則爲堅①；熱在下焦者，則尿血，亦令淋秘②不通，大腸有寒者，多鶩溏③；有熱者，便腸垢④。小腸有寒者，其人下重便血，有熱者，必痔。（十九）

【注释】 ① 坚：指大便坚硬。

② 淋秘：淋指小便滴沥涩痛；秘指小便闭塞不通。

③ 鹜溏：鹜即鸭。鹜溏，即鸭溏，形容大便如鸭之大便，水粪杂下。

④ 肠垢：指黏液垢腻的粪便。

【释义】 本条论述三焦的热证和大小肠的寒证、热证。肺居上焦，热在上焦，肺失清肃则气逆而咳，咳久津气俱伤，燥火内盛，肺叶痿弱而成肺痿。脾胃同居中焦，热伤中焦，消灼脾胃之阴津，肠道失润，则大便燥结坚硬。热在下焦，肾与膀胱受累，热灼络脉，故尿血；热结气分，气化不行，煎熬尿液，故尿少而赤疼，或成砂淋、石淋与尿闭等证。

大肠为传导之官，其病则为传导功能失职，临证应分辨其寒热，大肠有寒，水谷不分，则水谷杂下而为鹜溏。大肠有热，则为肠垢，故大便黏滞而秽，或便脓血。小肠为受盛之官，病则受盛化物功能失常，故小肠有寒，阳不化阴，浊阴停滞，阳虚气陷而不能统摄阴血，则见下重便血；小肠有热，热移大肠，则为痔疮。

12.4 积、聚、槃气的脉证及区别

【原文】

問曰：病有積、有聚、有槃氣①，何謂也？師曰：積者，臟病也，終不移；聚者，腑病也，發作有時，展轉痛移，爲可治。槃氣者，脅下痛，按之则愈，復發爲槃氣。諸積②大法，脉來細而附骨者，乃積也。寸口，積在胸中；微出寸口，積在喉中；關上，積在臍旁；上關上，積在心下；微下关，積在少腹；尺中，積在氣衝。脉出左，積在左；脉出右，積在右；脉兩出，積在中央。各以其部處之。（二十）

【注释】 ① 槃气：指水谷之气停积留滞，土壅侮木，肝气郁结的疾病。

② 诸积：指各种积病。包括《难经·五十六难》所称五脏之积，即心积曰伏梁；肝积曰肥气；脾积曰痞气；肺积曰息贲；肾积曰奔豚。病由气、血、痰、食、虫等积滞所引起。

③ 气冲：即气街，穴名，在脐腹下横骨两端，在此指部位。

【释义】 本条论述积、聚、槃气的脉证及区别。积为腹中肿块，痛有定处，推之不移，刺痛不已，多由瘀血凝聚而成。聚亦为腹中肿块，其痛无定处，聚散无常，推之能移，时发时止，多属气滞所致。槃气：是由于饮食停滞，土壅侮木，肝气郁结所致。其主症为胁下胀痛，按之则减，过后复发。治应疏肝理气，消食导滞。槃气与宿食的区别在于：前者病位在肝，病属肝气郁滞，后者病位在胃肠，病属食积；前者痛在胁下，按之即愈，继而复发，后者痛在脘腹，按之不减，兼见嗳腐吞酸、呕恶厌食等症；前者治以理气为主，消食为辅，后者以消食为主，兼以理气。

12.5 结　　语

本篇论述了五脏风寒和真脏脉象、五脏具体病证肝着、脾约、肾着的治疗，三焦各部病证及脏腑积聚脉证。重点讨论了肝着、脾约、肾着以及积聚与槃气的区别。整篇病证以五脏为中心，次论三焦各部病症，体现了张仲景重视脏腑辨证的思想。

复习思考题

1. 何谓槃气？它与宿食有何不同？
2. 何谓肝着、肾着、脾约？怎样治疗？

（李俊莲）

13

痰饮咳嗽病脉证并治第十二

目的要求

1. 了解痰饮的概念及其与咳嗽的关系。
2. 熟悉痰饮的成因与分类。
3. 掌握痰饮的临床表现、治疗原则及辨证论治。

重点内容

1. 痰饮的分类、病机、证候表现及治疗原则。
2. 痰饮、悬饮、溢饮、支饮的辨证论治。

本篇论述痰饮病的因机证治，咳嗽仅是痰饮病过程中的一个症状，且本篇的咳嗽，也仅指由痰饮所引起的，并不包括所有咳嗽在内。

痰饮病是由于肺、脾、肾功能失常，使得人体水津运行障碍，以致饮邪内生，停聚于体内而成。根据饮邪停聚的部位不同，一般分为痰饮、悬饮、溢饮和支饮四种，饮停胃肠称为痰饮；饮悬胸胁称为悬饮；饮溢肌肤称为溢饮；饮逆胸膈称为支饮。可见本篇“痰饮”二字有广义与狭义之分，广义痰饮是四饮的总称，而狭义痰饮仅指饮邪停留于胃肠的病变。

本篇除四饮之外，还有留饮和伏饮。所谓留饮，是指水饮久留而不行；伏饮是指水饮潜伏而不出。留和伏是意味着饮病的久深，并不是四饮之外另有所谓留饮和伏饮。

关于痰饮病的治疗原则，本篇提出“当以温药和之”。

13.1 成因、脉证与分类

13.1.1 成因与脉证

【原文】

夫病人飲水多，必暴喘滿。凡食少飲多，水停心下。甚者则悸，微者短氣。

脉雙弦[①]者寒也，皆大下後喜虚。脉偏弦[②]者飲也。(十二)

【注释】 ①脉双弦：指两手脉皆弦。

②脉偏弦：指左手或右手脉弦。

【释义】 本条论述痰饮病的病因及脉证。“夫病人饮水多，必暴喘满”，是指患者一时性饮水过多，脾胃运化不及，水寒射肺，而暴发喘满，这是属于一时性的停饮症，待饮消则喘满自除。“食少饮多，水停心下”，是说由于脾阳虚弱，运化失职，纳谷减少，稍微多饮，则水停心下，而形成痰饮病，轻则妨碍呼吸而为短气，重则水饮凌心而为心下悸。

痰饮脉象，一般多见弦脉，但与虚寒之弦脉有别。因大下后里虚阳微者，属全身虚寒，故脉见双弦；因痰饮者，是饮邪偏注，故脉见偏弦。

本条说明脾失运化，水饮内停是形成痰饮病的重要原因，痰饮病的主脉是弦脉。此外，肺失通调，肾失温化都可引起痰饮病的发生。

13.1.2 痰饮分类、病机、主症及病位

【原文】

問曰：夫飲有四，何謂也？師曰：有痰飲，有懸飲，有溢飲，有支飲。(一)

問曰：四飲何以爲異？師曰：其人素盛今瘦[①]，水走腸間，瀝瀝有聲[②]，謂之痰飲；飲後水流在脅下，咳唾引痛，謂之懸飲；飲水流行，歸於四肢，當汗出而不汗出，身體疼重，謂之溢飲；咳逆倚息[③]，短氣不得臥，其形如腫，謂之支飲。(二)

【注释】 ①素盛今瘦：谓痰饮病人在未病之前，身体肌肉丰盛；既病之后，身体消瘦。

②沥沥有声：水饮在肠间流动时所发出的声音。

③咳逆倚息：谓咳嗽气逆，不能平卧，须倚床呼吸。

【释义】 以上两条论述痰饮病的分类、四饮的病机、病位及主症，为全篇的提纲。仲景根据水饮停留的部位与主要症状不同，将痰饮病分为四种类型，即痰饮、悬饮、溢饮和支饮。水饮停留于胃肠的，称为狭义痰饮，由于饮流肠间，所以肠间沥沥

有声。健康之人，脾运健旺，饮食入胃以后，变为精微，充养全身，故肌肉丰盛。患痰饮病之后，由于运化不及，饮食不化精微，反停聚而成为痰饮，致肌肉不得充养，所以形体消瘦，这是狭义痰饮的主要表现。水饮悬结于胸胁的，称为悬饮，因肝居胁内，其支脉上注于肺，饮停胁下，使肝络不和，肺气失宣，则咳嗽时牵引两胁作痛，这是悬饮的主要表现。水饮外溢于四肢肌肤的，称为溢饮，饮溢肌肤，本可随汗液而排泄，若不能得汗，必致身体疼痛而沉重，这是溢饮的主要表现。水饮上逆于胸膈的，称为支饮，因肺居胸中，饮停胸膈阻碍肺气的宣降，以致咳逆倚息，短气不能平卧，甚至气逆水逆，而兼见外形如肿，这是支饮的主要表现。

13.1.3 痰饮初期脉象

【原文】

脉浮而細滑，傷飲[①]。（十九）

【注释】 ①伤饮：谓被外饮所骤伤。

【释义】 本条论述痰饮初期的脉象。饮病脉多偏弦，今浮而细滑，是指脉轻取即得，如丝之状，脉搏流利，这说明饮邪轻浅，尚未留伏，故原文不曰有饮而曰伤饮，即一时性被外饮损伤所致。

13.1.4 支饮脉证

【原文】

肺飲[①]不弦，但苦喘短氣。（十三）

支饮亦喘而不能臥，加短氣，其脉平也。（十四）

【注释】 ①肺饮：指水饮犯肺，属支饮之类。

【释义】 以上两条论述支饮的脉证表现。饮邪犯肺，其脉本应偏弦，但若水饮初停，积留未甚，阳气未致大伤，亦可出现平而不弦之脉。因水饮犯肺，肺气受阻，可见气喘不能平卧和呼吸短促等症。

以上两条主要说明，任何疾病都有一般和特殊之分，临证既要掌握一般规律，也要了解特殊变化，做到知常达变。

13.1.5 留饮脉证

【原文】

夫心下有留飲，其人背寒冷如手大。（八）

留飲者，脅下痛引缺盆，咳嗽則輒已[①]。（九）

胸中有留飲，其人短氣而渴；四肢歷節痛。脉沉者，有留飲。（十）

【注释】 ①咳嗽则辄已：辄已作转甚解，即咳嗽时痛势加剧。

【释义】　以上三条论述留饮的脉证。留饮，即指水饮之邪久留而不去。由于饮邪留积的部位不同，可以形成不同的留饮证。第八条云“心下有留饮”，指明饮邪停留的部位在心下，由此可知这是狭义痰饮中的留饮证。饮留心下，阳气被阻而不能转行于背部，则见背寒冷如手大。

饮留胁下，是属于悬饮中的留饮证，由于肝络不和，故胁下痛引缺盆，咳嗽震动，则疼痛加甚。

饮留胸中，是属于支饮中的留饮证，由于肺气不利，气不布津，所以短气而渴；饮留于四肢，是属于溢饮中的留饮证，由于饮邪痹阻关节，阳气不通，所以四肢历节痛。

以上种种见证，表现虽有不同，但均属于留饮为患。《水气病脉证并治》篇谓：“脉得诸沉，当责有水”，水饮久留，阳气闭郁，脉自当沉，故在以上各症中皆可见到沉脉，这是诊断为留饮的一个重要依据。

13. 1. 6　伏饮脉证

【原文】

膈上病痰，滿喘咳吐，發則寒熱，背痛腰疼，目泣自出①，其人振振身瞤劇②，必有伏飲。（十一）

【注释】　①目泣自出：即眼泪自己流出。

②振振身　剧：谓全身震颤动摇很厉害。

【释义】　本条论述膈上伏饮发作的病情。伏饮谓饮邪潜伏于内，难于攻除，发作有时之证。伏饮停于膈上，阻碍肺气，肺失宣肃，则见气喘胸满，咳吐痰涎。若一旦感受外邪，外寒引动内饮，内外合邪，则使病情加重。因内外合邪，逼迫肺气，则咳喘剧烈，以致目泣自出，周身　动振颤，不能自主。因寒邪束表，尚有恶寒发热、背痛腰痛、周身不适等症，见到这种病情，可以诊断为外邪引动内饮的膈上伏饮证。

本条有论无方，陈念祖（修园）在《浅注》中云“俗为哮喘”，主张表里兼治，用小青龙汤，确实切合实际。

13. 1. 7　五脏水饮症状

【原文】

水①在心，心下堅築②，短氣，惡水，不欲飲。（三）

水在肺，吐涎沫，欲飲水。（四）

水在脾，少氣身重。（五）

水在肝，脅下支滿③，嚏而痛。（六）

水在腎，心下悸。（七）

【注释】　①水：这里是指停饮。

②心下坚筑：是心下痞坚而悸动。

③支满：支撑胀满。

【释义】　以上五条论述水饮在五脏的症状。所谓水饮在五脏，并非指五脏本身有水，只是受水饮的影响，出现与各脏有关的外候而已。

水饮凌心，故心下痞坚而悸动；心阳被水饮所遏，故短气；水饮内停，阴寒凝聚，故恶水不欲饮。

水饮射肺，肺气与水饮相激，水随气泛，则吐涎沫；气不化津，则欲饮水。

水饮侵脾，健运失职，则中气不足而倦怠少气；脾为湿困，肌肉湿盛而身体沉重。

水饮侵肝，肝络不和，则胁下支撑胀满，嚏时牵引两胁作痛。

水饮犯肾，则肾气不化，脐下蓄水上逆故心悸动。

前面第一、二条根据饮邪停留的部位不同而分四饮，此三~七条重申水饮为害，不仅能留于肠间、胁下、胸膈、肢体，并可波及五脏。不过水饮在五脏与四饮之间，有着密切关系。如水在心、肾之与痰饮，水在肺之与支饮，水在脾之与痰饮、溢饮，水在肝之与悬饮，其证其治，均有内在联系，不能机械划分。

13.2　治　　则

【原文】

病痰飲者，當以温藥和之。（十五）

【释义】　本条指出痰饮病的治疗大法。痰饮病的产生，总由肺、脾、肾三脏气化功能失常，津液凝聚所致。饮为阴邪，得寒则凝，得温则行，饮邪停留最易伤人阳气。因此，痰饮病属于阳虚阴盛，本虚标实之证。那么，在治疗痰饮病时，首先宜选用温性的药物以振奋阳气，恢复肺、脾、肾的气化功能，阳能运化，饮亦自除。“和之”，一者是指温药不可过于刚燥，也不可过于温补，因过于刚燥必然伤正，过于温补，反助邪为虐，故应以调和为原则；二者是指在用温药助阳的同时，应配合发汗、利尿、峻下逐水之品，给饮邪以出路。“温药和之”实为扶正祛邪、标本兼顾之法，是治疗痰饮病的重要法则。

13.3　证　　治

13.3.1　狭义痰饮证

13.3.1.1　脾虚水停证

【原文】

心下有痰飲，胸脅支滿，目眩，苓桂术甘湯主之（十六）

苓桂朮甘湯方：

茯苓四兩　桂枝三兩　白朮三兩　甘草二兩

上四味，以水六升，煮取三升，分溫三服，小便則利。

【释义】　本条论述狭义痰饮的证治。心下即胃脘所在的部位，饮停于胃，阻滞气机，支撑胸胁，故胸胁支满；水饮中阻，清阳不升，故头目眩晕。治以苓桂术甘汤温阳蠲饮，健脾利水。方中茯苓淡渗利水，桂枝辛温通阳，两药合用，具有温阳化饮之功；白术健脾燥湿，甘草和中益气，两药相协，又能补土制水。

《伤寒论》第 67 条云：“伤寒，若吐若下后，心下逆满，气上冲胸，起则头眩，脉沉紧，发汗则动经，身为振振摇者，茯苓桂枝白术甘草汤主之。”本条方后注又云“分温三服，小便则利”，可知本证除胸胁支满、目眩外，尚可兼有心下逆满、气上冲胸、小便不利、脉象沉紧等症。苓桂术甘汤具有健脾渗湿，通阳利水之效，为治痰饮病的主方，亦是“温药和之”的代表方剂。

【现代研究】　通过动物实验研究证明苓桂术甘汤具有抗心肌缺血，提高耐缺氧能力，抗心律失常，抗心衰，镇静及抑制子宫的自发性收缩等作用。（王付.《伤寒杂病论》汤方现代研究及应用．西宁：青海人民出版社，1993. 6）

附　医案举例

李某，女，35 岁。1981 年 7 月 12 日就诊。因天气炎热，过食瓜果冷饮，发作头目眩晕，胸闷不畅，泛泛作恶，舌苔白腻，脉象濡滑。证属脾阳不振，痰饮内停，上蒙清阳，给予温阳化饮。处方：茯苓 5 克，桂枝、炒白术、法半夏各 10 克，炙甘草 6 克。二剂，药后眩晕消失，诸证悉平。［任达然．苓桂术甘汤的临床应用．江苏中医，1984，（4）：37］

13. 3. 1. 2　微饮证治

【原文】

夫短氣有微飲，當從小便去之，苓桂朮甘湯主之；腎氣丸亦主之。（十七）

【释义】　本条论述微饮的证治。微饮，是水饮之轻微者，即第十二条所说“水停心下……微者短气”之症。因病证轻微，外证不甚明显，仅短气一症较突出。短气是因饮邪阻滞、气机不利所致，饮邪既停，治当利小便以去微饮，但究其原因，则有在脾和在肾的不同。因于脾者，乃脾失健运、水停心下所致，其症除短气外，尚有上条所述心下逆满、胸胁支满、目眩、小便不利等症，治宜健脾渗湿，通阳利水，方用苓桂术甘汤；因于肾者，乃肾阳虚弱，不能化水，水泛心下所致，其症除短气外，尚有畏寒足冷、小腹拘急不仁、小便不利等症，治宜温肾利水，方用肾气丸。

本条一病二方，苓桂术甘汤和肾气丸皆属“温药和之”的代表方剂，然有治脾和治肾的不同，应善为分析。

【现代研究】　资料表明，肾阳虚患者核酸更新率低下，肾气丸可提高核酸更新率，调节肝脏偏低的核苷酸代谢，使之恢复正常，增加肝酶的数量，增强肝功能，提高肝脏能量代谢，从而达到纠正阳虚病理状态的治疗作用；本方具有兴奋、调整下丘脑、垂体及肾上腺皮质功能的作用；本方有一定的强心作用，可加速心率，增加心肌收缩力；本方有增强老年人免疫机能的活性；本方散剂有降血糖的作用，其有效药物是山茱萸，同时丹皮、山萸肉、肉桂有抑制肾上腺皮质激素、ACTH 对脂肪酸的游离和促进葡萄糖合成脂肪的作用，丹皮尚有增强胰岛素活性的作用；本方大部分药物有抗菌、抑菌作用；有人观察了本方的利尿效果，提出对于可交换钾处于减少趋势、易引起低血钾症的老年人，本方亦可放心使用。

本方临床运用相当广泛，对于糖尿病、白内障、慢性肾炎、神经衰弱、小儿疳积、肝硬化腹水、艾迪生病、性功能低下、甲状腺功能低下以及尿潴留、醛固酮增多症、慢性支气管炎、小儿大脑发育不全等病属肾阳虚者，均有较好疗效。（柯雪帆．现代中医药应用与研究大系．伤寒及金匮分册．上海：上海中医药大学出版社，1995. 173）

附　医案举例

颜某，女，40 岁。经常眩晕，反复发作。近觉胸胁逆满，眩晕尤甚，精疲短气，形寒怕冷，恶心欲吐，有时天旋地转，房屋有坠倒之势，张目则甚，闭目则止，诊得脉沉细，舌质淡胖有齿痕，苔白，头面微浮，小便不利。病系脾胃阳虚，不能行水，饮停心下，以致胸胁支满，短气目眩。法当健脾渗湿，温阳蠲饮。方拟：茯苓 15 克，桂枝 10 克，白术 10 克，甘草 5 克，磁石 20 克，三剂。

二诊：服药后，胸胁苦闷基本消失，但心悸眩晕，头面微浮，尿少肢冷，脉仍沉。拟温阳利水法。附片 10 克，白术 15 克，茯苓 10 克，白芍 18 克，生姜 3 片，磁石 20 克，五剂。

三诊：药服完后，眩晕完全消失，诸症亦逐渐就愈。（《湖南省老中医医案选》）

13.3.1.3　下焦饮逆证

【原文】

假令瘦人，臍下有悸，吐涎沫而癫眩[①]，此水也。五苓散主之。（三十一）

五苓散方：

澤瀉一兩一分　豬苓三分（去皮）　茯苓三分　白术三分　桂二分（去皮）

上五味，爲末，白飲服方寸匕，日三服，多飲暖水，汗出愈。

【注释】①癫眩：癫当作“颠”。颠眩，即头目眩晕。

【释义】　本条论述下焦水逆的证治。“瘦人”与第二条“其人素盛今瘦”同意，均指患病后形体消瘦。脐下悸动说明饮停下焦，因膀胱气化不行，浊阴不得下泄，有上逆之势；下焦停饮上逆则吐涎沫，饮邪内阻，清阳不升则头目眩晕；本证上下俱病，但病之徵结在下焦，治宜利小便，使水饮就近而去，方用五苓散，方中茯苓、猪苓、泽泻淡渗利水，白术健脾除湿，桂枝通阳化气、平冲降逆，五药相合，共奏通阳化气、利尿行水之效，俾水饮一去，冲逆自平，诸证皆愈。

本证与《奔豚气病脉证治》篇苓桂甘枣汤证，均有脐下悸。但彼为心肾阳虚、水饮内停所致，除心下悸外，有气从少腹上冲之感；此为饮停下焦、停饮上逆所致，除心下悸外，有吐涎沫和颠眩之状。

【现代研究】　实验表明，本方对正常家兔和小鼠无利尿作用，对健康人仅有轻微利尿作用，而对五苓散证患者则有显著利尿作用。本方按仲景方剂量，利尿效果最佳，若各药等量，则利尿效果明显减弱，若颠倒药量，则利尿作用更差。

现代多以本方加减治疗肾炎水肿、泌尿系感染、传染性肝炎、胃肠炎、尿潴留等疾患。（柯雪帆．现代中医药应用与研究大系·伤寒及金匮分册．上海：上海中医药大学出版社，1995. 162）

附　医案举例

牟某，女，22岁。1981年5月12日来诊。患者从15岁起即有惊后昏厥史。于1981年5月4日因丧母悲伤过度，昏厥大作，每日发十余次。症见神疲乏力，纳少嗜睡。自觉头昏热冲，大便秘结，仰卧神迷，手足僵直，呼吸急促，口吐涎沫，两目上视，形体肥胰，目呆少神，舌淡苔腻。诊脉右沉滑带弦，左沉而小滑。拟降逆平冲，逐饮利气之法。大剂五苓散加味：泽泻100克、白术30克、茯苓100克、猪苓20克、桂枝20克、半夏15克。三剂。药后昏厥未发。继以上方加减15剂，身体康复，至今一如常人。［许世瑞．五苓散的临床运用．四川中医，1983，（4）：58］

13. 3. 1. 4　痰饮呕吐证

【原文】

嘔家本渴，渴者爲欲解，今反不渴，心下有支飲故也，小半夏湯主之。（二十八）

小半夏湯方：

半夏一升　生薑半斤

上二味，以水七升，煑取一升半，分温再服。

卒嘔吐，心下痞，膈間有水，眩悸者，小半夏加茯苓湯主之。（三十）

小半夏加茯苓湯方：

半夏一升　生薑半斤　茯苓三兩

上三味，以水七升，煑取一升五合，分温再服。

先渴後嘔，爲水停心下，此屬飲家，小半夏茯苓湯主之。（四十一）

【釋義】　第二十八條論述痰飲嘔吐的預后和治法。一般來説，嘔吐傷津損液，必然引起口渴，但若是痰飲嘔吐，嘔后口渴者，説明飲隨嘔去，陽氣來復，知飲病欲解；若吐后口不渴者，説明飲邪没有隨嘔吐全部排出，陽氣未復，新飲復生，心下仍有水飲積留，飲邪支撑上逆，會再次發生嘔吐，治以小半夏湯和胃止嘔，散飲降逆。方中半夏化飲和胃，生姜散飲降逆，共奏蠲飲止嘔之效。

第三十條論述痰飲嘔吐眩悸的證治。飲停於胃，則心下痞滿；胃失和降，水飲上逆，則卒然嘔吐；清陽不升，濁陰上冒，則頭目昏眩；水上凌心，則心下悸。治以小半夏加茯苓湯，該方是由小半夏湯加茯苓而成，小半夏湯和胃化飲，降逆止嘔，茯苓導水下行，寧心安神。

第二十八條與第三十條，病機皆屬飲停於胃，停飲上逆，症狀均以嘔吐爲主，治療同用半夏、生姜和胃止嘔，散飲降逆。但第三十條除嘔吐外，更見目眩、心悸，證情較第二十八條爲重，故加茯苓以導水下行，寧心安神。另第三十條"膈間有水"與第二十八條"心下有支飲"，其機理頗爲近似。

第四十一條繼續論述痰飲作嘔的證治。前第二十八條雲"嘔家本渴，渴者爲欲解"，渴是飲邪祛除、陽氣來復的表現。本條"先渴后嘔"，渴乃水停心下、津不上承所致，渴則多飲，飲后增重水邪，水飲上逆則嘔吐，此屬飲家，故治以小半夏加茯苓湯行水止嘔。

【現代研究】　小半夏加茯苓湯主要作用機理是促進胃運動及止嘔，對各種原因所致的嘔吐有較好的止嘔作用。例如妊娠劇烈嘔吐、前庭神經元炎所致嘔吐、蛛網膜下腔出血所致嘔吐。（王付．《傷寒雜病論》湯方現代研究及應用．西寧：青海人民出版社，1993. 25）

附　医案举例

刘君，女，42岁，1982年1月10日初诊。头眩心悸，咽部不适，不时呕吐清水与食物，每天少则三五次，多达十余次，已历半载，近月加剧，以致精神恍惚，疲惫不堪。某医院诊为"胃神经官能症"。刻下诊：头眩心悸，咽中不适，恶心，心下痞，因惧呕，不敢进食，有时只服葡萄糖水，服后2小时许又吐出。全身软弱无力，舌淡，苔白腻，脉虚弱。证属脾胃虚弱，痰饮内阻。治宜健脾温胃，散饮止呕。方用小半夏加茯苓汤化裁：半夏10克，茯苓12克，生姜10克，灶心黄土250克煎汤代水，上药一剂。翌日，来人告曰：服药后上午未吐。即给原方二剂。已能进食，两天中只吐了一次，且量不多，又以上方加党参12克，三剂。服后已不吐，能食。随访半年未发。［武秀全．小半夏加茯苓汤治疗呕吐三则．中医杂志，1982，(12)：16］

13.3.1.5　留饮欲去证

【原文】

病者脉伏，其人欲自利，利反快，雖利，心下續堅滿，此爲留飲欲去故也。甘遂半夏湯主之。（十八）

甘遂半夏湯方：

甘遂大者三枚　半夏十二枚（以水一升，煑取半升，去滓）。　芍藥五枚　甘草如指大一枚（炙）

上四味，以水二升，煑取半升，去滓，以蜜半升，和藥汁煎取八合，頓服之。

【释义】　本条论述留饮的证治。脉伏乃沉之甚，由水饮久留、阳气不通所致，欲自利是指未经使用攻下药，即有下利之势，“此为留饮欲去故也”。利后部分饮邪得以祛除，故自觉畅快，但因病根未除，新饮不断生成，不久心下坚满症状依然如故。从“心下续坚满”之“续”字可知，患者在未下利之前，就已经有心下坚满症状存在，据此也可断定该证饮留的部位在胃肠，当属痰饮中的留饮证。既然饮邪有欲去之势，治疗当因势利导，攻下水饮以绝病根，方用甘遂半夏汤。方中甘遂攻逐水饮，半夏散结除痰，芍药、甘草、白蜜酸收以安中。本方甘草与甘遂相反而同用，意在取其相反相成，以激发留饮得以尽去。

本方煎法，根据《千金要方·卷十八》记载：甘遂与半夏同煮，芍药与甘草同煮，最后得二汁加蜜合煮，顿服，较为安全。此方分煎加蜜合煮，确有深意。

【现代研究】 有人报道，甘遂半夏汤对家兔有显著的利尿作用。利用甘遂半夏汤的提取液（浓度为100%，即100克药材作成100毫升药液）做家兔的利尿作用研究。在实验时麻醉、破腹、用小导管插入输尿管，观察给药前5分钟内尿液流出滴数，然后按每千克体重给药1毫升，观察其尿量变化，结果在药后30分钟，5分钟内尿液与给药前5分钟内的尿液比较，无明显增加，但在1小时后5分钟内的尿量与药前5分钟内的尿量比较有显著的增加作用。（张恩勤．经方研究．济南：黄河出版社，1989. 256）

附 医案举例

蒋某，女，32岁，……1969年5月就诊。……患者腹部逐渐增大已四月，经中西药治疗无效而转外地某医院。

就诊时见：腹部膨隆，大如妊娠八个月，按之松软如棉絮，自觉胸闷不舒，沉重乏力，神疲嗜睡，纳减便溏，经闭三月，白带量多，质清稀而有腥味，小便清长，舌淡，苔白腻，脉沉滑。证属脾虚失运，痰湿内停；治以健脾涤痰，方用甘遂半夏汤加减：甘遂9克，半夏9克，白芍9克，炙甘草9克，白术12克，茯苓18克，三剂。

三诊：腹胀大已减2/3，余症俱觉好转，大便仍间有黏腻物，脉沉滑，原方再进三剂。两年后，其至妇幼保健院遇余，谓：服药九剂后，健如常人，食纳正常，腹大全消，带止经行，而后怀孕。［刘俊楠．古方今用一则．江西中医药，1982，(3)：45］

13.3.1.6 饮邪结实肠间证

【原文】

腹滿，口舌乾燥，此腸間有水氣，己椒藶黄丸主之。（二十九）

己椒藶黄丸方：

防己　椒目　葶藶（熬）　大黄各一兩

上四味，末之，蜜丸如梧子大，先食飲服一丸，日三服，稍增，口中有津液。渴者加芒硝半兩。

【释义】 本条论述痰饮内结肠间的证治。水饮之邪内结肠间，阻滞气机，所以腹满；水饮结实，津不上承，故口干舌燥。“此肠间有水气”一句，概括了本证的病机。治以己椒苈黄丸分消水饮，导邪下行。方中防己、椒目辛宣苦泄，导水从小便而出；葶苈、大黄攻坚决壅，逐水从大便而去。四药合用，辛宣苦泄，前后分消，俾水饮一去，气机畅行，气化正常，腹满、口燥诸证自愈。方后所云“口中有津液”，正是饮去病解之征。若服药后口渴不解，为饮阻气结，可加芒硝以软坚破结。

【现代研究】 己椒苈黄丸的水煎液对家兔离体肠管有兴奋作用，且该作用不被M受体阻断剂阿托品所抑制，因此认为己椒苈黄丸对兔离体肠管的兴奋作用可能与M受体无关。另外，经研究发现，本方水煎液对麻醉家兔有轻微的利尿作用。(张恩勤．经方研究．济南：黄河出版社，1987. 19)

附 医案举例

马某，男，55岁，1981年1月诊治。患肺源性心脏病10余年，长年咳嗽、心悸。1980年入冬后心悸加重，周身浮肿，喘息难卧，因三度心衰而住院。症见：面色青黑，周身浮肿，腹满而喘，心悸不能平卧，唇口紫绀，痰涎壅盛，四肢厥冷，二便不利，舌质紫，苔薄黄，脉细促，脉率110次/分，血压11.5/6.67kPa（86/50毫米汞柱）。此属久病证虚，腑气不通，大实之中有羸状，治宜肃肺降浊，兼以益气温阳。方用：防己、炮附片各15克，椒目、葶苈子、大黄各5克，干姜、红参各10克，茯苓30克，嘱其浓煎频服。三剂后，便出脓样黏秽粪，小便通利，下肢转温，心悸喘促减轻，服十剂后肿消，能下床活动，继服24剂，症状基本消失，能作轻体力劳动，追访一年未复发。[唐祖宣．己椒苈黄丸的临床运用．湖北中医杂志，1984，(2)：18]

13.3.1.7 痰饮冒眩证

【原文】

心下有支飲，其人苦冒眩①，澤瀉湯主之。(二十五)

澤瀉湯方：

澤瀉五兩　白术二兩

上二味，以水二升，煑取一升，分温再服。

【注释】 ①冒眩：即头目昏眩。

【释义】 本条论述痰饮眩冒的证治。“心下有支饮”，即饮停心下，支撑上冒，因饮停部位在心下，当属狭义痰饮。水停心下，清阳不升，浊阴上冒，故头目冒眩，这是痰饮常见的症状。治以泽泻汤，方中泽泻利水除饮，白术补脾制水，二药配伍，共奏健脾利水之效。

附 医案举例

李某，45岁。两天来头晕目眩，动则更甚，呕吐痰涎。西医诊断梅尼埃综合征，查舌边有齿痕，苔白水滑，脉弦细。证属水停心下，清阳不升，浊阴上逆。治宜蠲除痰饮。处方：泽泻30克，白术30克，日服一剂，水煎分三次温服。用药二次后症减，继服两次病愈。[孙和文．泽泻汤治疗梅尼埃综合征．山西中医，1987，(5)：43]

13. 3. 2　悬饮证

【原文】

脉沉而弦者，懸飲内痛。(二十一)

病懸飲者，十棗湯主之（二十二）

十棗湯方：

芫花（熬）　甘遂　大戟各等份

上三味，擣篩，以水一升五合，先煑肥大棗十枚，取九合，去滓，内藥末，強人服一錢匕，羸人服半錢，平旦温服之；不下者，明日更加半錢，得快下後，糜粥自養。

【释义】　以上两条论述悬饮的脉证治法。脉沉为病在里，弦脉主饮主痛。悬饮是饮邪悬结于胸胁，病在于里，故脉沉弦；内痛，即胸胁牵引而痛，这与第二条所说之“饮后水流在胁下，咳唾引痛”的意思相同。饮邪既结，治当峻下逐水，用十枣汤治疗。方中甘遂、芫花、大戟并用以峻下逐水，辅以肥大枣十枚益气健脾，使下不伤正。因本方为峻下之剂，使用时宜晨起服药，即方后注所说“平旦服之”，以便白天观察护理。此外，还应根据患者病情、体质，从小剂量，逐渐增加，以免过剂伤正。

本条宜与《伤寒论》有关条文结合研究，如有表证，应先解表，表解方可攻之。现在用法，以诸药为末，装胶囊，每日 1 次，每次服 1. 5～3g，空腹用枣汤送服，4～6 日为一疗程。

【现代研究】　十枣汤原方治疗小儿肺炎，尤其是对抗生素产生耐药的细菌性肺炎有显著效果。[房念东等．十枣汤治疗小儿耐药菌株肺炎．中西医结合杂志，1985，(7)：407]

临床用十枣汤治疗系统性红斑狼疮合并尿毒症，肾病综合征，类风湿性关节炎，精神分裂症等病，疗效卓著。[虞觐冠．十枣汤临床应用体会．辽宁中医杂志，1980，(12)：25]

13. 3. 3　溢饮证

【原文】

病溢飲者，當發其汗，大青龍湯主之；小青龍湯亦主之。(二十三)

大青龍湯方：

麻黄六兩（去節）　桂枝二兩（去皮）　甘草二兩（炙）　杏仁四十個（去皮尖）　生薑三兩（切）　大棗十二枚　石膏如鷄子大（碎）

上七味，以水九升，先煑麻黄，減二升，去上沫，内諸藥，煑取三升，去滓，温服一升，取微似汗，汗多者，温粉粉之。

小青龍湯方：

麻黄三兩（去節）　芍藥三兩　五味子半升　乾薑三兩　甘草三兩（炙）　細辛三兩　桂枝三兩（去皮）　半夏半升（洗）

上八味，以水一斗，先煑麻黄，減二升，去上沫，内諸藥，煑取三升，去滓，温服一升。

【释义】　本条论述溢饮的证治。溢饮是饮溢肌表，当汗出而汗不出，身体疼重之证。既然饮邪外溢于肌表，治疗就应采用汗法，使饮邪从汗而外达，这也是因势利导的治疗方法。但须注意，由于溢饮的病机及证候表现不同，其选方用药也不相同。若饮盛于表而内兼郁热者，症见发热恶寒、身疼痛、脉浮紧、不汗出而烦躁，治宜发汗散水，兼清郁热，方用大青龙汤，方中麻黄、桂枝解表发汗，宣散水饮；杏仁、生姜宣肺利气，解表化饮；石膏清热除烦；甘草、大枣和中益脾，以资汗源。若外有表寒，里有水饮，表寒里饮俱盛者，症见恶寒发热、胸痞、干呕、咳喘，治宜发汗散水，温化水饮，方用小青龙汤，方中麻黄、桂枝发汗宣肺，散饮平喘；干姜、细辛、半夏温肺化饮；芍药、五味子酸敛和营，以防耗散太过；甘草和中。

大、小青龙汤均为表里两解之法，同治溢饮，但用大青龙汤的目的，在于发汗、散水、清热，其症以发热烦喘为主；用小青龙汤的目的，在于行水、温肺、下气，其症以寒饮喘咳为主。

【现代研究】　小青龙汤可以治疗支气管哮喘，其作用机理是：IgE 产生受抑制、支气管黏膜及平滑肌的非特异性改变及精神因素。麻黄（麻黄素）和芍药有松弛平滑肌作用，并可拮抗从肥大细胞游离的化学介质的平滑肌收缩作用。有镇吐和祛痰作用（水溶性葡萄糖醛酸衍生物和糖苷）的半夏与细辛、麻黄、五味子、甘草组合，可抑制顽固性、发作性咳嗽。桂枝有促进血液循环的作用，加上麻黄、细辛、半夏有消水肿的作用，使支气管黏膜和胃肠道黏膜水代谢得到改善，这样呼吸道反应性降低，肥大细胞膜稳定化学介质的游离被抑制。［森岛明．小青龙汤治疗小儿支气管哮喘．国外医学·中医中药研究分册，1979，（1）：33］

附　医案举例

吕某，男，46 岁。四肢肿胀酸痛已十余日，仰手诊脉为之吃力。西医诊为神经炎，注射维生素无效。视其人身体魁梧，面色鲜泽。舌红而苔腻，脉浮且大，按其手足有凹陷，自称身体经常出汗，惟手足不是。

辨证：脉浮为表，大为阳郁，《金匮要略》云："饮水流行，归于四肢，当汗出而不汗出，身体疼重，谓之溢饮。"又说："病溢饮者，当发其汗，大青龙汤主之。"此证四肢肿胀，脉又浮大为"溢饮"无疑。

遂用大青龙汤加薏米、茯苓皮，服两剂而瘳。（刘渡舟等．天津：金匮要略诠解．天津：天津科学技术出版社，1984. 123）

13.3.4 支饮证

13.3.4.1 支饮重证

【原文】

膈間支飲①，其人喘滿，心下痞堅，面色黧黑②，其脉沉緊，得之數十日，醫吐下之不愈，木防己湯主之。虚者③即愈，實者三日復發，復與不愈者，宜木防己湯去石膏加茯苓芒硝湯主之。(二十四)

木防己湯方：

木防己三兩　石膏十二枚鷄子大　桂枝二兩　人参四兩

上四味，以水六升，煑取二升，分温再服。

木防己去石膏加茯苓芒硝湯方：

木防己二兩　桂枝二兩　人参四兩　芒硝三合　茯苓四兩

上五味，以水六升，煑取二升，去滓，内芒硝，再微煎，分温再服，微利則愈。

【注释】　①膈间支饮：谓饮邪支撑于胸膈。

②黧黑：谓黑而晦暗。

③虚者：指心下虚软。

【释义】　本条论述支饮的证治。饮邪支撑于胸膈，肺气壅塞，发为喘满；饮停于胃，气机阻滞，则心下痞坚。可见，本证是由水停心下，郁而化热，上迫于肺所致。饮聚于膈，营卫运行不利，故面色黧黑。水饮留伏于里，结聚不散，所以其脉沉紧，这是支饮的重证。得病数十日，医者经吐下诸法治疗，病仍不愈，此时饮邪偏盛而正气已虚，病情虚实错杂，宜用木防己汤治疗。方中防己、桂枝一苦一辛，行水饮而散结气，可使心下痞坚消散；石膏辛凉以清郁热，并镇上逆之饮邪，人参扶正补虚。四药合用，共奏化饮散结，补虚清热之功。服药之后，若心下痞坚变虚软，说明水去气行，结聚已散，病即可愈；若药后痞坚稍有减轻，不日复发，再与木防己汤不愈，这是病重药轻，饮邪未能根除，饮邪复聚，使病情复发，此时可用木防己去石膏加茯苓芒硝汤治疗，本方去掉辛凉之石膏，加茯苓导水下行，芒硝软坚破结，该方较木防己汤化饮软坚之力更强。

【现代研究】　伊藤忠信等研究本方有如下作用：①抗组胺作用。A. 支气管：木防己浸膏汤剂对盐酸组胺 10~7mol 浓度引起的收缩可以完全抑制，对 10~6mol 浓度是 28.5%的抑制作用，对 10~5mol 浓度则无明显抑制作用。B. 肠道：木防己浸膏剂对盐酸组胺 10~3mol 浓度引起的收缩可以抑制；对 10~7mol 浓度是 73%的抑制作用，即使将木防己汤浸剂的浓度增加 2 倍及 10 倍也呈现 40%及 15.2%的抑制作用，对 10~6mol 浓度只有百分之几的抑制作用，对更多浓度则无明显抑制作用。C. 肺：盐酸组胺 10~7mol 浓度能明显地使肺发生收缩，但未见本方有抗组胺作用。②抗乙酰胆碱作用。在乙酰胆碱 10~6mol 浓度所有实验器官引起收缩，而本方浸膏剂只对支气管、输精管有极轻微的抗乙酰胆碱作用，对其他器官则无抗乙酰胆碱作用。③抗钡作用。氯化钡 10~4mol 浓度对所有实验器官均引起收缩，而本方浸膏剂仅在肺有抗钡作用，其他器官均无作用。（张恩勤．经方研究．黄河出版社，1989. 158）

附 医案举例

黄某，女，56 岁，农民。8 岁时患麻疹。此后咳嗽，气急时轻时重，未经治疗，症状亦从未完全消失。1969 年诊断为慢性支气管炎，肺气肿。1991 年 4 月 12 日，因肺气肿、肺心病合并心衰Ⅲ度在某医院住院，用西药治疗。8 天后，并发左侧肢体偏瘫。强心药、利尿药、抗生素等药未能缓解症状。刻见：半卧位，张口抬肩，呼吸困难，咳逆倚息，胸闷心悸，面色黧黑，口唇发绀，喉间痰鸣，形体消瘦，腹胀如鼓，下肢浮肿，按之如泥，左侧肢体活动不利，舌质紫暗，舌下瘀点多且呈紫黑，舌苔白腻，脉沉细促。查体：T 36. 6℃，P 96 次/min，R 32 次/min，BP 11. 4/6. 5kPa。桶状胸，两肺满布哮鸣音和湿啰音，在三间瓣听诊区可闻及Ⅲ级收缩期吹风样杂音，颈静脉怒张，肝颈静脉反流征阳性，左上下肢肌力Ⅱ级。白细胞 13.8×10^9/L，中性 0. 82，淋巴 0. 18。心电图示频发室性早搏。X 线胸片示符合肺气肿、肺心病征象。此乃心阳不振，肺肾气虚，水气凌心，心血瘀阻，痰瘀互结，瘀阻脑络。治以温通心阳，大补元气，活血通络，泻肺平喘，投木防己汤加味：木防己 12 克，丹参、桂枝、生石膏各 30 克，红花、陈皮、水蛭各 10 克，平地木、茯苓各 20 克，新开河参 6 克，车前子、甜葶苈子各 15 克。两剂，水煎服，日服 1 剂。1 剂服后，当晚尿量约 500ml。两剂服完，腹水及下肢浮肿基本消退。继则前方人参改用党参 30 克，加浙贝母、姜半夏各 10 克。再服五剂，咳逆诸症进一步减轻，惟偏瘫恢复缓慢。以后用木防己汤加减与补阳还五汤加味交替使用，2 个月后，临床症状全部消失。[楼献奎．木防己汤加味治疗肺心病 38 例．安徽中医学院学报，1994，(4)：17]

13. 3. 4. 2 支饮腹满证治

【原文】

支飲胸滿者，厚朴大黃湯主之。（二十六）

厚朴大黃湯方：

厚朴一尺　大黃六兩　枳實四枚

上三味，以水五升，煑取二升，分温再服。

【释义】 本条论述支饮兼有腹满的证治。既云“支饮”，则必有“咳逆倚息，短气不得卧，其形如肿”症状。这里“胸满”作“腹满”解。因肺与大肠相表里，饮热郁肺，使大肠传导失职，腑气不通，则见腹满。综上所述，本证是支饮而兼胃家实之证，治用厚朴大黄汤行气除满，荡涤饮热，方中厚朴、枳实消痞除满，理气降逆；大黄疏导肠胃，推荡饮热下泄，饮热去除，诸症自愈。

本方与小承气汤、厚朴三物汤均由大黄、厚朴、枳实组成，药物相同，但分量不同，其主治、功效也有不同。小承气汤以大黄为君，理气为主，佐以荡邪，治腹满便秘，以开痞满而通大便；厚朴三物汤以枳、朴为君，主治气滞热结在肠之腹满证，以腹满疼痛、大便闭结为主症，该方具有行气除满，泄热止痛之效；

本方以厚朴、大黄为君，主治饮热互结胸胃之支饮，以脘腹胀满、心下时痛为主症，该方具有逐饮荡热、行气开郁之效。

13.3.4.3 支饮壅肺证

【原文】

支飲不得息，葶藶大棗瀉肺湯主之。(二十七)

【释义】 本条指出支饮在肺的证治。饮邪阻于胸膈，肺气壅塞不利，而见胸闷喘咳、呼吸困难等症状。治用葶苈大枣泻肺汤，泻肺逐饮。

葶苈大枣泻肺汤在《金匮》中凡二见，一治痰热壅肺之“肺痈，喘不得卧”，一治饮热壅肺之“支饮不得息”，二者病机相同，故用同一方剂治疗，此亦异病同治之例。

附 医案举例

单某，男，42岁，核工业部265厂干部，1982年11月25日入院，住院号51236。患者咳唾牵引左胸胁疼痛一周，病初高热40℃，经他院中医治疗，虽热减（38.2℃），但左胸胁疼痛加剧，左下肺呼吸音减弱，叩诊呈实音，语言减弱，肋间饱满。X线摄片提示：左侧胸膜炎伴胸腔积液。收入中医内科病房。检见除上症外，失眠，口苦咽红，尿黄便结，苔白久润，舌稍暗，脉弦而细，断为悬饮（内蕴瘀热，气机壅闭）。拟用泻肺理气，利水化饮。处方：葶苈20克，大枣5枚，陈皮10克，瓜蒌皮10克，桑白皮10克，防己10克，半夏10克，生姜5片，茯苓15克，黄芩10克，大黄5克。两剂后胸胁疼痛缓解，热退，大便质软，余证悉减。上方去大黄，加桂枝5克，通阳化气，诸证皆除。[徐澧先．悬饮证治一得．江西中医药，1984，(3)：55]

13.3.4.4 支饮合并悬饮证

【原文】

咳家其脉弦，爲有水，十棗湯主之。(三十二)

夫有支飲家，咳煩，胸中痛者，不卒死，至一百日或一歲，宜十棗湯。(三十三)

【释义】 以上两条论述支饮合并悬饮的证治。脉弦主饮，胁下水饮上射于肺则发为咳嗽，治当去其水饮，咳嗽才能痊愈。故用十枣汤以峻下其水。

支饮本无胸痛和心烦的证候，若水饮留伏胸膈，阻碍气道，阳气不通，则见胸痛心烦，此为支饮久咳之重证。倘若元气不至大伤，则“不卒死”。病虽缠绵日久，病机仍属胸膈支饮上凌心肺，故应攻逐水饮以止咳，可酌用十枣汤。

【现代研究】 十枣汤有多种功效，以泻下、利尿、镇咳祛痰为主，可治肝硬化腹水、肾性水肿、良性颅内压增高症、顽固性发际疮、哮喘、眩晕、胸痛（渗出性胸膜炎）、胸腔积液等。

十枣汤的现代药理研究表明：甘遂有效成分为不溶于水的黄色树脂状物质，有报道小鼠口服生甘遂或炙甘遂的乙醇浸膏10~50克生药/千克，约半数动物呈明显的泻下作用。还有用甘遂家兔离体肠蠕动功能实验表现，使肠管强烈收缩，有增强紧张性及频率作用（可治单纯性肠梗阻）。芫花含有芫花素，对离体回肠有兴奋作用（生或醋制芫花），表现为肠蠕动增加，肠平滑肌张力提高。大戟有效成分也是不溶于水的胶状物质，有致泻作用。三药的利尿作用次于泻下作用，同时还有镇咳祛痰的作用。[成冬生等．十枣汤临床应用的研究．陕西中医，1981，(4)：31]

附　医案举例

王某，男，50岁，社员。1982年5月就诊。患者左胸掣痛三年，入夜尤甚，每遇过劳、郁怒或感冒则加重，疼甚时，气短微喘，必以手扪胸或重物按压似觉好转。常规化验、胸片，均属正常。舌淡苔薄白，左脉沉实有力，脉证合参，断为饮邪癖积胸膈、深痼难解之证。急当攻积涤饮之法，予十枣汤：甘遂、大戟、芫花等份研末，以肥枣十枚煎汤，清晨空腹吞服1.5克，连用三日，快利六次，均为清水夹脓痰样物。病遂告愈。[刘一民．十枣汤治愈“顽疾”四例．黑龙江中医药，1984，(2)：44]

13.3.4.5　外寒内饮支饮证

【原文】

咳逆倚息不得臥，小青龍湯主之。（三十五）

【释义】　本条论述外寒引动内饮的支饮证治。咳逆倚息不得卧为支饮的主症。病机属上焦素有停饮，又复外感寒邪，内饮外寒，互相搏击所致，故用小青龙汤解外寒而除内饮。以方测症，患者除支饮症状外，还应伴有发热恶寒、身疼无汗等表寒证。

小青龙汤既治溢饮，又治支饮，原因在于：二者病机皆属外寒内饮，故治疗均用小青龙汤发汗散寒，温肺化饮，这也是异病同治的具体体现。

13.3.4.6　支饮病案举例

（1）虚阳上冲证

【原文】

青龍湯下已，多唾口燥，寸脉沉，尺脉微，手足厥逆，氣從小腹上衝胸咽，手足痹，其面翕熱如醉狀，因復下流陰股，小便難，時復冒者，與茯苓桂枝五味甘草湯，治其氣衝。（三十六）

桂苓五味甘草湯方：

茯苓四兩　桂枝四兩（去皮）　甘草三兩（炙）　五味子半升

上四味，以水八升，煑取三升，去滓，分温三服。

【释义】　自此以下五条，是采取病案形式论述下虚上盛支饮患者服用小青龙汤后的变化以及相应的治法。本条承上条论述服小青龙汤后发生冲气的证治。小青龙汤具有发汗解表、温化水饮的功效，是治疗外寒内饮所致支饮的良方，不过该方辛散力猛，只能用于形证俱实之证。若患者“寸脉沉，尺脉微”，说明上焦饮盛，下焦阳虚，是一种下虚上实之证，医者若投以小青龙汤治疗，药后寒饮将去而见多唾口燥，这与第二十八条“渴者为欲解”同一机理，但由于发汗力猛，重伤阳气，阳虚不能达于肢末而见手足厥冷麻木，甚至阴盛格阳而见其面翕热如醉状，阳虚不能制下，引动冲气，冲气逆而上行，以致气从小腹上冲胸咽，冲气上逆则一身之气皆逆，所以在下小便困难，在上时作昏冒。由于冲气为病时发时平，冲气下降则“因复下流阴股”，治宜敛气平冲，用桂苓五味甘草汤治疗，方中桂枝、甘草辛甘化阳，以平冲气；茯苓淡渗利水，导水下行；五味收敛耗散之气，使虚阳不致上浮。

本方与《奔豚气病脉证治》篇苓桂甘枣汤药仅一味之差，但彼为上焦心阳不足，下焦水饮停留，此为下焦肾阳不足，上焦水饮停聚；前者通阳利水而防冲逆，后者虽具有通阳利水之功，但重在平冲降逆。

附　医案举例

陈某，女，40岁，工人。1979年10月26日诊。因情志因素阵发性脐下悸已八月，每月发作3~5次。发作时自觉有气从少腹上冲，胸闷喉痒……面色潮红，并有冷气下行，足肿腿软，步履困难，近一月来症状加剧，头痛畏光，视力减退，发作完毕，一切如常。苔薄白，脉滑数有力。此属冲气上逆。治以平冲降逆。服苓桂五甘汤21剂，诸症消失，随访二年未复发。[刘琪．苓桂五甘汤一方多用．上海中医药杂志，1984，(6)：31]

（2）肺饮复萌证

【原文】

衝氣即低，而反更咳、胸滿者，用桂苓五味甘草湯去桂加乾薑、細辛，以治其咳滿。（三十七）

苓甘五味薑辛湯方：

茯苓四兩　甘草　乾薑　細辛各三兩　五味子半升

上五味，以水八升，煑取三升，去滓，温服半升，日三。

【释义】　本条承上条论述冲气已平、支饮复作的治法。服前方后，上逆的冲气已经平复，然胸膈支饮又复发作，故见咳嗽、胸满，治宜温肺化饮，用苓甘五味姜辛汤治疗，该方是由桂苓五味甘草汤去桂加干姜、细辛而成。因冲逆已平，故去桂枝，加干姜、细辛目的在于增强散寒化饮之力，以治咳满。

（3）胃饮上逆证

【原文】

咳滿即止，而更復渴，衝氣復發者，以細辛、乾薑爲熱藥也。服之當遂渴，而渴反止者，爲支飲也。支飲者法當冒，冒者必嘔，嘔者復内半夏以去其水。（三十八）

桂苓五味甘草去桂加薑辛夏湯方：

茯苓四兩　甘草二兩　細辛二兩　乾薑二兩　五味子　半夏各半升

上六味，以水八升，煑取三升，去滓，温服半升，日三。

【释义】　本条承上条论述冲气与饮气上逆的鉴别以及胃饮上逆的治法。服前方后可能出现三种情况：①咳满即止，这是寒饮已化，病情缓解的表现。②因干姜、细辛均为辛热之品，若服之太过，易伤津损阳，津液受损则口渴，阳气耗伤则引动冲气复发，此时，可再予桂苓五味甘草汤平其冲气。③苓甘五味姜辛汤具有温肺化饮之效，服后若寒饮去除，应当口渴，假如不渴，说明饮邪内盛，水气有余，饮邪上逆则头目昏冒、呕吐痰涎，此时，可与苓甘五味姜辛汤中加半夏以化饮止呕。

饮气上逆的气冲，应与下焦阳虚的冲气加以区别，前者当口不渴而伴有呕吐，后者常口渴而无呕吐见症。

（4）饮溢形肿证

【原文】

水去嘔止，其人形腫者，加杏仁主之。其證應内麻黄，以其人遂痹，故不内之。若逆而内之者，必厥，所以然者，以其人血虚，麻黄發其陽故也。（三十九）

苓甘五味加薑辛半夏杏仁湯方：

茯苓四兩　甘草三兩　五味半升　乾薑三兩　細辛三兩　半夏半升　杏仁半升（去皮尖）

上七味，以水一斗，煑取三升，去滓，温服半升，日三。

【释义】　本条承上条论述饮溢形肿的治法。服前药后水去呕止，说明胃饮已除，胃气和降；若其人尚见形肿，这是胸膈之饮未能尽去，致使肺气失宣，通调失职，水溢肌肤所致，可于前方中加杏仁一味，以宣利肺气，化饮消肿。

从形肿一证而论，本可用麻黄发汗消肿，但由于其人本有尺脉微、手足痹等症，故不能用。若违反病情，误用麻黄，则更伤其阳，必有厥逆之变。

附　医案举例

赵某，男，70岁。住市中区和平路……于1979年11月26日门诊。主症：咳嗽喘累，痰白色不爽，反复发作，临冬加重15年。现有头昏眩晕，胸部紧张，纳食不佳，活动之后，喘累加重，时冷时热，苔薄白质红，脉浮数……据此脉证，阳虚痰饮，法当温阳化饮，方用苓甘五味加姜辛半夏杏仁汤方，药用：茯苓15克，甘草3克，五味9克，炮姜9克，细辛3克，半夏9克，杏仁12克，加北沙参24克，苏梗12克，苏子15克。服三剂，诸症减轻，后以六君子汤加炮姜、五味，调理善后，两年中观察，间有外邪复发，乃宗上方化裁治之收效。［刘立新．学习《金匮》用小青龙及其变方治喘咳的体会．成都中医学院学报，1982，（2）：39］

（5）胃热上冲证

【原文】

若面熱如醉，此爲胃熱上衝熏其面，加大黄以利之。（四十）

苓甘五味加薑辛半杏大黄湯方：

茯苓四兩　甘草三兩　五味半斤　乾薑三兩　細辛三两　半夏半升　杏仁半升　大黄三兩

上八味，以水一斗，煑取三升，去滓，温服半升，日三。

【釋義】 本條承上文論述水飲夾熱的證治。“若”字是承上文而言，謂前述咳嗽、胸滿、眩冒、嘔吐、形腫諸證悉具，又兼有面熱如醉的症狀，這是因爲連續服用辛温之劑，水飲未盡，但釀生胃熱，胃熱夾飲上冲所致，故曰“此爲胃熱上冲熏其面”。此時，單用化飲則更助其熱，純用清熱則損傷陽氣而使水飲加劇，故與苓甘五味姜辛夏杏湯中加一味大黄，既能温化水飲，又能清瀉胃熱。

本條“面熱如醉”與前第三十六條“其面翕熱如醉狀”病機不同，前者由腎虚陽浮、冲氣上逆所致，屬虚證；本證由胃熱夾飲上冲所致，屬實證，應予區别。

以上六條，等於一份痰飲咳嗽的病歷，記載了服小青龍湯以后的各種變化。在治療上，藥隨證轉，具體反映了辨證施治的原則性與靈活性。其主要精神在於，説明下虚上實的痰飲咳嗽證不同於一般的痰飲病情，而痰飲又有虚寒與夾熱的不同，因此，其中飲逆與冲氣的鑒别，戴陽與胃熱的互勘，虚實標本，錯綜復雜，必須細致分析，靈活處理。

13.4 預　　后

【原文】

脉弦數，有寒飲，冬夏難治。（二十）

久咳數歲，其脉弱者可治；實大數者死；其脉虚者必苦冒。其人本有支飲在胸中故也，治屬飲家。（三十四）

【释义】 第二十条论述饮病的预后与时令气候有关。脉弦主饮，饮性寒，脉数主热，弦数并见，说明寒饮郁而化热，形成寒热错杂证。从时令来说，冬寒利于热而不利于饮，夏热利于饮而不利于热；从用药来说，用热药治饮则不利于热，用寒药治热则不利于饮，所以说难治。

第三十四条论述支饮久咳的脉症和预后。久咳数岁，是指痰饮咳嗽经久不愈。久咳脉弱说明正虚邪衰，脉症相符，故为可治；若久咳而脉见实大数者，则为邪盛正衰，脉证不符，故预后不良；若见脉虚，则是正虽虚而饮邪仍在，饮邪蒙蔽清阳，必见头目昏眩。因其人本有支饮停留胸中，故仍当以治饮为法。

13.5 附　　方

【原文】

《外臺》茯苓飲：治心胸中有停痰宿水，自吐出水後，心胸間虚，氣滿，不能食，消痰氣，令能食。

茯苓　人參　白术各三兩　枳實二兩　橘皮二兩半　生薑四兩

上六味，水六升，煮取一升八合，分温三服，如人行八九里進之。

【释义】 饮病吐后气满不能食，是由脾虚不能运化，饮停心（胃）胸所致，《外台》茯苓饮具有补中健脾、理气消痰之功，为消补兼施之剂。方中人参、茯苓、白术补中健脾，橘皮、枳实、生姜理气化痰，共奏“消痰气，令能食”之功，亦补充了痰饮病的调理方法。

13.6 结　　语

本篇是讨论痰饮病的专篇，咳嗽仅是痰饮病过程中的一个症状，且本篇咳嗽仅由痰饮所致，并不包括其他病因所致的咳嗽。

痰饮病的形成，主要是由于肺失通调，脾失运化，肾失温化，使水液代谢失常，水饮停聚于身体某一局部所致。依据水饮停聚的部位不同，可将痰饮病分为四种类型：饮留肠胃者，谓之痰饮；饮悬胁下者，谓之悬饮；饮溢体表者，谓之溢饮；饮逆胸膈者，谓之支饮。但四者不能截然划分，往往互相影响，尤其是狭义痰饮与其他三饮常相关联。此外，本篇还谈到留饮、伏饮和微饮，留饮是指水饮久留而不去，伏饮是指饮邪潜伏而不出，二者均是指饮病的久和深；微饮是指水饮之轻微者。留饮、伏饮和微饮分属于四饮，并非四饮之外又有上述三饮。

痰饮病的治疗，是以“温药和之”为原则，即在用温药助阳的同时，配合发汗、利小便、攻下之品，给水饮以出路，标本兼治。具体来讲，狭义痰饮由脾失健运、水停心下所致者，症见心下逆满，胸胁支满，目眩，小便不利，治宜苓桂术甘汤健脾祛湿、温阳利水；由肾阳不足、水泛心下所致者，症见畏寒足冷，少腹拘急不仁，小便不利，治宜肾气丸温肾助阳，化气利水；饮停心下，停饮上逆而呕吐者，治宜小半夏汤和胃降逆，化饮止呕；若饮邪增重，更见头眩、心悸者，治宜小半夏加茯苓汤化饮降逆，利水宁心；饮停心下，浊阴上逆，其人苦冒眩者，治宜泽泻汤健脾利水；饮停下焦，停饮上逆，症见脐下悸动、吐涎沫而巅眩，治宜五苓散化气利水，通利小便；水饮久留于心下，留饮欲去，症见心下坚满，其人欲自利，治宜甘遂半夏汤攻下逐饮；水饮内结肠间，症见腹满，口舌干燥，二便不利，治宜已椒苈黄丸前后分消。悬饮症见咳嗽牵引两胁作痛，治宜十枣汤峻下逐饮。溢饮若属外寒内饮者，症见恶寒发热、胸痞、干呕、咳喘，治宜小青龙汤发汗散水，温化水饮；若饮盛于表而内兼郁热者，症见发热恶寒、身疼痛、脉浮紧、不汗出而烦躁，治宜大青龙汤发汗散水，兼清郁热；若久病支饮，饮盛正虚，属支饮重证者，症见其人喘满，心下痞坚，面色黧黑，其脉沉紧，治宜木防己汤化饮散结，补虚清热；若病重药轻，服后饮结不散，可改用木防己去石膏加茯苓芒硝汤以增化饮散结之力；若支饮兼有腹满，治宜厚朴大黄汤行气除满，荡涤饮热；若支饮壅肺，肺失宣肃而咳喘严重者，治宜葶苈大枣泻肺汤或十枣汤泻肺逐饮；若外寒引动内饮所致之支饮，治宜小青龙汤。至于服小青龙汤后的变证处理，只是辨证施治的举例示范，旨在示人药随证变，灵活施治。

复习思考题

1. 试述痰饮病的分类、病机、病位及主症。
2. 痰饮病的形成与哪些脏腑关系最为密切？
3. 痰饮病的治疗原则是什么？你是如何理解的？
4. 何谓留饮、伏饮和微饮？它们与四饮的关系如何？
5. 狭义痰饮如何辨证施治？
6. 悬饮和溢饮如何治疗？
7. 试述支饮的辨证施治。

（吴晋英）

14

消渴小便不利淋病脉证并治第十三

目的要求

1. 了解消渴、小便不利、淋病三病的合篇意义。
2. 了解淋病的主症、治疗禁忌。
3. 熟悉消渴、小便不利的辨证论治。

重点内容

1. 消渴病的病机、主症及治疗。
2. 小便不利的辨证论治。

本篇所论消渴、小便不利和淋病三种疾病。由于这些疾病都涉及口渴和小便的变化，病位大都与肾和膀胱有关，而且所出方剂，有的可以互相通用，故将三病合篇进行讨论。

消渴，就其本意而言，是指口渴而过多地消耗水液的一种病变，因而临床表现多以严重口渴、多饮为主要表现。就本篇所讲内容观之，原文中所说消渴，一种是属于热病过程中所出现的口渴症状；一种是属于杂病中的消渴病，本书所论以后者为主。后世学者根据消渴病的病位，将其分为上消、中消、下消，简称“三消”。

小便不利是指尿量及次数减少，甚则癃闭的症状。

淋病是以小便淋沥涩痛为主的一种病证，其病机主要是肾阴不足，膀胱湿热。本篇论述了淋病的病机及禁忌，而对其治疗，未多涉及。

14.1 消　渴

14.1.1 成因、病机、证候

14.1.1.1 厥阴消渴证候

【原文】

厥陰之爲病，消渴，氣上衝心，心中疼熱，饑而不欲食，食即吐，下之不肯止。(一)

【释义】　本条见于《伤寒论·厥阴篇》，论述消渴是厥阴病中的一个症状，与杂病消渴不同，是由于邪热伤津所致。因足厥阴肝经抵少腹挟胃，故肝气上逆则气上冲心，邪热在上则心中疼热，胃寒而不消食，症见不欲食，食即吐，证属上热下寒，若用攻下则上热未去而下寒转甚，因此，下之利不止。

14.1.1.2 消渴症状及成因

【原文】

寸口脉浮而遲，浮即爲虚，遲即爲勞；虚則衛氣不足，勞則營氣竭。

趺陽脉浮而數，浮即爲氣，數即消穀而大堅；氣盛則溲數，溲數即堅，堅數相搏，即爲消渴。(二)

【释义】　本条从脉象论述消渴的症状及成因。寸口脉主候心肺，心主血属营，肺主气属卫，浮为阳虚气浮，是卫气不足之象，迟则血脉不充，为营血虚少之证。营气不足，燥热内生，是产生消渴的主要原因。

趺阳脉以候脾胃，浮则胃气有余，数为胃热亢盛，浮数相搏则消谷善饥。热盛而口渴，但饮食不能化为精微，充养皮肤，反为邪热所迫，偏渗膀胱，表现小便频数而大便坚硬。此即后世所谓中消证，揭示了因胃热所致消谷善饥、小便频数、大便坚硬为主症的中消的表现。

14.1.1.3 中消脉证

【原文】

趺陽脉數，胃中有熱，即消穀引食，大便必堅，小便即數。(八)

【释义】　本条原文中的脉证详解已见于第二条。

14.1.2 证治

14.1.2.1 肺胃热盛、气津两伤证

【原文】

渴欲飲水，口乾舌燥者，白虎加人参湯主之。(十二)

【释义】 本条所论消渴，主症为口干舌燥、渴欲饮水，舌红苔黄而燥，脉象大而细数，病机为肺胃热盛，气津两伤，治当清热止渴，益气生津，方宜白虎加人参汤，方中以生石膏、知母清热止渴，人参、甘草、粳米益气生津，使邪热得清，气复津生，消渴乃止。

14.1.2.2 肾阳虚弱证

【原文】

男子消渴，小便反多，以飲一斗，小便一斗，腎氣丸主之。(三)

【释义】 本条论述下消证治。肾为水脏，主藏精，内寓元阴元阳，在生理状况下，肾主蛰藏，宜固密而不宜耗泄，使前阴开合有度，小便自调；肾阳蒸化水液，使之上润而口中津液自和而不渴。反之，在病理状况下，肾阳不足，肾气亏虚，封藏失职，水津下流则小便反多；肾阳亏虚，不能蒸水化气以上润，则口渴多饮。于是患者出现多尿，多饮，以及腰腿酸软，四肢厥冷，舌淡苔白等肾阳虚之证，治宜温补肾阳。方用金匮肾气丸。方中附子 、桂枝温复肾气，地黄、山药、山萸肉、丹皮、茯苓、泽泻（六味地黄丸）滋补肾阴，俾阳得阴助，肾气恢复，气化复常。

14.1.2.3 阴虚燥热证

【原文】

渴欲飲水不止者，文蛤散主之。(六)

文蛤散方：

文蛤五兩

上一味，杵爲散，以沸湯五合，和服方寸匕。

【釋義】 本條論述渴欲飲水的治療。渴欲飲水，但飲不解渴，飲水不止，反爲熱消，所以渴飲不止，此乃陰虛有熱所致，與雜病消渴不同，治以文蛤散咸凉潤下，生津止渴。

14.2 小便不利

14.2.1 膀胱蓄水證

【原文】

脉浮，小便不利，微熱消渴者，宜利小便發汗，五苓散主之。(四)

渴欲飲水，水入則吐者，名曰水逆，五苓散主之。(五)

【释义】 第四、五条均为五苓散证。第四条病机为水蓄膀胱，外兼表邪所致小便不利证。外邪袭表，表未尽解，则见脉浮，身有微热；水热互结膀胱，津液不能上承，则口干舌燥，小便不利，口欲饮水。

第五条论述水逆证治。病机为水停膀胱，泛溢心下。水泛心下，津不上承则渴欲饮水，胃中停水，饮入不纳，则水入即吐。

以上二条症状有别，但病机均为膀胱停水所致，故治疗均宜化气利水，治以五苓散。方中茯苓、泽泻、猪苓淡渗利水，白术补脾行水，桂枝通阳化气，兼解表邪。如此则表里双解，水饮得去，诸症得除。

14.2.2 下寒上燥证

【原文】

小便不利者，有水氣，其人若渴[①]，栝蔞瞿麥丸主之。(十)

栝蔞瞿麥丸方：

栝蔞根二兩　茯苓三兩　薯蕷三兩　附子一枚（炮）　瞿麥一兩

上五味，末之，煉蜜丸梧子大，飲服三丸，日三服；不知，增至七八丸，以小便利，腹中溫爲知。

【注释】　①若渴：根据校勘应是苦渴。

【释义】　本条论述下寒上燥所致小便不利证治。肾为水脏，主司一身水液之运行。若肾阳虚弱，阳不化水，则水湿内停，小便不利；水停下焦，泛溢肌肤，则身体浮肿；水蓄下焦，津不上承，则其人苦渴。同时，患者多兼腰腿酸软、四肢厥冷等肾阳虚弱症状。治应温阳利水，润燥止渴。方用栝蒌瞿麦丸，方中使用附子者，因下积之冷非暖不消，故以炮附子温肾化气；上浮之焰非滋不息，复用瓜蒌根（天花粉）、山药（薯芋）润燥生津；水停于内，泛溢周身，则用茯苓渗利水饮；瞿麦渗湿利尿，导水于下。共奏温阳利水，润燥止渴。

附　医案举例

王某，女，24岁。1993年5月30日来诊。该患者素体虚弱，已妊娠四个月，于三天前突病癃闭，小便不畅，或点滴不行，无疼痛感。经某医院以口服利尿药并静注呋塞米针罔效，又施导尿术，拔管后尿即不通，转求中医治疗。诊见：面色苍白，神疲倦怠，小腹坠胀甚，冷痛，小便难解，腰膝酸软，口干渴，但不敢饮水，舌质红、苔少乏津，脉沉弦乏力，尺脉迟而无力。脉证合参，证属肾阳虚亏，上燥下寒。治以滋阴润燥，温阳利尿。以瓜蒌瞿麦丸主治，方药：瓜蒌根30g，瞿麦25g，山药、茯苓各15g，制附子、甘草各10g，服药一剂，小便排出如注，其尿液初混浊后清彻。续服上方三剂，排尿通畅，干渴已止，其病告愈。[龙玉泉等．经方治验2则．陕西中医，1995，(12)：559]

14.2.3 湿热夹瘀、脾肾两虚证

【原文】

小便不利，蒲灰散主之；滑石白魚散、茯苓戎鹽湯並主之。(十一)

蒲灰散方：

蒲灰七分　滑石三分

上二味，杵爲散，飲服方寸匕，日三服。

滑石白魚散方：

滑石二分　亂髮二分（燒）　白魚二分

上三味，杵爲散，飲服方寸匕，日三服。

茯苓戎鹽湯方：

茯苓半斤　白术二兩　戎鹽彈丸大一枚

上三味。(先将茯苓、白术煎成，入戎鹽再煎，分温三服)。

【释义】　本条论述小便不利证治，因叙证简略，当以方测证进行学习。蒲灰散由蒲黄、滑石二药组成。蒲黄凉血化瘀，滑石清热利湿，二药合方具有清热利尿、消瘀活血之效，多用治热淋，症见小便短赤，淋沥涩痛，尿频尿急，舌红，苔黄腻等。

滑石白鱼散由滑石、白鱼（衣鱼）、乱发组成。滑石甘寒滑润，为清热利尿之良药；白鱼、乱发活血化瘀，利水通淋，故可用治血淋，症见小便涩痛，尿中带血，舌红兼有瘀斑，苔黄而腻等。

茯苓戎盐汤所治小便不利是由脾肾两虚，兼有湿热所致，主要表现有小便余沥不尽，刺痛不明显，饮食减少，身体消瘦，腰膝酸软，四肢乏力，舌淡苔白等症。治应补脾益肾，利湿清热。方中茯苓、白术补脾利湿，戎盐（大青盐）咸寒清热，助肾益精，故可用治脾肾两虚，兼有湿热的小便不利。

14.2.4　水热互结伤阴证

【原文】

脉浮發熱，渴欲飲水，小便不利者，豬苓湯主之。(十三)

豬苓汤方：

豬苓（去皮）　茯苓　阿膠　滑石　澤瀉各一兩

上五味，以水四升，先煮四味，取二升，去滓，内膠烊消，温服七合，日三服。

【释义】　本条所论猪苓汤为水热互结、郁热伤阴所致。邪热内蕴，里热外达则脉浮、发热，水湿内停，津不上承，又兼郁热伤阴，津液不足，故渴欲饮水、小便不利，并常伴淋沥涩痛、舌红而干、苔薄黄，治用猪苓汤滋阴清热，渗利水湿。方中阿胶滋养阴液，滑石清热通淋，猪苓、茯苓、泽泻淡渗利水，使水去则热无所依，津复则口渴自止。

14.3 淋　　病

14.3.1 主症

【原文】

淋之爲病，小便如粟狀[①]，小腹弦急，痛引臍中。（七）

【注释】 ①小便如粟状：小便排出粟状之物。

【释义】 淋病多由膀胱热壅、气结不行而成。膀胱热盛，津液被灼，则小便赤涩疼痛，如排出粟粒之状；热壅气结，气滞不通，则少腹弦急，疼痛牵引脐腹部等。

14.3.2 禁忌

【原文】

淋家不可發汗，發汗則必便血。（九）

【释义】 久治不愈的淋病患者，多属肾阴不足，津液素亏，膀胱蓄热，若兼外感，也不可妄用辛温发汗法。如误用辛温大汗法治疗，则更伤阴助热，灼伤血络，迫血妄行，导致尿血等变证，正如《金匮》注家徐彬所言："发其阳则动血也。"故淋病患者，忌用辛温发汗。

14.4 结　　语

本篇论述了消渴、小便不利、淋病三种疾病，其中以消渴为重点。消渴在该篇中不仅指杂病中的消渴病，而且也表示在热病过程中的渴而消水的症状。对于消渴的病因病机，本篇从胃热、肾阳虚乏及肺胃津伤等方面加以阐述。在治疗上提出了用肾气丸补肾阳以治下消；白虎加人参汤清热生津主治上消、中消，为后世治疗本病奠定了一定的基础。小便不利，是一个症状，可见于很多疾病，其中根据不同的病因，提出了滋阴利水、清热化瘀、润上温下、益肾清热、健脾利湿等治法。淋病，所论简略，但淋病与小便不利有的症状相似，只要病机相同，治疗用方上可以互相通用。

复习思考题

1. 试述消渴的病机及分类证治。
2. 试比较五苓散与猪苓汤证。
3. 试述栝蒌瞿麦丸证的病机、症状及治疗。

（李俊莲）

15

水气病脉证并治第十四

目的要求

1. 熟悉水气病的成因、分类以及气分、血分、水分的概念。
2. 掌握水气病的治则与分类治疗。

重点内容

1. 水气病的分类、脉证与辨证论治。
2. 气分病的证治。
3. 气分、血分、水分的概念。

水气病，即水肿病。本章专论水气病的病因、病机、辨证。根据水气病的病因病机、症状及部位，张仲景把水气病分为风水、正水、皮水、石水、黄汗等类型，同时，由于五脏有病可以产生水气病，因此又有心水 、肝水、脾水、肺水、肾水即五脏水之称。此外，尚有水分、血分、气分的称谓。所谓水分病即是先病水而后病血；血分病，即是先病血而后病水；气分病即是由气而病水。从而说明水、气、血三者之间可以互相影响，互相转化，气行则水行，气滞则水停，气寒则水凝；水血同源，气血同源。

关于水气病形成的机理，主要与肺、脾、肾及三焦、膀胱的功能失调有关，尤其与肾脏的功能失职关系密切。

对于水气病的治疗，张仲景秉承《内经》中“开鬼门，洁净府”、“去菀陈莝”的学术思想，提出了“腰以下肿，当利小便；腰以上肿，当发汗乃愈”和“有水，可下之”等发汗、利小便和攻逐水邪三大法则。为后世治疗水肿病奠定了坚实的基础。

15.1 病因病机

15.1.1 风水相激，肺气不行

【原文】

脉浮而洪，浮則爲風，洪則爲氣，風氣相擊，風强①則爲隱疹，身體爲癢，癢爲泄風②，久爲痂癩③，氣强④則爲水，難以俯仰。風氣相擊，身體洪腫，汗出乃愈。惡風則虚，此爲風水；不惡風者，小便通利，上焦有寒，其口多涎，此爲黄汗。(二)

【注释】 ①风强：指风邪盛。

②泄风：因隐疹而身痒，为风邪外出的现象，故名泄风。

③痂癞：即化脓结痂，有如癞疾之状。

④气强：指水气盛。

【释义】 本条根据脉象论述风水相激引起风水病的机理。脉浮而洪，浮脉主表，风邪外袭，故言浮则为风，伤于风邪则恶风；洪脉是体大势涌，水气为病，脉形为洪，故谓洪则为气，此处之“气”指水气而言。风气相搏，风强伤卫而为隐疹，风邪外泄，则身体瘙痒不止，此为泄风，隐疹因痒而瘙抓不已，日久即成痂癞之类。“痒为泄风”，是自释句，说明痒是风邪在表的表现，与“风强”意义相同。风气相搏，如果水气强则为水，即一身之气郁而不行，肺失宣通肃降，不能行水，故见喘息难以俯仰；若风水相击，肺气不行则水气溢于肌表，而见全身浮肿严重，故曰身体洪肿。治当散风祛水，故用汗法，使风与水邪从皮表而散。黄汗为脾虚湿滞，湿郁化热，侵入营分，邪热郁蒸，汗出色黄，故谓“黄汗”。此条属黄汗初起，邪热郁蒸不盛，寒湿之邪仍在上焦，膀胱气化尚未受到影响，故小便通利；脾虚不能化湿散寒，湿留津聚，故其口多涎。此证与风邪无关，亦无表证，故不恶风。

15.1.2 脾肾阳虚，水不化气

【原文】

問曰：病下利後，渴飲水，小便不利，腹滿因腫者，何也？答曰：此法當病水，若小便自利及汗出者，自當愈。(十二)

【释义】 本条论述下利后形成水肿的机理。下利之后，出现渴欲饮水，小便不利，腹满而前阴水肿等症状，是因为脾肾被伤，脾气伤则不能制水，肾气伤则不能主水，以致津液不能敷布，故渴欲饮水，脾肾阳虚，气不化水则小便不利；又饮水过多，小便不利，则水有入而无出，以致水积腹中或泛溢肌肤形成水

肿。若其人小便自利及汗出者，说明阳气未虚，或阳气已恢复，三焦通达，水有出路，水肿自易消退，故曰“自当愈”。

15.1.3 脾胃不足，寒热所使

【原文】

趺陽脉當伏，今反緊，本自有寒，疝瘕，腹中痛，醫反下之，下之即胸滿短氣。(六)

趺陽脉當伏，今反數，本自有熱，消穀，小便數，今反不利，此欲作水。(七)

【释义】 此二条通过趺阳脉的变化，论述水气病发生的可能。趺阳脉以候脾胃，一般当伏，今反紧，紧则为寒，腹中有寒疾，如疝、瘕、腹中痛。寒则当温为宜，医者反用苦寒之剂下之，戕杀阳气，使水与寒聚而不化，上逆于肺，肺被伤，则肺气不得宣畅，故见胸满、短气。趺阳脉当伏，反见数，数脉主热，热则消谷而灼津，胃热过盛，脾阴不足，脾不能为胃行其津液，反偏渗于膀胱，故当小便数。然而，今反不利，此乃水与热结，膀胱气化不利，水气将外溢肌肤，形成水肿病，故曰“此欲作水”。

从上两条对水气病发生的预测来看，水气病的形成，与中焦脾胃及宿疾有关。其病程变化，有寒热之分，若素有积寒，则水与寒聚而为水；若素有伏热，则水与热结，均可引起水肿病。

15.1.4 水热互结，气化不利

【原文】

寸口脉浮而迟，浮脉則熱，遲脉則癪[①]，熱癪相搏[②]，名曰沉[③]。趺陽脉浮而數，浮脉即熱，數脉即止[④]，熱止相搏，名曰伏[⑤]。沉伏相搏，名曰水。沉則脉絡虚，伏則小便難，虚難相搏，水走皮膚，即爲水矣。(八)

【注释】 ①潜：潜藏。

②搏：相合、相互搏结之意。

③沉：内伏而不外达之意。

④止：伏止不行。

⑤伏：沉伏而不举。

【释义】 本条通过脉象论述水肿病形成的机理。寸口脉为阳位，浮脉为阳而主热，故脉浮则为热；迟脉为阴，阴主潜藏，故迟则为潜，热潜相搏，则热内伏而不外达，故名曰沉。趺阳脉主脾胃，其脉浮而数，是热伏止于下，留于内而不外达，因而热止相搏，名曰伏。伏即沉伏之意，指热留于内与水气相搏，水与

热结而停留。故曰沉伏相搏，“名曰水”。因热稽留于内，则气不外行故络脉虚；热止于中，则阳不化气而小便难，水湿无去路，则溢于空虚的络脉，形成水走皮肤，即为水矣。由此可见水热互结而病水的关键是气化不行。这一机理，对于水气病的辨证、分型及其治疗，都有很大的启发，如后世用疏凿饮子治水热壅滞互结的水肿，目的在于开郁散结，行气逐水，亦是受本条启示。

15.1.5 肺失通调，肾虚水泛

【原文】

寸口脉弦而緊，弦則衛氣不行，即惡寒，水不沾流，走于腸間。少陰脉緊而沉，緊則爲痛，沉則爲水，小便即難。(九)

【释义】 本条从脉象论述水气病的形成与肺肾相关。寸口脉主表候肺，寸口脉弦而紧，因寒邪外束，卫气不行，而见恶寒；卫气不行，肺气不利，则水气滞留于肠间，形成水气病。少阴脉紧而沉，少阴主肾，脉紧主寒主痛，脉沉主里主水，因肾阳不足，阴寒水饮内盛，阳虚失煦，里可见腹痛，外可见骨节疼痛，故言“紧则为痛”，肾阳不足，不能化气行水，而见小便难，水停体内而形成水气病。

15.1.6 水病及血，血病及水

【原文】

師曰：寸口脉沉而遲，沉則爲水，遲則爲寒，寒水相搏。趺陽脉伏，水穀不化，脾氣衰則鶩溏，胃氣衰則身腫。少陽①脉卑②，少陰脉細，男子則小便不利，婦人則經水不通；經爲血，血不利則爲水，名曰血分。(十九)

【注释】 ①少阳：此指和髎部位之脉，即耳门微前上方。

②脉卑：是指按之沉而弱，表示气血不足。

【释义】 本条从寸口、趺阳、少阳、少阴等脉的变化，论述水气病发生的病机和证情。寸口脉为阳主肺，寸口脉沉而迟，为肺主治节失常，水气凝聚，溢于肌表，故成水肿。

趺阳脉以候脾胃之气。脾胃阳气衰弱，不能鼓动脉气，故趺阳脉沉伏不起；脾胃虚弱运化失职，水谷不能化为精微，而为水湿，水湿困于内，脾胃不能分清泌浊，水粪杂下，故大便鹜溏；水湿外溢肌肤而产生水肿。

少阳脉以候三焦。三焦血少气弱，故少阳脉卑；“三焦者，决渎之官，水道出焉”，若三焦决渎功能失常，则男子小便不利，女子经水不通。

少阴脉以候肾，少阴脉细，主血少肾虚，女子则经水不通。月经的来源是血，血不行而为水，即月经不调形成水肿，故名曰：血分。此先病血而后病水。

总之，本条以脉象论述水气病的发生，认为肺、脾胃、三焦、肾的虚衰与水气的发生有关。同时，也论述了妇人病水，也可由血及水，发生水气病。

15.1.7 脾胃气虚，运化失职

【原文】

問曰：病者苦水，面目身體四肢皆腫，小便不利，脉之，不言水，反言胸中痛，氣上衝咽，狀如炙肉[①]，當微咳喘，審如師言，其脉何類?

師曰：寸口脉沉而緊，沉爲水，緊爲寒，沉緊相搏，結在關元[②]，始時尚微，年盛[③]不覺，陽衰[④]之後，營衛相干[⑤]，陽損陰盛，結寒微動，腎氣上衝，喉咽塞噎，脅下急痛。醫以爲留飲而大下之，氣擊不去，其病不除。後重吐之，胃家虚煩，咽燥欲飲水，小便不利，水穀不化，面目手足浮腫。又與葶藶丸下水，當時如小差，食飲過度，腫復如前，胸脅苦痛，象若奔豚，其水揚溢，則浮咳喘逆。當先攻擊衝氣，令止，乃治咳；咳止，其喘自差。先治新病，病當在後。(二十一)

【注释】 ①状如炙肉：形容咽中如有物阻塞。

②关元：任脉穴，在脐下三寸。

③年盛：指年壮之时。

④阳衰：指女子五七、男子六八之阳明脉衰之时。

⑤营卫相干：指营卫不相和谐。

【释义】 本条举案例论述水气病的形成、经过和误治情况。有的水气病人，面目身体四肢浮肿，小便不利。医者诊脉之后，不谈水气，却说病人有胸中痛，气上冲咽，咽中感觉如有炙肉，并有轻微咳喘。如何根据脉象来区别呢？寸口脉沉而紧，寒则脉紧，有水则脉沉，因寒水结于关元，病者年壮之时，阳气盛，寒水微，故不觉；中年之后，阳气衰弱，寒水已盛，阴寒闭塞，营卫不通，寒水动而向上，又夹肾气上冲，故见喉咽塞噎，胁下急痛。治以温暖肾阳，驱散寒水，则病无不去。但医者误认为是留饮病，而用下法，病必不除，又用吐法，损伤脾胃，胃阴虚少，徒增虚烦，咽燥欲饮水；脾胃气虚，运化失职，水谷不化，而见小便不利；水气内停，故面目手足浮肿；医以留饮内停，用葶苈丸下水，水肿稍见消退，然脾胃虚损未除，冲气也渐加重，故“胸胁苦痛，象如奔豚”，水气随冲气升浮入肺，故浮咳喘逆。

治疗应分两步。第一阶段先治新病。因冲气较急，故当先降其冲气；冲气平复，治咳喘，咳喘止后，再治痼疾。第二阶段既要温暖肾阳，驱散寒水，又要健脾益胃，恢复运化之职，使病本消除则水气可愈。

15.2 分类与辨证

15.2.1 四水与黄汗

【原文】

師曰：病有風水、有皮水、有正水、有石水、有黄汗。風水其脉自浮，外證骨節疼痛，惡風；皮水其脉亦浮，外證跗腫①，按之没指，不惡風，其腹如鼓，不渴，當發其汗。正水其脉沉遲，外證自喘；石水其脉自沉，外證腹滿不喘。黄汗其脉沉遲，身發熱，胸滿，四肢頭面腫，久不愈，必致癰膿。(一)

太陽病，脉浮而緊，法當骨節疼痛，反不痛，身體反重而痠，其人不渴，汗出即愈，此爲風水。惡寒者，此爲極虚發汗得之。

渴而不惡寒者，此爲皮水。

身腫而冷，狀如周痹②，胸中窒，不能食，反聚痛，暮躁不得眠，此爲黄汗。痛在骨節。

咳而喘，不渴者，此爲脾脹，其狀如腫，發汗即愈。

然諸病此者，渴而下利，小便數者，皆不可發汗。(四)

【注释】 ① 跗肿：指皮肤浮肿。正如《素问·水热穴论》所言："上下溢于皮肤，故曰跗肿，跗肿者聚水而生病也。"

②周痹：病名，痹证的一种，病在血脉之中，其症周身上下游走疼痛。

【释义】 第一条论述风水、皮水、正水、石水、黄汗的脉证，并提出风水及皮水的治疗原则。

风水：与肺的关系最为密切。因肺主皮毛，风邪侵袭肌表，正邪相争，卫外不固，故脉浮恶风；皮毛受邪，肺气不宣，通调水道失职，水气停滞，留于肌表，故可见头面浮肿；湿邪流注关节，寒湿凝滞，故骨节疼痛。

皮水：与肺、脾关系较密切。由于肺气虚则不能通调水道，以致水湿停滞，故四肢肌表浮肿，按之没指，口不渴；湿邪阻滞中焦，故腹满如鼓状；不兼风邪，故不恶风；因皮与肺相合，病变在表，其脉亦浮；且水湿又有外溢趋势，故因势利导，可发其汗，使水从皮肤排出。

正水：与肾关系密切。肾阳虚弱，不能气化和蒸发水湿之邪，水停于里，故腹满，脉沉迟；水气上逆，影响于肺，肺气不畅，故作喘。

石水：也与肾关系密切。肾阳虚不能蒸化水湿，水气结于少腹，故腹满如石，脉沉；水聚于下，未及于肺，故不作喘。

黄汗：与肌肤有关。水湿内停外袭，郁于肌肤，故其脉沉迟；湿邪郁滞化热，湿热滞于肌肤，故身热，四肢头面肿；湿热入营，邪热郁蒸，汗出色黄，故名“黄汗”；湿热上蒸，肺气不畅，故胸中满闷；若病久不愈，湿热外蒸，郁滞不透，腐肉化脓，也可导致痈脓。

第四条再论水肿病的辨证及其治疗原则，并概括指出了风水、皮水、黄汗、肺胀的鉴别。

太阳伤寒，脉浮紧，法当骨节疼痛，若不痛，反重而痠，口不渴，是由于风湿袭表，湿留肌肤，发为风水。风水其病在表，故当汗法治之，此乃风水表实证的正治法。水肿病本为阳气不足，若汗不得法，易伤阳气，卫阳更虚，反见恶寒症状。

皮水，因脾阳虚不能运化水湿，水湿阻滞于中，里水外溢，肺气通调乏力，水湿留于皮中所致。脾虚湿停，津液不能上承，故口渴。此类皮水，病在肺脾，而无表证，故不恶寒。

黄汗，因水湿郁而化热，湿热上蒸，气机不畅，故胸中窒塞，至傍晚时，阳气更难舒展，故暮躁不得睡眠；湿热郁蒸，汗出伤阳，故身冷；湿淫肌表，故身肿；聚而不行则痛，状如周痹；湿流关节，阳气闭阻，故痛在骨节；表气被郁，胃气上逆，故不能食。

“脾胀”，注家多作肺胀，即肺气胀满，是由于外寒内饮、肺失宣降所致。咳而喘为其主要症状，又因外感寒湿，闭郁肺气，寒水内动，故口不渴；寒湿郁闭于肌表，故其形如肿。然其本证虽有内饮，但不离外邪为患，使肺失宣降，通调失职，水泛肌表，病在上在表，故曰“发汗则愈”，与《肺痿肺痈咳嗽上气病》篇的“上气喘而躁者，属肺胀，欲作风水，发汗乃愈”同意。

以上诸证，风水、皮水、黄汗、肺胀，症状虽有不同，但病位在表，均可使用汗法治之。若见到渴而下利、小便频数等兼症者，此为体内津液已伤，此时若再发汗，必有津枯液竭之危，故曰：皆不可发汗。

15.2.2　血分、水分、气分病

15.2.2.1　血分、水分

【原文】

問曰：病有血分水分，何也？師曰：經水前斷，後病水，名曰血分，此病難治；先病水，後經水斷，名曰水分，此病易治。何以故？去水，其經自下。（二十）

【释义】　本条论述妇人病水，有血分、气分之分。所谓血分，是由于瘀血内阻，气滞水停而形成的水气病，主要症状为先有经闭，后有水肿。因血分病在里属阴，故云：“难治”。所谓水分，是由于水湿停留，泛溢肌肤，又阻滞血道而形成，主要症状为先病水肿，后经水断。因水分病在表属阳，故曰：此病易治。具体治疗，血分病，先治血病，后治水病，临床以通经为主，佐以利水；水分病，治水为主，水去而经自通，临床以利水为主，佐以通经。

15.2.2.2 气分病

【原文】

師曰：寸口脉遲而澀，遲則爲寒，澀爲血不足。趺陽脉微而遲，微則爲氣，遲則爲寒，寒氣不足①，則手足逆冷；手足逆冷，則營衛不利；營衛不利，則腹滿脅鳴相逐；氣轉膀胱，營衛俱勞②，陽氣不通即身冷，陰氣不通即骨疼；陽前通③則恶寒，陰前通則痹不仁；陰陽相得，其氣乃行，大氣④一轉，其氣乃散；實則失氣，虛則遺尿，名曰氣分。（三十）

【注释】 ①寒气不足：指有寒而又气血不足。

②营卫俱劳：即营卫俱病。

③前通："前"，古假借作"剪"，前通，即断绝流通之意。

④大气：指膻中之宗气。

【释义】 本条论述气分病的病机、脉证和治则。气分指水寒之气乘阳气之虚而病在气分而言。气分病是指由于脏腑功能失调，气化不行，停水外溢所致的水气病。病变中心以肺、脾、肾为中心，亦与三焦、膀胱有关。症状可出现手足逆冷、腹满、肠鸣、身冷、骨痛、肌肤不仁等，病为阴阳相失，治宜调其阴阳，温运阳气，即文中所说"大气一转，其气乃散"的治疗原则，意在治疗水气病，贵在恢复阳气的气化功能，正气恢复，气行则津布，水气亦随之消散。"实则失气，虚则遗溺"指气分病有气虚、气实之分，若阳气衰微，大气不转，寒气郁结，泄于后阴，而见失气，属气实；泄于前阴则见遗溺，属气虚。但均为气分病变。

上述气分、血分、水分三者均于水气病相关，而三者之间又存在着密切的关系，中医理论认为，气为血帅，气行则血行；气行则津液亦可布散于四肢百骸、五脏六腑。反之，气滞则可导滞血瘀、水停，而形成疾病。

15.2.3 五脏水

【原文】

心水者，其身重而少氣，不得臥，煩而躁，其人陰腫。（十三）

肝水者，其腹大，不能自轉側，脅下腹痛，時時津液微生，小便續通。（十四）

肺水者，其身腫，小便難，時時鴨溏。（十五）

脾水者，其腹大，四肢苦重，津液不生，但苦少氣，小便難。（十六）

腎水者，其腹大，臍腫腰痛，不得溺，陰下濕如牛鼻上汗，其足逆冷，面反瘦。（十七）

【释义】 以上五条论述五脏水的辨证。心水者，是由于心阳不足，火不制水，停水泛溢所致，心阳不足，则少气乏力；水气凌心，心阳被遏，则烦躁不得卧；心火不能下温肾水，停水泛溢，则阴部浮肿；水溢肌肤，则身体浮肿沉重。

肝水者，是因肝失疏泄，水道不通而成。肝失疏泄，肝病及脾，脾失运化，停水泛溢，则腹部肿胀，不能转侧；水阻肝络，则胁下腹痛；肝失疏泄，水液代谢受阻，在上则时时津液微生，在下则小便时通时有不通。

肺水是由于肺失通调，水湿泛溢而致。肺失宣通，停水泛溢于表，则其人身体浮肿；肺失通调，水不下行，则小便不利；肺与大肠相表里，肺病及肠，水液直趋大肠，则大便稀薄。

脾水系脾失运化，停水泛溢而成。脾虚湿困，脾失转输，不能升清降浊，水湿溢于四肢，故其腹大，四肢苦重；津液为水谷之精微，皆由脾胃所生，脾气虚，则津液不生而少气，脾虚不能散精于肺，肺不通调水道以行决渎，故小便难。

肾水是因肾阳不足，气不化水所致。肾阳衰弱，不能化气行水，关门不利，水反侮土，而聚于腹，故其腹大，脐肿；肾阳虚弱，失于温养，则下肢厥冷，前阴冷湿，腰部冷痛；阳损及阴，失于濡养，则形体消瘦。水气内停，而见小便短少，不得溺。

以上论述五脏水气病，从其病位和症状来看，心肺二脏，属于阳脏，位居于胸，病变主要在上在表，故均有身重、身肿；肝、脾、肾三脏均为阴脏，位居于腹，病变主要在里在下，故均有腹大。而五脏之中，又以肺、脾、肾为中心，肺失宣化、脾失运化、肾失温化是五脏水的主要病机。

15.3 治　　法

15.3.1 利水、发汗法

【原文】

師曰：諸有水者，腰以下腫，當利小便；腰以上腫，當發汗乃愈。(十八)

【释义】 本条论述水气病的治疗原则。诸有水者，指一切水肿病而言。凡治水气病，腰以下肿者，其病在下在里，多因阳气衰弱，不能化气行水，水湿滞留于下而成，治宜化气行水，渗利水湿，使有形之水从小便而出，即“洁净府”之意。腰以上肿者，其病在上在表，多因外邪侵袭肌表，闭郁肺卫，水湿泛溢于上所致，治宜开肺气，解表邪，即“开鬼门”之意，使腰以上之水从汗液而出。

15.3.2 峻下逐水法

【原文】

夫水病人，目下有臥蠶[①]，面目鮮澤，脉伏，其人消渴。病水腹

大，小便不利，其脉沉絶者，有水，可下之。(十一)

【注释】 ①目下有卧蚕：形容下眼睑水肿如蚕卧之。

【释义】 本条论述水气病可下之证。病水之人，其脉沉伏，症见腹部水肿，小便不利，眼睑浮肿，面目鲜泽，如有卧蚕状，此为水气结实，邪气过盛，治宜遵《内经》“去菀陈莝”之旨，峻下逐水，荡涤水邪。

本条为水积在里，里水已成，肿势盛大，正气不衰而设，可用十枣汤、己椒苈黄丸、舟车丸等，对正虚邪实者慎用。

15.4 证 治

15.4.1 风水

15.4.1.1 风水脉证

【原文】

寸口脉沉滑者，中有水氣，面目腫大，有熱，名曰風水。視人之目窠上微擁[①]，如蠶新臥起狀，其頸脉[②]動，時時咳，按其手足上，陷而不起者，風水。(三)

【注释】 ①目窠上微拥：即指两眼睑微肿。

②颈脉：指足阳明人迎脉，在结喉两旁。

【释义】 本条论述风水脉证。风水其脉自浮，现寸口脉沉滑，为邪渐入里，水气病已有增剧的趋势，水湿滞留于头面，卫气被郁，故面目肿大，发热；水渍于肺，肺气上逆，故时时咳嗽；水湿犯肺，水反侮土，目下为胃脉所过，颈部人迎为肺胃所主，风水上凑，肺胃两经所过之处为水气遏阻，故目窠上微拥如蚕新卧起状，且颈脉跳动明显；水气溢于肌表较甚，故手足肿，按之陷而不起。

15.4.1.2 风水治疗

(1) 风水表虚证

【原文】

風水，脉浮身重，汗出惡風者，防己黄耆湯主之。腹痛加芍藥。(二十二)

防己黄耆湯方：方見濕病中。

【释义】 本条论述风水表虚的证治。风邪侵袭肌表，故脉浮；卫气虚不能固表，故汗出恶风；营卫涩滞，水道不利，水湿停留，故身重。治宜防己黄芪汤，益气固表，健脾除湿。方中黄芪、白术甘草益气固表，防己疏风利水，如此则风散水利，表卫固密，诸症告愈。腹痛者，为肝脾不和，故加芍药调和肝脾。

本条与《痉湿 病》篇第二十二条的原文仅“湿”和“水”字之异，均用防己黄芪汤，二者属异病同治，在症状上各有侧重。前者论风湿在表，以关节疼痛为主，后者论风水在表，以面目浮肿为主。故临证当须慎察。但同属表虚，机理一致，故两者用一方，谓之异病同治。

【现代研究】　根据富琦等的报道：①防己黄芪汤对小鼠不同剂量灌胃及不同时间血浆 ANP 含量的比较，结果显示为不同剂量对小鼠血浆 ANP 浓度影响在同一时间点均无显著性差异（$P>0.05$）。防己黄芪汤煎剂灌胃后不同时间对小鼠血浆 ANP 浓度的影响不同，在本实验中，以灌胃后 75min 时作用最明显，与不做任何处理的对照组比较有显著性差异（$P<0.01$）。②各组对小鼠血浆 ANP 含量在不同时间的影响结果表明：防己黄芪汤及其组成成分黄芪在灌胃后 80min 时可使小鼠血浆 ANP 含量明显升高，黄芪作用最强（$P<0.005$），防己黄芪汤全方作用较强（$P<0.01$），而防己、白术作用较晚，于给药 100min 时可明显升高小鼠血浆 ANP（P 均<0.05）。甘草对升高小鼠血浆 ANP 含量在测定时间内无明显作用，生理盐水无明显升高小鼠血浆 ANP 作用。认为防己黄芪汤为常用利水方剂，具有益气祛风，健脾利水之功，主治风湿表虚引起的水肿。现代研究表明，其具有利尿、降压、扩张血管、抗过敏等作用；该方中单味药黄芪有明显的降血压、扩张血管、舒张末梢毛细血管作用。防己有降压、扩张血管、抗心律失常作用。黄芪与防己同用常用于原发性高血压兼见下肢浮肿者；白术具有明确持久的利尿作用。心纳素（ANP）是主要为心房细胞合成并释放入血的一类多肽激素，对人和动物具有迅速强大的排纳利尿作用，同时舒张血管，抑制肾素释放，减少醛固酮合成而产生降压作用，参与心血管功能及水盐代谢调节。

从实验结果可推测防己黄芪汤的利尿作用与 ANP 有密切关系。黄芪、防己两种单味药亦可使 ANP 升高，说明此两种药及防己黄芪汤的扩张血管、降压、利尿作用可能是通过使血浆 ANP 含量升高从而达到其作用的。实验推测，防己黄芪汤治疗各种原因所致水肿、原发性高血压、肥胖症等机理，可能与其使体内 ANP 含量升高有关，从而达到其治疗目的。[富琦等．防己黄芪汤及其组分对正常小鼠血浆心钠素含量的影响．吉林中医药，1998，(3)：55]

附　医案举例

钱某，女，37 岁。于 1 月前，患急性化脓性扁桃体炎，经治愈后，渐觉面目、四肢浮肿，腰痠纳呆。尿检：蛋白（++），红细胞（+），颗粒管型（+）。西医诊断为：急性肾小球肾炎，住院治疗。刻下病已经月，面黄虚浮，身重体倦，汗出恶风。尿检蛋白一直波动在（+～++）之间，苔白腻，质淡，脉浮缓。辨证为风水相结，表虚不固，肾亏于下。治宜祛风行水，益气固表，并稍佐温肾之品，取防己黄芪汤加味：防己 10 克、黄芪 12 克、白术 10 克、甘草 4 克、生姜 6 克、大枣 10 枚、菟丝子 12 克、仙灵脾 10 克。服药八剂后，尿检蛋白少许，面浮身重，汗出恶风俱减。原方继服八剂后，诸证悉除，尿检正常，康复出院。[王伯群．防己黄芪汤的临床运用．江苏中医杂志，1984，(6)：40]

（2）风水夹热证

【原文】

風水惡風，一身悉腫，脉浮不渴，續自汗出，無大熱，越婢湯主

之。(二十三)

越婢湯方：

麻黄六兩　石膏半斤　生薑三兩　大棗十五枚　甘草二兩

上五味，以水六升，先煑麻黄，去上沫，内諸藥，煑取三升，分溫三服。惡風者加附子一枚炮。風水加术四兩。

【释义】　本条论述风水夹热的证治。风水之病，来势急剧，是因风致水，病在于表，故有恶风表证；风为水激而泛溢肌肤，故一身悉肿；脉浮不渴，据《心典》当为脉浮口渴，是风邪具有化热之势；风性疏泄，汗出则阳郁不甚，故身无大热。但风水相搏之证，虽汗出而表证不解，外无大热而郁热仍在，故治以越婢汤发越水气，清解郁热。方中麻黄、生姜，宣散水湿，配石膏发越水气，清解郁热；甘草、大枣调和营卫，使邪气去而正气不伤。恶风者加附子，以汗多伤阳，附子有温经化气、复阳止汗之力；水湿过盛，再加白术健脾除湿，表里同治，以增强消退水肿的作用。

本条与上条同属风水，在证候上同有汗出、恶风、脉浮，但两者机理各异，虚实有别，其辨证的偏重点也有不同，本条为风水夹热，上条为风水表虚，治法用药随之也异。

附　医案举例

傅某，男，72岁。1962年4月4日初诊。1月前，继感冒高热数日后，全身出现浮肿。经某医院尿常规检查：尿蛋白（+++），白细胞（+），颗粒管型1%～2%（高倍视野），诊为急性肾小球肾炎。服西药治疗半月余不效，来我院就诊。症见四肢高度浮肿，眼睑肿势尤甚，形如卧蚕，发热汗出，恶风口渴，咳嗽气短，心烦溲赤，舌质红，苔薄黄，脉浮数，体温39.5℃。证属风水泛滥，壅遏肌肤。治宜宣肺解表，通调水道，方用越婢汤加味：麻黄10克，生石膏20克，炙甘草6克，生姜4片，大枣4枚，杏仁10克，水煎服。

1962年4月7日二诊：浮肿见消，咳嗽大减，仍汗出恶风，体温38.5℃，尿蛋白（++），未见红白细胞及管型。舌苔转白，脉浮缓，效不更方，原方加苍术8克，三剂。

药后热退肿消，诸证悉除，尿检正常，遂停药，以后追访年余，疗效巩固，病未复发。[王明玉等. 经方治疗风水. 北京中医，1985，(5)：20]

(3) 风水本证与正水的治疗

【原文】

水之爲病，其脉沉小，屬少陰；浮者爲風，無水虛脹者，爲氣。水，發其汗即已。脉沉者宜麻黄附子湯；浮者宜杏子湯。(二十六)

麻黄附子湯方：

麻黄三兩　甘草二兩　附子一枚（炮）

上三味，以水七升，先煑麻黄，去上沫，内諸藥，煑取二升半，溫服八分，日三服。

杏子湯方：未見，恐是麻黄杏仁甘草石膏湯。

【释义】 本条论述风水、正水的证治，以及水气病与虚胀的鉴别。水之为病，包括风水、正水而言。正水病，是因少阴肾阳不足，不能温化水气，水湿停留，上逆于肺，故见腹满，喘息，脉沉小。水气在表而病本在肾，治宜麻黄附子汤温经发汗，祛水平喘。方中麻黄宣肺发汗，祛水平喘；甘草健脾制水；附子温阳化湿。风水病，是因风邪侵袭肌表，肺失通调水道，水湿留于体表四肢关节，故头面浮肿、骨节疼痛、脉浮恶风。证属风水为患，无表虚、夹热之虑，为风水本证，治宜杏子汤，疏风散水，开肺祛湿。该方未见，药物组成后世多认为系三拗汤或麻杏石甘汤。风水治用汗法，正水而表有水气者也可用汗法，但二者有异。前者疏风散水宣肺，后者发汗散水，兼清郁热。

"无水虚胀者，为气"，在本条为插笔，视虚胀与水气病的不同，虚胀病，是因气郁不行，气郁而胀，尤以腹部呈现一种虚浮胀满之象，但无按之没指，也无小便不利等症。虚胀无水而有气，虽外证虚浮胀满，实与水无关，治疗不可使用汗法。

15.4.2 皮水

15.4.2.1 皮水郁热证

【原文】

裹水者，一身面目黄腫，其脉沉，小便不利，故令病水，假如小便自利，此亡津液，故令渴也。越婢加术湯主之。(五)

【释义】 本条论述皮水证治。据吴谦《医宗金鉴》言："里水之'里'字，是'皮'字，岂有里水而用麻黄之理，阅者自知，是传写之讹。"此处"里水"当是"皮水"而言。即由于脾失运化，肺失宣化，停水外溢，而见一身面目浮肿(黄肿者，当为洪肿，肿势明显)；或水阻气化，则小便不利；水郁日久则化生内热，水之为病，其脉当沉；总属皮水郁热，治以越婢加术汤宣肺健脾，利水清热，更加白术补脾益气，运化水湿。

15.4.2.2 皮水郁表证

【原文】

裹水，越婢加术湯主之；甘草麻黄湯亦主之。(二十五)

越婢加术湯方：見上。

甘草麻黄湯方：

甘草二兩 麻黄四兩

上二味，以水五升，先煮麻黄，去上沫，内甘草，煮取三升，温服一升，重覆汗出，不汗，再服。慎風寒。

【释义】 本条论述皮水的两种治法。皮水是由脾阳虚不能运化水湿，肺气虚不能通调水道，水湿停留，泛于肌表而成。皮水湿郁化热，一身面目黄肿者，可用越婢加术汤，宣肺健脾，清解郁热，而行水湿；若水湿停于肌表，无热而身肿者，可用甘草麻黄汤，内助脾气，外散水湿。本条所述同一皮水而设两方，属同病异治。但越婢加术汤证兼有郁热，而甘草麻黄汤证则无热象。

15.4.2.3 皮水脾虚证

【原文】

皮水爲病，四肢腫，水氣在皮膚中，四肢聶聶動①者，防己茯苓湯主之。(二十四)

防己茯苓湯方：

防己三兩　黄耆三兩　桂枝三兩　茯苓六兩　甘草二兩

上五味，以水六升，煑取二升，分温三服。

【注释】 ①聂聂动：形容微微抽动。

【释义】 本条论述皮水脾虚证治。脾阳虚弱，水湿内停，里水外溢；肺气不足，通调无力，水湿停滞皮中，故四肢浮肿，按之没指；水湿壅遏卫气，气行逐水，邪正相争，故四肢聂聂动。治宜防己茯苓汤健脾益肺，行水利湿。方中防己、茯苓渗湿利水，导水下行；黄芪、桂枝、甘草益气温阳，培土制水。全方标本兼治，为治疗脾虚浮肿的有效方剂。

附 医案举例

陈某，男，60岁，1976年初诊。患冠心病8年，曾4次住院。患者动则气喘，夜不能平卧，心悸，颜面四肢浮肿，舌淡，苔薄白，脉细软数。西医诊断为冠心病合并心衰。辨证：肺脾气虚，水气上泛。立法：益气健脾利水。处方：防己茯苓汤合茯苓杏仁甘草汤：防己20克，黄芪30克，茯苓30克，白术10克，杏仁10克，甘草3克，党参20克。服药10剂尿增，喘减，夜能平卧。继按上方加用红参，悸宁寐安，喘平息匀，冬令平安度过，证情平稳，二年末再住院治疗。[徐克明等.应用防己茯苓汤的经验体会.江西中医药，1981，(4)：42]

15.4.2.4 皮水阳郁证

【原文】

厥而皮水者，蒲灰散主之。(二十七)

【释义】 本条论述皮水见有手足厥冷的治疗。水在皮中，痹阻阳气，阳气不达于四肢，故手足厥冷；水气外溢肌表，则有浮肿；水阻气化则小便短少。浮肿、肢厥同见，因而应据叶天士所说："通阳不在温，而在利小便"，采用利水通阳法治疗。蒲灰散中以滑石利水渗湿，蒲灰（蒲黄粉）活血利湿，使水气下渗而阳气自通，浮肿厥冷等症自然消失。

以上4条均为皮水而设。皮水郁表以甘草麻黄汤温经发汗；皮水阳郁以蒲灰散利水通阳；皮水郁热以越婢加术汤宣肺健脾，利水清热；若皮水脾虚以防己茯苓汤健脾益肺，行水利湿。

15.4.3　黄汗

15.4.3.1　湿热内郁证

【原文】

問曰：黄汗之爲病，身體腫，發熱汗出而渴，狀如風水，汗沾衣，色正黄如柏汁，脉自沉，何從得之？師曰：以汗出入水中浴，水從汗孔入得之，宜芪芍桂酒湯主之。（二十八）

黄耆芍藥苦酒湯方：

黄耆五兩　芍藥三兩　桂枝三兩

上三味，以苦酒一升，水七升，相和。煮取三升，温服一升，當心煩，服至六七日乃解。若心煩不止者，以苦酒阻故也。

【释义】　本条论述黄汗的病机与证治。汗出入水中，表虚受邪，水湿郁遏，留于肌肉经脉，阻碍营卫运行，使卫郁不能行水，故全身水肿；营郁而热，积热成黄，湿热交蒸于外，故发热汗出，汗沾衣，色正黄如柏汁；气不化津，故口渴；脉沉者有水。黄汗为水气的一种。主症浮肿、汗出色黄、发热口渴，治宜散水除湿，兼清营热。方中桂枝、芍药调和营卫，发汗除湿；芍药微寒得苦酒之助入营清热；黄芪走表祛湿，益气固表，使营卫和调，水湿得去，营热得泄，则诸症可愈。

附　医案举例

周某，女，48岁，邹平县社员，1979年6月初诊。去年深秋，劳动结束后，在小河中洗澡，受凉后引起全身发黄浮肿，为凹陷性，四肢无力，两小腿发凉怕冷，上身出汗，下身不出汗，汗发黄，内衣汗浸后呈淡黄色，腰部经常串痛，烦躁，下午低热，小便不利。检查：肝脾未触及，心肺听诊无异常，血、尿常规化验正常，黄疸指数4U，蛋白电泳：白蛋白47.8，$\alpha_1$6.4，$\alpha_2$27.8，β14、δ24，脉沉紧，舌苔薄白。服芪芍桂酒汤：黄芪30克，桂枝18克，白芍18克，水二茶杯，米醋半茶杯，头煎煮一杯；二煎时加水二杯，煮取一杯，头煎液和二煎液合在一起，分为二份，早晚各一份，共服六剂，全身浮肿消退。皮肤颜色转正常，纳增。疗后未复查蛋白电泳。［刘景祺．黄汗三例．山东中医学院学报，1980，（2）：55］

15.4.3.2　水湿郁表证

【原文】

黄汗之病，兩脛自冷；假令發熱，此屬歷節。食已汗出，又身常暮盗汗出者，此勞氣也。若汗出已反發熱者，久久其身必甲錯；發熱不止者，必生惡瘡。

若身重，汗出已輒輕①者，久久必身瞤，瞤即胸中痛，又從腰以上必汗出，下無汗，腰髖弛痛②，如有物在皮中狀，劇者不能食，身疼

重，煩躁，小便不利，此爲黄汗，桂枝加黄耆湯主之。(二十九)

桂枝加黄耆湯方：

桂枝三兩　芍藥三兩　甘草二兩　生薑三兩　大棗十二枚　黄耆二兩

上六味，以水八升，煑取三升，温服一升，須臾飲熱稀粥一升餘，以助藥力，温服取微汗；若不汗，更服。

【注释】　①辄（zhé）轻：辄，总是，就。辄轻，即感觉轻快。

②腰髋弛痛：腰髋部筋肉松弛无力而痛。

【释义】　本条论述黄汗证治及其与历节、劳气的鉴别。黄汗病初期，水湿郁表，郁热不甚，湿邪偏盛，因湿性重滞，湿留关节，阳气被郁，不能下达，故身热胫冷，“假令发热，此属历节”，说明历节病，虽身热，两足亦热。假如“食已汗出，又身常暮盗汗出者”，食后微热则汗出，或阴虚内热而盗汗出，是胃气不足、阴虚有热的虚劳征象，其所出之汗皆非黄色，其发热之症，亦不因汗出而减，这是劳气汗出的特点。黄汗，由于汗出阳气外发，营阴外泄而发热辄轻。若汗出反发热者必然耗损营血，不能濡养肌肤，故其身必甲错；热郁肌肉，腐肉化脓，则生恶疮。黄汗之症当汗出色黄，腰以上汗出，腰髋部疼痛、身重。阳虚不能温暖脾胃，脾胃失和，故剧者不能食；阳虚不能温化水气，故小便不利；上焦阳虚，则腰以上汗出；阳虚阴聚，胸阳闭阻故胸中痛；湿郁化热，则汗出色黄如柏汁；下焦湿盛，则腰髋弛痛，如有物在皮中；湿郁化热，热扰心神则烦躁；总为阳虚湿阻，湿邪在表，治宜“汗而发之”，故以桂枝加黄芪汤解肌祛湿、调和营卫。方中桂枝汤解肌发汗，祛湿消肿，调和营卫，本无表证而用汗法则易伤表卫，故加黄芪二两实卫固表，使水湿得散而表气不伤。

芪芍桂酒汤，桂枝加黄芪汤，均治黄汗，均具有宣达阳气、排除水湿之功。不同之处在于：前者周身汗出，表气已虚，故重用黄芪为君；后者汗出不透，腰以上有汗，腰以下无汗，故主以桂枝汤，另加黄芪益气除湿。

附　医案举例

希某，女，19岁，学生。夏日，因搬迁新居，劳累过甚，汗出亦多，遂去江中游泳，归途中又雨淋湿身。次日，始觉周身不适，身疼重，全身浮肿，头迷，烦躁不眠，小便不利，不恶风，胃纳差，口流涎水，其汗出先以腋下为多，继而腰以上均汗出，腰以下无汗，汗色微黄沾衣，洗之不褪色。证见：全身发黄、头面胸腹四肢浮肿，压之凹陷，腰髋弛痛，如有物在皮中，两胫冷凉，胸中烦痛，舌质淡红，苔白腻，脉沉细，血尿便常规和肝功能均属正常，黄疸指数6U。合参证脉，拟诊为黄汗，治宜宣通阳气，排除水湿。方用《金匮》桂枝加黄芪汤主之。处方：桂枝15克、白芍15克、黄芪20克、甘草10克、生姜3片、大枣4枚，嘱其温服，药后食粥，以助药力，取微汗为度，共服七剂，肿消黄退，黄汗止，全身皮色复常，饮食增进，诸证悉除，病愈。[秦书札等．黄汗治案四则，仲景学说研究与临床，1987，(2)：26]

15.4.4　气分病

15.4.4.1　阳虚水凝证

【原文】

氣分，心下堅，大如盤，邊如旋杯[①]，水飲所作，桂枝去芍藥加麻辛附子湯主之。(三十一)

桂枝去芍藥加麻黄細辛附子湯方：

桂枝三兩　生薑三兩　甘草二兩　大棗十二枚　麻黄二兩　細辛二兩　附子一枚炮

上七味，以水七升，煑麻黄，去上沫，内諸藥，煑取二升，分温三服，當汗出，如蟲行皮中，即愈。

【注释】　①旋杯：即圆杯。

【释义】　本条论述脾肾阳虚的气分病证治。若患者脾肾阳虚，阴寒内聚，水湿停滞，内凝于心下，则心下痞硬如杯如盘，外溢于肌肤则见浮肿。兼有手足逆冷，身冷恶寒，骨节疼痛，四肢麻木不仁等症。治当温阳散寒，宣散水饮，方用桂枝去芍药加麻黄细辛附子汤，其中附子、桂枝、生姜、甘草、大枣辛甘助阳，补火培土以化水饮；麻黄、细辛辛以散之，发汗宣肺，以行水湿。

本证治以桂枝去芍药加麻黄细辛附子汤，辛甘化阳行气，使其阳气振奋，周行于身，阴凝得散而得病解。此乃气分病运用“阴阳相得，其气乃行，大气一转，其气乃散”治则的具体体现。

附　医案举例

董某，女，49岁。周身皮肤肿胀，随按随起而无凹陷，腹部胀满尤为明显。更有奇者，肚脐周围出现如栗子大小包块十余个，按之软，随按而没，抬手又起。腹部皮肤发凉，间或嗳气上逆，面色黧黑不泽。脉沉无力，舌苔白。该证病名为“气分”，属寒邪内搏气机所致。

桂枝9克　生姜15克　大枣10克　炙甘草6克　麻黄6克　细辛4.5克　附子9克　川椒3克

服三剂后腹中气动有声，矢气甚频，腹胀随之消减，脐周之包亦消。但腹中胀满尚未尽愈，改方用李东垣寒胀中满分消汤三剂而愈。(刘渡舟等．经方临证指南．天津：天津科学技术出版社．)

15.4.4.2　脾虚气滞证

【原文】

心下堅，大如盤，邊如旋盤，水飲所作，枳术湯主之。(三十二)

枳术湯方：

枳實七枚　白术二兩

上二味，以水五升，煑取三升，分温三服，腹中軟即當散也。

【释义】 本条论述脾虚气滞的气分病证治。若脾弱气滞，失于运化，水气痞结心下，又且泛溢肌肤，形成枳术汤证。症状可见浮肿、心下痞坚如盘、食少倦怠、少气懒言、恶心呕吐，治宜行气散结，补脾行水。枳术汤中药用白术补脾气，化水湿；枳实苦以泄之，消痞行水。

本条与前条同论心下坚之气分病，但前者是属脾肾阳虚，阴寒凝结所致；后者是因脾胃虚弱，气滞水凝为患。两者均有心下坚，但前者边如圆杯，指痞结较厚，说明症状较重；后者边如圆盘，指痞结较薄，说明症状较轻。因此，虽属同一病，因病机、症状不同，治法亦不相同。

附　医案举例

患者冯某，女，50岁，1973年4月10日初诊。心下坚满如大盘已四年。现其局部皮色不变，而略高于四周腹壁，触之聂聂而动，面无病色，月经尚正常，脉沉滑。脉沉主里，滑为水气内停。据脉证拟用《金匮》枳术汤，行气散结，健脾消水。

处方：炒枳实12克，白术12克。四剂。

4月14日复诊：已觉心下舒软，与四周腹壁平。继服上方四剂，病瘥。［李鲤．学用仲景方治验四则．河南中医，1982，(1)：43］

15.5　主脉及预后

【原文】

脉得諸沉，當責有水，身體腫重。水病脉出①者，死。(十)

【注释】 ①脉出：指脉暴出而无根，上有而下绝无。

【释义】 本条论述水气病的主脉及预后。水气病的主脉为沉脉，这是因为水气病水泛肌肤，脉络受压，营卫气血被阻，故患者常见沉脉。又且水湿同源，均为重浊之邪，泛溢肌肤则身体浮肿、沉重。脉症合参，方可诊为水气病。“水病脉出者，死”，是指水气病的预后。与前已述及风水、皮水之脉浮不同，脉出为浮大无根，轻举则有，重按则散，为阴盛格阳，真气涣散于外的征象，病情危笃，难以救治；脉浮为浮取有余，沉取不足，主上盛下弱，病邪在表。

15.6　附　　方

【原文】

《外臺》防己黄耆湯：治風水，脉浮爲在表，其人或頭汗出，表無他病，病者但下重，從腰以上爲和，腰以下當腫及陰，難以屈伸。

【释义】 本方用于治疗风水表虚及风湿表虚证，具有益气固表，除湿利水功效。本证因风水湿盛于下，心阳不能向下而郁蒸于上，出现脉浮，头汗出；因湿盛于下，风邪较轻，故表无他病；而见腰以下沉重、水肿，阴部亦肿，难以屈伸。治以防己黄芪汤益气健脾，除湿利水使水湿不仅从肌腠而散，也能从下而走。

15.7 结　　语

本篇主要论述了水气病的脉症、病因、病机和辨证论治。水气病的形成与肺失宣化、脾失运化、肾失温化密切相关，与三焦水道、膀胱气化及其他脏器也紧密相连。在症状表现上依机理不同而异，但主症主要为水溢肌肤而致的浮肿。因水停的部位和病机不同，可分为风水、皮水、石水、正水、黄汗、五脏水、血分、气分、水分等。对于水气病的治疗原则，张仲景继承了内经理论，提出了"腰以上肿，当发汗"，"腰以下肿，当利小便"，"可下之"的治疗方法。在水气病的具体治疗中，风水表虚者，用防己黄芪汤益气固表，健脾除湿；风水夹热者，用越婢汤发越水气，清解郁热；风水本证，治宜杏子汤，疏风散水，开肺祛湿；皮水郁热，治以越婢加术汤宣肺健脾，利水清热；皮水郁表者，可用甘草麻黄汤内助脾气，外散水湿；皮水脾虚者，治宜防己茯苓汤健脾益肺，行水利湿；皮水阳郁治用蒲灰散利水渗湿通阳；正水属肾阳不足，水湿不化者，治宜麻黄附子汤温经发汗，祛水平喘；黄汗属湿热内郁者，治用芪桂芍酒汤散水除湿，兼清营热；属水湿郁表者，治用桂枝加黄芪汤解肌祛湿、调和营卫；气分属阳虚阴凝者，治用桂枝去芍药加麻黄细辛附子汤温阳散寒，宣散水饮；属脾虚气滞者，治用枳术汤行气散结，补脾行水。

复习思考题

1. 试述水气病的分类、主症、病机及病位。
2. 水气病的治疗原则是什么？如何理解？
3. 越婢汤与越婢加术汤同治水气病，二证有何不同？
4. 风水、皮水如何鉴别？怎样治疗？
5. 什么是气分病？如何辨证论治？
6. 何谓气分、血分、水分？

（李俊莲）

16

黄疸病脉证并治第十五

目的要求

1. 了解黄疸病的概念、分类和范围。
2. 熟悉黄疸病的发病原因、病机、证候、治疗法则和预后。
3. 掌握黄疸病的证候特点及证治。

重点内容

1. 谷疸、酒疸、女劳疸的发病因素、病理机制。
2. 谷疸、酒疸、女劳疸的辨证论治。
3. 黄疸的正治法及兼治法。

本篇是论述黄疸病辨证论治的专篇。篇中所论黄疸，就其内容来看，实际上是指具有各种发黄证候的疾病。

对于黄疸病的分类，张仲景在本篇中主要依据病因将黄疸分为三种类型，即谷疸、酒疸、女劳疸。谷疸、酒疸的发病与饮食不节、饮酒过度有关，女劳疸的发病则由房劳过度，肾阴亏耗所致。本病若从病机方面进行分类，尚可分为湿热发黄、寒湿发黄、火劫发黄、燥结发黄、女劳发黄以及中虚发黄等类型，但以湿热发黄者最为多见。

关于黄疸病的治疗方法，本篇提出了解表发汗、清利湿热、润燥逐瘀、调补脾胃、调和肝胃等方法，但以清热利湿法为主要治疗法则。

16.1 病因病机

16.1.1 湿热发黄

【原文】

寸口脉浮而緩，浮則爲風，緩則爲痹。痹非中風。四肢苦煩，脾色必黄，瘀熱以行。(一)

【释义】 本条论述黄疸病的发病机制。寸口脉指两手六部脉。脉浮主风，风为阳邪，易于化热，故“风”字可作“热”字理解。脉缓主湿，湿性黏滞，极易伤脾。“痹”为闭藏之意，非痹证之谓。“寸口脉浮而缓，浮则为风，缓则为痹”意指风邪入里化热，湿与热相合，湿热郁闭于脾。

脾主四肢、肌肉，湿热郁闭于脾土，脾将蕴积的湿热转输于肌表，则四肢疲重烦热，酸困不适；又且脾主运化，为四运之轴，脾将湿热运化至全身肌肤，则势必发生黄疸。

“痹非中风”一句为插笔，说明浮缓之脉虽可见于太阳中风证，但太阳中风之脉浮缓，必与恶寒发热、汗出恶风、头项强痛等症并见，本条仅见浮缓之脉，未见表证，故非太阳中风证。

本条原文说明，张仲景认为杂病的形成每与感受外邪有关，此即《脏腑经络先后病脉证》篇所说“一者，经络受邪，入脏腑，为内所因也。”本条黄疸病机明系湿热为患，而其病因又从内湿外风阐发，认为湿热的形成为风邪入中，从阳化热，与内湿相合而成，从而进一步发挥了其外邪可以引发杂病的学术观点，对后世研究杂病发病学说颇多启发。联系下条在阐述湿热谷疸病机时，认为病机为“风寒相搏”，脉象为“趺阳脉紧而数”等语，其理论依据显系同出一辙，值得借鉴。

16.1.2 寒湿发黄

【原文】

陽明病，脉遲者，食難用飽，飽則發煩頭眩，小便必難，此欲作穀疸。雖下之，腹滿如故，所以然者，脉遲故也。(三)

【释义】 本条论述寒湿谷疸的病机。谷疸多属湿热为患，然亦有属于寒湿为患的。本条既云“阳明病，脉迟”，说明证属寒湿谷疸。“脉迟”二字是辨证的关键，亦即病由脾胃虚寒不能腐熟水谷，水湿内停，与寒相合，形成寒湿谷疸，故病人不能饱食，过饱则饮食不化，气滞不行而生烦闷症状；湿浊上逆，阻遏清阳则头目眩晕；湿浊下流，气化失职则小便亦难。

“虽下之，腹满如故”，说明未下之前即有腹满，乃由脾虚湿停、气机郁滞所致，宜温化寒湿，而不应苦寒攻下。若误用寒下，势必重伤脾阳，非但寒湿未去，反会增寒助湿，致腹满如故。因此，寒湿谷疸当禁用苦寒攻下。

谷疸有湿热和寒湿之分。上条第一段论湿热谷疸，本条论寒湿谷疸。两条原文前后互参，进一步说明谷疸病机有虚寒与实热之分。二者虽然在证候表现方面均有头眩、小便难，但湿热谷疸必有黄色鲜明、舌苔黄腻、脉数有力等症，属于后世“阳黄”范畴，治宜清热利湿；寒湿谷疸则必见色黄而晦暗、精神疲倦、舌淡苔白、脉迟无力等症，属于后世“阴黄”范畴，治宜温化寒湿，可用理中汤、四逆汤等加茵陈治疗。

16.2 分 类

【原文】

趺陽脉緊而數，數則爲熱，熱則消穀，緊則爲寒，食即爲滿。尺脉浮爲傷腎，趺陽脉緊爲傷脾。風寒相搏，食穀即眩，穀氣不消，胃中苦濁[①]，濁氣下流，小便不通，陰被其寒，熱流膀胱，身體盡黄，名曰穀疸。

額上黑，微汗出，手足中熱，薄暮即發，膀胱急，小便自利，名曰女勞疸；腹如水狀不治。

心中懊憹而熱，不能食，時欲吐，名曰酒疸。(二)

夫病酒黄疸，必小便不利，其候心中熱，足下熱，是其證也。(四)

【注释】 ①胃中苦浊：“苦”作“甚”字解。“浊”指湿热之邪。“胃中苦浊”即指胃中湿热过甚。

【释义】 第二条论述黄疸的分类，并进一步论述了各类黄疸的病机、主症和病位。本条原文共分三段理解。

第一段：论述谷疸的病机、主症及谷疸与女劳疸的区别。

“趺阳脉数”为胃中有热，热盛则消谷善饥；趺阳脉紧主寒邪伤脾，化湿内停，湿与热合，内蕴于脾，失于运化，水谷内停，则食后腹中胀满。“趺阳脉紧而数”，说明谷疸病机为脾胃湿热所致。

“尺脉浮为伤肾，趺阳脉紧为伤脾”系插笔，是从脉象方面指出女劳疸与谷疸的区别。尺脉候肾，浮脉主虚，由于女劳疸病机为肾虚内热，虚热上浮，故尺脉浮。“趺阳脉紧”与前文“趺阳脉紧而数”为互辞，系指谷疸病机为湿热困脾，故与女劳疸病机有别。

“风寒相搏”系指外邪内入，直中脾胃，生湿助热，湿热内蕴中焦，致使脾失运化，饮食不消，若勉强进食，必致湿热更盛，困阻脾胃，以致“胃中苦浊”。若湿热上冲则头眩；湿热下注，膀胱气化受阻则小便不利。“阴被其寒”一句，“阴”指足太阴脾。脾为湿热所困，又且湿热下注膀胱则小便不利。湿热无从外泄，郁蒸日久乃成黄疸。因其发病与饮食不节有关，故称之为谷疸。

第二段：论述女劳疸的主症和预后。

女劳疸因房劳伤肾，阴虚有热所致。《灵枢》云：“肾病者，颧与颜黑。”颜即额部，故女劳疸出现“额上黑”为肾虚脏色外露；“微汗出，手足中热，薄暮即发”为阴虚内热之征；“膀胱急”，指少腹部拘急，由肾精不足，少腹失养所致。“小便自利”，说明女劳疸病因与湿邪无关。若病至后期，出现腹中胀满，如有腹水的症状，此属脾肾两败，治疗极为困难，故称不治。

第三段：论述酒疸的主症。

酒疸因嗜酒过度所致。酒体湿而性热，湿热蕴于中焦则发为酒疸。故酒疸除见其主症外，又因湿热上熏于心，则心中郁闷不舒，烦热不安；湿热内盛，升降之机受阻，胃气上逆，则不能食，时而泛恶欲吐。

由此可见张仲景将黄疸病根据病因不同分为三种证型：在病因方面，谷疸由饮食不节所致，酒疸因嗜酒过度而发，女劳疸因房劳过度而成。在病机方面，谷疸、酒疸均属湿热为患，病位在脾胃；女劳疸属阴虚有热，病位在肾。在症状方面，除身色发黄外，谷疸以胃脘痞满、食谷即眩为主症，酒疸以心中懊　为主症，女劳疸以额上黑、手足中热为主症。此外，谷疸、酒疸因湿热所致，故均有小便不利，女劳疸与湿邪无关，故小便自利，临证可资鉴别。

第四条承上条进一步论述酒疸症状。酒疸因嗜酒伤中，湿热内蕴所致，其证候表现除第二条所说“心中懊　而热，不能食，时欲吐”外，本条又补充了“小便不利”和“足下热”等症状。湿热流注于下，故见足下热；膀胱气化受阻，则小便不利。由于小便不利，湿热无由排泄，郁蒸而成酒疸，所以“小便不利”是形成酒疸的关键。倘若人体气化正常，小便自利，湿热有外泄之机，则不致发生黄疸。所以《伤寒论》云“若小便自利者，不能发黄”。

酒疸“足下热”与女劳疸“手足中热”两者症状颇相近似，但酒疸之“足下热”是因湿热下注所致，故兼小便不利，而女劳疸之“手足中热”是因肾虚有热引起，故小便自利，二者机理迥异。

16.3　辨　证

16.3.1　湿热黄疸

【原文】

脉沉，渴欲飲水，小便不利者，皆發黄。(九)

【释义】　本条论述湿热发黄的证候。“脉沉”，为湿热郁滞于里之象；热郁于里，津液被耗，则渴欲饮水；湿停于内，气化受阻，则小便不利；小便不利，湿热无由排泄，故郁滞而成黄疸。

16.3.2 寒湿黄疸

【原文】

腹滿，舌痿黄[1]，燥不得睡，屬黄家。（十）

【注释】 ①痿黄：即萎黄。指身黄而不润泽。

【释义】 本条腹满由寒湿困脾，脾不运化所致，必兼喜热恶寒、乏力舌淡等症，为本条辨证的关键。其腹满亦必按之柔软，与实热腹满拒按截然不同。躁不得睡者，系因湿郁中焦，胃不和而卧不安所致。故本证病属寒湿发黄，其特点是身黄而晦暗，尚可兼有其他脾虚寒湿见症。

第九、十两条原文虚实对举，论述了湿热发黄与寒湿发黄的不同证候。第九条为湿热发黄，病属实证，除渴欲饮水、小便不利外，必有黄色鲜明，此外尚兼心烦、溲赤、舌红苔黄腻、脉沉数等症，属于后世“阳黄”范畴；第十条为寒湿发黄，病属虚证，除见腹满、躁不得睡、身黄晦暗外，尚有口不渴、手足不温、舌淡苔白腻、脉沉迟等症，属于后世“阴黄”范畴。

16.3.3 火劫发黄

【原文】

師曰：病黄疸，發熱煩喘，胸滿口燥者，以病發時火劫其汗[1]，兩熱所得。然黄家所得，從濕得之。一身盡發熱而黄，肚熱[2]，熱在裏，當下之。（八）

【注释】 ①火劫其汗：指用艾灸、温针或火熏等治法强迫出汗。

②肚热：指腹中热。

【释义】 本条论述误用火劫而致发黄的证候及治则。黄疸初期多有发热症状，但此处发热不同于表证，是由于湿热熏蒸，营卫不和所致，若医者误认为表证发热而用火劫治法强迫出汗，汗后非但在里之热不得外解，而且外火与内热相合，使热势增重且湿从燥化。由于热壅气逆，故出现发热烦喘、胸满口燥。“一身尽发热”、“肚热”是指热盛于里，周身发热，且以腹部发热为重，这是“热在里”的反应，既然热邪壅盛于里，故当采用攻下法通腑泻热。

“然黄家所得，从湿得之”一句是插笔，说明黄疸多系湿热为患，故此治疗当取清化湿热为法，如单用火劫，则湿邪化热，两热相得，势必变生他证，故宜慎之。

本条所论黄疸，病属湿热为患，由于误用火劫致使热邪壅盛，湿从燥化而成里热壅盛之候。本证病情急剧，当急投苦寒之品泻下其热，后人认为可用栀子大黄汤、大黄硝石汤、凉膈散之类方剂治疗，可供参考。

16.3.4　黑疸

【原文】

酒疸下之，久久爲黑疸，目青面黑，心中如噉蒜齑狀[①]，大便正黑，皮膚爪之不仁[②]，其脉浮弱，雖黑微黄，故知之。(七)

【注释】　①心中如噉蒜荠状："噉"（音 dàn），即吃的意思；"齎"（音 jī），是指捣碎的姜、蒜、韭菜等品。全句谓心中有灼热不舒的感觉。

②爪之不仁：指肌肤麻木，搔抓时无痛痒感。

【释义】　本条论述酒疸误治变为黑疸的证候。酒疸证属湿热，亦有可下之证，但必须辨证准确，否则不当下而下，必然损伤正气，湿热乘虚内陷血分，阻滞营血，瘀为黑疸。由于瘀血内阻，肌肤失养，故见面青目黑，皮肤爪之不仁；瘀血阻滞，血不归经，下溢大肠则大便正黑。酒疸主症为"心中懊　而热"，误下之后，湿热犹存，湿热上蒸于心，则心中懊　如噉蒜荠状。"其脉浮弱"者，"脉浮"说明湿热仍有上蒸之势，"脉弱"说明血分已伤。本证病属湿热瘀血为患，故肤色黑中带黄。

本条所说"面黑"、"虽黑微黄"与女劳疸"额上黑"不同。女劳疸由肾虚有热，肌肤失于濡养所致，黑色仅见于额上，而本证系湿热瘀血为患，其特点是整个面目发黑，但黑中带黄，有别于女劳疸之黑色。《诸病源候论·黄病诸候》云："黑疸之状，苦小腹满，身体尽黄，额上反黑，足下热，大便黑是也。夫黄疸、酒疸、女劳疸，久久多变为黑疸。"可见，不仅酒疸误治可以转变为黑疸，凡黄疸经久不愈，皆有转变为黑疸的可能。故黑疸仅仅是黄疸的一种变证，而非与谷疸、酒疸、女劳疸并列的另一种黄疸。

16.4　证　　治

16.4.1　谷疸

【原文】

穀疸之爲病，寒熱不食，食即頭眩，心胸不安，久久發黄爲穀疸，茵陳蒿湯主之。(十三)

茵陳蒿湯方：

茵陳蒿六兩　梔子十四枚　大黄二兩

上三味，以水一斗，先煮茵陳，減六升，内二味，煮取三升，去滓，分温三服。小便當利，尿如皂角汁狀，色正赤，一宿腹減，黄從小便去也。

【释义】　本条论述湿热谷疸的证治。谷疸由脾胃湿热交蒸所致。因脾胃为营卫之源，湿热内蕴，营卫不和则生寒热，因此本条“寒热”与一般表证寒热病机有别。湿热内蕴，脾胃升降失常则不欲饮食，若勉强进食，则食入不化，反而增湿助热，湿热上冲，乃见头目眩晕、心胸不安。湿热郁蒸日久，则会发生黄疸，故原文曰“久久发黄为谷疸”。结合方后注所说“小便当利……一宿腹减”及《伤寒论》260条“伤寒七八日，身黄如橘子色，小便不利，腹微满者，茵陈蒿汤主之”来看，本证除条文所述症状外，当有腹微满和小便不利等症状，证属湿热内蕴，微兼腑实，治宜清利湿热，微通腑实，方用茵陈蒿汤。方中茵陈蒿清热利湿退黄，为治疗黄疸之要药；栀子清热除烦，利湿退黄。二药合用，可使湿热从小便而去；大黄泄热退黄，通利大便，使湿热从大便而除。方后注云“尿如皂角汁状……黄从小便去也”，正是湿热外泄之征。

茵陈蒿汤证有如下二个特点：①茵陈蒿汤证既以茵陈蒿利湿，又以大黄、栀子清热，故为湿热两盛之候；②本证虽见腹满，但大黄仅用“二两”，《伤寒论》中又明言“腹微满”，故本证虽兼腑实，但却不甚。

【现代研究】　易文超报道，以茵陈蒿汤加味为主结合西药治疗急性病毒性肝炎获得较好疗效。易氏认为，茵陈蒿汤具有退黄、降浊、降酶作用，能显著地降低谷丙转氨酶和谷草转氨酶。方中茵陈、栀子能促进肝细胞再生，促进胆汁分泌，增强胆囊收缩。栀子的主要成分去羟栀子苷有良好的降低血清胆红素和转氨酶的功效。大黄的主要成分番泻苷甲通过对大肠蠕动的刺激作用，增加胃肠功能，调节机体血液循环，改善肝组织的微循环和供氧，促进胆汁分泌和增加胆汁流量，疏通肝内毛细胆管，这对清除肝细胞炎症，促进肝细胞再生有积极作用。大黄提取物有促使人体产生干扰素的作用；还能抑制体液免疫，增强细胞免疫，故而对肝炎起到病原治疗及免疫调控作用。单味大黄治疗急性病毒性肝炎，有效率为95%。[易文超等．茵陈蒿汤重用山栀子、大黄治疗急性病毒性肝炎高胆红素血症疗效分析．新中医，1991，(8)：24]

附　医案举例

王某，男，18岁。于1986年6月25日就诊。患者于三日前出现头痛、鼻塞、流涕、发冷发热，曾口服抗感冒药无效。查身体皆黄，黄色鲜亮，口苦，头痛，发热无汗，舌质红，脉弦数，大便干结。肝功能检查：谷丙转氨酶370U。肝大肋下2cm，脾不大。辨证属肝胆湿热热重型、表邪未解，方用茵陈蒿汤加味：银花15克，大青叶15克，薄荷9克，茵陈蒿30克，大黄6克，栀子12克，茯苓12克，车前草10克，连服3剂，表证解。继以茵陈蒿汤为基本方重用清热解毒利湿药：茵陈45克，栀子9克，大黄9克，败酱草20克，滑石12克，白术12克，蒲公英30克，茯苓12克，车前草12克，茅根30克，焦山楂10克，丹参10克，水煎二次，早晚分服，连服12剂。该患者自发病至肝功能检查正常共15天，后改用“云芝肝泰冲剂”巩固疗效一个月，随访至今体健。[刘荣魁．急性黄疸型肝炎辨治浅析．河北中医，1988，(1)：40]

16.4.2　酒疸

16.4.2.1　酒疸正治法

【原文】

酒黄疸，心中懊憹或熱痛，梔子大黄湯主之。（十五）

梔子大黄湯方：

梔子十四枚　大黄一兩　枳實五枚　豉一升

上四味，以水六升，煮取二升，分温三服。

【释义】　本条论述酒疸的证治。酒疸因湿热蕴于中焦，上蒸于心，故心中懊　而热；湿热阻滞，气机不畅，不通则痛，故心中热痛。本条证属湿热内蕴，治宜清热除烦，利湿退黄，方用栀子大黄汤。方中栀子、豆豉清热除烦，大黄、枳实清泻实热。以药测证可知，本证除见心中懊　而热痛外，当有身热、烦躁不眠、大便难、小便不利、身黄如橘子色等症。

实际上，栀子大黄汤不独可治酒疸，凡湿热内蕴，热邪偏盛，病位偏于中焦之黄疸皆可使用本方治疗。

栀子大黄汤与茵陈蒿汤均有清热利湿之效，皆可用治湿热黄疸，方中均用大黄、栀子清泻湿热，但二证病机、病位、主症、功用不尽相同。栀子大黄汤证病属湿热内蕴，热重于湿，病位偏于心下，主症为黄疸、心中懊　或热痛，治疗当以清热除烦，利湿退黄为主；茵陈蒿汤证病属湿热两盛，微兼腑实，病位偏于腹中，主症为黄疸腹满，故治宜清热利湿，微通腑实。两者应予区别。

附　医案举例

张某，男，43岁。1989年10月15日来诊。五年前始患肝炎。素有酗酒嗜好。此次以“黄疸肝炎”、“肝硬化伴腹水”就诊。刻下：面色黧黑，肤目黄染，腹大如鼓，身热，心烦，肌肤粗糙，胁痛夜甚，大便三日一行，苔黄腻，舌有瘀斑，脉细涩。治拟清热消癥除积。处方：焦栀、生大黄、枳实、干地黄、蓬莪术、三棱、当归、桃仁各12克，黄芩9克，赤芍、地鳖虫、川芎各10克，丹参20克，生甘草5克。守法服药两月，黄疸消退，大腹渐小。以上方出入继服两月，诸症消失而收全功。随访未见复发。［周富明．经方治黄．四川中医，1993，(2)：35］

16.4.2.2　酒疸变治法

【原文】

酒黄疸者，或無熱，靖言了了①，腹滿欲吐，鼻燥；其脉浮者先吐之，沉弦者先下之。（五）

酒疸，心中熱，欲嘔者，吐之愈。（六）

【注释】　①靖言了了：指语言清晰，神情安静。

【释义】 本条补充论述酒疸的症状和变治法。酒疸系由湿热内蕴脾胃所致，治疗应以清热利湿为主，但因其病势有在上、在中、在下之别，故在治法先后上亦应有所变通。如第五条所说“酒黄疸者，或无热，靖言了了”，是因邪在中焦，由于湿热不甚，尚未熏蒸于上，故心中无热，神情安静，语言清晰。但若见有欲吐、鼻燥等症，则为湿热上冲；而腹满一症则为湿热下积于肠。对黄疸而脉浮者，说明病势上冲，治当因势利导，先用吐法涌吐邪气；若黄疸而脉沉弦者，说明病势下趋，治疗则当先用下法。条文中使用两个“先”字，说明吐、下之法均属治标之法，俟吐、下之后标证缓解，再以清热化湿法调治其本。

第六条承上条继论酒疸的症状和治法。“心中热”为酒疸常见症状，由湿热上冲所致。欲呕乃湿热中阻，胃气上逆而成。欲呕者吐之，是顺应病势的一种治标方法，通过涌吐病邪，使湿热邪气从上排出，故曰“吐之愈”。

16.4.3 热盛里实黄疸

【原文】

黄疸腹满，小便不利而赤，自汗出，此爲表和裏實，當下之，宜大黄硝石湯。（十九）

大黄硝石湯方：

大黄　黄柏　硝石各四兩　梔子十五枚

上四味，以水六升，煑取二升，去滓，内硝，更煑取一升，頓服。

【释义】 本条论述黄疸病热盛里实的证治。黄疸病，由于热邪传里，里热成实，壅塞气机，故见腹满；湿热互结，膀胱气化失司，则小便不利而赤；自汗出为里热熏蒸，迫汗外出所致。“此为表和里实”一句是对本证病机的概括，说明本证外无表邪，而属里热成实。治疗宜用苦寒攻下法通腑泄热。大黄硝石汤中栀子、黄柏清里泄热，大黄、硝石攻下瘀热。四药合用，具有清热通便，利湿退黄之效。由于本方清泄之力峻猛，因而患者必须是腹部胀满或疼痛拒按，大便秘结，小便短赤，舌红苔黄，脉象滑数有力者，方可使用。

栀子大黄汤证与大黄硝石汤证均属于热重于湿的黄疸，因此应予区别。二证主要区别在于病位及证候表现不同。栀子大黄汤证病位偏上偏于胃脘部，症状以心中懊　或热痛为主，病情较轻；大黄硝石汤证病位偏于大肠，症状以腹满拒按、二便不利、自汗出为主，病情较重。

附　医案举例

郭某，男，48 岁，门诊就诊。患者开始发热、恶寒、头眩恶心，继而但热不寒，惟头汗出，心下烦闷，口干渴欲饮，下腹胀满，两胁胀满拒按，大便 4 日未解，一身面目尽黄，光亮有泽，小便短少，如橘子汁，脉滑数有力。肝功能：黄疸指数 52U，硫酸锌浊度 22U，谷丙转氨酶 480U，脉证合参，系热瘀于内，湿热熏蒸，热甚于湿之“阳黄”。遂投大黄硝石汤合茵陈蒿汤清泄胆胃湿热，更佐云茯苓、扁豆淡渗利湿健脾。方用茵陈 18 克，栀子 18 克，大黄 9

克，黄柏 9 克，芒硝 9 克，云茯苓 18 克，扁豆 18 克。

服 5 剂后，大便通利，小便转淡黄，腹部微胀，其他证情亦有好转，肝功能化验检查：黄疸指数 7U，硫酸锌浊度 15U，谷丙转氨酶 185U。上方微事增损，去芒硝、大黄，加柴胡 6 克，胆草 5 克，以平肝、泄热，勿使乘上，续服 8 剂。三诊，诸症已愈，以栀子柏皮汤合参苓白术散，清余邪而调脾胃，续服 5 剂善后，半月后随访已上班工作。［李哲夫．黄疸湿热辨．湖北中医杂志，1981，（6）：27］

16.4.4　湿重于热黄疸

【原文】

黄疸病，茵陳五苓散主之。（十八）

茵陳五苓散方：

茵陳蒿末十分　五苓散五分

上二物和，先食飲方寸匕，日三服。

【释义】　本条论述湿重于热的黄疸证治。“黄疸病”系指湿重于热的黄疸。其证候表现当有身色如熏黄、食少脘痞、身重倦怠、小便不利、苔腻淡黄等症。治宜利湿清热，方用茵陈五苓散。方中茵陈清热利湿退黄，五苓散化气利水除湿。该方是治疗黄疸病最常用的方剂，也是第十六条“诸病黄家，但利其小便”法则的具体运用。

黄疸一病多由湿热蕴积脾胃引起，由于湿、热有微甚之分，治疗亦当有别。前述茵陈蒿汤用治黄疸而属湿热两盛者为宜；栀子大黄汤用于黄疸而热重于湿者为当，而茵陈五苓散则用治湿重于热者最为适宜。

【现代研究】　朱遵贤报道：运用茵陈四苓汤加减（茵陈 40 克，茯苓 30 克，泽泻 10 克，白术 10 克，砂仁 10 克，陈皮 10 克，半夏 9 克，鸡内金 12 克，生山楂 30 克）治疗急性病毒性肝炎 353 例。治疗 3 周痊愈者 198 例，治疗 4 周痊愈者 112 例，治疗 6 周痊愈者 35 例，治疗 8 周痊愈者 6 例，疗效显著。［朱遵贤．茵陈四苓汤治疗急性病毒性肝炎 353 例．广西中医学院学报，1990，（1）：12］

附　医案举例

林某，女，28 岁。1988 年 10 月 9 日初诊。患者半月前妊娠足月顺产，产后厌食、脘胀、泛恶、身微热，继之巩膜黄染。作肝功能检查：黄疸指数 30U，谷丙转氨酶 200U。诊断为“急性黄疸型肝炎”。症见：肤目黄染，脘痞纳呆，泛恶，小便赤，便艰，恶露少，少腹隐痛，脉弦细，苔黄腻。治拟扶正祛邪。方用茵陈五苓散加减：茵陈、蒲公英各 30 克，茯苓、当归各 12 克，猪苓、泽泻、川芎各 9 克，白术、焦栀各 10 克，生大黄（先浸后下）6 克。五剂后大便已畅，胃纳略增，恶露下，腹痛减。原方去生大黄、川芎，加车前子、半枝莲各 20 克。继服十剂，诸症好转，肝功能复查示：黄疸指数 10U，谷丙转氨酶 80U。守方再服 15 剂，诸恙若失，肝功能已正常。［周富明．经方治黄．四川中医，1993，（2）：35］

16.4.5 湿郁表虚黄疸

【原文】

諸病黄家，但利其小便；假令脉浮，當以汗解之，宜桂枝加黄耆湯主之。(十六)

【释义】 本条论述黄疸病的治疗大法以及湿郁表虚黄疸的证治。一般说来，湿热是引发黄疸的主要原因。由于湿热内停，膀胱气化受阻，则小便不利，湿热无从排泄，郁蒸而发为黄疸。故治疗黄疸当以清热利湿为其治疗大法，则小便通利，湿热下泄，即可达到退黄目的。所以，清利小便是黄疸病的常用治法，亦称黄疸病的正治法。然而，利小便虽是治疗黄疸的常用大法，但常中有变。假若黄疸初起，症见恶寒发热，脉浮自汗，为病邪尚在于表，则当发汗解表，方用桂枝加黄芪汤。方中桂枝汤解肌发汗，调和营卫，黄芪走表祛湿，助正托邪，共奏解肌发汗、祛湿退黄之效。

然而桂枝加黄芪汤究属辛温之剂，适宜于湿郁表虚而邪热不重者。若表实而内有湿热者，则宜用《伤寒论》麻黄连轺赤小豆汤（麻黄、连翘、杏仁、赤小豆、大枣、生梓白皮、生姜、甘草）治之；若内热偏盛者，又宜《外台》麻黄五味汤（麻黄、葛根、石膏、茵陈、生姜）发表散邪，清利湿热。

上已述及，利小便是黄疸病的正治法，而发汗解表是黄疸病的变治法，医者当知常达变，灵活变通。

【现代研究】 蔡林光在临床实践中发现，黄芪在急性黄疸型肝炎治疗中有良好疗效。黄芪具有托毒利水之功。黄芪加于清热利湿药中，既能扶正祛邪，托毒外出，又能增加尿量，增强利湿作用。黄芪加于急性黄疸型肝炎治疗药物中，能大大提高药物的疗效，缩短病程，消除和减轻症状，有利于患者康复，并防止病程延长演变为慢性肝炎。[蔡林光．黄芪在急性黄疸型肝炎治疗中的作用．新中医，1994，(4)：52]

16.4.6 少阳邪热黄疸

【原文】

諸黄，腹痛而嘔者，宜柴胡湯。(二十一)

【释义】 本条论述少阳邪热乘克脾胃的黄疸证治。少阳邪热乘克脾胃，停湿生热，郁蒸发黄，则周身黄染；湿热郁滞肠胃，气机壅遏不畅，则见腹痛；胃气不降，逆而上冲，则生呕吐。少阳枢机不利，故本证尚可见往来寒热，胸胁苦满，头晕目眩，心烦不安等症。治宜疏肝清热，健脾和胃。方中柴胡、黄芩疏解肝热；半夏、生姜化湿止呕；人参、甘草、大枣健脾气，运水湿。诸药合方，乃使热清湿除，则黄疸腹痛、呕吐诸症自愈。

黄疸初期，临证常见小柴胡汤证，使用本方常加用茵陈蒿以增强清热渗湿之效，则疗效更佳。因小柴胡汤中人参甘温，能助湿生热，湿热重者宜去之。若里热较盛，大便秘结者，则当用大柴胡汤和解少阳，通腑泻热，于证更恰。

【现代研究】 近年来，国内外广泛地应用小柴胡汤治疗慢性肝炎，取得了很好的治疗效果。实验研究证明，小柴胡汤对四氯化碳所致的实验性肝损伤有较好的保护作用；对酶系和肝细胞超微结构有影响，可降低大鼠肝血浆的葡萄糖-6-磷酸酶，NADHP 胞嘧啶还原酶和琥珀酸还原酶活性，使肝细胞的超微结构发生改变，如线粒体发生聚集，线粒体占细胞质容积的体积和密度比对照组明显降低，而可以治疗肝细胞的急慢性损伤。此外，还有人用 D-半乳糖胺注入大白鼠腹腔造成肝损害模型，对小柴胡汤的抗肝炎作用进行实验研究，结果表明：小柴胡汤对 D-半乳糖胺所致的肝损害有明显的抵抗作用，使 GPT 和 GOT 活性下降，其抑制率达 65%~70%，阻止格利森（glisson）细胞浸润，并且在连续给药时可阻止谷酰胺合成酶活性下降。用摘除肾上腺的大白鼠作对照实验，结果小柴胡汤对其肝损害的各项指标均未显示作用，这提示了小柴胡汤对 D-半乳糖胺肝损害的作用为促进肾上腺机能亢进。

另外，小柴胡汤还能提高胆汁中胆酸及胆红素的含量，增大胆固醇-胆盐系数，并可促进胆汁分泌，增加其排泄量。小柴胡汤还有减轻肝纤维化、防止肝血流降低及抗病毒作用。[迟仁智等. 小柴胡汤治疗慢性肝炎的研究概况. 吉林中医药，1990，(1)：37]

附 医案举例

唐某，女，13 岁。1986 年 3 月 9 日诊。患者恶寒发热，恶心欲呕，厌油，胃脘及两肋饱胀，食欲不振，大便稀溏，小便黄如茶汁已有 3~4 天，曾服感冒药无效，因而改看中医。查：精神不振，面色微黄，巩膜发黄，舌苔白厚黄腻，脉弦，胃脘有压痛。验血：GPT 350U，TTT 10U，TFT（++），黄疸指数 30U，尿三胆：阳性，西医诊断为急性黄疸性肝炎。证属脾胃虚弱，湿热发黄。治则：清热利湿，疏肝健脾。方选小柴胡汤加味。柴胡 12 克，黄芩 10 克，党参 9 克，生姜 3 克，大枣 5 枚，法半夏 9 克，茵陈 15 克，滑石 15 克，板蓝根 15 克，建曲 20 克，甘草 3 克，共 15 付。二天一付，共服一个月，服药后复查肝功能全部正常。尿三胆阴性。[钟季玉 . 小柴胡汤的临床应用 . 贵阳中医学院学报，1988，(3)：34]

16.4.7 脾虚黄疸

【原文】

男子黄，小便自利，當與虚勞小建中湯。(二十二)

【释义】 本条论述脾胃虚弱、气血亏虚所致的萎黄证治。凡湿热引起的黄疸多有小便不利及其他湿热见症。今小便自利而发黄，说明本证与湿邪无关，而属脾胃虚弱，气血亏虚，营卫失调，肌肤失于濡养而致的萎黄证，其特点为皮肤发黄而无光泽，并伴见气短懒言，身体倦怠，食少便溏，舌淡苔薄等症。治宜温补脾胃，生化气血。方用小建中汤，俟中气建立，气血充盈，肌肤得养，则萎黄自退。

原文虽曰“男子黄”，但本证并不独见于男子，凡妇女经病或产后，或大失血之后，气血虚损，血不外荣者，均可致此。

需知本条所论黄疸系由脾胃虚弱，气血亏虚，肌肤失养所致，与女劳疸均属虚黄范畴。由此可知，张仲景所论黄疸病，并非均由湿热所致，而是包括了各种发黄的疾病。

附　医案举例

资某，男，58岁，农民，1987年3月9日初诊。患黄疸一月余，经某医院肝功能检查：黄疸指数6U，血清胆红素直接反应（-），间接反应（++），总胆红素51.3μmol/L。尿液检查：尿胆红素（-），尿胆原1∶24，诊断为“溶血性黄疸”。服西药效果不显，延余医治，刻下：面部及肌肤发黄，色淡暗晦。皮肤不瘙痒，未见蜘蛛痣，两目巩膜微黄而暗滞，四肢软弱乏力，心悸短气，语言低微，纳呆便溏，舌淡、苔薄白，脉濡细。此属“阴黄”，乃脾虚失运，气血不能正常化生所致。《景岳全书·黄疸》篇认为“阴黄证则全非湿热，而总由气血之败。盖气不能生血，所以血败，血不华色，所以色败。”治当温中补益，益气生血。方用小建中合当归补血汤化裁：桂枝9克，白芍12克，炙甘草9克，大枣20枚，生姜3片，黄芪30克，当归6克，水煎去渣取汁，纳饴糖120克口服，每日一剂。服七剂，饮食增进，面色转润，但大便仍溏。守原方加淮山药15克，进服20余剂，诸症悉除。［乔模等．名方治疗疑难疾病·陈麟医案．中国中医药出版社，1993.154］

16.4.8　燥结发黄

【原文】

諸黄，豬膏髮煎主之。（十七）

豬膏髮煎方：

豬膏半斤　亂髮如鷄子大三枚

上二味，和膏中煎之，髮消藥成，分再服，病從小便出。

【释义】　本条论述胃肠燥结的萎黄证治。本条叙症过简，当通过以方测证方法理解。猪膏发煎由猪膏、乱发组成。方中猪膏润燥通便，乱发消瘀通便，共成补虚润燥、化瘀通便之剂，用于治疗黄疸日久，湿热已去，津枯血瘀，胃肠燥结之萎黄证。由于津枯血瘀，外既不能润泽肌肤，内亦不足濡润脏腑，故其症状表现为肌肤萎黄不华、少腹微满、大便秘结、小便不利等。

本条文首虽冠以“诸黄”二字，但因为本方仅宜于用治津枯血瘀、胃肠燥结之萎黄证，故不可用治其他类型黄疸。

16.4.9 黑疸

【原文】

黄家日晡所發熱，而反恶寒，此爲女勞得之；膀胱急，少腹滿，身盡黄，額上黑，足下熱，因作黑疸，其腹脹如水狀，大便必黑，時溏，此女勞之病，非水也。腹滿者難治。硝石礬石散主之。（十四）

硝石礬石散方：

硝石　礬石（燒）等份

上二味，爲散，以大麥粥汁和服方寸匕，日三服。病隨大小便去，小便正黄，大便正黑，是候也。

【释义】　本条论述女劳疸转变为黑疸的证治。谷疸、酒疸多由湿热郁于阳明为病，每有日晡发热而不恶寒见症，如今日晡发热而反恶寒，显非湿热所致之谷疸、酒疸，而为阴虚内热之女劳疸。女劳疸日晡恶寒者，是因阴虚日久，阴损及阳，阳气亦虚所致。膀胱急、少腹满、身尽黄、额上黑、足下热，与第二条所述之女劳疸症状相同，皆由阴虚内热而致。女劳疸日久不愈，热入血分，瘀血阻滞则形成黑疸。文中“便溏”非指泄泻，而是便软易解之意，是由于瘀血内阻，损伤肠络，阴血注于肠中，故大便色黑而时溏。

“腹满者难治”是对“腹胀如水状”的重申，再次强调女劳疸后期，若出现腹大胀满，有如水气病症状者，则属脾肾两败，预后不良。

“硝石矾石散主之”一句是倒装笔法。该方具有消瘀散结、清热化湿之功，是专为瘀血内阻之黑疸而设，不适于脾肾两败之腹满证。方中硝石即火硝，咸寒除热，消瘀活血；矾石能除骨髓中之痼热，并可化湿利水。因石类药物易伤胃气，故用大麦粥顾护脾胃。

需要注意的是，硝石矾石散是治疗女劳疸转变为黑疸的方剂，对于女劳疸本证的治疗当以补肾为主，其偏于肾阴虚者，可选六味地黄丸、左归丸；偏于肾阳虚者，以肾气丸、右归丸等方治疗。

【现代研究】　丁庆学运用硝石矾石散治疗胆石症，效果显著。他在临床上观察到：块状结石排出较快，疗程较短，而泥砂样结石效果最好。体质好，机体代偿能力强的患者结石排出快，疗程短。排石时，多活动可促进排石，情绪抑郁时则排石较少或不排石。［丁庆学．硝石矾石散治疗胆石症体会．甘肃中医，1994，（3）：22］

陈治水等报道：应用硝石矾石散组方制成片剂治疗囊虫病 2750 例，3 个月为 1 疗程，须连用 3 疗程以上。结果：皮下肌肉囊虫病 1250 例，治愈 762 例（61.0%），总有效率为 90.7%。对血囊虫抗体转阴率为 69.5%，对脑积液囊虫抗体转阴率为 55.1%。研究表明，本品治疗囊虫病最佳疗程为 3 个疗程。［陈治水等．硝石矾石片治疗囊虫病 2750 例临床观察．中医杂志，1994，（7）：422］

附 医案举例

吴某，女，23岁，农民。患者目黄、身黄、小便黄赤一个月，在家服中西药治疗未效，又经某县医院住院治疗三天，黄疸加剧，于1990年9月15日转我院就治。入院后用茵陈五苓散等治疗仍不效。9月26日查房时见全身皮肤发黄色暗，皮肤瘙痒，脘腹胀闷，恶心，舌苔白滑，舌淡红，脉弦。体查所见：两眼巩膜黄染，肝在右胁下2cm处。肝功检查：黄疸指数180U，处以茵陈术附汤加味治之，服14剂，黄疸仍不退，皮肤瘙痒加剧，胁下痞坚。查：尿胆原（+++）、尿胆红素（+++），尿胆素（+）。治以消坚燥湿、利胆退黄。用硝石矾石散：火硝1.5克，皂矾1.5克，两药研细，分三次用大麦粥送服，当日服药后身热，有微汗出，次日大便黑；一周后身黄稍退，皮肤瘙痒明显减轻。10月10日复查肝功：黄疸指数56U，尿三胆阴性，服药至10月29日身黄已明显消退，余症亦减。舌苔薄白，质淡红，脉缓有力。肝功：黄疸指数28U。患者要求出院治疗，出院后仍以皂矾、火硝石0.5克，每日二次，继以大麦粥送服，二个月后复查肝功能已正常，黄疸已退，惟感脘腹胀闷，遂停服硝石矾石散，以香砂六君子汤化裁为末，药一料善后，半年后恢复正常。［何贤．黑疸治验五例．甘肃中医，1992，(2)：28］

16.5 误治变证

【原文】

黄疸病，小便色不變，欲自利，腹滿而喘，不可除熱，熱除必噦。噦者，小半夏湯主之。(二十)

【释义】 本条论述黄疸误治变证的证治。上条云黄疸病，“小便不利而赤”，“赤”为里热偏盛，今“小便色不变”，说明里无热邪。无热而腹满欲自利，则属太阴虚寒证，由寒湿内蕴、脾失运化所致，故其腹满特点为时满时减，喜温喜按。“喘”为中气虚寒，少气不足以息。治疗当用理中、四逆辈温运脾阳，除湿散寒。若误认为“腹满而喘”为湿热内结，而用大黄硝石汤或茵陈蒿汤之类以除其热，则中阳被寒药抑遏，胃气欲伸而不能遽伸，所以发生呃逆症状。本证原病黄疸，误治之后又增呃逆，根据“痼疾加以卒病，当先治其卒病，后乃治其痼疾”的原则，先用小半夏汤降逆止呃，俟呃逆止后再治黄疸。

本条通过对黄疸误治变证挽治方法的论述，重申黄疸有寒热虚实之辨，而其辨证关键是观察小便颜色和大便是否通利，以免临证发生误治。

16.6 黄疸预后

16.6.1 根据病程判断预后

【原文】

黄疸之病，當以十八日爲期，治之十日以上瘥，反劇者爲難治。

（十一）

【释义】 本条论述黄疸病的预后。本篇首条云："脾色必黄，瘀热以行"，说明黄疸的受病脏腑主要在脾。脾为湿土，寄旺于四季之末各十八日，脾病在其气旺之时容易治愈，故条文曰"黄疸病，当以十八日为期"。假如经过治疗，病情能在十天左右减轻，说明正能胜邪，容易治愈；相反，若十日以后病情反而加重，说明邪盛正虚，治疗就比较困难。

本条的主要精神在于说明根据病程判断黄疸预后的方法。一般来说，凡病程短者，邪浅正盛，易于治疗；而病程长者，邪盛正虚，则难以治愈。

16.6.2 根据病位判断预后

【原文】

疸而渴者，其疸難治，疸而不渴者，其疸可治。發於陰部①，其人必嘔；陽部②，其人振寒而發熱也。（十二）

【注释】 ①阴部：阴部系指在里的部位。

②阳部：阳部是指在表的部位。

【释义】 本条继论黄疸病的预后。黄疸病多为湿热郁蒸之证，若见口渴，说明病位较深，邪深热重，治疗比较困难；若口不渴，说明病位较浅，邪浅热轻，治疗比较容易。至于"呕"及"振寒"、"发热"症状的出现，是由于黄疸病发于里者，内关脾胃，胃气上逆则呕吐；发于表者，营卫不利，故见恶寒发热症状。

本条以"渴"与"不渴"以及"呕吐"与"振寒而发热"代表病位的深浅，旨在说明病位深重者难治，病位轻浅者易疗。

本条与上条均讨论黄疸病的预后。综合以上两条内容来看，黄疸病的预后可以从两方面来判断：①病程的长短；②病位的深浅。

16.7 附　　方

（1）瓜蒂汤。

【原文】

瓜蒂湯：治諸黄。

【释义】 本条论述湿热壅滞于上的黄疸证治。若黄疸症见身黄而肤色鲜明，两目黄染，且有欲吐之状者，病属湿热上壅，治宜涌吐上焦湿热，可用瓜蒂煎汤内服，以涌吐在上之湿热。但涌吐之品，易伤正气，故近人多以瓜蒂研末搐鼻，俟渗出黄水，而黄疸自愈。

（2）《千金》麻黄醇酒汤。

【原文】

《千金》麻黄醇酒湯：治黄疸。

麻黄三两

上一味，以美清酒五升，煮去二升半，顿服盡。冬月用酒，春月用水煮之。

【释义】 本方主要用治外感风寒、湿邪郁表的黄疸。湿邪郁表，复感风寒，症见黄疸、发热恶寒、身痛无汗、脉象浮紧，治宜解表散寒，祛湿退黄，宜用麻黄醇酒汤治疗。方中麻黄为君疏散风寒，发汗除湿；佐用清酒以助麻黄发汗之力，使风寒、湿邪俱从汗解，则黄疸可愈。

16.8 结　　语

本篇所论黄疸病范围广泛，包括了各种不同原因引起的发黄证候。全篇共 22 条，载方 10 首。其中第一至十条论述了黄疸病的病因病机、证候分类、辨证和治则；第十一、十二条论述黄疸病的预后，第十三至二十二条论述黄疸病的证治。

黄疸病根据张仲景的病因分类方法，可将其分为三种类型，即谷疸、酒疸、女劳疸。谷疸是因饮食不节所致，主症为寒热不食，食即头眩，心胸不安。酒疸因嗜酒过度所致，主症为心中懊　或热痛；女劳疸因房劳过度所致，主症为肌肤萎黄，额上黑，微汗出，手足中热，薄暮即发，膀胱急，小便自利。谷疸、酒疸病机多属脾胃湿热，症状皆有小便不利；女劳疸病机为阴虚有热，故表现为小便自利。谷疸、酒疸、女劳疸日久不愈，邪入血分，瘀血内阻，皆可转变为黑疸。

就黄疸病机而言，本篇又可分为湿热发黄、寒湿发黄、火劫发黄、燥结发黄、女劳发黄和中虚发黄，但以湿热发黄最为多见。

在湿热发黄诸多证型中，关键在于辨别湿盛、热盛，或湿热两盛，从而选用不同的治疗方剂。其中湿热两盛者，以茵陈蒿汤清热利湿，兼通腑实；湿重于热者，以茵陈五苓散利湿清热；热重于湿者，用栀子大黄汤或大黄硝石汤治之，其中栀子大黄汤证病位在胃，黄疸以心中懊　或热痛为主症；大黄硝石汤证病位在肠，黄疸以腹满、二便不利、自汗出为主症。

至于寒湿发黄，本篇有论无方，后人主张用理中汤或四逆汤加茵陈蒿治疗，可资借鉴。

火劫发黄，本篇亦有论无方，后人主张用大黄硝石汤治疗。

燥结发黄，宜用猪膏发煎润燥通便，使肠腑通畅，津液布达，其黄乃去。

女劳发黄，当以补肾为治，若女劳疸转变为黑疸，可用硝石矾石散逐瘀清热。

虚劳萎黄而属脾胃虚弱、气血亏虚者，宜用小建中汤温中补虚，调补气血。

黄疸见表虚证候者，可用桂枝加黄芪汤解肌发汗，祛除在表之湿邪；肝胆邪热乘克脾胃者，则用小柴胡汤疏肝清热，和胃降逆。若兼腑实者，又宜大柴胡汤和解表里，通腑泻实。

若黄疸误治变生呃逆者，可先用小半夏汤降逆止呃，待呃逆止后，再辨治黄疸。

复习思考题

1. 名词解释：黄疸　谷疸　酒疸　女劳疸　黑疸
2. 黄疸病应如何辨证施治？
3. 张仲景对黄疸病如何分类？其病因、病机、主症各是什么？
4. 试述茵陈蒿汤证、茵陈五苓散证、栀子大黄汤证、大黄硝石证的异同。
5. 小柴胡汤、桂枝加黄芪汤所治黄疸病的病机、主症及治则是什么？

（乔　模）

17

惊悸吐衄下血胸满瘀血病脉证治第十六

目的要求

1. 了解惊悸、吐血、衄血、下血和瘀血的概念及合篇理由。

2. 熟悉惊悸的病因病机和证治。熟悉吐血、衄血和下血的病因病机、预后和治禁。

3. 掌握瘀血的脉证以及吐血、衄血、下血的辨证论治。

重点内容

1. 吐血、衄血、下血的证治。

2. 瘀血的脉证。

本篇论述惊、悸、吐、衄、下血和瘀血等病，胸满仅是瘀血的一个伴见症状，不是独立的疾病。

惊与悸是两种病证，《资生篇》曰："有所触而动曰惊，无所触而动曰悸；惊之证发于外，悸之证发于内。"惊是突然受到外界刺激而引起的惊恐，精神不定，卧起不安；悸是自觉心中悸动不安。惊多为一时之变，悸则多为慢性疾患。但惊与悸二者互有联系，所以临床上每多并称。

吐血、衄血、下血和瘀血，同属血证范围，但因其发病机制和病变部位不同，故治疗亦有所差异，总括其证治，则不外乎寒热虚实与温凉补泻。

由于上述病证均与心和血脉有密切关系，故合为一篇讨论。

17.1　惊　　悸

17.1.1　成因

【原文】

寸口脉動而弱，動即爲驚，弱則爲悸。(一)

【释义】　本条从脉象论述惊和悸的病因病机。脉动是指脉搏跳动如豆粒转动一般，是由外界的刺激，如大惊卒恐，使心无所倚，神无所归，气血逆乱所致，属于惊证，故曰“动即为惊”；脉弱是指脉细软无力，重按乃见，是由气血不足，心脉失于充养所致，属于悸证，故曰“弱则为悸”。若寸口脉动弱并见，则是心之气血内虚，又为惊恐所触，症见精神惶恐，坐卧不安，心中悸动不宁，是为惊悸证。

本条通过对脉象的描述，旨在说明，惊证多由外界惊恐刺激引起，悸证多因气血不足所致，即惊自外来，悸由内生，惊多实证，悸多虚证，但就临床所见，受惊之人必致心悸，而心悸患者又易受惊恐，二者相互联系，互为因果，辨证时，既要看到它们的区别，也要注意它们的联系。

17.1.2　证治

17.1.2.1　火劫致惊证

【原文】

火邪[①]者，桂枝去芍藥加蜀漆牡蠣龍骨救逆湯主之。(十二)

桂枝救逆湯方：

桂枝三兩（去皮）　甘草二兩（炙）　生薑三兩　牡蠣五兩（熬）　龍骨四兩　大棗十二枚　蜀漆三兩（洗去腥）

上爲末，以水一斗二升，先煑蜀漆，減二升，内諸藥，煑取三升，去滓，温服一升。

【注释】　①火邪：即火劫，指误用烧针、艾灸、火熏等治法强迫汗出。

【释义】　本条论述火劫致惊的治法。汗为心之液，误用火劫发汗，损伤心阳，神气浮越，则见心悸、惊狂、卧起不安等症。治宜宣通心阳，镇惊安神，方用桂枝去芍药加蜀漆牡蛎龙骨救逆汤。方中用桂枝汤去阴柔碍阳之芍药以助心阳，龙骨、牡蛎镇惊安神，因阳虚易生痰浊，故用蜀漆涤痰逐邪以止惊狂。该证病势急迫，且由火逆所致，故方名“救逆”。

学习本条应与《伤寒论》合参，如《伤寒论·辨太阳病脉证并治》云“伤寒脉浮，医以火迫劫之，亡阳，必惊狂，卧起不安者，桂枝去芍药加蜀漆牡蛎龙骨救逆汤主之。”临证时，可不必拘泥于火邪致惊，凡由不同原因所致的心阳不足，痰迷心窍而见惊狂、卧起不安等症者，均可用本方。

【现代研究】 常山、蜀漆……如用量稍多，常致恶心、呕吐，出现此反应也常是产生效果的标志。临床上尝遇有些卒发重症心悸不宁，气短，四肢不温，脉来疾数，往往不易计数（如心率>160次/分，心电图检查为室性或室上性阵发性心动过速），往往用中西药一般措施而未能控制。曾用本方通阳镇静安神，因无蜀漆，遂用常山，急煎服之，药液入胃，移时恶心呕吐，吐出痰涎及部分药汁，心动过速即恢复正常，心悸顿失，诸症均减。继以加减出入之方，巩固以防再发。体会到本方能满意地控制心动过速，确有救逆之功。［徐景藩．关于金匮教学的几点体会．中医杂志，1980，（11）：57］

17.1.2.2 水饮致悸证

【原文】

心下悸者，半夏麻黄丸主之。（十三）

半夏麻黄丸方：

半夏　麻黄等份

上二味，末之，煉蜜和丸小豆大，飲服三丸，日三服。

【释义】 本条论述水饮致悸的证治。本条叙症简略，学习时须以方测证。半夏麻黄丸由半夏、麻黄二味组成，半夏化饮降逆，麻黄宣通阳气、合而用之，共奏宣通阳气、化饮降逆之效。以此推断，文中所述“心下悸”是由水饮内停，上凌于心，心阳被遏所致。因麻黄归经属肺，半夏归经属胃，本证除心下悸外，尚应兼有咳唾清稀涎沫，胸脘痞闷，或喘、或呕等肺气郁闭和胃失和降的表现。由于郁遏之阳气不能过发，凌心之水不易速去，故以丸剂小量，缓缓图之。

前面第一条讲到惊证多属实证，悸证多属虚证，而第十二条的火劫致惊则属虚证，第十三条的水饮致悸则属实证，这并非前后相互矛盾。第一条所讲是惊悸的一般规律，而第十二、十三条所述是惊悸的特殊情况。一般规律人人皆知，不会引起误诊误治，所以张仲景特别以属虚的惊证和属实的悸证为例，以示人高度警惕，灵活变通，这也是张仲景写作文法的一个特点——详于特殊而略于一般。

【现代研究】 动物实验表明半夏有较明显的抗心律失常作用。对40例次氯化钡制造室性早搏的杂种犬，静注10%半夏浸剂后，39例次室性早搏迅速消失而未再发，有效率97.5%。对25例次肾上腺素制造室性心动过速的杂交犬，静注10%半夏浸剂，24例次迅速转为窦性节律，有效率96.0%。静注半夏浸剂至室性早搏完全消失的时间为30.10±2.70s，至室速完全恢复时间为27.50±4.20s。可见半夏浸剂抗心律失常的作用是迅速的。［滕守志等．半夏浸剂抗心律失常作用的实验研究Ⅰ．中华心血管杂志，1983，（2）：103］

附　医案举例

余治顾男，五十八岁，入冬以来，自觉“心窝部”跳动，曾作心电图无异常。平时除有老年慢性支气管炎及血压略偏低外，无他病。脉滑苔白。予以姜半夏、生麻黄各 30 克，研末和匀，装入胶囊。每日三次，每次二丸。服后心下悸即痊愈。［何任．《金匮》摭记．上海中医杂志，1984，（12）：21］

17.2 吐衄下血

17.2.1 成因

【原文】

夫酒客咳者，必致吐血，此因極飲過度所致也。（七）

【释义】 本条论述酒客咳血和吐血的病因病机。酒体湿而性热，平素嗜好饮酒之人，必致体内湿热偏盛，湿热蕴积于胃，灼伤胃络则吐血；湿热上熏于肺，使肺失清肃则咳，咳伤肺络则咳血。

应当注意，本条“吐血”二字包括吐血和咳血，因胃和肺的出血均经口而出，故统称为吐血。吐血的原因很多，本条是因湿热所致，治疗时不能单纯止血，当以清除湿热为主，后世多主张用泻心汤。

17.2.2 辨证

【原文】

又曰：從春至夏衄者太陽，從秋至冬衄者陽明。（三）

【释义】 本条论述衄血有表热、里热的不同，并与四时气候有关。春夏两季阳气升发于外，表热居多，热伤阳络，每致衄血，所以说春夏季节衄血，多责之于太阳；秋冬两季，阳气潜藏，里热居多，里热炽盛，迫血上溢也致衄血，所以说秋冬季节衄血，多责之于阳明。

本条说明衄血的形成既可因表热引起，也可由里热所致。另外，衄血的发生固然与四时气候变化以及人身阳气升降沉浮有关，但不能拘泥于“从春至夏衄者太阳，从秋至冬衄者阳明”之说，从临床来看，春夏之衄血也有属阳明者，秋冬之衄血也有属太阳者。

《伤寒论》46 条“太阳病，脉浮紧，无汗发热，身疼痛，八九日不解，表证仍在，此当发其汗。服药已微除，其人发烦目瞑，剧者必衄，衄乃解。所以然者，阳气重故也。麻黄汤主之”以及《伤寒论》207 条“阳明者，口燥，但欲漱水，不欲咽者，此必衄”也说明衄血与表里之热有关，可以合参。

17.2.3 脉证

【原文】

病人面無色，無寒熱。脉沉弦者，衄；浮弱，手按之絶者，下血；煩咳者，必吐血。(五)

寸口脉弦而大，弦則爲減，大則爲芤，減則爲寒，芤則爲虚，寒虚相擊，此名曰革，婦人則半産漏下，男子則亡血。(八)

【释义】 第五条论述衄血、下血和吐血的不同脉证。病人面无色，指面无血色，即面色苍白而无华，是脱血的征象。“无寒热”说明该失血并非外感引起，而是内伤所致。内伤出血根据出血部位的不同可分为吐血、衄血和下血三种。若脉见沉弦，沉主病在肾，弦主病在肝，肝肾阴虚，肝火上炎，伤及阳络则见衄血；若脉见浮弱，重按则无，为阴血下脱，虚阳上浮所致，见于下血之人；若面无血色，又见虚烦咳嗽，为肺阴虚而有热，虚热灼伤肺络，必致吐血。

内伤失血有虚、实之分，联系《血痹虚劳病》篇：“男子面色薄者，主渴及亡血，卒喘悸，脉浮者，里虚也。”以及“男子脉虚沉弦，无寒热，短气里急，小便不利，面色白，时目瞑，兼衄，少腹满，此为劳使之然。”两条所论，可知本条之失血，也属虚劳所致。

第八条论述虚寒亡血的脉象。该条前见于《血痹虚劳病》篇第十二条，此处专论血证，故于《血痹虚劳病》篇第十二条中去掉最后“失精”二字，并与第六、七条作为对比，说明亡血不一定都是阴虚，也可出现阳虚失血之证。

17.2.4 证治

17.2.4.1 虚寒吐血证

【原文】

吐血不止者，柏葉湯主之。(十四)

柏葉湯方：

柏葉　乾薑各三兩　艾三把

上三味，以水五升，取馬通汁一升，合煑取一升，分温再服。

【释义】 本条论述虚寒吐血的证治。“吐血不止”，说明吐血反复发作，日久不愈，吐血之因文中虽未明言，以方测证分析，因方中侧柏叶其性清凉而降，能直折上逆之势而收敛止血；干姜辛热，温中止血；艾叶苦辛性温，温经止血，干姜、艾叶与侧柏叶配伍使用，既可制约侧柏叶的寒性，又可发挥其降逆止血之效。马通汁即马粪绞汁，其性微温，能引血下行以止血。四药合用，共奏温中止血之效。由此可知，该吐血是因中气虚寒，血不归经所致，其证除吐血日久不愈外，尚见面色萎黄或苍白，血色淡红或暗红，神疲体倦，舌淡苔白，脉虚无力等症。

为加强止血效果，可将侧柏叶、干姜、艾叶炒炭应用。临床上若无马通汁，可用童便代替，其效亦佳。

【现代研究】　侧柏叶可用于治疗溃疡病并发出血。具体用法是：侧柏叶 15 克加水 300ml，煎成 150ml 为一次量。每日服三次，多服亦可。经临床观察，平均止血时间（黑便转阴）为 3.5 天，疗效 100%。[倪人达等．侧柏叶治疗溃疡病并发出血 50 例初步报告．中华内科杂志，1960，(3)：249]

附　医案举例

彭某，男，43 岁。患支气管扩张，咯血，并有结核病史。一般说来，此类病人多属阴虚血热之体，治宜养阴清肺，但此患者咳痰稀薄，形寒畏冷，舌苔薄白，脉象沉缓。前医用四生丸加白芍、白芨、仙鹤草之类，反觉胸闷不适，食纳减少，此肺气虚寒、不能摄血所致。拟温肺摄血，方用柏叶汤：侧柏叶 12 克，干姜炭 5 克，艾叶 3 克，童便一杯兑。服两剂，咯血已止，仍咳稀痰，继用六君子汤加干姜、细辛、五味子。服三剂，咳嗽减轻，食欲好转。（谭日强．《金匮要略》浅述．北京：人民卫生出版社，1981. 308）

17.2.4.2　热盛吐衄

【原文】

心氣不足，吐血、衄血，瀉心湯主之。（十七）

瀉心湯方：

大黄二兩　黄連　黄芩各一兩

上三味，以水三升，煑取一升，頓服之。

【释义】　本条论述热盛吐衄的证治。“心气不足”当作“心气不定”，即心烦不安之意，由心火亢盛、扰乱心神所致；热盛迫血妄行，故见吐血、衄血。治宜清热泻火止血，方用泻心汤，方中黄连清心泻火，黄芩泻上焦火，大黄苦寒降泻，三药合用，苦寒直折其热，使火降则血亦自止。结合临床所见，除吐衄外，尚见面赤舌红、烦渴便秘、脉数有力等症。

泻心汤由三味苦寒的药物组成方剂，方中没有直接止血之品，主要是通过清热泻火的作用而达到止血的目的，这也是“治病必求于本”思想的具体体现。

泻心汤与柏叶汤均治吐血，但一属实热，一属虚寒，是治疗血证的两大法门。前者主治心火亢盛，迫血妄行之吐血、衄血，症见面赤舌红，烦渴便秘，脉数有力，治宜清热泻火而止血；后者主治中气虚寒，血不归经之吐血，症见面色萎黄或苍白无华，血色淡红或暗红，神疲体倦，舌淡苔白，脉虚无力，治宜温中散寒而止血。

【现代研究】　实验证明泻心汤具有以下作用：①抗菌作用。本方煎剂体外能明显抑制金黄色葡萄球菌、溶血性链球菌、痢疾杆菌、大肠杆菌及变形杆菌，其中对大肠杆菌的抑制圈与链霉素相同，对金黄色葡萄球菌的抑制圈与青霉素相似。②导泻作用。本方煎剂灌胃能使实验性大鼠大便次数明显增多，粪质变稀软状。③抗消化性溃疡作用。本方提取剂 100mg/kg 对五肽胃泌素和 2-去氧葡萄糖引起大鼠胃酸分泌有明显抑制作用。其提取剂>50mg/kg，能明显抑制阿司匹林和乙醇致实验性大鼠胃损伤。当其提取剂用量在100～300mg/kg下能明显抑制牛磺胆酸盐引起的胃黏膜损伤。其抑制胃酸和抗溃疡机理与西咪替丁和阿托品不同，可能与其增强胃黏膜的前列腺素合成功能有关。④增强机体免疫功能。本方浸渍剂和煎剂能增加实验性小鼠抗体滴度，增强巨噬细胞吞噬能力，并使末梢血中白细胞总数明显增加。但对免疫复合物形成无明显影响。⑤解热作用。本方加味煎剂能明显降低内毒素致实验性发热大鼠体温（$P<0.05$），其退热时间持续4h左右。⑥镇静、抗惊厥作用。本方煎剂能明显推迟实验性动物惊厥发生的时间。用本方提取剂治疗失眠有明显的镇静作用。⑦抗血小板聚集作用。本方煎剂28.57mg/ml体外能明显抑制血小板聚集作用（$P<0.01$），其抑制率达75.24%，较0.25mg/ml双嘧达莫疗效高2倍。⑧抗凝血作用。本方提取剂能明显降低类固醇激素致实验性大鼠血黏度和红细胞压积升高，明显抑制纤维蛋白原的升高，提高抗凝血酶Ⅲ活性。⑨降血脂、降血压作用。本方提取剂能明显降低类固醇致实验性大鼠血磷（PL），三酰甘油（TG），β-脂蛋白（β-LP）升高（$P<0.05$），降低大鼠过氧化脂质（LPO）升高。用本方提取剂治疗高血压有明显降压作用。10抗肾功能损伤作用。本方提取剂能明显降低实验性大鼠肾衰竭的甲基胍和腺嘌呤所致的实验性大鼠肾衰竭的BUN，并能抑制顺氯氨铂对BUN的升高。

泻心汤在临床上可用于治疗急性细菌性痢疾、上消化道出血、急性脑血管病、肝豆状核变性、肝性血卟啉病、精神分裂症、支气管扩张、复发性口腔溃疡、生殖器疱疹、烧伤、戒断综合征，以及高血压、带状疱疹、肾盂肾炎尿血等病的治疗。［秦增详. 大黄黄连泻心汤药理与应用. 中成药，1995，（12）：39］

17.2.4.3 虚寒便血证

【原文】

下血，先便後血，此遠血也，黄土湯主之。（十五）

黄土湯方：

甘草　乾地黄　白术　附子（炮）　阿膠　黄芩各三兩　竈中黄土半斤

上七味，以水八升，煑取三升，分温二服。

【释义】　本条论述虚寒便血的证治。远血是指出血部位距肛门较远，多来自直肠以上的部位，其特征是大便在先，便后出血，病由脾气虚寒，统摄无权，阴血下渗所致。治宜黄土汤温脾摄血。方中灶心黄土（又名伏龙肝）温脾涩肠止血；附子、白术温阳健脾以摄血；地黄、阿胶滋阴养血以止血；黄芩反佐，以防术、附温燥动血之弊；甘草甘缓以和中并调和诸药；本方刚柔相济，温阳而不伤阴，滋阴而不损阳，《心典》称其为“有制之师”。结合临床所见，本证尚有血色紫暗稀薄、腹痛便溏、面色无华、神疲懒言、手足不温、舌淡脉细等症。

灶心黄土目前药房少见，可用赤石脂代替，作用相似。

附 医案举例

章某，男，54 岁。患胃痛多年，经 X 线吞钡透视，诊断为溃疡病。初起自服苏打片、氢氧化铝之类，可以缓解；以后时愈时发，逐渐加重，曾经中医治疗，亦只暂时见效。近来嗳气泛酸、胃痛胃胀之症反而减轻，但觉头晕眼花，神疲无力，大便溏黑如柏油，隐血试验阳性，其人面色萎黄，眼睑、舌质淡白，脉弦芤无力。此中气虚寒，不能摄血，治以温脾摄血为法。方用黄土汤：干地黄 15 克，白术 10 克，附片 10 克，黄芩 6 克，阿胶 10 克蒸兑，甘草 3 克，灶心土 150 克烧红淬水煎药，加白芍 10 克，侧柏叶 10 克，服三剂，大便色变黄软，余症如上，后用归脾汤多剂，调理半月而痊。（谭日强.《金匮要略》浅述.北京：人民卫生出版社，1981. 309~310）

17.2.4.4 湿热便血

【原文】

下血，先血後便，此近血也，赤小豆當歸散主之。（十六）

【释义】 本条论述湿热便血的证治。近血是指出血部位距肛门较近，其特征是便血在先，大便在后，病机为湿热蕴结大肠，灼伤肠络，迫血下行所致。治宜清热利湿，活血止血，方用赤小豆当归散，方中赤小豆清热利湿解毒，当归活血止血，浆水清凉解毒，清热除湿。本条叙症简略，其症除先血后便外，尚有血色鲜红，或夹脓液，腹痛，大便不畅，舌苔黄腻，脉象濡数等症。

赤小豆当归散在《金匮》中，一是用治狐惑酿脓证，一是用治近血，二者病机均属湿热为患，故可用同一方治疗。

《金匮》依据出血部位距肛门的远近、便与血的先后顺序，将下血分为远血和近血，远血以先便后血为特征，近血以先血后便为特征。但是，对这一症状也应活看。比如，胃、十二指肠的出血，出血部位距肛门较远，应属远血，临床上患者多表现为柏油样便，即血、便混杂在一起。再比如痔疮出血，出血部位距肛门较近，应属近血，患者也有表现为便后滴血者，所以，先便后血，先血后便并不是确定远血和近血的惟一指征，临床必须结合患者的出血性状、舌象、脉象、全身症状全面考虑。

黄土汤与赤小豆当归散均用治下血，但二者有虚实、寒热之分，黄土汤用治脾气虚寒、统摄无权的远血，症见先便后血，血色紫暗稀薄，便溏腹痛，面色无华，神疲懒言，手足不温，舌淡脉细，治宜温脾摄血。赤小豆当归散用治湿热蕴结大肠、灼伤肠络的近血，症见先血后便，血色鲜红或兼脓液，大便不畅，苔黄脉数，治宜清热利湿，活血止血。

【现代研究】 本方治疗痔疾，特别是痔疾感染而成脓肿者，效果很好。（李克光等.高等医药院校教材·金匮要略讲义.上海：上海科学技术出版社，1985. 195）

附 医案举例

王（左），内痔便血又发，气虚不能摄血，血渗大肠，兼湿热内蕴所致，拟益气养阴，而化湿热。赤豆一两，当归二钱，党参一钱五分，荆芥炭八分，炙黄芪二钱，大白芍一钱五分，侧柏炭一钱五分，清炙草六分，生地炭三钱，槐花炭三钱(包)。(《丁甘仁医案》)

17.2.5 禁忌

17.2.5.1 衄家禁汗

【原文】

衄家不可汗，汗出必額上陷，脉緊急，直視不能眴，不得眠。(四)

【释义】 本条论述衄家禁汗及误汗伤阴引发的变证。经常衄血之人，阴血亏虚，即使患有表证，亦不可纯用辛温发汗。因汗血同源，若误发其汗，必致阴血更虚。血虚脉道不充，则额上血脉凹陷不起；血虚经脉失养，则脉象强急，失去柔和之象；血虚目失所养，则两目直视不能转动；血虚心失所养，则夜不能寐。

本条是以衄血为例，说明阴血不足之人禁用汗法，推而言之，吐血、下血之人，由于阴血不足，也当禁用汗法。

17.2.5.2 亡血禁汗

【原文】

亡血不可發其表，汗出即寒慄而振。(九)

【释义】 本条论述亡血禁汗及误汗伤阳引发的变证。失血之人，皆阴血亏虚，虽有表邪，亦不能发汗。若强行发汗，则不仅阴血更伤，且阳气也将随津外泄而引起亡阳之变。由于阳气亏虚，不能温养肌肤，故寒栗而振。

第四条和第九条皆论亡血忌汗及误汗引起的变证，结合两条内容来看，亡血误汗会引起两种不同的变证，一是伤阴，一是亡阳，伤阴与亡阳的产生与病人的体质有关，素体阴虚者，误汗易致伤阴；素体阳虚者，误汗易致亡阳。

17.2.6 预后

17.2.6.1 衄血预后

【原文】

師曰：夫脉浮，目睛暈黄①，衄未止。暈黄去，目睛慧了②，知衄今止。(二)

【注释】 ①目睛晕黄：有两种情况，一是望诊可见黑睛周围发生黄晕，但与黄疸白珠发黄有别；另是病人自觉视物昏黄不清。

②目睛慧了：谓目睛清明，视物清晰。

【释义】 本条从脉证判断衄血的预后。原文“夫”作“尺”讲。尺脉候肾，肾寓相火，尺脉浮是肾阴亏虚、相火内动之象。肝肾同源，肝开窍于目，两目的变化可以反映肝肾功能的盛衰。目睛昏黄，视物不清，是肝经郁热上扰于目所致。肝肾阴虚，阳亢火动，损伤阳络则衄血，热邪不去则衄血不止，若经过治疗后，晕黄退去，患者由视物不清变为视物清晰，说明阴复火降，热退血宁，衄血将止。

17.2.6.2　吐血预后

【原文】

夫吐血，咳逆上氣，其脉數而有熱，不得臥者，死。(六)

【释义】　本条论述吐血的预后。吐血与咳逆上气并见，可知血出自于肺。失血之人阴血大亏，虚火旺盛，故见脉数、身热；虚火灼肺，肺失肃降，则咳逆上气；虚火扰及心神，则心烦不得安卧。如是阴愈虚则火愈旺，火旺则动血，因吐血反复发作，终至血脱气亡，预后险恶。

本条旨在说明热邪是引起出血的重要原因，血证预后的好坏与热邪有着极为密切的关系，热轻者预后较好，热重者预后较差，不但吐血如此，衄血、下血也是如此。

17.3　瘀　　血

17.3.1　瘀血脉证

【原文】

病人胸滿，脣萎舌青，口燥，但欲漱水不欲嚥，無寒熱，脉微大來遲，腹不滿，其人言我滿，爲有瘀血。(十)

【释义】　本条论述瘀血的脉证。瘀血内阻，血不外荣，故唇萎舌青；瘀血阻滞，津不上承，故口燥，由于病在血分，并非真正津亏，所以患者但欲漱水而不欲咽，这是瘀血口燥的特征；瘀阻气滞，故见胸满、腹满，不过瘀血腹满有别于宿食积滞、水饮内停之腹满，其特点是病人自觉腹满，但外形并无胀满的表现，这是因为瘀血阻滞，使经脉气机运行受阻，而非肠中胀气的缘故；脉微大来迟，是指脉象虽大，但脉势不足，往来涩滞迟缓，即今之涩脉，“无寒热”是强调该瘀血证由内因引起，非外感所致。

17.3.2　瘀血化热症状

【原文】

病者如熱狀，煩滿，口乾燥而渴，其脉反無熱，此爲陰伏，是瘀血也，當下之。(十一)

【释义】　本条论述瘀血化热的症状及治法。瘀血阻滞日久可以化热。瘀热内阻则病人自觉发热；瘀热内扰则心烦；瘀阻气滞则胀满，包括胸满和腹满；瘀热伤津则口干而渴。病虽化热，但诊脉时，并不见洪大滑数之象，这说明热不在气分，而是郁伏于血分，所以原文说“此为阴伏”。病属瘀血与邪热相合为患，治疗当攻下瘀血，瘀血一去，热邪便随之而解，这是《脏腑经络先后病篇》第十一条所云“夫诸病在脏，欲攻之，当随其所得而攻之”原则的具体运用。

瘀血可以引起多种证候表现，仲景除在上述两条详述瘀血脉证外，在其他篇章中也有论述，如《血痹虚劳病》篇第十八条云：“肌肤甲错，两目暗黑”，《黄疸病》篇第七条云“目青面黑，大便正黑，皮肤爪之不仁”等都是瘀血见症，学习时应前后互参，融会贯通。不过，在众多的瘀血证候中，尤其是舌质的变化是诊断瘀血证的重要依据。

第十条是单纯瘀血证，第十一条是瘀血化热证，比较两条所述证候，有相同之处，也有不同之处，相同之处在于两条均谈到满（包括胸满、腹满）和口干燥，不同之处在于第十一条更增加了热、烦、渴三症，这些症状正说明了瘀血已经化热。换句话讲，如果在第十条见症的基础上，又见热、烦、渴就可以诊断为瘀热证。

17.4 结　语

本篇论述了惊悸、吐血、衄血、下血的因、机、证、治及瘀血的脉证。

惊与悸是两种不同的病证。惊因突受外界刺激，使气血逆乱所致，多属实证；悸由气血不足、心失所养所致，多属虚证，但也有特殊者，本篇所举桂枝去芍药加蜀漆牡蛎龙骨救逆汤即用于治疗因火劫致心阳不足、神气浮越的惊狂证，该方具有温阳、镇惊、安神之效；半夏麻黄丸，用治水饮凌心，心阳郁遏的心下悸证，该方具有通阳、化饮之功。不过，惊与悸有一定联系，惊久可以致悸，心悸也常可致惊，故临床多惊悸并称。

血证是本篇论述的重点，内容包括吐血、衄血、下血及瘀血，胸满仅是瘀血的一个症状。血证的产生，既可由外感引起，也可由内伤所致，若阳络受伤，血液上溢则吐血、衄血；若阴络受伤，血液下溢则便血；已离经之血，蓄结不散，则成瘀血。关于吐衄下血的治疗，本篇共有方剂四首，由中气虚寒，不能摄血而致吐血不止者，用柏叶汤温中止血；由心火亢盛，迫血妄行而致吐血、衄血者，用泻心汤清热降火止血；由脾气虚寒，统摄无权而致下血者，用黄土汤温脾摄血；由湿热蕴结，灼伤肠络而致下血者，用赤小豆当归散清利湿热，活血止血。至于瘀血，本篇论述简略，只论其脉证及治法，未涉及具体方药。瘀血的主要症状特点是：唇萎舌青，口燥，但欲漱水不欲咽，自觉胸满或腹满。若瘀久化热，可有身热、心烦、口渴等症，其中唇萎舌青一症对瘀血的辨证最有价值。在治疗方面，仲景提出了“当下之”的治疗原则，本篇无方药，可随证选用其他篇章的攻瘀之剂，如大黄　虫丸、下瘀血汤、抵当汤、鳖甲煎丸等。

复习思考题

1. 何谓惊悸？其脉象及病机如何？
2. 何谓远血和近血？试述其证治。
3. 泻心汤和柏叶汤均治吐血，二者有何不同？
4. 瘀血有哪些脉证表现？试述其理。

（吴晋英）

18

呕吐哕下利病脉证治第十七

目的要求

1. 了解呕吐、哕、下利病的概念及合篇意义。
2. 熟悉呕吐、哕、下利病的病因病机、治疗法则和禁忌。
3. 掌握呕吐、哕、下利的辨证论治。

重点内容

1. 呕吐、哕的病因病机和证治。
2. 下利的辨证及证治。

本篇论述呕吐、哕、下利的病因病机和证治。呕吐包括胃反，由胃气上逆所致，呕吐之因比较复杂，本篇所述包括实热呕吐、虚寒呕吐、寒热错杂呕吐和痰饮呕吐。哕即呃逆，由胃膈气逆所致。下利包括泄泻和痢疾。

上述病证均属胃肠疾患，多与脾胃升降失常、传导失职有关，且可以相互影响，合并发生，故合为一篇论述。

本篇是《金匮》条文最多的一篇，部分条文与《伤寒论》和《金匮·痰饮咳嗽病》篇重复，其目的在于系统论述脾胃病的因机证治，本篇为后世脾胃病的发展奠定了基础。

18.1 呕　　吐

18.1.1 成因与脉证

18.1.1.1 饮邪致呕

【原文】

先嘔却渴者，此爲欲解。先渴却嘔者，爲水停心下，此屬飲家。嘔家本渴，今反不渴者，以心下有支飲故也，此屬支飲。(二)

【释义】 本条论述水饮致呕的辨证。水饮内停，阻碍胃气，胃气上逆则呕吐，所以饮邪是引起呕吐的重要因素之一。原文从先呕后渴、先渴后呕和呕而不渴三种情况，辨知呕吐的愈否。先呕后渴，渴为阳气来复的表现，呕后水饮祛除，胃阳恢复，水饮呕吐将愈；若呕后不渴，说明水饮内盛，未随呕吐全部吐出，故水饮呕吐不愈；先渴后呕，渴是水饮内停，气化受阻，津液不能上承所致，渴则欲饮，饮聚不化，逆而上行则呕吐，所以说“此属饮家”。

本条辨证的关键是口渴的有无及口渴与呕吐的先后，呕后口渴是饮去阳复，呕吐欲解的表现；先渴后呕及呕而不渴均说明饮邪存在，呕吐不愈。

本条未立治法，可参照《痰饮咳嗽病》篇用小半夏汤或小半夏加茯苓汤治疗。

18.1.1.2 虚寒胃反

【原文】

問曰：病人脉數，數爲熱，當消穀引食，而反吐者，何也？師曰：以發其汗，令陽微，膈氣虚，脉乃數，數爲客熱[①]，不能消穀，胃中虚冷故也。

脉弦者，虚也，胃氣無餘，朝食暮吐，變爲胃反。寒在于上，醫反下之，今脉反弦，故名曰虚。(三)

寸口脉微而數，微則無氣，無氣則營虚，營虚則血不足，血不足則胸中冷。(四)

趺陽脉浮而濇，浮則爲虚，濇則傷脾，脾傷則不磨，朝食暮吐，暮食朝吐，宿穀不化，名曰胃反。脉緊而濇，其病難治。(五)

【注释】 ①客热：即虚热或假热，是相对于真热而言。

【释义】 第三条论述虚寒胃反的病机。一般来说数脉主热，若胃热炽盛，当消谷引食，今不但不能消谷，反而出现呕吐，这说明此“脉数”非主实热，而是因误汗损伤阳气，使胃气虚寒，虚阳浮越所致，因是暂时性的假热，故称“客热”，其脉数，必虚数无力。由于宗气积于膈上胸中，来源于水谷之气，谷气又必禀受后天胃气而成。今误汗致胃中虚冷，不能腐熟水谷，必使膈上胸中宗气不足，故曰：“令阳微，膈气虚。”

由于病者脉数，医者误认为是实热，反用苦寒药攻下，结果使中阳更伤，以致土虚木贼，脉象变弦，此弦脉，必是虚弦，与《痰饮咳嗽病》篇“脉双弦者寒也，皆大下后善虚”同一含意。因胃阳衰微，不能正常腐化水谷，食物随胃气上逆，以致发生“朝食暮吐”的胃反病。

第三条主要通过脉象论述胃反的病机，强调胃反属虚寒之证。至于误汗、误下仅是举例而言，临床上胃反未必皆由误治引起。

第四条继从脉象论述胃反气血俱虚的病机。“寸口”是指两手寸关尺而言。“脉微而数”是脉数而无力之意，其理与上条基本相同。“微则无气”，“无气”犹言气虚。因人体卫气营血是互相资生的，营以气为主，营为血之源，气虚则营虚，营虚则血不足；气血俱虚，则宗气不足而胸中冷，胸阳不足，土失温煦，则胃中虚冷，不能消谷而成胃反。

第五条再论胃反而脾胃两虚的病机脉证及预后。趺阳脉用以候脾胃，浮为胃虚阳浮，涩为脾阴不足，浮涩并见，说明胃脾两虚。由于腐熟运化能力低下，食物不得消化，势必上逆而出，形成以朝食暮吐、暮食朝吐、宿谷不化为特征的胃反病。

胃反病发展至后期，阳虚而寒更盛，脾虚而津益亏，脉象由浮涩变为紧涩，症状除朝食暮吐、暮食朝吐、宿谷不化外，由于脾津不足，肠道失润，更见大便干燥如羊屎，此时温阳则伤阴，滋阴则伤阳，治疗颇为困难，所以说“难治”。

从以上论述可以看出，胃反病初期属胃气虚寒，治疗以温养胃气、降逆止呕为大法，后期则属阴阳两虚，治疗宜温养胃气、滋脾润燥。不过，胃反后期，因阴阳两虚，病情深重，治疗颇为棘手，预后较差。

18.1.2 治疗禁忌

【原文】

夫嘔家有癰膿，不可治嘔，膿盡自愈。(一)

病人欲吐者，不可下之。(六)

【释义】 第一条论述痈脓呕吐的治疗禁忌。呕吐既是疾病过程中的一个症状，也是正气驱邪外出的一种反应。呕吐之因比较复杂，临证当仔细辨认，不能见呕止呕。比如胃家有痈脓所致呕吐，这种呕吐恰是正气驱邪外出的一种表现，不仅不可止呕，相反还应积极采取措施，服用消痈排脓之品，促使痈脓尽去。否则，脓毒不去，不但呕吐不止，还会引起其他变证。

第一条以痈脓呕吐为例，示人不可见呕止呕，临床上凡有害物质停滞体内，如宿食、毒物等引起的呕吐，均不可止呕。

第六条论述欲吐的治疗禁忌，说明治病应注意因势利导。“欲吐”为病邪在上，正气有祛邪外出之势，治疗当因势利导，采用吐法，使病邪从口而出。如果使用下法治疗，是逆其病势，非但邪气不除，反致正虚邪陷，病情加重，故曰

“不可下之”。

18.1.3　证治

18.1.3.1　虚寒呕吐

（1）胃虚寒凝证

【原文】

嘔而胸滿者，茱萸湯主之。（八）

吳茱萸湯方：

吳茱萸一升　人參三兩　生薑六兩　大棗十二枚

上四味，以水五升，煑取三升，溫服七合，日三服。

【释义】　呕而胸满的原因较多，以方测证，该呕吐是因脾胃虚寒，寒饮内停，胃气上逆所致；胸满为阴邪上乘、胸阳不展所致，治以吴茱萸汤，方中吴茱萸温胃散寒，降逆止呕；生姜温中止呕。两药合用，则温胃降逆止呕作用较强；人参、大枣补中益气，合而用之，共奏散寒降逆、温中补虚之效。

（2）肝胃虚寒证

【原文】

乾嘔，吐涎沫，頭痛者，茱萸湯主之。（九）

【释义】　本条论述胃虚停饮兼夹肝气上逆的干呕证治。本条叙症有三：干呕、吐涎沫、头痛。干呕由胃虚肝寒上逆所致；吐涎沫由胃虚寒饮上泛引起；头痛是指巅顶痛，因肝之经脉上抵巅顶，肝寒循经上冲则巅顶头痛。证属肝胃虚寒，浊阴上逆，治宜温肝暖胃，降逆止呕，方用吴茱萸汤。

本条与上条均为吴茱萸汤证，但二者在病机、病位、症状上有所不同。上条病机属胃阳不足，寒饮上逆，病位在胃，症见呕吐、胸满。本条病机属肝胃虚寒、浊阴上逆，病位在肝胃，症见干呕、吐涎沫、巅顶头痛。因吴茱萸辛苦大热，可上温脾胃，下暖肝肾，且有降逆止呕的作用，因此无论是胃虚寒凝之呕吐、胸满，还是肝胃虚寒、浊阴上逆之干呕、吐涎沫、头痛，均可用该方治疗，这亦属异病同治之例。

吴茱萸汤在《伤寒论》中并治阳明食谷欲呕；少阴吐利、逆冷、烦躁；厥阴病干呕、吐涎沫，学习时当与之互参。

【现代研究】　吴茱萸汤现代在临床上广泛用于治疗慢性胃炎、急性肠炎、慢性胆囊炎、头痛、神经官能症、神经性呕吐、原发性青光眼、梅尼埃综合征等病。[张卫华．吴茱萸汤现代临床运用综述．新疆中医药，1989，(2)：15]

附　医案举例

陈某，男，49岁。症见头痛以巅顶为甚，伴眩晕，口中多涎，寐差，面色黧黑，舌苔水滑，脉弦迟无力。此厥阴水寒循经上犯清阳所致。吴茱萸 5 克，生姜 5 克，党参 9 克，大枣 12 枚 。服药二剂，头痛止，惟寐仍不佳，改用归脾汤三剂而安。（刘渡舟．经方临证指南．天津：天津科学技术出版社，1993. 126）

（3）阴盛格阳证

【原文】

嘔而脉弱，小便復利，身有微熱，見厥者，難治，四逆湯主之。（十四）

四逆湯方：

附子（生用）一枚　乾薑一兩半　甘草二兩（炙）

上三味，以水三升，煑取一升二合，去滓，分温再服。強人可大附子一枚，乾薑三兩。

【释义】　本条论述虚寒呕吐而阴盛格阳的证治。呕吐而见脉弱无力，小便清长自利，四肢厥冷，显系脾肾阳气衰微，阴寒内盛所致。阳衰阴盛，阴寒上逆则呕吐；肾阳虚不能固摄于下则小便清长；阳气衰微，不能达于肢末则四肢厥冷；“身有微热”为阴盛格阳之征。病至于此，大有阳气欲脱之势，故曰“难治”，可用四逆汤回阳救逆。方中附子温肾助阳；干姜温中散寒；甘草益气安中，并制姜、附燥烈之性。阳回阴散，诸症可愈。

【现代研究】　现代临床上常用本方治疗心肌梗死、心衰、急慢性胃肠炎吐泻过多或急性病大汗而见虚脱，以及胃下垂等病，证属脾肾阳虚者。（李文瑞等．《金匮要略》汤证论治．北京：中国科学技术出版社，1993. 563）

附　医案举例

袁某，女，30 岁。患急性胃肠炎，烦渴欲饮，食则吐，泻下水样便，日十数次，已 2 日。诊见：神疲，面色苍白，眼凹，舌干，肤失弹性，四肢厥冷，脉沉细数，血压 8. 00/5. 33kPa（60/40 毫米汞柱）。此系阳虚阴盛，应立即回阳救逆，急输生理盐水，同时急煎四逆汤加味：制附子 9 克，干姜 15 克，炙甘草 30 克，枳实 30 克。服药一剂，血压即正常为 13. 3/9. 33kPa（100/70 毫米汞柱），四肢转温，又二剂而愈。[赵棣华. 伤寒论四逆汤化裁浅析．广西中医药，1982，（4）：17]

（4）虚寒胃反证

【原文】

胃反嘔吐者，大半夏湯主之。（十六）

大半夏湯方：

半夏二升（洗完用）　人參三兩　白蜜一升

上三味，以水一斗二升，和蜜揚之二百四十遍，煑取二升半，温服一升，餘分再服。

【释义】　本条是为第三、四、五条虚寒胃反补出治法。胃反呕吐与一般呕吐不同，其特征是朝食暮吐，暮食朝吐，宿谷不化，病机属中焦虚寒，腐熟运化失常，重者因呕吐剧烈，使脾津亏虚，肠道失润，更见心下痞鞭，大便燥结如羊屎等症状。治用大半夏汤，方中重用半夏和胃降逆，人参益气补虚，白蜜和中润燥，三药合用，共奏和胃降逆、补虚润燥之功。

附　医案举例

范某，男，38岁，1974年9月5日初诊。四年来，食后即吐，无恶心，吐物为食物及黏液，经北京、西安、上海、太原等多个医院检查，未发现器质性病变，并反复住院治疗，呕吐不见改善，其间并服中药数剂亦未见效，大便干，二日一行，舌苔白，脉弦滑，重按无力，脾虚不运，郁生痰饮，聚结不散。

半夏四钱　东参三钱　生姜三钱　蜂蜜一两

9月20日服药两付后呕吐停止，服四付后痊愈。[朱进忠．大半夏汤在临床上的应用．山西医药杂志，1975，(3)：37]

18.1.3.2　实热呕吐

（1）胃肠实热证

【原文】

食已即吐者，大黄甘草湯主之。（十七）

大黄甘草湯方：

大黄四兩　甘草一兩

上二味，以水三升，煑取一升，分温再服。

【释义】　本条论述胃肠实热呕吐的证治。“食已即吐”，是食入于胃，旋即呕吐之意，这一症状体现了火性急迫的特点。结合所用方剂大黄甘草汤来看，本条呕吐是因实热壅阻胃肠，腑气不通，胃失和降所致，其症状为在上呕吐，在下便秘。因病的根源在腑气不通，故治疗以通腑泻热为主，方中大黄通腑泻热，甘草和中，并防大黄苦寒伤胃，实热一去，腑气畅通，胃气和降，不止吐而吐自止。

大黄甘草汤中未用一味止呕药，目的在于通过病因治疗达到止呕之效，这充分体现了审因论治的重要性。

本条与第五条皆论呕吐，但一属实热，一属虚寒，寒热虚实不同，呕吐的特点也不一样。实热呕吐由于火性急迫的缘故，食物在胃内停留的时间很短，旋即吐出，即本条所说“食已即吐”，除此以外，尚有吐出物酸腐难闻的特点。虚寒胃反呕吐，由于脾胃腐熟运化功能低下，尽管食物在胃内停留时间较长，但吐出物仍为不消化食物，即条文所说“朝食暮吐，暮食朝吐，宿谷不化”，除此以外，吐出物也无酸腐气味。通过比较，实热呕吐与虚寒呕吐的特点一目了然。

前第六条提出“病人欲吐者，不可下之”，是因邪有外出上越之机，故当因势利导使用吐法，即《内经》所谓“其高者，因而越之”；本条是因实热阻于肠胃，腑气不通，胃气上逆而呕吐，故当用攻下，亦即所谓“欲求南熏，先开北牖”之意。可见仲景治呕，是随机立法，变化灵活，学者自当融会贯通，不可执一而论。

【现代研究】　天津第一中心医院三衰研究室，在透析的基础上，初步总结出了中医治疗急性肾衰竭并发呕吐的经验。对高氮质血症持续存在的情况下，呕吐常与便秘同时存在，因胃寒湿聚而呕者，予姜汁温中止呕；因胃热而呕者，采用大黄甘草汤以缓中泻火，大黄、芒硝剂量一般 15~30 克，大黄最大剂量为 120 克。据观察，在服药的第一天内即可使恶心、呕吐明显缓解或消除。［李棠甫．通便泄浊治疗急性肾衰竭并发呕吐的经验介绍．中医杂志，1981，(1)：36］

附 医案举例

张某，女孩，生甫一周。秽浊郁积肠胃，胎粪不下，热邪格拒，三天来腹部胀满，大便不通，不吮乳，呕吐面赤，啼哭，烦躁不安，舌苔微黄浊腻，指纹紫暗，法当清泻肠胃浊腻：大黄 5 克，甘草 3 克，每日一剂，三日后，腹胀满消失，便通，即能吮乳。［虞勤冠等．大黄甘草汤对新生儿疾病的运用．浙江中医药，1979，(12)：446］

(2) 热利呕吐证

【原文】

乾嘔而利者，黄芩加半夏生薑湯主之。(十一)

黄芩加半夏生薑湯方：

黄芩三兩　甘草二兩（炙）　芍藥二兩　半夏半升　生薑三兩　大棗十二枚

上六味，以水一斗，煮取三升，去滓，温服一升，日再夜一服。

【释义】 本条论述干呕与下利并见的证治。干呕与下利并见，是胃肠俱病，由邪热内犯胃肠所致。热迫于肠，传导失职则下利；热扰于胃，胃气上逆则干呕，因其病变重点在肠，故症状以下利为主，并见腹痛，利下热臭或垢积等症。治用黄芩加半夏生姜汤，方中以黄芩汤清热止利为主，辅以半夏、生姜和胃降逆止呕，肠热清，胃气降则呕、利自愈。

《伤寒论》172 条云："太阳与少阳合病，自利者，与黄芩汤；若呕者，黄芩加半夏生姜汤主之"可与本条互参。

大黄甘草汤与黄芩加半夏生姜汤均用于治疗实热呕吐，病机重点均在肠，呕吐均由肠热犯胃、胃气上逆所致，但大黄甘草汤证为呕吐与便秘同见，治以通腑泻热，腑气一通，胃气和降，呕吐自止。黄芩加半夏生姜汤证为呕吐与下利同见，治以清肠止利为主，和降胃气为辅，肠热清，胃气降，呕吐亦止。

附 医案举例

某女婴，年 18 个月，为腹泻呕吐四天入院，每天腹泻五六次，如水样，便色黄，无黏液及脓血，呕吐日十余次，间呕青绿色液体，今晨呕出蛔虫一条，长约 10cm，发热四天，今日开始微咳，小便量及次数均少，无抽搐，经在外中西医治疗三次无效。

中医诊疗，以手纹紫、口渴、舌苔薄黄，发热，呕吐，断为太阳少阳合病，投以黄芩汤加半夏、生姜、黄连（黄芩 4.5 克，白芍 4.5 克，大枣 2 个，甘草 3 克，法半夏 4.5 克，生姜 3 克，黄连 1.2 克）。服后第二天呕吐大减，日仅三次……第四天痊愈出院。［王挚峰．中医治疗婴儿腹泻 80 例报告．广东中医，1959，(2)：64］

（3）热郁少阳

【原文】

嘔而發熱者，小柴胡湯主之。(十五)

小柴胡湯方：

柴胡半斤　黄芩三兩　人参三兩　甘草三兩　半夏半斤　生薑三兩　大棗十二枚

上七味，以水一斗二升，煑取六升，去滓，再煎取三升，温服一升，日三服。

【释义】　本条论述少阳邪热迫胃致呕的治法。本条叙症简略，学习时当以方测证。呕吐和发热的原因很多，既然用小柴胡汤治疗，可知该呕吐是因少阳邪热犯胃、胃气上逆所致，发热当为往来寒热。此外，尚伴有口苦、咽干、胸胁苦满等症。治宜小柴胡汤和解少阳，降逆止呕，方中柴胡、黄芩疏解少阳邪热，半夏、生姜和胃降逆止呕，人参、甘草、大枣补虚安中扶正，少阳邪热一去，则呕吐自止。

呕吐虽由胃气上逆所致，但因五脏之邪皆通脾胃，呕吐有因脾胃自病者，亦有因他脏病邪及胃而致者。对于后者，但治他脏之疾，则呕吐可止。临证肝胃失和之呕吐最为常见，故仲景以此为例。

【现代研究】　近年来，国内外医学界应用现代医学研究方法，对小柴胡汤及其加减方进行了较系统和深入的研究，发现不少新的药理作用和临床用途。

药理作用：①对中枢神经系统的研究表明，小柴胡汤有抑制癫　发作的作用。②对免疫系统的研究表明，小柴胡汤能促进 B 细胞成熟，促进机体产生抗体；并能抑制肥大细胞的脱颗粒作用，各单味药的抑制脱颗粒作用由强到弱依次为：柴胡、大枣、生姜、半夏、黄芩、人参和甘草。小柴胡汤具有免疫调节作用，可使免疫激活，增强机体免疫机能。③对肝胆系统的研究表明，小柴胡汤有明显保肝作用，有直接抗纤维化的作用，这对肝硬化的修复有积极意义。对胆囊结石症的研究表明，小柴胡汤有激活胆道口括约肌调节作用，从而有效地防止十二指肠液由乳头逆流，并防止胆汁瘀积。此调节作用可能是治疗胸胁苦满的主要机理之一。④对循环系统的研究表明，小柴胡汤可使冠状动脉血流量增加，使肾血流量增加。小柴胡汤有抗血小板凝集作用，能改善高脂血症，能使豚鼠高胆固醇血症的血清 LDL 的胆固醇下降，同时使 HDL 的胆固醇含量增加，可使血液黏度下降，通过改善血液流变性减轻血管壁的损害，预防和改善动脉硬化。⑤对其他方面的研究表明，小柴胡汤对初期 Lewis 肺癌有一定抑制作用，并对此癌有抗转移作用。小柴胡汤提取物具有防止由内毒素引起的血中过氧化脂质上升的作用，表明本方有抗老化作用。

临床用于防治癌症及艾滋病，治疗慢性肝炎、肝硬化腹水、肾病综合征、糖尿病性肾病、泌尿系结石、胆结石、癫　、系统性红斑狼疮和心脏病等。［黄倬伟．小柴胡汤的药理及临床研究新近展．中成药，1998，(11)：36］

18.1.3.3 寒热错杂呕吐

【原文】

嘔而腸鳴，心下痞者，半夏瀉心湯主之。（十）

半夏瀉心湯方：

半夏半升（洗） 黄芩三兩 乾薑三兩 人参三兩 黄連一兩 大棗十二枚 甘草三兩（炙）

上七味，以水一斗，煑取六升，去滓，再煑取三升，温服一升，日三服。

【释义】 本条论述寒热错杂呕吐的证治。从叙证来看，本条是上有呕吐，下有肠鸣，中有心下痞，上中下俱病，但病之征结在中焦，病机为邪气乘虚内陷，寒热互结中焦，脾胃升降失常。因寒热互结中焦，气机受阻，故心下痞；胃气上逆则呕，脾失健运则肠鸣、泄泻，诸症中以心下痞为主，所以尤怡《心典》云："不必治其上下，而但治其中"，方用半夏泻心汤，方中干姜、半夏散寒降逆；黄芩、黄连苦降清热；人参、甘草、大枣益气和中，该方寒热并用，辛开苦降，具有调理寒热、开结除痞、调和肠胃之功。

半夏泻心汤证与黄芩加半夏生姜汤证均为呕吐与下利并见，但二者有所不同。前者病机属寒热互结中焦，气机升降失常，症状以呕吐和心下痞为主，兼见肠鸣下利，故用半夏泻心汤主治胃而兼治肠；后者病机属肠热犯胃，胃气失和，症状以下利为主，兼见干呕或呕吐，故用黄芩加半夏生姜汤主治肠而兼治胃。

半夏泻心汤在临床应用较广，凡呕而肠鸣，或呕而下利，伴有心下痞闷者，用之多效；如心下痞，按之痛，舌苔黄腻者，可与小陷胸汤合用；如除去参、草、枣，可治热性吐泻之病症。后世之苦辛宣泄，苦降辛开，苦降辛通等说，实源于此。

【现代研究】 据报道，半夏泻心汤有抗溃疡、止痛、止呕、解热、利胆等作用。消化性溃疡患者服用该方可能通过增强机体免疫机能和抗缺氧能力，起到增强机体防卫机能，促进损伤组织修复，防止病情恶化的作用。方中黄连、黄芩均有体外抗幽门螺旋杆菌的作用。[宋忆菊．半夏泻心汤对小鼠免疫功能和常压缺氧耐受力的影响．中成药，1998，(8)：34]

附 医案举例

张某，男，36岁，平素嗜好饮酒，常饮又多饮，日久之后，酒湿内伤，脾胃失运，中气不和，痰从中生，影响中焦气机升降失调，而成心下痞满之证。伴见恶心呕吐，大便稀溏，每日三四次。虽经多方治疗却难以收功。舌质红，苔白，脉弦滑，此属痰气交阻而成痞，治宜半夏泻心汤。半夏12克，生姜6克，黄连6克，黄芩6克，党参9克，大枣7枚，炙甘草9克，服一剂，大便泻出白色黏液甚多，呕恶大减。再一剂，痞、利俱减。四剂尽而病愈。（刘渡舟．经方临证指南．天津：天津科学技术出版社，1993.126）

18.1.3.4 痰饮呕吐

（1）寒饮呕吐证

【原文】

諸嘔吐，穀不得下者，小半夏湯主之。（十二）

【释义】 本条论述一般呕吐的治法。呕吐之因比较复杂，寒、热、虚、实及痰饮内停均可引起，但就杂病而言，胃寒停饮所致者最为常见，治用小半夏汤，方中半夏化饮降逆，生姜温散寒饮，和胃止呕，共奏化饮止呕之效，该方前见于《痰饮咳嗽病》篇，仲景主要用治寒饮内停，胃失和降之呕吐、谷不得下、口不渴、心下痞满之证，但因半夏、生姜配伍降逆止呕之力较强，是临床治疗呕吐的要药，经适当配伍可用于寒、热、虚、实等多种原因所致的呕吐，故原文云："诸呕吐，谷不得下，小半夏汤主之。"后人将该方称为"治呕之祖方"。

【现代研究】 现代临证，本方常用于梅尼埃综合征、神经性呕吐、贲门痉挛、溃疡病形成之幽门梗阻、胃扭转、胃癌、胃炎、胰腺炎、尿毒症等，或因放射治疗、化学治疗引起之呕吐而见本证者。(李文瑞等．《金匮要略》汤证论治．北京：中国科学技术出版社，1993. 424)

（2）阳虚饮逆证

【原文】

乾嘔，吐逆，吐涎沫，半夏乾薑散主之。（二十）

半夏乾薑散方：

半夏　乾薑各等份

上二味，杵爲散，取方寸匕，漿水一升半，煑取七合，頓服之。

【释义】 本条论述中阳不足，寒饮内盛的呕逆证治。干呕、吐逆、吐涎沫既可同时发生，也可单独出现。如中阳不足，胃寒气逆，则干呕、吐逆；如中阳不足，寒饮内停，随胃气上逆而出，则吐涎沫。因三者在病机上均属中阳不足，寒饮内盛，胃气上逆所致，故可用半夏干姜散治疗。方中半夏化饮降逆止呕，干姜温中散寒止呕，合而用之，具有温中散寒、降逆止呕之效。以浆水煎药，取其甘酸调中止呕，"顿服"，目的在于使药力集中，取效捷速。

本条半夏干姜散证与第九条吴茱萸汤证都有干呕、吐涎沫的症状，但二者病机、病位及治法不同。半夏干姜散证病位在胃，病机属中阳不足，寒饮上逆，治宜温中散寒，降逆止呕；吴茱萸汤证病位在肝胃，病机属肝胃虚寒，浊阴上逆，治宜温肝暖胃，降逆止呕。

附　医案举例

亲戚吴某，女，42岁，干部。患高血压已三年，血压常波动在13.3～18.7/13.3～14.7kPa（100～140/100～110mmHg）之间，遍服中西药均无效，于1962年夏从南方赴京求治于秦老。观其服用的中药处方，大都是生石决明、灵磁石、生龙牡、杭菊花、双钩藤、生白芍、桑寄生、怀牛膝等平肝降逆辈。……患者形体肥胖，自述常头晕胀痛，眩晕甚时如坐车舟中，频欲吐，曾数次呕出大量清涎。饮食欠馨，胸脘部常有胀闷感，心悸，多梦，二便尚可。舌质淡，苔薄白腻，脉象右寸关滑甚。……秦老想到我们当时正在学习《金匮》，遂令回忆《金匮·呕吐哕下利病脉证治》篇。他说，该篇载有“干呕，吐逆，吐涎沫，半夏干姜散主之”，观此患者之形证，乃中阳不足、寒饮上逆所致，且患者数年来所服中药多系寒凉重降之品，更伤中焦，故当温中止呕，以《金匮》半夏干姜散加味治之，处方：法半夏 9 克，淡干姜 9 克，云茯苓 9 克，水煎服。……不料两天后，亲友兴致而来，言几年来服药后从未如此舒服，因此两天即把三剂药痛快服完。嗣后以温中化饮法加减，治疗月余病愈，患者高兴返里。[吴大真．秦伯未验案举隅．国医论坛，1986，(2)：20]

(3) 寒饮搏结胸胃

【原文】

病人胸中似喘不喘，似嘔不嘔，似噦不噦，徹心中憒憒然無奈者，生薑半夏湯主之。(二十一)

生薑半夏湯方：

半夏半升　生薑汁一升

上二味，以水三升，煑半夏，取二升，内生薑汁，煑取一升半，小冷，分四服，日三夜一服。止，停後服。

【释义】　本条论述寒饮搏结胸胃的证治。似喘不喘为病在肺；似呕不呕，似哕不哕为病在胃；彻心中愦愦然无奈，是指病人心胸极度烦闷不适，有无可奈何之感，以上症状均属病人的自觉症状，究其产生的原因，主要是寒饮搏结胸胃，郁遏阳气，使肺气失宣，胃气失和，凌心迫肺所致，治宜辛散寒饮，以舒展胸胃气机，方用生姜半夏汤。方中重用生姜汁辛散寒饮，佐以半夏开结降逆。饮邪祛除，阳气宣通，胸胃气机得以舒展，则病可痊愈。方后注“小冷”，是宗《内经》“治寒以热，凉而行之”的反佐治法，即防止热药格拒不纳而吐。“分四服”，意在少量频服，以发挥药力的持续作用，并预防药量过大而致呕吐。

小半夏汤、半夏干姜散、生姜半夏汤均由姜、夏组成，三方都有化饮降逆的作用，均用于治疗痰饮呕吐。但由于用药有生姜、干姜之别，姜、夏用量之比各不相同，故功效、主治有所不同。小半夏汤由半夏、生姜组成，两药之比为半夏倍于生姜，该方功擅降逆止呕，除用于治疗寒饮内停，胃失和降之呕吐、谷不得入外，经适当配伍，可用于各种原因所致的呕吐。半夏干姜散由半夏、干姜组成，两药用量相等，因干姜温阳守中，该方功擅温阳散寒，主要用于治疗中阳不足，寒饮上逆之干呕、吐逆、吐涎沫。生姜半夏汤由半夏、生姜汁组成，两药之比为生姜汁倍于半夏，因生姜汁辛散寒饮，该方功擅开结散饮，主要用于治疗寒饮搏结胸胃，阻遏阳气所致之似喘不喘，似呕不呕，似哕不哕，彻心中愦愦然无奈之证。

(4) 饮逆呕渴证

【原文】

胃反，吐而渴欲飲水者，茯苓澤瀉湯主之。(十八)

茯苓澤瀉湯方：

茯苓半斤　澤瀉四兩　甘草二兩　桂枝二兩　白术三兩　生薑四兩

上六味，以水一斗，煑取三升，内澤瀉，再煑取二升半，温服八合，日三服。

【释义】　本条论述饮阻气逆而呕渴并见的证治。原文首冠“胃反”二字，乃反复呕吐之谓，与虚寒胃反呕吐是名同而实异。本证呕吐的产生是因饮停于胃，胃气上逆所致；由于水饮内停，阻碍气化，津不上乘则口渴，渴则多饮，更助饮邪，饮邪上逆则再次呕吐，如此愈吐愈渴，愈饮愈吐，呕渴交替，反复无端，形成了胃反症，治疗可用茯苓泽泻汤，方中茯苓、泽泻为君淡渗利水；桂枝、生姜通阳化饮，降逆止呕；白术、甘草健脾补中，培土制水。合而用之，共奏通阳化饮、健脾和胃之功。以方测证，本证当兼有头眩、心下悸之症。

本证之“吐而渴欲饮水”与五苓散证之消渴水逆，在病机、证治上颇为相似，不同之处在于：五苓散证病机重点为膀胱气化不行，症状以小便不利为主；茯苓泽泻汤证病机重点为胃有停饮，中阳不运，症状以呕渴不已为主。在方剂配伍方面，五苓散偏于通利小便，泽泻用量独重，配以二苓、桂枝；茯苓泽泻汤偏于温胃化饮止呕，故重用茯苓，去猪苓，配以甘草、生姜。

附　医案举例

左某，男，48岁，1983年3月9日入院。……胃病十载，呕吐持续，每日呕吐涎水达2000余毫升，食少消瘦神怠，胃中漉漉有声，舌苔白，脉小弦，胃镜检查为慢性胃窦炎，幽门水肿。按水饮内停，治以温中和胃、化气利水之法。以小半夏汤、茯苓泽泻汤加减，三剂吐止，饮食渐增，形体日充，至今已一月半，胃镜检复查，幽门水肿减轻。[徐景藩．试析仲景治疗呕吐的学术思想．吉林中医药，1983，(6)：7]

（5）呕后调治法

【原文】

嘔吐而病在膈上，後思水者，解，急與之。思水者，豬苓散主之。（十三）

豬苓散方：

豬苓　茯苓　白术各等份

上三味，杵爲散，飲服方寸匕，日三服。

【释义】　本条论述停饮致呕的调治方法。呕吐而病在膈上，并非指呕吐致膈上有病，而是指胃中停饮上逆胸膈而引起呕吐。吐后思水，这是饮邪去除，阳气来复的表现，与第二条“先呕却渴者，此为欲解”同一道理。病人口渴思水，应按《伤寒论·太阳篇》71条所说“少少与饮之，令胃气和则愈”。若饮水过多过急，恐胃弱不能消水，使旧饮尚未尽去，而新饮又复停留，此时可用猪苓散进行调治。方中猪苓、茯苓淡渗利水，白术健脾运湿。三药合用，共奏健脾利水之效。制成散剂，是取“散者散也”之意，使水饮得以速散，防止新饮停聚。

附　医案举例

刘某，男，26岁。忽然患腹痛如刀割，腹胀如鼓，大便不通，大渴，床头用釜盛茶水，每饮一大杓，饮下不久即呕出，呕后再饮，寝室满地是水。据西医诊断是“肠套叠”，须用大手术，病延至三日，医皆束手，危在旦夕。余诊其脉沉紧而滑，首用白术、茯苓、猪苓各五钱，水煎服一剂，呕渴皆除，大便即通。继用附子粳米汤，腹痛、腹胀等症亦渐痊愈。(《湖南中医医案》第一集.150)

（6）吐后贪饮证

【原文】

吐後，渴飲得水而貪飲者，文蛤湯主之。兼主微風，脉緊，頭痛。（十九）

文蛤湯方：

文蛤五兩　麻黄三兩　甘草三兩　生薑三兩　石膏五兩　杏仁五十枚　大棗十二枚

上七味，以水六升，煑取二升，温服一升，汗出即愈。

【释义】　本条论述吐后贪饮的证治。“吐后，渴欲得水”，本属正常现象，因吐则伤津，故欲饮水以救燥；但若表现为“贪饮”，即渴而饮水不止，则属病理变化。究其原因，乃水热互结上焦，吐后水去热留，热则消水，故而贪饮；多饮必致水湿内积，加之余热未清，难免不变生他证，故用文蛤汤治疗。方中文蛤咸寒，泄热生津止渴；配以石膏清热止渴；麻黄、杏仁、生姜宣肺散饮；甘草、大枣和胃调中，诸药合用，具有清热散饮，生津止渴之效。此外，因麻黄、生姜有解表祛邪的作用，如兼感外邪，症见微风、脉紧、头痛者，也可用之。

对本条历来注家认识不一。柯琴（韵伯）认为本条与《伤寒论·太阳篇》之文蛤散互错；丹波元简、吴谦等认为“文蛤汤主之”五字，当在“头痛”之后，为传写之讹，以及“兼主”之“主”字是衍文；程林以饮邪为主；尤怡以热郁为主。医家各有见地，但从方证相符方面来讲，程、尤二氏之说可参。

18.2　哕

18.2.1　治则

【原文】

噦而腹滿，視其前後①，知何部不利，利之即愈。（七）

【注释】　①前后：这里是指大小便。

【释义】　本条论述实证呃逆的治疗原则。哕即呃逆，其病有虚有实，本条呃逆与腹满并见，且用通利之法治之，显然属于实证。病由实邪内阻，气机壅逆所致。实邪内阻，气机不畅则腹满，气逆于上则呃逆。此外，还应观察大小便情况。若腹满与小便不利并见，是水湿阻滞，气机不利，治宜利小便，小便通利则呃逆、腹满自止；若腹满与大便不通并见，是胃肠积滞，下闭上逆，治宜通大便，大便通利则呃逆、腹满亦止。

从以上论述可以看出，实邪内阻、二便不利为病之本，呃逆为病之标，故治疗无须降逆止呃，但通利二便即可，这也是审证求因、审因论治治则的具体体现。

本条未出治方，朱肱《南阳活人书》提出“前部不利者，猪苓汤；后部不利者，调胃承气汤”，可供临床参考。

18.2.2　证治

18.2.2.1　胃寒气逆

【原文】

乾嘔、噦，若手足厥者，橘皮湯主之。(二十二)

橘皮湯方：

橘皮四兩　生薑半斤

上二味，以水七升，煑取三升，温服一升，下咽即愈。

【释义】　本条论述胃寒气逆的干呕、呃逆证治。干呕与呃逆均由胃气上逆所致，二者可合并发生，也可单独出现。手足厥冷是由寒邪犯胃，阻遏胃阳，阳气不能达于四末所致，与阴盛阳微的四逆汤证截然不同，症状表现也有明显差别，仅表现为轻度的寒冷感，故治疗不用桂、附之类回阳救逆，而用橘皮汤通阳和胃。方中橘皮理气和胃，生姜散寒止呕（哕），合而用之，具有理气和胃、散寒止呕（哕）之效，阳通寒去，胃气和降，则干呕、呃逆、厥冷自愈。因病证轻浅，药到病除，故方后云“下咽即愈”。

附　医案举例

方舆輗云：……尝有一男子，暑月霍乱，吐泻虽已止，干呕未止，兼发哕，手足微厥，脉细至欲绝，更医数人，凡附子理中汤、四逆加人参汤、吴茱萸汤、参附、参姜之类，殆尽其术，一不容受，余最后至，诊之，少有所见，即作橘皮汤令煮，斟取澄清，冷热得中，细细啜之，余镇日留连于病家，再四诊视，指令服药之度，移时，药达，稍安静，遂得救治。(《金匮今释·卷六》.42)

18.2.2.2　胃虚有热

【原文】

噦逆者，橘皮竹茹湯主之。(二十三)

橘皮竹茹湯方：

橘皮二斤　竹茹二升　大棗三十枚　人參一兩　生薑半斤　甘草五兩

上六味，以水一斗，煑取三升，温服一升，日三服。

【释义】 本条论述胃虚有热呃逆的证治。原文叙证简略，以药测证可知，该呃逆是因胃虚有热、气逆上冲所致，其证当伴有虚烦不安、少气、口干、手足心热，脉虚数等症，治用橘皮竹茹汤。方中橘皮、生姜理气和胃降逆，竹茹清热安中，人参、甘草、大枣益气补虚，合而用之，具有补虚清热、和胃降逆之效，虚热除，胃气降，则哕逆自愈。

本篇论治呃逆的条文虽然仅有三条，但其内容精要，从分型看有胃寒气逆、胃虚有热及实滞内结三种，从治法上讲有理气和胃、清热补虚及通利二便诸法，为后世辨证论治哕病奠定了基础。此外，本篇治哕诸法及其方药，同样也适用于治疗呕吐。

后世严用和在仲景橘皮竹茹汤的基础上加茯苓、半夏、麦冬、枇杷叶命名为济生橘皮竹茹汤，增强了补虚、清热、降逆的功效，适宜于治疗气阴两虚、胃气上逆之呕吐、呃逆。

附 医案举例

周某，男，22岁。因发热头痛15天，于1980年5月21日住我院治疗。……入院第八天出现呃逆，逐日加重，白天连续发作7~8小时，夜间亦发作，严重时影响睡眠及进食，且出现呕吐，上腹部疼痛不适。经中医辨证：认为本例一年来患多种疾病，久病必虚，舌质红，脉细弱无力，为胃虚夹热之证，治应益胃气，清胃热，降逆止呕，橘皮竹茹汤加味主之：党参15克，竹茹9克，白术12克，茯苓12克，橘皮9克，生姜3片，大枣4枚，麦芽9克，甘草2克。上方每日一剂，服一剂后，哕逆减轻，共服三剂，哕逆完全停止，停药后至今无复发。[张万邦．橘皮竹茹汤治疗顽固性呃逆．新中医，1981，(12)：4]

18.3 下 利

18.3.1 热利脓血病机

【原文】

下利，寸脉反浮数，尺中自①濇者，必圊膿血。(三十二)

【注释】 ①自：作“本”字解。

【释义】 本条从脉象论述热利脓血的病机。下利属里证，脉当沉而不浮；如属寒证，脉当迟而不数。今下利脉不沉迟而反浮数，可知该下利非阴寒所致，而是阳热为患。因寸脉属阳以候气，寸脉浮数为阳热气盛；尺脉属阴以候血，尺中自涩，为阴血不足。原本阴血不足，加以阳热气盛，势必导致热盛营腐而下利脓血。

18.3.2　治法与禁忌

18.3.2.1　湿滞气利治法

【原文】

下利氣者，當利其小便。（三十一）

【释义】　本条论述气利的治法。下利气是指下利而有矢气频多之证，亦称气利。由脾虚不运，湿滞气阻，蕴郁肠道所致，多伴有肠鸣、腹胀、小便不利等症。治当渗利小便，以分利肠中湿邪，湿邪去除，气机调畅，气利自止。后世医家受本条之启发，提出了“治湿不利小便，非其治也”，以及“急开支河”之说。

18.3.2.2　虚寒下利治禁

【原文】

下利清穀，不可攻其表，汗出必脹滿。（三十三）

【释义】　本条论述虚寒下利的治禁。下利清谷多由脾肾阳虚所致，纵有表邪，也应先温其里，不可径用汗法攻表。若误攻其表，必致汗出而阳气益虚，阴寒更盛，寒凝气滞，则发生腹部胀满的变证，此即《内经》所说“脏寒生满病”之理。

18.3.3　证治

18.3.3.1　虚寒下利

（1）虚寒兼表证

【原文】

下利，腹脹滿，身體疼痛者，先温其裏，乃攻其表。温裏宜四逆湯，攻表宜桂枝湯。（三十六）

四逆湯方：方見上。

桂枝湯方：

桂枝三兩（去皮）　芍藥三兩　甘草二兩（炙）　生薑三兩　大棗十二枚

上五味，　咀，以水七升，微火煑取三升，去滓，適寒温服一升，服已須臾，啜稀粥一升，以助藥力，温覆令一時許，遍身漐漐微似有汗者，益佳，不可令如水淋漓。若一服汗出病差，停後服。

【释义】　本条论述虚寒下利兼有表证的证治。下利腹胀满为里有虚寒，身体疼痛为外有表邪，二者同时出现，形成了表里同病。一般情况下，表里同病应采取先表后里，或表里同治的治法，而本证虽表里同病，但里证为急。在此情况下，必须先治里而后攻表，故先用四逆汤温里，待里气充实，而表证仍在时，再用桂枝汤以解表。

本条为《脏腑经络先后病》篇第十四条补出了治法，学习时可前后互参。

附　医案举例

李某，女，35 岁，职员。肠鸣腹泻，下利清谷，日四五次，伴有腹痛，形寒肢冷，曾服理中汤、四神丸等药，效果不显。近日病情加重，面色青黑，精神疲惫，舌淡，苔白，六脉沉细，四诊合参，系脾肾俱虚，阳气衰微，阴寒内盛所致。用以回阳救逆兼止泻之法，投以四逆汤加味。处方：炮附子 30 克，干姜 20 克，炙甘草 10 克，赤石脂 50 克。水煎服。服药后病减，四剂泻止，再服二剂获愈。［吴崇奇．四逆汤证验案．吉林中医，1983，(6)：28］

（2）阴盛格阳证

【原文】

下利清穀，裏寒外熱，汗出而厥者，通脉四逆湯主之。（四十五）

通脉四逆湯方：

附子大者一枚（生用）　乾薑三兩(強人可四兩)　甘草二兩（炙）

上三味，以水三升，煑取一升二合，去滓，分温再服。

【释义】　本条论述寒厥下利，阴盛格阳的证治。下利清谷，由脾肾阳虚，阴寒内盛所致；里寒外热即真寒假热，为阴盛格阳所致，当有身微热、面赤如妆等假热之症。汗出是虚阳外脱之象；四肢厥冷为阳气虚衰，不能达于四肢。病变发展至此，阴从利而下竭，阳从汗而外脱，阴阳大有离绝之势，病情相当危重，宜急用通脉四逆汤回阳救逆。该方由四逆汤倍干姜而成，其回阳救逆之力较四逆汤更强。

附　医案举例

患儿男性，1 岁，于 1960 年 8 月 28 日因发烧七天就诊。其母说：七天前发热，经西医诊断为重感冒，用青霉素、链霉素等数天后热终未退。检查体温 39.5℃，心肺正常，腹部无异常。化验白细胞 19.8×10^9/L，中性 80%，淋巴 15%。望诊：眼睛无神，想睡，懒睁眼，符合于少阴证的“但欲寐”。并有四肢逆冷，诊脉浮大无根，诊断为少阴格阳症，法宜温中回阳并兼散寒，方用通脉四逆汤。处方：干姜 2.4 克，附子 1.5 克，甘草 1.5 克。开水煎，冷服。服药后，患儿熟睡 4 小时，醒后精神好，四肢不逆冷，眼睛大睁，不再发热。约两小时后，检查体温 37℃，化验白细胞 8.4×10^9/L。前后六小时一切症状消失而痊愈。［许云斋．少阴格阳证辨证治疗的初步经验．中医杂志，1962，(2)：14］

（3）虚寒滑脱下利证

【原文】

氣利①，訶梨勒散主之。（四十七）

訶梨勒散方：

訶梨勒十枚（煨）

上一味，爲散，粥飲和②，頓服。

【注释】　①气利：指下利滑脱，大便随矢气而排出。

②粥饮和：用米粥之汤饮调和。

【释义】 本条论述虚寒性肠滑气利的证治。条文叙症简略，从其所用方药分析，诃梨勒散由诃梨勒（即诃子）一味组成，该药具有敛肺涩肠、固脱止利的作用，煨用则收涩止利之力更强；以粥饮和服，意在借谷气之力而益肠胃、健中气。由此可知，本条气利当属虚寒滑脱之证，病机属泻利日久，中气下陷，气虚不固，症见下利泄泻，滑脱不禁，大便随矢气而出。因诃梨勒散为涩肠固脱之剂，若有实邪不得使用，以防固涩而敛邪。

结合本条与第三十一条来看，气利是指下利而矢气频多之证，但有虚实之分。第三十一条所述为实证，病由湿滞气阻、蕴于肠道所致，治宜利小便为法；本条所述为虚证，病由中气虚寒，气虚不固所致，治宜涩肠固脱为法。

另外，本方也可用于虚脱不禁之久咳、久泻、久痢等症。

附 医案举例

杨某，男，38岁，1957年秋，患痢疾已三天，小腹疼痛，里急后重，频欲登厕，每次多排出少量粉冻样肠垢，纯白无血，有时则虚坐努责，便之不出，自觉肛门嵌顿重堕，昼夜不已，前医曾予芍药汤加减，一剂后病情加剧，邀诊：舌苔白滑，脉沉涩紧，询之，知发病后未见寒热现象，似属气痢，乃试用《金匮》诃梨勒散：诃子十枚煨、剥去核研末，用米粥汤一次送服，约隔一小时许，当肛门窘迫难忍之时，经用力努挣，大便迅即直射外出，从此肛门如释重负，顿觉舒适，后服调理脾胃之方而康复。[杨文辉等．《金匮》诃梨勒散治疗气痢．浙江中医杂志，1980，(8)：356]

18.3.3.2 实热下利

【原文】

下利三部脉皆平[①]，按之心下堅者，急下之，宜大承氣湯。(三十七)

下利脉遲而滑者，實也，利未欲止，急下之，宜大承氣湯。(三十八)

下利脉反滑者，當有所去，下乃愈，宜大承氣湯。(三十九)

下利已差，至其年月日時復發者，以病不盡故也，當下之，宜大承氣湯。(四十)

大承氣湯方：見痓病中。

下利譫語者，有燥屎也，小承氣湯主之。(四十一)

小承氣湯方：

大黄四兩　厚朴二兩（炙）　枳實大者三枚（炙）

上三味，以水四升，煮取一升二合，去滓，分溫二服，得利則止。

【注释】 ①三部脉皆平：指寸、关、尺三部皆出现平人脉象。

【释义】 以上五条论述实热下利的脉证和治法。下利有虚寒与实热之分，虚寒下利多由脾肾阳虚所致，实热下利多因食滞糟粕内结，大肠传导失常所致。

第三十七条下利而见脘腹胀满，按之坚硬，其病显然是因实滞内结所致，三部脉皆平，是食滞初停，尚未化热，正气也未受到损伤，此时应抓紧时机早期治疗，故原文云“急下之”，用大承气汤治疗。

第三十八条下利而见脉迟滑，脉迟由食阻气滞、气机运行不畅所致，其特点是迟而有力，与阳虚寒盛之迟而无力之脉截然不同；脉滑为食滞内结，谷气壅实之征。本证是因邪实致利，邪实不去，则下利不止，故治应急下，宜用大承气汤通腑去实，实去则利止。

第三十九条云“下利脉反滑”，意思是说，下利若属虚寒，脉必细弱，今见滑脉，是内有宿食之故，故曰“反”。治疗当攻下食积，可用大承气汤，邪实一去，利即自愈，故“下乃愈”。

第四十条云下利愈后，经过一定时间又复发，多半是由于医者治疗不当，过早使用收涩止利之品，使“闭门留寇”，或病重药轻，治不彻底，使余邪留滞于胃肠所致。患者每因气候变化、饮食失调或劳倦内伤等因素，而使下利反复发作，此证多见于痢疾，后世方书谓之“休息痢”。治疗当从本论治，用大承气汤攻下实邪。下利谵语,有虚有实。

第四十一条所述为胃肠实热之热结旁流证。下利是因胃肠实热，燥屎内结，热邪逼迫津液从旁下渗所致，其特点是：下利而腹满疼痛拒按，大便臭秽不畅。因邪热炽盛，扰及神明，尚伴有谵语、潮热、汗出、舌苔黄燥、脉滑等症，治宜小承气汤通腑泻热，实热去，燥屎除，下利谵语自止。

以上第三十七~四十一条论述实热下利的脉证和治法，可以看出，实热下利由于病程长短，病机变化不同，其脉象表现可有“平”、“滑”、“迟”之别，但均与食滞内停有关。大、小承气汤均属攻下之剂，仲景用其治疗下利，这是“通因通用”法则的具体运用。

【现代研究】 本方有抑制透明质酸酶的作用，从而降低毛细血管通透性，减少炎性渗出物，降低炎症病灶的扩散。本方能明显增强肠蠕动，增强肠容积和使套迭还纳的作用。用狗作游离肠袢实验中观察到经肠腔内注入大承气汤后，能显著增加肠血流量，改善肠管的血运状态，且在增加肠血流量的同时，还能增强肠蠕动。其意义在于：①能增加肠壁或腹腔脏器的血氧供应，有利于保持肠壁的生理机能；②肠麻痹或肠循环不足时，肠内腐败分解过程增加，厌氧菌繁殖可能加速，而肠蠕动的增加和肠壁血液循环的改善，可改变细菌学状态，并促使肠内腐败物质分解；③肠壁血循环增加有利于腹腔内渗出物的吸收及白细胞析出，以利消除炎症。

据临床报道，本方治疗急性胰腺炎、胆系感染与胆石症、化脓性阑尾炎、急性肠梗阻、急性肺炎都收到很好疗效。[周孜．大承气汤临床与实验研究的进展．中成药，1990，(7)：37]

附　医案举例

张某，其夫人患痢疾，屡治不效。托梁某转邀余视之，年50余，人甚枯瘦。诊其脉浮数特甚。问发热否？曰：热甚。问：渴否？曰：渴甚。余曰：若然，则腹必胀痛也。曰：然。乃告张曰：外似虚，却是实证，非下之不可。张不然其说，曰：体素虚，况痢则愈虚，再下之恐不相宜，万一病不可补，微利之可乎？余告以利之无益，若再迟数日，恐内蕴攻胃，成噤口也。张不得已，嘱余开方。余以大承气汤进。归经数日，又请往视，余曰，此病当大效，何迟迟至是。问来人，则前方恐过峻，减去芒硝故也。乃告其来人曰：归语张某，不服芒硝，勿望余治也。来人归以实告，张勉强加芒硝服之，越半时腹中如坠，暴下如血块数次，病者气乏而卧，痢亦止矣。越日遣人又问，告曰：病已去，不必再下，但病实伤阴，以芍药汤和之，数剂则无误矣。归遂服芍药汤，半月而安。（王堉．醉花窗医案．太原：山西人民出版社，1985. 64）

18. 3. 3. 3　下利脓血

（1）虚寒滑脱下利证

【原文】

下利便膿血者，桃花湯主之。（四十二）

桃花湯方：

赤石脂一斤（一半剉，一半篩末）　乾薑一兩　粳米一升

上三味，以水七升，煑米令熟，去滓，温服七合，内赤石脂末方寸匕，日三服；若一服愈，餘勿服。

【释义】　本条论述虚寒下利便脓血的证治。下利便脓血有虚寒与湿热之分，一般初利多属湿热，久利多属虚寒，本证即属后者，病由久利不止，脏气虚寒，气血不固，滑脱不禁所致。由于寒凝日久，气滞血瘀，络伤营腐，以致便脓血，其血必色质紫暗，并伴有神疲乏力，四肢不温，腹痛隐隐，喜温喜按，口不渴，舌质淡苔白，脉微细而弱等症，故治用桃花汤。方中重用赤石脂涩肠固脱，干姜温阳散寒，粳米补虚安中，方后强调“内赤石脂末”冲服，是为增强涩肠固脱的功效。方名桃花汤，是因方中主药赤石脂色似桃花，又名桃花石，故名之。

【现代研究】　认为桃花汤具有收敛止血、止泻止痢、镇痛等作用，可用于久痢便脓血，慢性肠炎、肠伤寒出血等属于虚寒者。［刘献琳．桃花汤与白头翁汤．新中医药，1956，（10）：13］

附　医案举例

张某，女，55岁，家庭妇女，1985年5月5日初诊。患者自觉恶寒发热，颜面浮肿明显，小便短少……当时按风水治疗，三月后患泄泻，腹痛便脓血，一日夜20余次，粪检：白细胞（++），红细胞（+）……患者形瘦神疲，闭目懒言，泄泻为褐色黏液便，腹时隐痛，小便黄少，每餐进米粥半碗，食后即泻，完谷不化，脉细微弦，舌苔根中黄褐而润，证属肾脾不足，中气大伤，湿浊之邪留恋。刻下虚多实少，急宜温涩固下，和养胃气，拟桃花汤加味。处方：赤石脂25克（另5克研细冲服），干姜4.5克，粳米一撮，炒苡仁20克，川黄连5克，广木香6克，罂粟壳9克，肥大枣5枚。二诊：服上药二剂后，泄泻明显好转，腹痛消失，继服上方一剂，泄泻全止，改用和胃调理法二剂，饮食较前增多。［吕奎杰．桃花汤之临床运用．北京中医，1983，（1）：40］

（2）热重下利证

【原文】

熱利下重者，白頭翁湯主之。（四十三）

白頭翁湯方：

白頭翁二兩　黃連　黃柏　秦皮各三兩

上四味，以水七升，煑取二升，去滓，温服一升；不愈，更服。

【释义】　本条论述热利的证治。“热利”，实指湿热下利，“下重”，即里急后重，滞下不爽。该证是由于湿热胶结于肠，腐灼肠络，阻滞气机，使大肠传导功能失职所致，因恶秽之物欲出不得，故里急后重，滞下不爽，下利秽恶脓血腥臭症状较明显。此外，尚有发热、口渴、溺赤、舌红、苔黄、脉数等症。治宜白头翁汤清热燥湿，凉血止利，方中白头翁清热凉血为主，辅以秦皮泻热涩肠止痢，黄连、黄柏清热燥湿，坚阴厚肠。药虽四味，确为临床治疗湿热痢之要方。

本条应与第三十二条，及《伤寒论·厥阴篇》372 条所云“下利欲饮水者，以有热故也，白头翁汤主之”互相参照。

本方与桃花汤，均治下利便脓血，但二者有寒热虚实的不同。本方多用于湿热蕴结、气机阻滞之初痢，其症以里急后重，滞不下爽，所下脓血色泽鲜明为特征，治以清热燥湿，凉血止痢；桃花汤用于虚寒滑脱、气血下陷之久痢，其症以下利不止，滑脱不禁，所下脓血色泽紫暗不鲜为特征，治以温中涩肠，固脱止痢。

【现代研究】　现代临床研究，对本方不用口服，采取保留灌肠、减少口服后受胃酸等中和作用而削弱之弊，改变肠内环境酸碱度，提高药物对病原菌杀伤力和保持药物在肠内有效时间和浓度，对机体无不良的特殊反应，对慢性顽固性肠道疾病，获得较好的疗效。［刘家驹．白头翁汤加味保留灌肠治疗慢性肠道疾病．浙江中医药，1978，（4）：44］

附　医案举例

患者，女，60 岁，1965 年 7 月。痢下赤白，日数十遍，里急后重。曾服呋喃西林二日效果不显。发热不高，口干，尚不作渴，舌质淡红，舌边呈细小赤点，干而无津，脉象细数。老年津血不足，又患热痢，津血更易耗损，拟白头翁加甘草、阿胶汤。处方：白头翁 12 克，黄连 6 克，川柏 6 克，秦皮 9 克，阿胶 9 克（烊），甘草 6 克。煎至 200 毫升，分两次服。上午服第一剂，至晚大便已变硬，连服一剂病愈。［汤万春．论白头翁汤证．中医杂志，1980，（2）：58］

18.3.3.4　下利虚烦

【原文】

下利後更煩，按之心下濡者，爲虚煩也，梔子豉湯主之。（四十四）

梔子豉湯方：

梔子十四枚　香豉四合（綿裹）

上二味，以水四升，先煑梔子，得二升半，内豉，煑取一升半，去滓，分二服，温進一服，得吐則止。

【释义】　本条论述下利虚烦的证治。实热所致下利本有心烦，下利后，如实邪已去，则心烦可除，今下利后，不但心烦未除，反而加重，故曰“更烦”，此乃余邪郁于胸膈，扰及心神所致。因实邪已去，故心下按之濡软不坚，病由无形邪热内扰所致，故曰“虚烦”。治以栀子豉汤透邪泄热，解郁除烦，方中栀子清心除烦，豆豉宣泄胸中郁热，二药配合，余热得除，虚烦可解。

本条与《伤寒论》78 条“发汗吐下后，虚烦不得眠，若剧者，必反复颠倒，心中懊　，栀子豉汤主之”可以互参。

附　医案举例

王某，男，28 岁。病证始于外感，数日后，心中烦郁之极，整日坐卧不安，懊　难眠，辗转反侧。家人走进与其交谈则挥手斥去，喜独居而寡言，全家人为之惶惶不安。询之大便不秘，但小便色黄，脉数而舌苔薄黄。这种情况张仲景称之为“虚烦”，治当清宣郁火。生山栀 9 克，淡豆豉 9 克。服药后不久，心胸烦乱反而更加严重，继而气机涌逆而作呕吐，伴随全身汗出，家人惟恐服药有误，派人前来询问。被告之服药后得吐而汗出，乃是气机调畅，郁热得以宣透的好现象，其病将愈，不用惊慌。果如所言。（刘渡舟．经方临证指南．天津：天津科学技术出版社，1993. 48~49）

18. 3. 3. 5　下利肺痛

【原文】

下利肺痛，紫参湯主之。（四十六）

紫参湯方：

紫参半斤　甘草三兩

上二味，以水五升，先煑紫參，取二升，内甘草，煑取一升半，分温三服。

【释义】　本条注家争议较大，有认为肺痛不知何证而存疑，有认为是腹痛之误，亦有认为肺痛即胸痛等，究竟以何种说法为是，需待进一步考证。从肺痛即胸痛讲，因肺居胸中，与大肠互为表里，大肠不利而肺气失和，可以有胸部闷痛不舒的表现，其治疗不用瓜蒌薤白通阳，而用紫参汤清热缓急止痛，此亦脏腑表里经脉气化之理，可供研究。

18. 3. 4　呕吐、哕、下利预后

【原文】

夫六腑氣絕[①]于外者，手足寒，上氣，脚縮；五藏氣絕于内者，利不禁，下甚者，手足不仁。（二十四）

【注释】①气绝：是指脏腑之气虚衰的意思。

【释义】　本条总论呕吐、哕、下利病的病机和预后。人体以脏腑为本，五脏六腑各司其职，六腑属阳，阳主卫外，其气行于表；五脏属阴，阴主内守，其气行于里。所谓“六腑之气行于外”，“五脏之气行于内”是指脏腑之气虚衰，外不足以行表，内不能固守封藏的病理而言。由于六腑以胃为本，诸腑皆受气于胃，故六腑之气虚衰的关键是胃阳虚衰。胃阳虚衰，不能达于四末则手足寒冷；胃虚气逆则呕吐、呃逆；上焦受气于中焦，胃阳虚衰，宗气随之虚弱，则上气喘促；筋脉失于阳气的温煦，故　卧脚缩。五脏之中，肾为先天之本，脾为后天之本，诸脏之气发于肾，并受后天脾气的充养，故五脏之气虚衰，关键是脾肾两脏气衰。脾阳虚衰，清气下陷则下利，病久及肾，则下利尤甚。四肢筋脉失去阴液的濡润则手足麻痹不仁。

本条列于呕、哕与下利原文中间，具有承上启下的作用，旨在阐明呕吐、哕、下利病变的一般规律。从总的病机来说，呕吐、哕预后的好坏与胃气的盛衰关系密切，下利预后的好坏与脾肾阳气的盛衰关系密切。

18.3.5　下利预后

【原文】

下利[①]脉沉弦者，下重[②]；脉大者，爲未止，脉微弱數者，爲欲自止，雖發熱不死。(二十五)

下利手足厥冷，無脉者，灸之不温。若脉不還，反微喘者，死。少陰負趺陽[③]者，爲順也。(二十六)

下利後脉絶，手足厥冷。晬時[④]脉還，手足温者生，脉不還者死。(三十五)

下利有微熱而渴，脉弱者，今自愈。(二十七)

下利脉數，有微熱，汗出，今自愈；設脉緊爲未解。(二十八)

下利脉數而渴者，今自愈；設不差，必圊[⑤]膿血，以有熱故也。(二十九)

下利脉反弦，發熱身汗者，自愈。(三十)

下利脉沉而遲，其人面少赤，身有微熱，下利清穀者，必鬱冒[⑥]，汗出而解，病人必微熱。所以然者，其面戴陽，下虚故也。(三十四)

【注释】　①下利：本条指痢疾。

②下重：即里急后重。

③少阴负趺阳：就是少阴脉比趺阳脉弱小的意思。

④晬时：即一昼夜，又称一周时。

⑤圊：(qīng 音清)，厕也。

⑥必郁冒：即郁闷昏冒之意。

【释义】　第二十五条从脉象上判断下利的病情和预后。沉脉主里，弦脉主寒主痛。下利而脉沉弦，是病邪入里，阻滞气机，腑气不畅，症见腹痛、里急后重；脉大为邪盛，大则病进，故云“为未止”；若见脉微弱而数，是邪气渐衰，阳气渐复，故云“为欲自止”，发热指身微热，为阳气来复的征兆，故曰：“不死”。

第二十六条从脉证上判断虚寒下利的预后。下利而见手足厥冷，无脉，显系脾肾阳虚，阴寒极盛之危候。此时可采用艾灸之法回阳救逆，若灸后厥冷不去，脉不还出，反见微喘，是阴气下竭，阳气上脱，阴阳离决的死证；若灸后脉气见回，且少阴肾脉弱于趺阳胃脉，为顺证，预后较好。

第三十五条论述虚寒下利而阳微欲绝的转归。下利后出现脉绝，手足厥冷，是阴竭阳衰之危候，其预后的好坏取决于阳气的存亡。经服用回阳剂后，如在一定时间里脉起，手足转温，是阳气来复、生机未息之象，故主生。若经一昼夜而脉仍不起，手足不温，则是真阳已绝，生机已灭，故主死。

第三十五与第二十六条意义相似，应前后互参。该下利在临床中多发生于暴注下利后，尤其是霍乱病多有此证。可用白通、四逆汤治疗。

第二十七条论述阴寒下利病情向愈的脉证。虚寒下利，若见微热、微渴之症，是阳气来复的征兆，更见脉弱者，说明邪气已衰，正复邪去，其病当愈。

第二十八条论述虚寒下利向愈与未解的脉证。虚寒下利，多由脾肾阳虚所致，如在其病变过程中出现脉数，微热，汗出症状是阴寒去除，阳气来复，阴阳趋于和协之兆，故云“自愈”。假如下利而脉紧，紧主寒，表示寒邪仍盛，故其病“为未解”。

第二十九条论述虚寒下利向愈及阳复太过的脉证。如上所述，虚寒下利出现脉数、口渴，为阳气来复，其病有向愈之兆，但此脉数必微弱而数，口渴亦为微渴。若见脉洪数有力，渴甚而喜凉饮，则为阳复太过，邪热转盛，热甚必伤阴络，阴络伤则血内溢，必便下脓血。原文最后“以有热故也”五字，概括了圊脓血的病机。

第三十条再论虚寒下利自愈的病机和脉证。虚寒下利。为病在里，故其脉当沉，今脉不沉而反弦，并见发热，汗出者，为阳气来复，营卫调和，故云“自愈”。

以上七条从脉证方面判断虚寒下利的预后，概而言之，在虚寒下利过程中，如见微热、微渴、微汗、手足厥冷变温、脉微弱而数或脉弱，均为邪气已衰、阳气来复的佳兆，说明下利向愈；如见手足厥冷加重，无脉或脉微欲绝、脉大或紧，均为邪盛而阳衰，预后不良；若见口渴喜冷饮，脉数有力，则为阳复太过，病变由寒转热，热伤阴络，易致下利脓血。

第三十四条论述虚寒下利而虚阳浮越的脉证表现。下利而脉沉迟，是脾肾阳虚，阴寒内盛所致之虚寒下利。阴寒内盛，格阳于上则“其人面少赤”，格阳于外则“身有微热”，脾肾阳微，不能温腐水谷则“下利清谷”。若虚阳尚能振奋，进而与阴邪相争，则见郁闷不舒、头昏目瞀之状，若正胜邪却，阴阳相和，则周身津津汗出而病愈。“所以然者，其面戴阳，下虚故也。”属于自注文字，不仅是解释面赤戴阳的机制，亦是对上述病机的概括，即下焦阳虚，阴寒内盛，阴阳格拒。

本条强调虚寒下利病重者可发生阴盛格阳，预后较差；若阳虚不甚，尚可与阴邪相争，正能胜邪则有治愈之机。

18.3.6 附方

（1）《千金翼》小承气汤

【原文】

《千金翼》小承氣湯：治大便不通，噦數①譫語。

【注释】 ①哕数：即指呃逆频作，情势急迫之意。

【释义】 本方所治，乃阳明实热内结，腑气不通，浊气上逆所致。腑气不通则大便秘结，浊气上逆则呃逆谵语。治以小承气汤泻热通便，大便畅通，浊气下行，则呃逆、谵语随之消失。

（2）《外台》黄芩汤

【原文】

《外臺》黄芩湯：治乾嘔下利。

黄芩三兩 人參三兩 乾薑三兩 桂枝一兩 大棗十二枚 半夏半升

上六味，以水七升，煮取三升，温分三服。

【释义】 此方主治因胃中虚寒而夹肠热所致的干呕下利。方中黄芩清肠止利；干姜温阳散寒，半夏降逆止呕；人参、大枣补虚和中；桂枝辛温佐干姜以温振中阳，协半夏以降逆气。诸药合用，以收温胃补虚、清肠止利之效。

18.4 结 语

本篇系统地论述了呕吐、哕、下利的因机证治。全篇共 47 条，其中前 23 条论呕吐、哕，后 24 条论下利。

呕吐与哕皆由胃失和降，气逆于上所致，治疗均以和胃降逆为大法。呕吐之因比较复杂，就本篇来看，包括虚寒、实热、寒热错杂及水饮内停等多种原因所致。

1）虚寒呕吐由胃虚寒凝所致者，症见呕吐、胸满，治宜散寒降逆，温中补虚，方用吴茱萸汤；由肝胃虚寒、浊阴上逆所致者，症见干呕、吐涎沫、巅顶头痛，治宜温肝暖胃，降逆止呕，仍用吴茱萸汤治疗；由脾肾阳虚、阴盛格阳所致者，症见呕吐、小便清长、四肢厥冷而身微热、脉微弱无力，治宜回阳救逆，方用四逆汤；由脾胃虚寒、津液亏虚所致之胃反重证，症见朝食暮吐、暮食朝吐，宿谷不化，大便干燥如羊矢，治宜补脾和胃，降逆止呕，方用大半夏汤。

2）实热呕吐由肠热犯胃，胃失和降所致者，若呕吐与便秘同见，治宜通腑泻热，方用大黄甘草汤；若呕吐与泄泻同见，治宜清肠止利，降逆止呕方用黄芩汤加半夏生姜汤；由肝热犯胃所致者，症见呕吐、往来寒热、胸胁苦满、口苦咽干，治宜和解少阳，方用小柴胡汤。

3）寒热错杂呕吐是因寒热互结中焦所致，症见呕吐、心下痞、肠鸣泄泻，治宜辛开苦降，调和胃肠，方用半夏泻心汤。

4）痰饮呕吐由饮停心下、胃气上逆所致者，症见呕吐、谷不得下，治宜化饮降逆止呕，方用小半夏汤，该方为治呕之祖方，经适当配伍，可用于各种原因所致的呕吐；由中阳不足、寒饮上逆所致者，症见干呕、吐逆、吐涎沫，治宜温阳散饮降逆，方用半夏干姜散；由寒饮搏结胸胃所致者，症见似喘不喘、似呕不呕、似哕不哕、彻心中愦愦然无奈，治宜开结散饮降逆，方用生姜半夏汤；由饮阻气逆所致之胃反症，症见吐而渴欲饮水，呕渴交替，治宜通阳化饮，健脾和胃，方用茯苓泽泻汤；若呕后调治，可根据情况分别选用猪苓散、文蛤散治疗。

此外，本篇还提出了“呕家有痈脓，不可止呕”和“病人欲吐者，不可下之”，示人临证当审证求因，治病救本，不可见呕止呕。

哕病本篇分为胃寒气逆、胃虚有热及实滞内结三种，胃寒气逆者，治宜理气和胃，散寒降逆，方用橘皮汤；胃虚有热者，治宜补虚清热，和胃降逆，方用橘皮竹茹汤；实滞内结者，治宜通利二便。后人主张用猪苓汤、调胃承气汤治疗。

下利，包括泄泻和痢疾，其病机可概括为虚寒和实热两大类。虚寒泄泻多由脾肾阳虚所致，可用四逆汤治疗，如病情较重，阴盛格阳，里寒外热者，宜用通脉四逆汤回阳救逆。实热泄泻，多由实热糟粕阻滞肠道所致，治宜通腑泻热，通因通用，方用大、小承气汤。若经攻下后，实滞已去，但邪热郁于胸膈而心烦者，宜用栀子豉汤泄热除烦。气利不同与一般的泄泻，其特点是下利而矢气频多，证候有虚有实，实者由湿阻气滞所致，当利小便；虚者由中气虚寒、气虚不固所致，治宜温中涩肠固脱，方用诃黎勒散。痢疾有虚寒和湿热之分，湿热痢治宜清热燥湿，凉血止痢，方用白头翁汤；虚寒痢治宜温涩止痢，方用桃花汤。

关于虚寒下利的预后转归，仲景指出，在病变过程中，如见微热、微渴、微汗、手足厥冷变温、脉微弱而数或脉弱，均为阳气来复的佳兆，预后较好；如见手足厥冷加重，无脉或脉微欲绝、脉大或紧，均为邪盛而阳衰，预后不良；若见口渴喜冷饮，脉数有力，则为阳复太过，病变由寒转热，热伤阴络，易致下利脓血。

总之，呕吐、哕、下利初病属于实证热证的，多与胃肠有关；久病属于虚证寒证的，多与脾肾有关。治疗应时刻注意顾护胃气与肾气。

复习思考题

1. 呕吐分哪几种类型？试述各类型的代表方剂。
2. 何谓胃反？试述胃反病的病机、症状及治疗。
3. 小半夏汤、生姜半夏汤、半夏干姜散证有何异同？
4. 何谓哕？试述其证治。
5. 半夏泻心汤与黄芩加半夏生姜汤如何区别运用？
6. 桃花汤证与白头翁汤证有何不同？
7. 实热下利为何用承气汤治疗？试述其理。
8. 何谓气利？如何治疗？

（吴晋英）

19

疮痈肠痈浸淫病脉证并治第十八

目的要求

1. 了解疮痈、肠痈、浸淫病、金疮的概念，四病合篇的意义，痈肿初起的脉证与辨脓方法。
2. 熟悉浸淫病的治疗。
3. 掌握肠痈的辨证论治。

重点内容

肠痈的证治。

本章论述了痈肿、肠痈、金疮、浸淫疮四种疾病的辨证施治和预后，因都属外科疾患，故合篇讨论。

痈肿与肠痈同属于痈，但前者发于体表属外痈，后者长于肠内属内痈，二者多由热毒所致。

金疮是指包括各种器械所致创伤，也称金创。

浸淫疮是一种皮肤病，具有传染性，初起形如米粒，瘙痒不止，抓破后流黄水，俗称黄水疮，多因湿热火毒所致。

本篇在论治金疮和浸淫疮时，有方无证，可供研究参考，但对肠痈的辨证治疗，对后世有深远影响，是本篇讨论的重点。

19.1　痈　　肿

19.1.1　痈肿初期脉证

【原文】

諸浮數脉，應當發熱，而反洒淅惡寒，若有痛處，當發其癰。(一)

【释义】　痈肿初期若见脉浮数，系外感表热，表热证当发热重而恶寒轻，若患者恶寒明显，且身体某一局部有固定的红肿热痛，便是发痈的征兆。由于热毒壅塞，营卫阻滞不通，则红、肿、热、痛；卫阳之气不能畅行，则洒淅恶寒。所以，热毒壅塞、营卫阻滞是发痈的主要病机。

脉浮数而恶寒，是痈肿初起常见脉症，但必有局部红、肿、热、痛表现，才能诊断为发痈。所以文中“若有痛处”（必然有局部的红肿热痛）是辨证的关键。

19.1.2　痈肿辨脓法

【原文】

師曰：諸癰腫，欲知有膿無膿，以手掩腫上，熱者爲有膿，不熱者爲無膿。(二)

【释义】　本条论述用触诊辨别痈肿有脓与无脓的方法。具体方法为，用手掩于痈肿上，若有热感，说明热毒炽盛，气血腐化为脓；若无热感，说明热毒未聚，尚未成脓。

本条仅用触诊法辨痈肿的有脓与无脓，尚不够全面，后世医家进一步从痈肿的软与硬，陷与起，颜色变与不变等各方面综合诊断，补充了本书之不足。

19.2　肠　　痈

19.2.1　肠痈脓未成证治

【原文】

腸癰者，少腹腫痞，按之即痛如淋，小便自調，時時發熱，自汗出，復惡寒。其脉沉緊者，膿未成，可下之，當有血。脉洪數者，膿已成，不可下也。大黄牡丹湯主之。(四)

大黄牡丹湯方：

大黄四兩　牡丹一兩　桃仁五十個　瓜子半升　芒硝三合

上五味，以水六升，煑取一升，去滓，内芒硝，再煎沸，頓服之，有膿當下；如無膿，當下血。

【释义】 本条论述肠痈脓未成证治。肠痈脓未成者，由于热毒与瘀血内结肠中，故局部可见少腹肿痞，疼痛拒按，向前阴放射，如淋病状，但小便自调，与淋病有别。由于邪正交争剧烈，营卫不和故全身可见寒战、高热、自汗。脉沉紧有力，为热伏血瘀，正气未虚，脓尚未成。治宜泻热逐瘀，方用大黄牡丹汤，方中大黄、芒硝泻热逐瘀，丹皮、桃仁凉血活血，冬瓜子消痈排脓。诸药合用，共奏清热解毒，凉血活血，消痈排脓之效。若肠痈后期，脉见洪数，说明痈脓已成，当慎用攻下。

【现代研究】 本方具有显著的促进肠道（特别是阑尾）的节律性蠕动，增加肠道血运，增强阑尾局部及全身非特异性吞噬活性，抗渗出及抗病原微生物等作用。由于对在阑尾炎的发病中，肠道蠕动减弱，粪石等异物造成的阑尾局部梗阻、血运障碍、局部免疫功能低下及细菌的繁殖等都起着重要的作用，因而本方的上述作用有利于阑尾内异物的排除、梗阻解除、血运改善，全身及局部抗感染免疫功能增强，抑制细菌生长繁殖等，从而达到对阑尾炎的治疗。（邓文龙．中医方剂的药理与应用．重庆：重庆出版社，1990. 870）。

另据吕氏等报道：大黄牡丹汤加味治疗小儿化脓性扁桃体炎，病机属肺胃热盛，治疗以清热通下为主，用本方加连翘、黄连、金银花、甘草为基本方，治疗 50 例，均治愈。［吕元剑等．大黄牡丹汤加味治疗小儿化脓性扁桃体炎．辽宁中医杂志，1997，（5）：24］

附 医案举例

李某，男，24 岁，1979 年 8 月 1 日入院，入院号：18923，患者脐周隐痛 2 小时后转至右下腹持续性疼痛，伴脘腹胀闷，恶心，大便干结。检查：体温 37.2℃，脉搏 98 次/分，呼吸 22 次/分，血压 13.3/10.7kPa（100/80mmHg），急性痛苦面容，腹平软，右下腹压痛，以麦氏点明显，无反跳痛。舌质淡红，苔薄白，脉弦紧。血象：白细胞 17.0×10^9/L，中性 80%，淋巴 15%，单核 5%。尿常规无异常。西医诊断：单纯性阑尾炎。中医辨证肠痈（瘀滞型），治宜通里攻下，行气祛瘀，辅以清热解毒。方用大黄牡丹汤加减：大黄 10 克（后下），薏苡仁 15 克，牡丹皮 10 克，桃仁 10 克，芒硝 10 克（冲服），金银花 15 克，蒲公英 15 克，枳实 10 克，日服 2 剂。药后排溏烂大便 2 次，腹痛明显减轻。第二天，以上方去芒硝，每天一剂，连服二天，腹痛消失，仅有右下腹轻微疼痛。原方加川楝子 10 克，延胡索 10 克，继服一剂后，右下腹无压痛。继服二剂，复查血象正常，共住院六天，痊愈出院。［肖振球等．以大黄牡丹汤为主治疗急性阑尾炎 224 例疗效分析．广西中医药，1986，（3）：10］

19.2.2 脓已成证治

【原文】

腸癰之爲病，其身甲錯，腹皮急，按之濡，如腫狀，腹無積聚，身無熱，脉數，此爲腸内有癰膿，薏苡附子敗醬散主之。（三）

薏苡附子敗醬散方：

薏苡仁十分　附子二分　敗醬五分

上三味，杵爲末，取方寸匕，以水二升，煎減半，頓服，小便當下。

【释义】　本条论述肠痈脓已成证治。肠痈脓已成的症状表现，分为局部（腹部）症状和全身症状。从局部症状看，可见腹部皮肤紧张隆起如肿状，但按之濡软，与腹部积聚不同。从全身症状看，可见肌肤甲错，全身不发热，脉数无力。肌肤甲错是因营血久郁于里、肌肤失养所致，全身无发热是因热毒聚结于肠痈局部，邪热不复外散，脉数无力，说明由于邪气交争，正气已受损伤。治宜排脓解毒，振奋阳气。方用薏苡附子败酱散，方中重用薏苡仁排脓消痈，佐用败酱草清除未尽之热毒，轻用附子辛热散结，振奋阳气，托脓外出。

从第三、四条的论述可以看出，肠痈可分脓已成和脓未成两个阶段，脓未成阶段的病机主要是热毒炽盛，热壅血瘀。局部症见少腹肿痞，疼痛拒按；全身见有寒战，高热，汗出；脉象沉紧有力。治宜大黄牡丹汤泻热逐瘀。

脓已成阶段的病机，是在热壅血瘀的基础上进而气血腐化为脓，正气渐受损伤。局部症见按之濡，如肿状，腹无积聚；全身见有身无热，肌肤甲错；脉象数、洪数无力。治宜薏苡附子败酱散排脓消痈，扶正托邪。

19.3　浸　淫　疮

19.3.1　浸淫疮证治

【原文】

浸淫瘡，黄連粉主之。方未见。(八)

【释义】　本条论述浸淫疮的治疗和预后。浸淫疮是一种具有传染性的皮肤病，初起形如粟状，范围很小，瘙痒不止，抓破流黄水，浸渍皮肤，逐渐蔓延及全身，病因多由湿热火毒所致，治宜清热燥湿解毒，方用黄连粉，原书对黄连粉的药物组成未予记载，但方中的黄连苦寒，具有清热燥湿解毒之功，故可用于治疗浸淫病，临证外敷或内服均可。

19.3.2　预后

【原文】

浸淫瘡，從口流向四肢者，可治；從四肢流來入口者，不可治。(七)

【释义】　本条论述浸淫疮预后的判断。浸淫疮预后的好坏，可以依据疾病的发展趋势进行判断。从胸口、心口起病，逐渐向四肢蔓延的，说明毒邪由内向外发展。预后较好；反之，若先从四肢起病，逐渐向心口、胸口蔓延，说明毒邪由外向内发展，预后较差。

19.4 金　疮

19.4.1 成因

【原文】

問曰：寸口脉浮微而澀，法當亡血，若汗出。設不汗者云何？答曰：若身有瘡，被刀斧所傷，亡血故也。(五)

【释义】 金疮，又称金创，在原文中张仲景明确指出，金疮是金属器械所伤引起，病由外伤所致，又且失血较多，所以出现了浮微而涩之脉。

19.4.2 证治

【原文】

病金瘡，王不留行散主之。(六)

王不留行散方：

王不留行十分（八月八日采）　蒴藋細葉十分（七月七日采）　桑東南根白皮十分（三月三日采）　甘草十八分　川椒三分（除目及閉口，去汗）　黄芩二分　乾薑二分　厚朴二分　芍藥二分

上九味，桑根皮以上三味燒灰存性，勿令灰過；各别杵篩，合治之爲散。服方寸匕。小瘡即粉之，大瘡但服之，産後亦可服。如風寒，桑根勿取之。前三物皆陰乾百日。

【释义】 本条指出金疮的治疗。王不留行散具有消瘀止血、行气化滞之效，故可用治金疮出血。

19.5 附　方

(1) 排脓散

【原文】

排膿散方：

枳實十六枚　芍藥六分　桔梗二分

上三味，杵爲散，取鷄子黄一枚，以藥散與鷄黄相等，揉和令相得，飲和服之，日一服。

【释义】 本方用于热壅血瘀气滞较为明显者。方中枳实破滞消积，清解郁热；桔梗开肺排痰，二者一升一降，使气滞可开，壅结可散；芍药养血活血；鸡子黄甘润补虚，使气行血畅，祛邪而不伤正，用于胃痈或肠痈排脓。

（2）排脓汤

【原文】

排膿湯方：

甘草二兩 桔梗三兩 生薑一兩 大棗十枚

上四味，以水三升，煑取一升，温服五合，日再服。

【释义】 该方中桔梗、甘草即桔梗汤，用于排脓解毒，生姜、大枣调和营卫，补益脾胃，全方共奏解毒排脓、行阳和阴之功，适宜于胃痈或肺痈排脓。

19.6 结 语

本篇所论痈肿、肠痈、金疮、浸淫疮四种疾病，均属外科疾患，其中对痈肿的诊断和肠痈的辨证治疗，在理论和实践方面具有指导意义。

痈肿多由热毒所致。判断有脓无脓，篇中指出可用触诊，热者为有脓，不热者为无脓，后世在此基础上采用色泽改变、有无波动等进行辨别，收到良效。

对肠痈的辨证治疗主要依据临床表现。从脉象、全身症状、局部症状判断是否成脓，若脓未成者，采用大黄牡丹汤泻热逐瘀；若脓已成者，采用薏苡附子败酱散排脓消痈，振奋阳气。

金疮是指包括各种器械所致创伤，篇中采用王不留行散散瘀止血镇痛。排脓散、排脓汤治疗痈肿，具有应用和研究价值。

浸淫疮是一种皮肤病，具有传染性，初起形如米粒，瘙痒不止，抓破后流黄水，俗称黄水疮，多因湿热火毒所致。治用黄连粉清热燥湿解毒。对浸淫疮预后的判断，实际上也是疾病转归的一般规律。

复习思考题

肠痈如何辨证施治？

（李俊莲）

20

趺蹶手指臂肿转筋阴狐疝蛔虫病脉证治第十九

目的要求

1. 了解趺蹶、手指臂肿、转筋、阴狐疝、蛔虫病的概念及合篇意义。
2. 熟悉阴狐疝的症状特点和治法。
3. 掌握蛔虫病的病机和治疗。

重点内容

1. 阴狐疝的症状特点和治法。
2. 蛔虫病的因机证治。

本篇主要论述了趺蹶、手指臂肿、转筋、阴狐疝、蛔虫病五种病证。张仲景将不属于内科、外科、妇科病的上述五种病症合为一篇讨论。其中重点论述蛔虫病特别是蛔厥的脉证和治疗。

20.1 趺蹶病证治

【原文】

師曰：病趺蹶①，其人但能前，不能却，刺腨②入二寸，此太陽經傷也。(一)

【注释】　①趺蹶："趺"同"跗"，"蹶"，《说文》："僵"也。趺蹶指足背僵直，行动障碍，只能向前走，不能向后退的疾病。

②腨：《说文》："腨，腓肠"也，即小腿肚。

【释义】　本条讨论趺蹶的病因和证治。原文中"此太阳经伤也"，宜置于"刺腨入二寸"之前，整个原文论述趺蹶病的症状、病因、治法。因足太阳膀胱经"下贯腨内，出外踝之后，循京骨，至小指外侧"，现太阳经脉受伤，牵引拘急，故足背僵直，后跟不能着地，只能前行，不能后退，治疗宜"刺腨入二寸"，即针刺腨部合阳、承山等穴，以舒缓太阳经脉。

20.2　手指臂肿证治

【原文】

病人常以手指臂腫動，此人身體瞤瞤者，藜蘆甘草湯主之。(二)

藜蘆甘草湯方：方未見。

【释义】　本条论述手指臂肿动的证治。手指臂肿动是一种手指臂部关节肿胀，并作振颤，全身肌肉也发生抽动的一种病证。因风痰阻络，风盛则动，湿盛则肿，湿痰凝滞关节则肿，风邪袭于经络则动，故本病可见手指臂肿胀、身体不时抖动之症，治以藜芦甘草汤。方虽未见，但从二药的功效来推测，藜芦涌吐风痰，甘草和中，是针对病因的治疗方法。因本方属于涌吐剂，临床应用时，应结合风痰壅积胸膈的其他脉证，如心烦懊　，欲吐等。目前治疗此种病证，常用导痰汤或指迷茯苓丸，药性平和，疗效肯定。

20.3　转筋病证治

【原文】

轉筋[①]之爲病，其人臂脚直，脉上下行[②]，微弦。轉筋入腹[③]者，鷄屎白散主之。(三)

鷄屎白散方：

鷄屎白

上一味，爲散，取方寸匕，以水六合，和，温服。

【注释】①转筋：俗称抽筋，是一种筋脉拘挛作痛的病证，多见于小腿肚部位。

②脉上下行：形容脉象强直有力而无柔和之象。

③转筋入腹：即痛自两腿牵引少腹作痛。

【释义】　本条论述转筋证治。转筋，是一种筋脉拘挛作痛的病证，俗称抽筋，多见于小腿肚部位，即腓肠肌发生痉挛、疼痛，甚则可从两腿牵引小腹作痛，称为转筋入腹，治以鸡屎白散下气消积，通利二便。鸡屎白性寒下气，通利二便，可知本条的转筋是由于湿浊化热伤阴所致。

20.4　阴狐疝证治

【原文】

陰狐疝氣者，偏有小大，時時上下，蜘蛛散主之。(四)

蜘蛛散方：

蜘蛛十四枚（熬焦）　桂枝半兩

上二味，爲散，取八分一匕，飲和服，日再服。蜜丸亦可。

【释义】　本条论述阴狐疝气证治。阴狐疝，每因起立或走动时有物坠入阴囊，平卧时则缩入腹内，轻则仅有重坠感，重则由阴囊牵引少腹剧痛，为寒气凝结厥阴肝经所致，治用蜘蛛散辛温通利，方中蜘蛛破结通利；配桂枝之辛温，温散厥阴肝经之寒气。但蜘蛛有毒，用时宜慎。现临床多配伍疏肝理气之品如川楝子、延胡索、木香、小茴香、香附、乌药等，疗效更佳。

附　医案举例

乙亥重九日，有倪姓来诊，其证时发时止，今以遇寒而发，偏坠微痛，夜有寒热，睡醒汗出，两脉迟滑。方用大蜘蛛 1 枚（炙），川桂枝四钱，一剂即愈。（曹颖甫．金匮发微．上海：上海卫生出版社，1956）

20.5　蛔　虫　病

20.5.1　脉证与鉴别

【原文】

問曰：病腹痛有蟲，其脉何以别之？師曰：腹中痛，其脉當沉若弦，反洪大，故有蚘蟲。(五)

【释义】　本条论述蛔虫腹痛的脉诊。蛔虫病的主要症状为腹痛，但腹痛原因很多，一般而言，腹痛属里寒者，其脉多沉而弦，现脉仅见洪大而又无热象，这是蛔动气逆之象，所以为蛔虫病。此外，.临证还必须结合其他症状，如平时脘腹疼痛，吐涎，眼白睛有蓝色斑点，下唇黏膜有半透明状颗粒，舌面有红点，苔多剥蚀，面部有白斑，鼻孔瘙痒，梦中　齿，贪食不化，并有嗜异、大便不调等症，才能做出正确的诊断。

其他腹痛与蛔虫腹痛在脉证上也表现不一。如食积腹痛主要表现为腹部胀满疼痛，按之痛甚，口气秽臭，嗳腐吐酸，或腹痛欲泻，泻后痛减，舌苔白腻，脉多弦滑；瘀血腹痛则表现为痛如针刺，痛有定处，固定不移，或可触及包块，推之不移，按之痛剧，昼轻夜重，舌有瘀斑，脉象细涩；虚寒腹痛则见腹痛隐隐，时缓时止，得温则暂缓，四肢不温，面色苍白，舌淡，脉沉而弦等，故临证时必须加以鉴别。

20.5.2 证治

20.5.2.1 蛔虫腹痛证

【原文】

蚘蟲之爲病，令人吐涎，心痛發作有時，毒藥不止，甘草粉蜜湯主之。(六)

甘草粉蜜湯方：

甘草二兩　粉一兩　蜜四兩

上三味，以水三升，先煑甘草，取二升，去滓，内粉、蜜，攪令和，煎如薄粥，温服一升，差即止。

【释义】　本条论述蛔虫病的证治。蛔虫病临床表现第五条已论及，本条强调腹痛特征和具体治疗。蛔虫腹痛即指因蛔虫所致的上腹部疼痛，因蛔动则痛作，蛔静则痛止，故曰“心痛发作有时”。吐涎为口吐清水，对于这种蛔虫病因已投毒药杀虫而未取效，则改用安蛔缓痛之剂以缓病势，俟病势缓和，再用杀虫药治疗比较稳妥。治用甘草粉蜜汤，方中甘草、米粉、蜂蜜皆属甘缓安胃之药，具有缓急止痛之效，服后可以安蛔缓痛。

方中所用之粉，后世争议较大，有注家认为是铅粉，所用毒药不止，指用一般驱虫药，而症状不能缓解，当采用诱虫杀虫的甘草粉蜜汤，故用甘味药投蛔虫所好，继用铅粉杀虫，且甘草、白蜜又能养胃和中，以防铅粉中毒。但铅粉毒性剧烈，不宜多服，应“差即止”。铅粉之说亦通，可供参考。

20.5.2.2 蛔厥证

【原文】

蚘厥者，當吐蚘，令病者静而復時煩，此爲臟寒，蚘上入膈，故煩，須臾復止，得食而嘔，又煩者，蚘聞食臭出，其人當自吐蚘。(七)

蚘厥者，烏梅丸主之。(八)

烏梅丸方：

烏梅三百個　細辛六兩　乾薑十兩　黄連一斤　當歸四兩　附子六兩（炮）　川椒四兩（去汗）　桂枝六兩　人參六兩　黄柏六兩

上十味，異搗篩，合治之，以苦酒漬烏梅一宿，去核，蒸之五升米下，飯熟搗成泥，和藥令相得，内臼中，與蜜杵二千下，丸如梧子大，先食飲服十丸，日三服，稍加至二十丸，禁生冷滑臭等食。

【释义】　以上两条论述蛔厥的证治。蛔厥是因蛔动于中，气机逆乱而腹痛剧烈，以致手足逆冷。病由中气虚寒，停湿蕴热，化生蛔虫，上热下寒，蛔上入膈所致，表现为腹痛、吐蛔、肢厥、烦躁、吐涎等寒热错杂之证，治宜清热燥湿，温中杀虫，补气益血。药用乌梅味酸为君，安蛔和胃；桂、附、姜、椒、细辛温中散寒，兼以杀虫；连、柏之苦清热燥湿杀虫，佐用人参、当归补益气血，扶正祛邪。本方寒热并用，攻补兼施，共奏清热燥湿、温中安蛔之效。

【现代研究】 据有关实验研究证明，乌梅丸的功效有：①麻醉蛔虫，抑制蛔虫活动；②使肝脏分泌胆汁量增加；③降低胆汁的 pH 值；④使胆道口括约肌弛缓扩张。[福安专区医院乌梅丸研究小组．乌梅丸治疗胆道蛔虫病作用机制的实验报告．福建中医药，1960，5（6）：29]

附 医案举例

吴某，女，32 岁。于一天前起病，开始呕吐清涎，继而呕吐苦水，并吐出蛔虫一条，上腹中部突然阵发剧痛，满头大汗，四末不温，舌苔薄白，脉象沉紧，经某医院诊断为胆道蛔虫病，嘱住院手术治疗。因患者系在长沙作客，带钱不多，无法缴费，就诊于我，脉证如上，此为脏寒，蛔上入膈所致，拟温脏安蛔法，用乌梅丸：党参 12 克，当归 10 克，乌梅 3 个，川椒 3 克，细辛 2 克，附片 10 克，桂枝 10 克，干姜 3 克，黄连 3 克，黄柏 6 克，嘱做汤剂，分小量多次服，一剂呕痛即止，后用枸橼酸哌吡嗪驱蛔，以竟全功。（谭日强．金匮要略浅述．北京：人民卫生出版社．366）

20.6 结　　语

本篇主要论述了趺蹶、手指臂肿、转筋、阴狐疝、蛔虫病五种病证。张仲景将不属于内科、外科、妇科病的上述五种病症合为一篇加以讨论。其中重点是论述蛔虫病特别是蛔厥的脉证和治疗。

趺蹶，是指足背僵直、行动不便的一种疾病，是由于太阳经受伤所致。治以刺太阳经穴舒缓筋脉。

手指臂肿指手指和手臂时常肿动、颤动，是由于风痰阻络，治以藜芦甘草汤涌吐风痰。

转筋是一种筋脉拘挛作痛证。部位在四肢，以下肢多见。甚则转筋入腹，引起少腹作痛等。多因湿浊化热所致，治以鸡屎白散下气消积，通利二便。

阴狐疝气是指阴囊偏大偏小、时上时下的病证，多由寒凝所致，用蜘蛛散通利温散。

蛔虫病是因蛔虫所致以腹痛为主要表现的一种病证。治以杀虫缓痛为主，方用甘草粉蜜汤。若蛔厥吐蛔，手足逆冷，静而复烦，得食则吐者，可用乌梅丸寒热并用，安胃杀虫。

复习思考题

试述蛔虫病的辨证论治。

（李俊莲）

21

妇人妊娠病脉证并治第二十

目的要求

1. 了解妇人妊娠病的范围和概念。
2. 熟悉妊娠呕吐、水气、小便难及下血的证治及妊娠养胎方法。
3. 掌握妊娠腹痛的辨证论治。

重点内容

1. 妊娠与癥病的鉴别及治疗。
2. 妊娠下血、腹痛的脉因证治。

本篇论述妇人在妊娠期间常见疾病的证治。具体内容为妊娠的诊断，妊娠与癥病的鉴别以及妊娠恶阻、腹痛、下血、小便难、水肿、胎动不安等病证的诊断和治疗。由于妊娠腹痛与下血直接关系到胎儿的生长和发育，并由此常常导致流产和早产，因此妊娠腹痛、下血作为本篇重点病证加以介绍。

21.1 妊娠的诊断及恶阻轻证的治疗

【原文】

師曰：婦人得平脉①，陰脉②小弱，其人渴，不能食，無寒熱，名妊娠，桂枝湯主之。于法六十日當有此證，設有醫治逆者，卻一月加吐下者，則絶之。(一)

【注释】 ①平脉：指平和无病的脉象。

②阴脉：指尺部脉象。张仲景论脉象关前曰阳，关后曰阴。

【释义】 本条论述仲景对妊娠的诊断和恶阻轻证的调理。妊娠的诊断是依据脉和症进行的。其中脉象表现为尺部稍弱，整体脉来和缓，一息四到五至，症见呕吐，不能饮食，脉症相参，正可谓《素问·腹中论》所言“身有病而无邪脉”之义，为有子，即“名妊娠”，这是生育年龄已婚妇女在初孕时的正常现象，又叫妊娠反应、妊娠恶阻。这种情况出现的时间根据条文所述为初孕 60 天左右，即“于法六十日当有此证”。但在临证中不应拘泥，要根据具体情况进行诊断。产生的机理是初孕之时，血聚养胎，阴相对不足，阳气上浮，上犯胃气，即阴阳失衡，胃气上逆。治以桂枝汤调和阴阳，使阴阳和则胃气降而呕逆除。

对于失治误治致呕吐不止，并见下利者，历代医家有不同的见解。有认为是断绝妊娠，有认为应断绝医药，有认为是断绝病根等，观仲景本篇前后原文对恶阻论治，理解为依据病情进行治疗，比较妥当。

附 医案举例

洛某，女，29 岁。妊娠三月，反应颇重，数十日来呕吐不食，水谷难入，少腹下动气上冲脘部，肢体消瘦，精神疲乏，困卧床笫。治以桂枝汤加减：桂枝 12 克、白芍 12 克、炙甘草 10 克、半夏 10 克、陈皮 10 克、白术 10 克、生姜 6 克、大枣 10 枚，用伏龙肝水煎服，二剂后痊愈。（赵明锐．经方发挥．太原：山西人民出版社，1982. 69）

21.2 癥、胎的鉴别与治疗

【原文】

婦人宿有癥[①]病，經斷未及三月，而得漏下不止，胎動在臍上者，爲癥痼害。妊娠六月動者，前三月經水利時，胎也。下血者，後斷三月衃[②]也。所以血不止者，其癥不去故也，當下其癥，桂枝茯苓丸主之。（二）

桂枝茯苓丸方：

桂枝 茯苓 牡丹（去心） 芍藥 桃仁（去皮尖，熬）各等份

上五味，末之，煉蜜和丸，如兔屎大，每日食前服一丸。不知，加至三丸。

【注释】 ①素有癥病：指旧有癥积之病。

②衃：指血紫而黯的瘀血。也作癥痼的互词。

【释义】 本条论述癥病与妊娠的鉴别和癥病的治疗。癥病与妊娠胎动不安在临床上确有许多相同之处，如停经史、阴道下血、腹中跳动等，极易误诊误治，必须进行鉴别。正如原文所言“妇人素有癥病，经断未及三月，而得漏下不止，胎动在脐上者，为癥痼害。妊娠六月动者，前三月经水利时，胎也。下血者，后断三月衃也”。首先在既往史方面，癥病患者每因瘀血内阻，血不归经而

致月经前后无定期，崩中漏下，多夹瘀块，腹中刺痛，推之不移，舌有瘀斑，脉象沉涩。妊娠停经前，月经多为定期而潮，并无瘀血见证。其次从胎动时间与部位来看，癥病患者“胎儿”大小、腹动时间与正常胎动时间及大小不同。正常妊娠，胎动时间为孕后五六月时，而且部位在脐下或脐部，癥病停经三月即可出现腹中“跳动”，且部位在脐上。再者可从下血情况来看，癥病下血紫暗多块，淋漓不止，而妊娠并不一定会见上述症状。因此，从既往史、腹中跳动的时间和部位及阴道下血情况等方面，不难对癥病（下血）与妊娠（下血）进行区别。

对于癥病的治疗，则应采用“当下其癥”的方法，亦即活血祛瘀法进行治疗，方用桂枝茯苓丸。方中桂枝、芍药调和血脉，牡丹皮、桃仁消癥化瘀，茯苓健脾益气，蜜丸“甘以缓之”，意在缓攻瘀血，共奏消瘀活血、扶正驱邪作用，使瘀血去，出血止，新血生。

【现代研究】 据报道，以本方加三棱、莪术等治疗子宫肌瘤 13 例，6 例痊愈，5 例好转，2 例无效。聂轩等以本方治疗妇科盆腔瘀血综合征 32 例，总有效率达 91%。张孔等介绍了张季高老中医善用本方治胎死腹中、恶露不绝、经来腹痛、乳腺增生等经验。谢家俊等通过实验表明：桂枝茯苓丸能明显地降低全血比黏度，全血还原比黏度，血黏比黏度，纤维蛋白原浓度，增加红细胞电泳速度。这些结果与本方具有活血化瘀功能相一致，并指出本方是低毒显效方剂。（陈家英，慕珍等．桂枝茯苓丸的研究与应用．中国中医药年鉴，1992. 424）。

另据报道：用本方治疗高脂血症，降低血清总胆固醇及三酰甘油的疗效明显优于对照组。［李承功等．桂枝茯苓丸治疗高脂血症 39 例疗效观察．江西中医药，1998，（1）：19］

附：医案举例

王某，女，患“子宫肌瘤”，拟桂枝茯苓丸加三棱、莪术、生黄芪、酒大黄。服药两周后，忽感下腹阵痛，自阴道排出一肉样物，脱于阴道外口，不能自行牵出，经消毒，高位结扎取出一 20cm×15cm×5cm 大的肿物，病理报告为“子宫平滑肌瘤有变性坏死”。术后三天血止，续用药两周后，一切恢复正常。［杨俊明．桂枝茯苓丸加味治疗子宫肌瘤 1 例．北京中医学院学报，1983，（1）：63］

21.3 证 治

21.3.1 妊娠恶阻重证的治疗

【原文】

妊娠嘔吐不止，乾薑人參半夏丸主之。（六）

乾薑人參半夏丸方：

乾薑 人參各一兩 半夏二兩

上三味，末之，以生薑汁糊爲丸，如梧桐子大，飲服十丸，日三服。

【释义】 本条论述妊娠恶阻重证的治疗。妊娠恶阻重证出现在妊娠的中晚期，是由于中气虚寒，停饮上逆，临床表现为呕吐频作，经久不愈，多唾涎沫，脘痞少食，脉弦不渴，舌苔白滑，证属脾胃虚寒，停饮上逆。治当温中益气，蠲饮降逆。方用干姜人参半夏丸，其中人参补益中气，干姜温中散寒，半夏、生姜汁散饮降逆，使胃阳振奋，寒饮蠲化，则胃气得降，呕吐可止。

本方是治疗胃虚寒饮而呕吐不止的要方，不宜于胃虚有热而致呕吐不止，因干姜、半夏为妊娠禁忌药，故加人参益气固胎，正如陈念祖（修园）所言“半夏得人参，不惟不碍胎，且能固胎”，可见仲景深知药物配伍的妙用及应用。

附 医案举例

周某，女，22岁，护士，1986年4月诊。停经二月余，半月来胃纳不佳，饮食无味、倦怠嗜卧，呕吐物清稀澄清或干呕吐逆，口涎增多，面色苍白，胸脘痞塞，喜暖喜按，舌淡红，边有少许齿印，苔白而滑，脉沉略滑。辨证：妊娠恶阻、虚寒吐逆。治则：温中散寒，降逆止呕。干姜人参半夏汤主之：干姜20克，党参24克，半夏12克（先煎1小时），白术、砂仁各9克，生姜三片。水煎服，日1剂。服2剂后，呕吐大减；再服2剂呕止食增，一如常人。［潘端．干姜人参半夏汤治疗妊娠恶阻．四川中医，1986，（11）：34］

21.3.2 妊娠腹痛证治

21.3.2.1 阳虚寒盛腹痛证

【原文】

婦人懷娠六七月，脉弦發熱，其胎愈脹，腹痛惡寒者，少腹如扇①，所以然者，子臟②開故也，當以附子湯温其臟。方未见。(三)

【注释】 ①少腹如扇：形容少腹冷，有如风吹一般。

②子脏：即子宫。

【释义】 本条论述阳虚寒盛所致妊娠腹痛证治。妊娠腹痛是妊娠常见疾病，轻则影响胎儿发育，重则导致流产，必须辨证施治，及早治疗。本条证属下焦阳虚寒甚，胞宫失煦，即肾阳虚弱、阴寒内盛所致。临床表现为腹痛、腹胀，且随胎长而腹胀愈甚，畏寒，少腹作冷，其脉弦紧等，治以附子汤温阳散寒，暖宫安胎，本方所用方剂即《伤寒论》中的附子汤，方中附子助阳祛寒，人参、白术、茯苓补虚益气，芍药缓急止痛，则寒邪散，阳气复，腹痛自止。其中附子一味，虽有破坚下胎之弊，但本证命门火衰，阴寒内盛，是取“有故无殒”之义，故《张氏医通》云：“世人皆以附子堕胎为百药长，仲景独用以为安胎圣药，非神而明之，莫敢轻试也。”

附 医案举例

唐某，女，28岁，1991年11月9日初诊。妊娠六个月，腹部冷痛，曾服当归芍药散等未见好转。刻诊：身倦背恶寒，骨节、身体痛，手足寒，少腹冷痛如扇，入夜加重，腹胀，低热，大便溏薄，面色青黄，舌淡，苔白脉弦。证属里气虚寒，阴寒内盛。治宜温脏回阳，益气健脾。拟附子汤加味：炮附子、白术各20g，白芍、党参各15g，茯苓、黄芪各30g。家属以为附子辛热有毒，堕胎为百药长，弃之不用，服余药两剂而不效。再诊时嘱其必按原方服之。药进四剂，诸症消失。后足月顺产一男婴，母子均健康。[黄道富等. 经方辨治妊娠病验案2则. 国医论坛，1994，(2)：14]

21.3.2.2 冲任虚寒腹痛证

【原文】

師曰：婦人有漏下①者，有半産②後因續下血都不絶者，有妊娠下血者，假令妊娠腹中痛，爲胞阻③，膠艾湯主之。(四)

芎歸膠艾湯方：

芎藭　阿膠　甘草各二兩　艾葉　當歸各三兩　芍藥四兩　乾地黄

上七味，以水五升，清酒三升，合煑取三升，去滓，内膠，令消盡，温服一升，日三服。不差，更作。

【注释】　①漏下：指月经淋漓不止，色黑量少。

②半产：即小产。

③胞阻：指妊娠腹痛与下血并见的病证。属冲任虚寒，失于固摄，阴血漏下，不能入胞营养胎儿，影响了胎儿的正常发育，故名胞阻。

【释义】　本条论述胞阻证治。胞阻是由于冲任虚寒，摄纳无权，阴血漏下，不能入胞营养胎儿，阻碍了胎儿的正常发育。治以胶艾汤养血暖宫止痛，方中地黄、芍药、当归、川芎、阿胶养血止血，艾叶暖宫止痛，甘草和中，佐以清酒以行药势。合而用之，以收养血止血、暖宫缓痛之功。以方测证，其证可见腹痛隐隐，喜温喜按，兼见腰痠、乏力、脉来迟弱等。

原文云“妇人有漏下者，有半产后因续下血都不绝者，有妊娠下血者……”文中三种下血，分属于月经病、产后病、妊娠病，虽病名不同，但病机则一，均属冲任虚寒，摄纳无权，故可使用同一方药进行治疗，属于异病同治。

【现代研究】　据报道：本方施用于生理性妊娠下血的早期，疗效较好，若系葡萄胎或其他病理性妊娠下血则无作用。[徐余详等. 芎归胶艾汤治疗先兆流产初步探讨. 浙江中医杂志，1958，(7)：21]

附　医案举例

何某，28岁，1989年8月20日初诊。患者结婚四年，曾自然流产三胎。末次月经4月15日，5月30日查尿妊娠乳胶试验阳性。现已停经四月余，近日小腹坠胀，腰痠痛，昨日阴道来血，量少，无血块，色淡红。素怕冷，经B超提示：单活胎。此为冲任脉虚、不能摄血所致之胎漏、胎动不安。书芎归胶艾汤加味与服。处方：阿胶15g（烊化），艾叶10g（炒），当归、川芎、甘草各6g，白芍、熟地、地榆炭、女贞子、旱莲草各30g。日一剂，水煎服。服药二剂，出血止，腹痛减轻，原方去川芎续服四剂而愈。[袁珍琳.《金匮》方在妇科临床的应用. 国医论坛，1992，(3)：15]

21.3.2.3 肝脾不和腹痛证

【原文】

婦人懷妊，腹中 痛[①]，當歸芍藥散主之。(五)

當歸芍藥散方：

當歸三兩 芍藥一斤 芎藭半斤 茯苓四兩 白术四兩 澤瀉半斤

上六味，杵爲散，取方寸匕，酒和，日三服。

【注释】 ①腹中 痛： ，xiǔ，音朽，指腹中绵绵作痛。

【释义】 妊娠腹痛原因较多，本证属于血虚肝郁，脾虚湿滞，肝脾失调所致腹痛，症见少腹拘急，绵绵作痛，急躁，浮肿等，治以当归芍药散养血调肝，健脾利湿。方中当归、芍药、川芎养血舒肝，白术、茯苓、泽泻健脾利湿，则肝脾两调，其痛自瘳。

【现代研究】 据赵氏报道：本方治疗妇科腹痛 206 例，结果总有效率为 84.5%，服药后自觉症状均有改善，尤以腰腹痛改善较为明显，多在一周内见效。[赵力雄. 当归芍药散治疗妇科腹痛 206 例临床观察. 浙江中医杂志，1988，23(1)：18]

附 医案举例

吴某，20 岁。二年来每逢月经将来之前 1～3 天，即出现少腹、腰部疼痛，疼痛难忍，行经后疼痛逐渐减轻，伴两乳发胀，白带清稀量多，食少便溏。曾服少腹逐瘀汤及温经汤治疗，收效甚微。现上症又作，诊见患者面色不华，精神抑郁，舌淡苔薄，脉弦细。证属肝郁脾虚，血滞湿阻。治宜健脾疏肝，活血除湿。拟当归芍药散加味：

当归 20g，白芍 15g，川芎 10g，茯苓 15g，白术 20g，泽泻 15g，台乌药 15g，白芷 15g，炒艾叶 15g，甘草 5g。服一剂后疼痛减轻。继服 1 剂疼痛消失。经净后又服二剂以善后。[秦国政. 经方的运用体会. 国医论坛，1993，(4)：13]

21.3.3 妊娠小便不利证治

21.3.3.1 妊娠小便难证

【原文】

妊娠，小便難，飲食如故，當歸貝母苦參丸主之。(七)

當歸貝母苦參丸方：

當歸 貝母 苦參各四兩

上三味，末之，煉蜜丸如小豆大，飲服三丸，加至十丸。

【释义】 本条论述妊娠小便难证治。该条所论妊娠小便不利为妇女怀孕期间表现小便量少，小便涩痛等症，是由于血虚有热，气郁化燥，膀胱津液不足所致，病位在下焦膀胱而不在中焦，故饮食不受影响。治疗以当归贝母苦参丸养血利尿，清热散结，方中当归养血润燥，贝母利气解郁，苦参清利湿热，使小便通利，共奏养血润燥、解瘀清热之效。本病相当现代医学中的“子淋”。

附 医案举例

孔某，女，41岁，1976年9月11日诊。经净一周，忽又似崩似漏，淋漓不绝一旬，腹痛绵绵，腰痠不适，纳差神疲，手足心灼热，口苦咽干，便秘溲黄，舌红苔黄，脉细滑数。此湿热之邪蕴结下焦，血海受扰，络脉不宁。亟拟清泄下焦蕴热，以宁血海之拂扰。苦参30克，川贝6克，当归10克，败酱草20克，木通6克，丹皮10克。三剂血止，再予原方去后三味加生地12克，生白芍10克，五剂调理遂安。［胡国俊．当归贝母苦参丸的临床应用．安徽中医学院学报，1986，(4)：40］

21.3.3.2 妊娠小便不利证

【原文】

妊娠有水氣[①]，身重，小便不利，洒淅惡寒，起即頭眩，葵子茯苓散主之。(八)

葵子茯苓散方：

葵子一斤 茯苓三兩

上二味，杵爲散，飲服方寸匕，日三服，小便利則愈。

【注释】 ①水气：有两种涵义，一指水饮之邪内停；一指水肿病。此处二者兼有。

【释义】 本条继论妊娠小便难证治。此处小便难，即“小便不利”，是指小便量少而不通畅，无涩痛或灼热之感，病由妊娠胎元压迫膀胱，膀胱气化失司，导致水气内停。水聚于内则身重，水溢于外则身肿、洒淅恶寒，水阻清阳不升则见头眩。本证所见症状以身肿为主，原文所讲“水气”，既言病症表现为水肿，又示病机为水湿内停，在治疗时采用葵子茯苓散通窍利水，即是治标之急。因葵子滑利，用量不宜过大，且中病即止，以免滑胎。

21.3.4 妊娠胎动不安证治

21.3.4.1 血虚湿热证

【原文】

婦人妊娠，宜常服當歸散主之。(九)

當歸散方：

當歸 黄芩 芍藥 芎藭各一斤 白术半斤

上五味，杵爲散，酒飲服方寸匕，日再服。妊娠常服即易産，胎無疾苦。産後百病悉主之。

【释义】 本条论述血虚湿热胎动不安证治。“妇人妊娠，宜常服当归散”，是指由于肝血亏虚而生内热，脾虚不运而生内湿，湿热内阻影响了胎儿的正常发育，表现为胎动不安者，方可使用本方治疗，孕妇若无病则不须服药。当归散中当归、川芎、芍药养血调肝，白术健脾除湿，黄芩清利湿热，饮酒以行药力，共奏养血健脾、清化湿热之效，则血虚得补，湿热得除而胎动自安。以方测证，临床可见时时腹痛，胎动不安，食少而烦，带下黄稠，舌苔黄腻等症。对于妊娠胎动不安而属湿热者颇宜。

附 医案举例

李某，女，27岁，婚后两年，孕三胎，均于孕后两个月左右流产，1976年7月来诊。停经40余日，微有恶心，头眩及轻微腹痛，无下血，脉濡滑而数，舌尖微红。为预防再次流产，给服当归散：当归10克，黄芩10克，炒白芍10克，川芎5克，白术10克，紫苏梗10克，竹茹10克。服20余剂，后足月分娩。[武长春．白术在《伤寒杂病论》中的配伍及应用．陕西中医，1981，(3)：44]

21.3.4.2 脾虚寒湿证

【原文】

妊娠養胎，白术散主之。(十)

白术散方：

白术　芎藭　蜀椒三分去汗　牡蠣

上四味，杵爲散，酒服一錢匕，日三服，夜一服。但苦痛，加芍藥；心下毒痛，倍加芎藭；心煩吐痛，不能食飲，加細辛一兩，半夏大者二十枚。服之後，更以醋漿水服之。若嘔，以醋漿水服之；復不解者，小麥汁服之。已後渴者，大麥粥服之。病雖愈，服之勿置。

【释义】 本条继论妊娠养胎证治。正常怀孕后，胎儿有赖阴血的滋养，更赖阳气以温煦，如果孕妇素有脾胃虚寒，水湿内停，孕后阳气则更感不足，以致阴寒凝滞，血气闭郁，胎儿失于温养而致胎动不安或胎萎不长。白术散是为脾虚寒湿所致胎动不安而设，病位侧重于脾，症状可兼气虚乏力，带下清稀或色白黏稠，四肢不温，食少便溏，故此方意在补脾除湿，温中安胎。方中白术补脾化湿，川芎调肝和血，蜀椒散寒除湿，牡蛎除湿利水。四药合用，使脾胃得健，寒湿得散则胎固而安。

当归散、白术散两方，一治湿热，一治寒湿，仲景示后人安胎养胎应辨证论治。妊娠后如无疾病，则无须服药，有病治病，病去胎安。因此，对“宜常服”、“妊娠养胎”应灵活理解。

21.3.4.3 心火乘肺证

【原文】

婦人傷胎，懷身腹滿，不得小便，從腰以下重，如有水氣狀，懷身七月，太陰當養不養，此心氣實，當刺瀉勞宮及關元，小便微利則愈。(十一)

【释义】 本条论述心火乘肺证治。古人有逐月分经养胎之说。妊娠七月，正当手太阴肺经养胎，由于心气实而心火亢盛，灼伤肺经，致使手太阴肺当养未养，致使胎失所养，胎动不安，又且肺失通调，水道不利，故有腹痛、不得小便、腰以下肿，如有水气状，治疗宜刺心经荥穴劳宫以泻心气，刺小肠之募穴关元，脏病治腑，以顺胎气，气行则水行，小便通利，则诸证自愈。

21.4 结 语

本篇主要讨论了妇女妊娠期间常见疾病的辨证和治疗。归纳起来有：

妊娠的诊断，张仲景以停经、呕吐、不能饮食、阴脉小弱等症脉相参进行判断，使《内经》中的“身有病而无邪脉，为有子”更为具体。对血聚养胎，阴阳失衡，胃气上逆所致的呕不能食，可以桂枝汤调和阴阳。

癥、胎的鉴别，癥病与妊娠均有停经史、阴道下血、腹中跳动等，容易出现误诊，可从既往史、下血情况、胎动的时间和部位等方面进行区分。前者停经前宿有瘀血病史，如月经前后不定期、崩中漏下等，常见腹中刺痛、舌有瘀斑、脉象沉涩；停经未及三月而见阴道下血不止，色紫而黯；其腹中跳动的部位在脐上，且时间为妊娠三月左右；三者合参，乃“其癥不去故也”。正常妊娠停经前月经如潮；停经后多数阴道没有下血，有的有少量下血，色淡；胎动的时间在妊娠五六月，且部位在脐下或脐部。对癥病的治疗，当“下其癥”，宜桂枝茯苓丸。

妊娠呕吐不止，由于胃虚寒饮者，用干姜人参半夏丸温中益气，化饮降逆。

妊娠腹痛由于阳虚寒盛，治以附子汤温阳散寒，暖宫安胎；由于肝脾不和者，治以当归芍药散养血舒肝，健脾利湿；由于冲任虚寒、固摄失权所致的下血、腹痛并见者，治以胶艾汤调补冲任，固经止血。对于腹痛的治疗，谨防伤胎。

妊娠小便不利因血虚有热，气郁化燥，膀胱津液不足所致，治以当归贝母苦参丸养血清热散结；因胎元压迫膀胱，导致气化失司，水气内停者，治以葵子茯苓散通窍利水。

妊娠养胎可根据具体情况使用当归散、白术散或采用逐月养胎方法。

复习思考题

1. 试述妊娠下血与癥病下血的区别。

2. 妊娠腹痛应当如何分型论治？
3. 试述当归散与白术散的功效有何异同？
4. 妊娠恶阻应如何辨证施治？

（李俊莲）

22

妇人产后病脉证治第二十一

目的要求

1. 熟悉妇人产后常见三病的病因病机及产后乳中虚、烦乱呕逆的证治。
2. 掌握产后腹痛、中风、下利的辨证治疗。

重点内容

1. 产后痉病、郁冒、大便难的病因病机。
2. 产后腹痛、下利、中风等的脉因证治。

本章主要论述妇人产后常见疾病的证治。具体包括产后三大病（痉、郁冒、大便难）、产后腹痛、产后中风、产后下利、产后烦乱呕逆等疾病的辨证和治疗。在这些疾病中，仲景首论产后三大病，重在强调亡血伤津是产后疾病的病机特点，继论产后腹痛和产后中风等，并提出了补虚、攻瘀、祛邪的具体治疗方法。可见，产后由于调摄不当导致气血虚弱、瘀血内停，或者感受外邪，是产后疾病的病机特点。该篇虽条文不多，但内容精要，不仅为后世产后病的治疗奠定了基础，而且对研究产后病辨证论治规律具有重要的指导作用。

22.1 产后三病

22.1.1 产后三病成因

【原文】

問曰：新産婦人有三病，一者病痓，二者病鬱冒，三者大便難，何謂也？師曰：新産血虚，多汗出，喜中風，故令病痓；亡血復汗，寒多，故令鬱冒；亡津液，胃燥，故大便難。（一）

【释义】 本条论述产后三大病的病机。产后常见的三种病证有痉病、郁冒、大便难。其中痉病是由于产后亡血伤津，复感风邪，化燥伤阴，筋脉失养而成；郁冒是由于血虚阳亢，复感寒邪，阳郁上冲所致；大便难是由于血虚津伤，肠道失濡形成。三种病证形成的机理虽然各不相同，但是血虚津伤是其共同特点，且新产妇人最易出现亡血伤津，所以仲景首提三大病，示后人在治疗产后病时，要注意照顾津液，养血益阴。后世医家在此基础上提出的“产后三禁”——禁汗、禁下、禁利小便，即是防止重伤津液之意。

22.1.2 产后郁冒证治

【原文】

産婦鬱冒，其脉微弱，嘔不能食，大便反堅，但頭汗出。所以然者，血虚而厥，厥而必冒。冒家欲解，必大汗出。以血虚下厥，孤陽上出[①]，故頭汗出。所以産婦喜汗出者，亡陰血虚，陽氣獨盛，故當汗出，陰陽乃復，大便堅，嘔不能食，小柴胡湯主之。（二）

【注释】 ①孤阳上出：指阳气独盛。

【释义】 郁冒是产后的常见病之一，其症状为郁闷不舒，头晕目眩，甚则昏厥，旋即苏醒，与产后血晕不同。上条言郁冒是“血虚，复汗，寒多”所致，产妇正气不足，又且外受邪气，正气内虚表现为脉微弱，大便坚；感受寒邪，表气不通，阳郁上冲而见胃气不降，呕不能食，但头汗出。正所谓内有阴虚阳亢，孤阳上出的“正气不可不顾”，外有寒邪闭表，阳郁上冲的“邪气不可不散”，此属表里同病，枢机不利，治以小柴胡汤和解表里，扶正达邪。文中“以血虚下厥，孤阳上出，故头汗出”为插笔，论述了头汗出的机理。头汗出与大汗出对讲，大汗出指周身津津汗出，非仅有头上汗出。“所以产妇喜汗出者……阴阳乃复”，是言机体的自我调节作用，是由于产后亡阴血虚，阳气独盛，必全身汗出，使偏盛之阳气衰减，进而达到相对平衡，即所谓损阳就阴治法。

22.1.3　郁冒病解转为胃实的证治

【原文】

病解能食，七八日更發熱者，此爲胃實，大承氣湯主之。(三)

【释义】　本条继论郁冒转为胃实的证治。郁冒病服用小柴胡汤后，由呕而不能食转为能食，说明郁冒病解，胃气已和，但七八日后更发热者，是未尽之余邪与食滞相结，形成阳明胃实，症见腹满痛、大便秘结、脉沉实、舌红苔黄燥等，治宜大承气汤荡涤实邪，不可因产后体虚而不敢通下以致贻误病情。

22.2　产后腹痛证治

22.2.1　血虚里寒腹痛证

【原文】

產後腹中　痛，當歸生薑羊肉湯主之；並治腹中寒疝，虛勞不足。(四)

當歸生薑羊肉湯方：見寒疝中。

【释义】　“腹中　痛”已出现在妊娠腹痛的当归芍药散证，现又见于产后。“腹中　痛”，治以当归生姜羊肉汤，可见本证腹痛性质属于虚寒，表现为腹中拘急，绵绵作痛，喜温喜按，兼见头晕乏力，面色无华，气短，舌淡，脉弱。病属产后血虚里寒，治以温中补虚止痛，方中当归养血补虚，羊肉更是血肉有情之品，其性温而补虚，是产后体虚里寒的必备之品。方中生姜五两，一则可以散寒，二则可使羊肉补而不腻。三药共用则补虚养血，散寒止痛，故也可用于血虚里寒的寒疝腹痛，或虚劳不足。

本方与当归芍药散同治腹中　痛，但病机不同，则治法、选药各不相同。前者病属血虚里寒，故以当归生姜羊肉汤温中散寒，养血补虚；后者病属肝脾失调，气郁湿滞，故用当归芍药散养血舒肝，健脾利湿；前者兼见头晕乏力，面色无华，气短，舌淡，脉弱等，后者兼见胸闷，易怒，小便不利，足跗浮肿等。

附　医案举例

周吉人先生内人，冬日产后，少腹绞痛，诸医称之为儿枕之患。去瘀之药屡投愈重，乃至手不可触；痛甚则呕，二便紧急，欲解不畅，且更牵引腰胁俱痛，势颇迫切。急延二医相商，咸议当用峻攻，庶几通则不痛。余曰：形羸气馁，何胜攻击？乃临产胎下，寒入阴中，攻触作痛，故亦拒按，与中寒腹痛无异。然表里俱虚，脉象浮大，法当托里散邪，但气短不续，表药既不可用，而腹痛拒按，补剂亦难遽投。仿仲景寒疝例，与当归生姜羊肉汤，因兼呕吐，略加陈皮、葱白，一服微汗而愈。(谢映庐．谢映庐医案．上海：上海科学技术出版社，1962. 171)

22.2.2 气血郁滞腹痛证

【原文】

產後腹痛，煩滿不得臥，枳實芍藥散主之。（五）

枳實芍藥散方：

枳實（燒令黑，勿太過）　芍藥等份。

上二味，杵爲散，服方寸匕，日三服，並主癰膿，以麥粥下之。

【释义】　本条论述气血郁滞所致腹痛证治。本条腹痛属邪实所致，主症为烦满不得卧，即腹痛，腹胀，且以胀满为主，兼有大便干，腹部拒按，恶露不尽，脉沉涩有力，是由于产后恶露不尽或因情志不畅以至气血郁滞，失于通畅所致。治当行气和血止痛，方选枳实芍药散，方中枳实破气除满，芍药和血止痛，大麦粥顾护胃气，使气血宣通，腹痛自止。

22.2.3 瘀血内结腹痛证

【原文】

師曰：產婦腹痛，法當以枳實芍藥散，假令不愈者，此爲腹中有乾血著臍下，宜下瘀血湯主之；亦主經水不利。（六）

下瘀血湯方：

大黃二兩　桃仁二十枚　　蟲二十枚（熬，去足）

上三味，末之，煉蜜和爲四丸，以酒一升，煎一丸，取八合頓服之，新血下如豚肝。

【释义】　本条论述瘀血内结所致腹痛证治。干血，又称久瘀血。“干血痨”，是瘀血日久，干着一处。若着于脐下，则表现为少腹刺痛，痛处不移，拒按，腹中或有硬块，舌有瘀点，脉沉涩有力，治用下瘀血汤逐瘀止痛。方中大黄荡逐瘀血，桃仁活血化瘀，　虫逐瘀散结，蜜丸缓其药性，酒煮引药入血。本方为破血止痛之峻剂，因此，产后出现腹痛，腹胀，先用枳实芍药散行气活血，进行试探疗法，假令不愈，属瘀血内结少腹，再用攻下瘀血的下瘀血汤进行治疗。仲景如此用方，既照顾到产后亡血伤津的特点，又不局限于此，使用峻剂逐瘀治疗产后腹痛，此即“有故无殒，亦无殒也”之意。服后如见新血下如猪肝，是瘀血下行之效。此外，本方也适宜于瘀血内结所致的经水不利证。

以上所论产后腹痛，其病机具有多虚、多瘀的特点，治宜从补虚、祛瘀入手。

附　医案举例

高某，女。小产后得急性盆腔炎，经住院治疗，炎症解除，但后遗小腹有鸭蛋大包块，腰骶酸胀，小腹坠胀痛，带下增多，有臭气，月经不调，四五十天一行，量少色黑有紫块，经前腰痠、小腹坠胀更甚，经后略缓解。便秘，时有低热，面色萎黄，不耐烦劳。脉弦细，按之有力。舌色暗，边有瘀斑，苔薄黄腻。瘀阻气滞，疏泄失职，病属癥积。治以祛瘀化癥，疏泄厥阴。方用下瘀血汤合桂枝茯苓丸加味：桃仁、炙 虫 、制大黄、桂枝、茯苓、丹皮、赤芍、当归、牛膝、川楝子、醋炒香附、鲜藕。

以上方加减出入，服药至第三个月腹部包块仅有白果大小。原方加减服四个月后，继用调补肝脾气血，寓消于补，得以恢复。[丁光迪．应用下瘀血汤辨证加减的体会．江苏医药．中医分册，1978，(2)：20]

22.2.4 产后瘀阻兼阳明里实证

【原文】

産後七八日，無太陽證，少腹堅痛，此惡露①不盡；不大便，煩躁發熱，切脉微實，再倍發熱，日晡時煩躁者，不食，食則譫語，至夜即愈，宜大承氣湯主之。熱在裏，結在膀胱②也。(七)

【注释】 ①恶露：指分娩后阴道流出的余血和浊液。

②膀胱：这里泛指下焦。

【释义】 本条论述产后瘀阻兼阳明里实的证治。产后七八日，出现少腹坚痛，为恶露不尽，即瘀阻于里；又见不大便，日晡时发热烦躁，不食，食则谵语，至夜即愈，脉微实等症状，乃阳明里热已成，二者兼有，“热在里，结在膀胱也”即指出了本证的病机不但是血结于下，而且热聚于中，是产后瘀阻兼有阳明里实所致。治疗宜大承气汤泄热通便，以治阳明之实热，亦可使瘀阻随便通而减轻，收一举两得之效。若少腹坚痛仍在，瘀阻不去者，可再用下瘀血汤攻下瘀血。

22.3 产后中风证治

22.3.1 产后太阳中风表虚证

【原文】

産後風續之數十日不解，頭微痛，惡寒，時時有熱，心下悶，乾嘔，汗出，雖久，陽旦證續在耳，可與陽旦湯。即桂枝湯。方見下利中。(八)

【释义】 本条论述产后太阳中风表虚证治。产后气血两亏，肌表不固，以致风邪乘虚而入，表现为一系列太阳中风表虚证，虽时间较长，但头微痛、恶寒、时时有热 、心下干呕、汗出等症仍在，病属风邪外袭，营卫不和，治宜解表祛邪，调和营卫，方用阳旦汤即桂枝汤。

【现代研究】 据王氏报道，枝枝汤有较强的解热、镇痛、抗炎作用，为临床治疗发热、头痛、汗出、恶风等太阳表虚证提供了科学依据……此外，桂枝汤还具有较强的免疫功能，对抗原特异性体液免疫和细胞免疫，都有不同程度的抑制作用，还能抑制迟发性超敏反应，并能抑制 IL-2 的产生。（王润生等．中医复方研究和应用. 北京：中国科学技术出版社，1993. 286）

附　医案举例

患者张姓，女，35 岁。1964 年 7 月 5 日诊。主诉：一个月前因流产而行刮宫术，失血甚多，头昏，心悸，体倦。旬日来，形寒恶风。时当夏月，稍见风则怕冷不已，午后发热，动辄自汗，汗后恶风更甚，天明热退时更是大汗淋漓，头昏，心慌，疲倦。诊治：发热（38.2℃），自汗，恶风，形体欠丰，面色无华，脉浮取虚大，重按缓弱，舌苔淡白，质欠红润；由流产失血过度，阴虚营弱，导致营卫失调，治当益气生血，调和营卫。方用川桂枝 4.5 克，炒白芍 9 克，生姜 2 片，大枣 7 枚（去核），炙甘草 3 克，生黄芪 30 克，当归身 6 克，炒枣仁 12 克，五味子 3 克。服药后当夜即得熟睡。继服一剂自汗、恶风显著减轻，体温降至正常。隔日复诊，已能当风起坐。继予人参养营汤加减，服药旬日而愈。［李兰舫．桂枝汤加减治疗营卫不和发热 1 例．上海中医药杂志，1965，(10)：15］

22.3.2　产后阳虚中风证

【原文】

產後中風，發熱，面正赤，喘而頭痛，竹葉湯主之。（九）

竹葉湯方：

竹葉一把　葛根三兩　防風　桔梗　桂枝　人參　甘草各一兩　附子一枚（炮）　大棗十五枚　生薑五兩

上十味，以水一斗，煑取二升半，分温三服，温覆使汗出。頸項強，用大附子一枚，破之如豆大，煎藥揚去沫。嘔者，加半夏半升洗。

【释义】　本条论述阳虚中风证治。产后体虚易感外邪，邪袭肌表，可见头痛，发热；产后亡阴血虚，阴不敛阳，虚阳上越则见面赤，喘促，证属正气大虚，外感风邪，虚阳上越，故可兼见恶风、身痛、乏力、脉浮虚等，治宜助阳解表，扶正祛邪，方用竹叶汤，方中竹叶甘淡清轻，去浮阳之热；桂枝、葛根、桔梗、防风散在表之邪；人参、附子益气助阳；生姜、大枣、甘草补中气、调营卫。诸药合用，共收扶正达邪、表里兼治之功。

22.4　产后烦乱呕逆证

【原文】

婦人乳中虛[①]，煩亂嘔逆，安中益氣，竹皮大丸主之（十）

竹皮大丸方：

生竹茹二分　石膏二分　桂枝一分　甘草七分　白薇一分

上五味，末之，棗肉和丸彈子大，以飲服一丸，日三夜二服。有熱者倍白薇，煩喘者加柏實一分。

【注释】　①乳中虚：指妇人哺乳期间阴血虚少，中气不足。

【释义】　本条论述产后烦乱呕逆证治。产后乳中虚是指哺乳期间，阴血不足，中气虚乏。《内经》云“中焦受气取汁变化而赤是为血”，中气虚乏加之产后血虚则生内热，热扰神明即心烦意乱；热扰于中，胃气失和，则见呕逆，呕势急迫。病属中气虚乏，胃失和降，可兼见面色无华、少气、乏力等，治以安中益气，除烦止呕，方用竹皮大丸，方中竹茹、石膏清热除烦，降逆止呕；石膏辛凉太过而伤胃气；白薇清虚热，桂枝、甘草、枣肉和丸以扶中阳，补中气。诸药合用，共奏安中益气，清热除烦之效。内热既清，则烦乱自解，呕逆自除；益气固本，则中气自立。

附　医案举例

方某，女性，38岁，工人，1981年12月10日初诊。久患神经衰弱，近日来由于工作劳累，精神紧张，而出现失眠，头晕，心烦，恶心，食欲不振，全身无力。虽经常服用安眠药物、维生素 B_1 等亦难取效，转来门诊。观其舌苔薄黄，脉象弦滑，右关为甚。宜清热除烦、安中益气为治，用竹皮大丸加味：生竹茹10克，生石膏20克，桂枝3克，甘草6克，白薇10克，炒枣仁15克，合欢皮30克，大枣4枚。上方服二剂后睡眠转佳，心烦呕恶减轻，连服四剂，心烦头晕等证消失，睡眠转佳，嘱再服四剂为之善后。（王占玺等．张仲景药法研究．北京：科学技术文献出版社，1984. 531）

22.5　产后下利虚极证

【原文】

產後下利虛極，白頭翁加甘草阿膠湯主之。（十一）

白頭翁加甘草阿膠湯方：

白頭翁　甘草　阿膠各二兩　秦皮　黄連　柏皮各三兩

上六味，以水七升，煑取二升半，内膠令消盡，分溫三服。

【释义】　本条论述产后下利虚极证治。产后气血不足，更兼下利伤阴，以致“虚极”，治以白头翁汤苦寒清热，坚阴止痢，加甘草、阿胶和中养血。以药测证可知，本证可见利下脓血，里急后重，腹痛发热，兼见头晕乏力等。该病由于产后饮食不洁或调摄不当所致湿热蕴结下焦，灼伤阴络而成，故可用白头翁加甘草阿胶汤进行治疗。

【现代研究】　据史文郁报道，用复方白头翁汤（白头翁60克，黄连、黄柏、秦皮、甘草各30克，加水1000毫升，煎成500毫升，滤过，浓缩成400毫升），成人每次20毫升，小儿酌减，每日2～3次。治疗痢疾100例，治愈率83%，有效率97%，无任何不良反应。［史文郁．复方白头翁汤煎剂治疗痢疾100例的疗效报告．上海中医药杂志，1958，(4)：21］

附　医案举例

患者，女，60余岁。1965年7月，痢下赤白已数十遍，里急后重。曾服“呋喃西林”二日，效果不显。发热不高，口干，尚不作渴，舌质淡红，舌边呈细小赤点，干而无津，脉象细数。证属老年津血不足，又患热痢，津血更易耗损。拟白头翁加甘草阿胶汤：白头翁12克，黄连6克，川黄柏6克，秦皮9克，阿胶9克（烊），甘草6克。煎至200毫升，分二次服。上午服第一剂，至晚大便已变粪，续进一剂病愈。[汤万春．论白头翁汤证．中医杂志，1980，(2)：59]

22.6 附　　方

（1）《千金》三物黄芩汤

【原文】

《千金》三物黄芩湯：治婦人在草蓐，自發露得風，四肢苦煩熱，頭痛者與小柴胡湯；頭不痛但煩者，此湯主之。

黄芩一兩　苦參二兩　乾地黄四兩

上三味，以水八升，煑取二升，温服一升，多吐下蟲。

【释义】　本条所论为产后发热证治。文中指出，妇人在分娩之时，因产床不洁或保养不当，感受风邪，出现四肢苦烦、头痛者，为邪在半表半里，治以小柴胡汤和解表里之邪；若头不痛、仅有心烦者，乃表邪由表入里，乘虚陷入血分之症，治以三物黄芩汤清热燥湿，滋阴养血。方中黄芩、苦参清热燥湿杀虫，地黄养阴补血，更退血分之热。适宜于产后血虚发热之证。

（2）《千金》内补当归建中汤

【原文】

《千金》内補當歸建中湯：治婦人產後虚羸不足，腹中刺痛不止，吸吸少氣，或苦少腹中急摩痛引腰背，不能食飲；產後一月，日得服四五劑爲善，令人强壯宜。

當歸四兩　桂枝三兩　芍藥六兩　生薑三兩　甘草二兩　大棗十二枚

上六味，以水一斗，煑取三升，分温三服，一日令盡。若大虚，加飴糖六兩，湯成内之，于火上煖令飴消。若去血過多，崩傷内衄不止，加地黄六兩，阿膠二兩，合八味，湯成内阿膠。若無當歸，以芎藭代之。若無生薑，以乾薑代之。

【释义】　本条论述产后血虚中寒腹痛证治。内补当归建中汤即小建中汤加当归，具有温中补血，散寒止痛。适用于产后血虚里寒，脾胃阳虚之证，症见产后体虚乏力、腹中刺痛、少腹拘急不舒、痛引腰背、吸气不足、食少神疲。在应用之时，可根据具体情况进行化裁，若虚甚，重加饴糖；若失血过多，下血不止者，加地黄、阿胶养血止血等。

22.7　结　　语

本篇论述了妇人产后常见疾病的诊治。首先提出产后三病，即痉病、郁冒、大便难，三病虽病症不同，病机也有差异，但亡血伤津则相同，强调产后照顾津液是首要的治疗法则；其次对产后腹痛、产后中风、下利及产后烦乱呕逆等病证进行阐述。腹痛因血虚里寒者，治以当归生姜羊肉汤养血散寒；因气血郁滞者，治以枳实芍药散宣通气血；若因瘀血内停者，可先以枳实芍药散进行试探疗法，若病不去，属病重药轻，再以下瘀血汤治疗，以防津液耗伤。可见对产后腹痛的治疗以补虚、攻瘀为特点。产后中风分表虚中风与阳虚中风两种：表虚中风仍以桂枝汤（阳旦汤）解肌去风；阳虚中风表现发热、头痛，面赤而喘，治以竹叶汤扶正祛邪，标本兼顾。产后因饮食不洁，湿热下迫大肠所致下利虚极者，治以白头翁加甘草阿胶汤养血清热止痢。产后虚热烦呕，治以竹皮大丸安中益气。对产后胃实不大便者，张仲景明示以大承气汤攻下里实，表现出产后疾病不拘泥于虚多邪少的辨证施治精神。

复习思考题

1. 试述产后三大病的病机特点。
2. 产后腹痛如何辨证论治？
3. 试述产后下利、产后中风的证治。

（李俊莲）

23

妇人杂病脉证并治第二十二

目的要求

1. 了解妇人杂病的范围、三大病因、一般症状和治疗原则。
2. 熟悉热入血室、腹痛、月经病、带下病、前阴病等的证治。
3. 掌握脏躁、咽中炙脔、转胞的辨证论治。

重点内容

1. 妇人杂病的三大病因。
2. 妇人脏躁、咽中炙脔、腹痛、带下、转胞的辨证论治。

妇人疾病主要指经、带、胎、产及前阴疾患。本篇主要论述除胎、产以外的妇科疾病，故称妇人杂病。主要包括妇人杂病的病因和证治等内容，如虚、积冷、结气三大病因以及病热入血室、月经病、带下病、杂病腹痛、情志病（脏躁、梅核气）、转胞及前阴疾患（阴吹、阴疮）等。在治法上根据不同病证采用了内治（包括汤、丸、散、酒、膏等剂型）、外治（包括洗剂、栓剂）等，这些方法的使用不仅丰富了方剂学的内容，而且为妇科杂病的治疗奠定了良好的基础。

23.1　成因、证候与治则

【原文】

婦人之病，因虚、積冷、結氣，爲諸經水斷絶，至有歷年，血寒積結，胞門①寒傷，經絡凝堅。

在上嘔吐涎唾，久成肺癰，形體損分②。在中盤結，繞臍寒疝；或兩脅疼痛，與臟相連；或結熱中，痛在關元，脉數無瘡，肌若魚鱗，時着男子，非止女身。在下未多，經候不匀，令陰掣痛，少腹恶寒；或引腰脊，下根氣街③，氣衝急痛，膝脛疼煩。奄忽④眩冒，狀如厥癲；或有憂慘，悲傷多嗔⑤，此皆帶下⑥，非有鬼神。

久則羸瘦，脉虚多寒；三十六病，千變萬端；審脉陰陽，虚實緊弦；行其針藥，治危得安；其雖同病，脉各異源；子當辨記，勿謂不然。(八)

【注释】　①胞门：即子宫。

②损分：指形体消瘦，与病前判若两人。

③气街：指气冲穴。

④奄忽：即倏忽、忽然。

⑤多嗔：时常发怒。

⑥带下：泛指妇人经带疾病，即带脉以下诸病。

【释义】　本条论述了妇人杂病的成因、证候与治则，是本篇的总纲。共分三个层次，第一层次说明妇人杂病的成因有虚、冷、结气三种。虚指气血虚少，冷指寒冷久积，结气指气机郁结，这三者中任意一种病因均可导致妇人经水不利，如气血虚少，使经水虚少；寒冷久积，会令血脉凝滞，运行不畅；气机郁结，则血行受阻，以致月事不得应时而下等，常言道“男子贵在精，女子贵在血”，而气血贵在充盈，血脉贵在温通，气机贵在调达，三者中任何一者失常，都可能导致“经水断绝”，女子以经调为无病，经不调则百病丛生，因此把虚、冷、结气三种病因作为妇人杂病的三大病因。本段后半句是进一步说明经断的过程，其中强调寒凝瘀滞在引起经水不利中的重要作用。

第二层次是指因三大病因的不同、人体阴阳盛衰的差异，从而在病变表现上有在上、中、下三焦及病性寒化、热化的不同，显示了妇人杂病之复杂，而在下焦的症状如经量多少不定、经期不准、少腹恶寒、前阴拘急掣痛及由于结气情志不遂，气机失于调达而见“奄忽眩冒，状如厥癫；或有忧惨，悲伤多嗔”等症则显示了妇人杂病的特殊性。

第三层次论述了妇人杂病的论治方法和原则。三十六病，言其病证之杂，变化之多。因此，医者必须脉审阴阳，即从部位上详辨；虚实紧弦，是从性质上区分，而后方可施针用药，即使同种疾病，脉象不同，也当仔细辨识。可见仲景在辨治妇人杂病时，对辨脉十分重视。

23.2 病证及治疗

23.2.1 热入血室证治

【原文】

婦人中風，七八日續來寒熱，發作有時，經水適斷，此爲熱入血室①，其血必結②，故使如瘧狀，發作有時，小柴胡湯主之。(一)

婦人傷寒發熱，經水適來，晝日明了，暮則譫語，如見鬼狀者，此爲熱入血室，治之無犯胃氣及上二焦，必自愈。(二)

婦人中風，發熱惡寒，經水適來，得之七八日，熱除脉遲，身涼和，胸脅滿，如結胸狀，譫語者，此爲熱入血室也，當刺期門，隨其實而取之。(三)

陽明病，下血譫語者，此爲熱入血室，但頭汗出，當刺期門，隨其實而瀉之，濈然汗出者愈。(四)

【注释】 ①热入血室：血室有狭义 、广义之分。狭义指子宫，广义指子宫、肝、冲任脉。热入血室，病名，出自《伤寒论》，指妇女在经期或产后感受外邪，邪热乘虚侵入血室，与血相结所形成的病证。

②其血必结：指邪热与经血相互搏结，月经停止。

【释义】 以上四条论述热入血室证治。热入血室，是妇女在经期或产后感受风寒之邪，邪热乘虚侵入血室与血相搏出现的病症，表现为胸胁胀满，腹痛，往来寒热，甚则谵语、神志异常等。有关内容可参考《伤寒论》讲义，此处小结如下：

热入血室可分为：有表证，血已结，症状表现为经断、腹痛、往来寒热，病机为热结血室，少阳不利，治以和解少阳兼散血室之热，方以小柴胡汤，或加赤芍、丹皮、桃仁；若有表证，血未结，症见经行、谵语、昼轻夜重、发热恶寒等，病属热入血室，血分热盛，治以和解少阳兼散血室之热，方用小柴胡汤加清血热之品；若无表证，血已结，症见经断、谵语、胸胁满、热除、脉迟、身凉和者，病机为热结血室，表证已罢，治疗采用针刺期门的方法泻肝清热；若不逢经期出现下血、谵语、但头汗出者，为阳明热盛，热入血室，迫血下行，因病属热入血室，治疗仍可采用针刺期门的方法泻肝清热。

总之，热入血室属经期外感，治疗注意采用和解少阳，清热行瘀，治法以小柴胡汤加赤芍、丹皮、桃仁或与针灸配合使用。

附 医案举例

一妇人患热入血室证，医者不识，用补血调气药，涵养数日，遂成血结胸。或劝用前药，予曰：小柴胡用已迟，不可行也。无他，则有一焉，刺期门穴斯可矣。予不能针，请善针者治

之，如言而愈。（许叔微．普济本事方．上海：上海科学技术出版社，1959. 112）

23. 2. 2　经水不利证治

23. 2. 2. 1　冲任虚寒，瘀血内停漏下证

【原文】

問曰：婦人年五十所，病下利①數十日不止，暮即發熱，少腹裏急，腹滿，手掌煩熱，脣口乾燥，何也？師曰：此病屬帶下。何以故？曾經半産②，瘀血在少腹不去。何以知之？其證脣口乾燥，故知之。當以温經湯主之。（九）

温經湯方：

吴茱萸三兩　當歸二兩　芎藭二兩　芍藥二兩　人參二兩　桂枝二兩　阿膠二兩　生薑二兩　牡丹皮（去心）二兩　甘草二兩　半夏半升　麥門冬一升（去心）

上十二味，以水一斗，煑取三升，分温三服。亦主婦人少腹寒，久不受胎；兼取崩中去血，或月水來過多，及至期不來。

【注释】　①下利：据《医宗金鉴》、《金匮要略直解》“下利”当为“下血”。

②半产：即小产。

【释义】　本条论述冲任虚寒、瘀血内停所致崩漏证治。文中列述的症状较多，具体有下血不止，唇口干燥，五心烦热，午后发热，少腹里急，腹满等，其产生原因是由于冲任虚寒，不能固摄所致，又曾经半产，瘀血内停，阻于血脉，血不归经则可引起下血不止；因下血日久，血虚则生内热，见五心烦热，午后发热；病由阴损及阳，冲任虚寒，失于温煦，则出现少腹拘急，腹满；唇口干燥乃瘀血内停，新血不生，津不上承所致。本证病机总由冲任虚寒，瘀血内停所致，治以温经汤调补冲任，养血祛瘀。本方常用于调经，也常用于治疗妇科肿瘤。

【现代研究】　据王氏报道，温经汤不仅有刺激中枢作用，而且还直接作用于卵巢，参与调节雌激素分泌，并具有促排卵作用，为临床治疗月经不调、宫寒不孕及功能性子宫出血等病证提供了药理依据。（王润生等．中医复方研究和应用．北京：中国科学技术出版社，1993. 340）

附　医案举例

李某，女，51岁，农民。患者月经淋漓不断已有月余，少腹疼痛较重，漏下血块，并伴有上腹痛，饮食不佳，腹胀满不适。于1982年3月9日来诊。切脉弦细，左关尺较弱，苔薄白，质胖黯淡，心肺（-），上腹有压痛，肝在剑突下3指，脾未触及。此患者夙有肝郁脾虚疾患，血瘀气滞，血不循经，故致漏下不止。治疗应先救急，遂投以温经汤加减：吴茱萸6克，丹皮12克，半夏10克，阿胶珠10克，麦冬10克，炮姜6克，太子参12克，当归10克，白芍10克，川芎6克，香附10克，小蓟30克，甘草6克。服药二剂后月经已净，腹胀痛也减，纳增。又投以舒肝健脾之剂而

愈。（王占玺等．张仲景药法研究．北京：科学技术文献出版社，1984. 742）

23. 2. 2. 2 瘀血新结经水不利证

【原文】

帶下經水不利，少腹滿痛，經一月再見[①]者，土瓜根散主之。（十）

土瓜根散方：

土瓜根　芍藥　桂枝　䗪蟲各三兩

上四味，杵爲散，酒服方寸匕，日三服。

【注释】 ①经一月再见：指月经一月两潮。

【释义】 本条论述瘀血新结，血室蓄泄失常所致经水不利证治。带下泛指带脉以下疾病，即妇科病。经水不利指经行不畅，一月再现为月经一月两潮，病由瘀血新结，血室蓄泄失常所致，血室当蓄失蓄，而见一月两潮；当泄失泄，而见经行不畅；瘀血在内，则少腹满痛，治用土瓜根散活血调营祛瘀。

23. 2. 2. 3 瘀血久结经水不利证

【原文】

婦人經水不利下，抵當湯主之。（十四）

抵當湯方：

水蛭三十個（熬）　虻蟲三十枚（熬，去翅足）　桃仁二十（去皮尖）　大黄三兩（酒浸）

上四味，爲末，以水五升，煑取三升，去滓，温服一升。

【释义】 本条论述妇人闭经证治。妇人经水不利下指月事 3 个月以上不能应时而下，即闭经，方用抵当汤（大黄、水蛭、虻虫、桃仁）峻攻瘀血，可见本病是由于瘀血内结日久成实，因此，症状可兼少腹满痛或刺痛，小便自利，或发狂，脉沉涩等。

附　医案举例

王某，女，19 岁。1989 年 8 月 4 日初诊。患者 20 天前上山劳动，适逢经至，却遭大雨淋，致月经淋沥 20 天不净，量少，色暗红，腹隐痛，近三天全身不适、低热，今日上午体温升高，腹痛剧，渐昏不识人，胡言乱语，踢人掼物。刻诊：腹痛，下腹胀满拒按，面色无华，神情呆滞，询之父母诉溲畅便秘，脉沉结，苔腻黄、舌边有瘀斑，症属寒、湿、瘀互结于下焦而成蓄血发狂证，急投抵当汤：水蛭、虻虫、丹皮、生草各 6g，桂枝、茯苓、桃仁、川牛膝各 10g。两剂后下瘀血块甚多，黑便畅行，遂热退，神清，腹痛止，继以当归芍药散调治三个月，月经正常。［胡玲玲．经方治疗急难证三则．陕西中医，1998，（4）：165］

23.2.2.4 水血互结经水不利证

【原文】

婦人少腹滿如敦狀①，小便微難而不渴，生後②者，此爲水與血俱結在血室也，大黄甘遂湯主之。(十三)

大黄甘遂湯方：

大黄四兩　甘遂二兩　阿膠二兩

上三味，以水三升，煑取一升，頓服之，其血當下。

【注释】　①如敦状：敦，古代盛食物的器具，上下细，中部粗，形容腹部高起，如敦之状。

②生后：即产后。

【释义】　本条论述水血互结所致经水不利证治。少腹满如敦状，说明少腹胀满明显，可由于蓄水或蓄血引起，区别在于小便利与不利，出现小便微难，似水停下焦的五苓散证，但口不渴，而且发生在产后，瘀血易于停留，因此证属"水与血俱结在血室也"，治当攻其有形，袪瘀行水，施以大黄甘遂汤。方中大黄袪血，甘遂逐水，阿胶养血扶正，使邪去而正不伤。以方测证，当有少腹刺痛、月经后错等。

附　医案举例

魏某，男，34岁，农民，1989年4月6日就诊，诊号892107。患者半年前行输精管结扎术，伤口一期愈合。术后半月，性交时自觉阴囊隐痛，认为芥疾，不大注意，未经处理。嗣后，病与日增，每届房事或拉车挑担后阴囊抽痛，并向腹股沟和腰部放散。某医诊为男结扎后遗症，用抗生素治疗月余未效，后经人介绍，来我科求治。查既往无特殊病史，完婚12载，生育二女一男，性生活正常，夫妻和睦。体温、胸透及血象、小便化验均未见异常。患者自觉焦躁，失眠易怒，舌红、苔黄，脉弦数。指检附睾肿硬，压痛明显，表面不光滑，与周围皮肤无粘连，精索略粗，前列腺质中无压痛。诊为附睾淤积症，中医辨证属气滞血瘀型。治宜活血化瘀，散结导浊。投仲景大黄甘遂汤，处方：大黄（酒洗）12g，甘遂（冲服）、阿胶（烊化）各6g。日1剂，水煎服，早晚二次。治疗一周，疼痛大减，阴部松软。继治半月，疼痛全息，房事如常，附睾肿消变软，压痛消失，神清气和，起居有时，舌脉趋平。告愈停药，随访三年未复发［王广见．大黄甘遂汤治愈附睾淤积症．新中医，1993，(5)：47］

23.2.2.5 虚寒陷经证

【原文】

婦人陷經①，漏下黑不解，膠薑湯主之。(十二)

【注释】　①陷经：指经气下陷，下血不止。

【释义】　本条论述妇人陷经证治。妇人陷经指经气下陷，下血不止，漏下黑不解系指本证主要症状是漏下、色黑且时间较长，病由冲任虚寒，失于固摄所致，治以胶姜汤调补冲任。具体药物有认为是胶艾汤、胶艾汤加干姜、胶姜二物等，从本病特征而言，认为胶姜汤加干姜较为妥当。

23. 2. 2. 6　血虚内寒漏下证

【原文】

寸口脉弦而大，弦則爲減，大則爲芤，減則爲寒，芤則爲虚，虚寒相搏，此名曰革，婦人則半産漏下，旋覆花湯主之。（十一）

【释义】　本条疑义较大。因弦大芤减为虚寒之脉，而旋覆花汤是行气活血、通阳散结之剂，正如《金鉴》认为“必有错简”。

23. 2. 3　杂病腹痛证治

23. 2. 3. 1　瘀血停留腹痛证

【原文】

婦人六十二種風，及腹中血氣刺痛，紅藍花酒主之。（十六）

紅藍花酒方：

紅藍花一兩

上一味，以酒一大升，煎減半，頓服一半，未止再服。

【释义】　本条论述瘀血停留所致腹痛证治。妇人六十二种风是指多种风邪侵袭人体，女子以血为本，因虚、冷、结气引起血脉运行迟滞，致使风血相搏、血滞不行而见腹中血气刺痛，兼见痛经、月经后错等，病属瘀血阻滞，治当“攻其有形”，行血散瘀止痛，方用红蓝花酒，其中红花辛温，行血散瘀，酒能入血，温行血脉，方中仅红花一味，重在辛散活血，而不是直攻其瘀，取“血行风自灭”之意。

23. 2. 3. 2　血虚肝郁，脾虚湿滞腹痛证

【原文】

婦人腹中諸疾痛，當歸芍藥散主之。（十七）

當歸芍藥散方：見前妊娠中。

【释义】　当归芍药散首见于妊娠病篇，治疗由于血虚肝郁，脾虚湿滞引起“腹中　痛”，现用于妇人杂病“腹中诸疾痛”，属异病同治，其病机一致，在临床表现上可见妇人多种腹痛，月经不调，兼有小便不利、足跗浮肿、胸胁胀满、食少纳呆等，用当归芍药散养血舒肝，健脾利湿。

附　医案举例

刘某，女，34岁，工人，1994年12月10日就诊。病者月经赶前滞后，不正常已有半年之久，且每次月经均衍期不静，时间长，出血量偏多，精神疲惫，因而就诊于妇科。B超检查：确认为子宫浆膜肌瘤，在子宫下方有鹌鹑蛋大小的肌瘤。妇科常规检查，未见异常。

患者自觉少腹疼胀，月经来潮时间多推前，且时间延长，淋沥不尽，有时竟达半月之久，第一次月经延长与第二次时间仅又相隔一星期左右，经血淡，白带偏多，腰痠痛，精神疲乏，

食欲中等，大便正常。脉弦虚而涩，舌淡润、苔薄白。拟用当归芍药散加味：当归 10g，白芍 15g，茯苓 15g，白术 10g，泽泻 10g，川芎 6g，生黄芪 20g，益母草 20 g，生牡蛎 15 g，生炒蒲黄各 6 g，香附 10 g。每日一剂，水煎分两次服。

患者服上方五剂后，月经时间缩短，血量集中，少腹疼痛明显减轻，精神好转，脉缓有力，舌淡红。陆续服上方 30 余剂，B 超复查，肌瘤明显缩小，宫底部有一小拇指大的块状物。月经基本正常，血量集中三四天，且量减少，精神、食欲均好转。后以参芪四物加生牡蛎、香附、浙贝、泽泻、益母草等，巩固疗效。

半年后随访，病情稳定，月经正常，遂停药观察。［陈瑞春．当归芍药散新用．江西中医药，1998，(4)：55］

23. 2. 3. 3　中气虚寒腹痛证

【原文】

婦人腹中痛，小建中湯主之。(十八)

小建中湯方：見前虛勞中。

【释义】　小建中汤见于虚劳病、黄疸病和妇人腹痛，虽病不一，症状不同，但中气虚寒则一。妇人腹痛症见腹痛喜温喜按，月经错后或量少，兼有心悸虚烦、面色无华、神疲乏力、大便溏薄等，治用小建中汤培土建中，益气生血。

23. 2. 4　情志病证治

23. 2. 4. 1　梅核气证

【原文】

婦人咽中如有炙臠[①]，半夏厚朴湯主之。(五)

半夏厚朴湯方：

半夏一升　厚朴三兩　茯苓四兩　生薑五兩　乾蘇葉二兩

上五味，以水七升，煑取四升，分温四服，日三夜一服。

【注释】　①炙脔：指烤熟的肉块。

【释义】　本条论述气滞痰凝，阻于咽喉所致梅核气证治。妇人咽中如有炙脔，是指妇人自觉咽中有异物堵塞，吐之不出，咽之不下，但饮食无妨，俗称梅核气，相当于现代咽神经官能症、慢性咽炎等，中医认为是七情不舒，郁而化火，炼液为痰，上结咽喉所致，症状可兼见胸闷、胀满、抑郁、叹息、脾气急躁、纳呆等，治以半夏厚朴汤理气解郁，化痰散结。方中厚朴、苏叶理气解郁，茯苓、半夏、生姜化痰散结，在临床应用上可佐以养血舒肝、咸寒散结之品，以增强药物疗效。

【现代研究】　据王氏报道，半夏厚朴汤对动物产生的诱导睡眠有明显的延长作用；对喉反射有明显的抑制作用，单味药仅紫苏、厚朴出现相同的喉反射抑制作用，其他各单味药无类似作用。（王润生等．中医复方研究和应用．北京：中国科学技术出版社，1993. 147）

附 医案举例

熊某，女，42岁，农民，1993年5月20日初诊。早年丧夫，与一子一女相依为命。岂料5月7日其爱女暴病而亡，这一重大打击使其悲痛欲绝，14日双下肢瘫痪，两足拖地，故由邻居抬来就诊。代诉：头昏，喜吐涎，睡不安神，不思饮食，双下肢阵阵发麻，半月未大便。体检：表情淡漠，面色晦滞，无项强及反射性呕吐，瞳孔等大而圆，心肺正常，血压13.1/8.26kPa，上肢活动自如，下肢肌肉松弛，巴宾斯基征阴性。舌黯、苔白，脉细缓。西医诊为癔病性瘫痪。中医诊为痿证。此乃气滞痰凝，筋脉失主所致。半夏厚朴汤合六君子丸化裁。处方：法半夏、厚朴、党参、陈皮各10g，茯苓15g，苏叶、炙甘草各6g，炒白术12g，生姜5片。五剂。25日复诊：服完第二剂后即可扶墙站立，尽剂后即可独自行走。23日大便一次。但心慌，头晕，脘闷，呃逆则舒，不思食，无矢气。舌淡、苔白而略干，脉细。此乃气机郁滞，心脾两虚所致。上方合归脾丸化裁。处方：法半夏、厚朴各10g，苏叶、炙甘草、炙远志各6g，茯苓、炙黄芪各15g，党参、炒白术、当归、茯神、炒枣仁、桂圆肉各12g，广木香8g，生姜5片，大枣10枚。五剂。以善其后。［陈国权.《金匮》方新用3则.新中医，1995，（5）：55］

23.2.4.2 脏躁证

【原文】

婦人臟躁，喜悲傷欲哭，像如神靈所作，數欠伸，甘麥大棗湯主之。（六）

甘麥大棗湯方：

甘草三兩　小麥一升　大棗十枚

上三味，以水六升，煮取三升，温分三服。亦補脾氣。

【释义】 本条论述妇人脏躁证治。妇人脏躁的主要表现为哭笑无常、胡言乱语、周身困乏、呵欠连连，兼见气急、易怒、心烦、失眠、便干、脉弦等，是由于七情郁结，日久化火，耗伤肝血，使肝不藏魂；或因思虑太过，暗耗心血，心神失养，致“心气虚则悲”，“肝悲哀动中则伤魂，魂伤则狂妄不精”，因此表现以上精神方面的异常，治疗采用甘麦大枣汤甘润缓急，养血安神。方中甘草、大枣、小麦三味药物以甘为主，药性平和，取“肝苦急，急食甘以缓之”之旨，以缓图取效。

【现代研究】 据王氏报道，甘麦大枣汤能显著延长环乙烯巴比妥的睡眠时间，明显延长动物惊厥死亡时间，还能抑制实验动物运动活动性，具有明显的镇静及抗惊厥作用，为临床治疗神经衰弱、小儿惊厥等病症提供了科学依据。（王润生等.中医复方研究和应用.北京：中国科学技术出版社，1993.129）

附 医案举例

1936年于山东菏泽县医院，诊一男子，年约30余，中等身材，黄白面色，因患精神病曾两次去济南精神病院治疗无效而来求诊。查其具有典型的悲伤欲哭，喜笑无常，不时欠伸，状似“巫婆拟神灵”的脏躁症。遂投以甘麦大枣汤：甘草9克，整小麦9克，大枣6枚，药尽7剂而愈，追踪3年未发。

1940年于滦县，诊治一女性徐某，19岁，欠伸不安，哭笑无常，得脏躁症，亦投以上方。

其父曰："方中之药，系经常之食品。"归后，取仓中之小麦约500克左右，大枣约500克左右，购甘草一大把，用锅煎熬之，令其女恣饱饮之，药后患者感头晕颇重，继之昏睡一昼夜始醒，翌日，其父来述服药经过，嘱按原方服之。进数剂，经久未发。（中医研究院．岳美中医案集．北京：人民卫生出版社，1978. 96）

23. 2. 5 转胞病证治

【原文】

問曰：婦人病飲食如故，煩熱不得臥，而反倚息者，何也？師曰：此名轉胞①不得溺也，以胞系了戾②，故致此病，但利小便則愈，宜腎氣丸主之。方見虛勞中。（十九）

【注释】 ①转胞：病名。胞指膀胱，转胞即胞系扭转，主症为脐下急痛，小便不通。

②胞系了戾：指膀胱之系缭绕不顺或扭转，戾，通"捩"，扭转之意。

【释义】 本条是由于肾气虚弱，膀胱气化不行所致，主症为脐下急痛，小便不通，肾阳不足，故饮食如故，波及膀胱，故少腹胀满不得溺，肾虚阳气上浮而见烦热；水阻下焦，气滞不通则不得卧而反倚息，胞系扭转则脐下急痛，肾虚而使膀胱气化受阻，水液不出，因此，治疗的关键在于恢复肾气的功能，故用肾气丸温阳补肾，化气行水。

23. 2. 6 带下病证治

23. 2. 6. 1 湿热带下证

【原文】

婦人經水閉不利，臟堅癖不止①，中有乾血，下白物②，礬石丸主之。（十五）

礬石丸方：

礬石三份（燒） 杏仁一份

上二味，末之，煉蜜和丸棗核大，內臟中，劇者再內之。

【注释】 ①脏坚癖不止：指胞宫内有干血坚结不散。

②下白物：指狭义带下。

【释义】 本条论述湿热带下证治。学习本条应以方测证。矾石丸中矾石清热燥湿止带，杏仁滑润，可见虽"脏坚僻不止"，经水不利，但急则治其标，以矾石丸炼蜜和丸枣核大，"内阴中"，取其病位近，见效速，即当今的栓剂疗法，患者症状可见带下不止，色黄味臭，阴痒等。

23. 2. 6. 2 寒湿带下证治

【原文】

蛇床子散方，温陰中坐藥。（二十）

蛇床子散方：

蛇床子仁

上一味，末之，以白粉少許，和令相得，如棗大，棉裹内之，自然温。

【释义】 本条论述寒湿带下证治。原文云“蛇床子散方，温阴中坐药”，一个“温”字，便知本方适宜于寒湿带下，症见带下量多质稀，色淡无臭，腰痠，阴痒等，方中蛇床子暖宫燥湿，杀虫止痒，“绵裹内之”，即纳入阴道，使直达病所，属栓剂外治疗法，也可配合肾气丸内服，提高疗效。

【现代研究】 据刘氏报道，将蛇床子、硼砂、枯矾、川椒、血竭等制成栓剂，置于阴道深部近宫颈处，隔日一次，5~8 日为一疗程，治疗宫颈糜烂 542 例，治愈率为 60. 1%，有效率为 97. 3%。［刘淑琴. 消康栓治疗子宫颈糜烂 542 例临床观察. 中西医结合杂志，1987，7（5）：280］

23. 2. 7 前阴病证治

23. 2. 7. 1 阴疮证

【原文】

少陰脉滑而數者，陰中即生瘡，陰中蝕瘡爛者，狼牙湯洗之。（二十一）

狼牙湯方：

狼牙三兩

上一味，以水四升，煮取半升，以綿纏筯如繭，浸湯瀝陰中，日四遍。

【释义】 本条论述阴疮证治。少阴属肾，肾司二便，少阴脉滑而数，指下焦湿热蕴结，侵及前阴则见阴中生疮，红肿，糜烂，阴中痒痛，带浊淋漓等，治以狼牙汤洗之。方中狼牙草性苦味寒，煎汤浓缩，清洗外阴，具有清热燥湿、杀虫止痒之功效。

24. 2. 7. 2 阴吹证

【原文】

胃氣下泄①，陰吹②而正喧③，此穀氣之實也，膏髮煎導之。（二十二）

膏髪煎方：見黄疸中。

【注释】　①胃气下泄：指浊气下达。

②阴吹：病名，指妇女前阴出气频频有声，如同后阴矢气一样。

③正喧：指阴吹声响而频。

【释义】　本条论述阴吹证治。阴吹指前阴出气如同后阴矢气一般。本条是由于胃肠燥结，腑气不畅，浊气下达，干及前阴所致，其症状除阴吹外，兼有大便燥结，舌质暗，脉沉涩等。治以猪膏发煎润肠通便。本方也可用于胃肠燥结所引起的萎黄病证。

23.3　寒饮误下成痞的先后治法

【原文】

婦人吐涎沫，醫反下之，心下即痞，當先治其吐涎沫，小青龍湯主之；涎沫止，乃治痞，瀉心湯主之。(七)

小青龍湯：見痰飲中。

瀉心湯方：見驚悸中。

【释义】　本条论述寒饮误下成痞的先后治法。妇人吐涎沫，为上焦有寒饮，治当温化寒饮，医反攻下，而伤中气，遂成心下痞证。寒饮未去，痞证已成，治当先用小青龙汤温上焦寒饮，寒饮散，涎沫止，再用泻心汤治心下痞证。

23.4　结　　语

本篇论述了妇人杂病的病因证治。认为妇人杂病的病因，不外虚、积冷、结气三个方面；症候表现有上、中、下三焦各部，尤以带脉以下经带疾病为主。其病证复杂难辨，因此，仲景强调“审脉阴阳，虚实紧弦……其虽同病，脉各异源，子当辨记，勿谓不然”。

妇人杂病与胎产疾患相互影响，胎产可以导致杂病，杂病也可以引起胎产疾病，因此在杂病篇中常涉及部分胎产疾病。

篇中所述病证热入血室，为妇人在经期外受邪气所致，治以小柴胡汤加赤芍、丹皮等或刺期门以泄肝实。梅核气为气滞痰凝，阻于咽喉，治以半夏厚朴汤开结化痰；脏躁为心肝血虚，心神失养，治以甘麦大枣汤甘润缓急。杂病腹痛有因风血相搏者，治以红蓝花酒活血止痛；有因血虚肝郁，脾虚湿滞者，治以当归芍药散养血舒肝，健脾利湿；有因中气虚寒者，治以小建中汤养血温中。经水不利有因瘀血新结者，用土瓜根散活血行瘀；有因瘀血内阻日久者，治以抵当汤逐瘀下血；若因水血互结血室所致，用大黄甘遂汤水血兼攻，佐以扶正；漏下因冲任虚寒，兼有瘀血者，治以温经汤调理冲任，养血祛瘀；若因虚寒所致，治用胶姜汤温补冲任，养血止血。带下病分有两种类型，一是湿热下注，治用矾石丸清热燥湿；一是寒湿内生，凝注下焦，治以蛇床子散温中散寒燥湿，二者在使用上均以栓剂外用，取其病位近而效用速。阴疮者，用狼牙汤外洗燥湿清热止痒；阴吹者，以膏发煎润导，使浊气归于肠道。因肾气虚弱，膀胱气化不行所致的转胞病，治以肾气丸振奋肾阳，通利小便。

本篇在治疗方法上多种多样，内服有汤剂、丸剂、散剂和酒剂；外用有针刺、洗剂、栓剂等，迄今仍具有指导意义。

最后，需要指出的是，妊娠、产后、妇人杂病三篇，第一次将妇科疾患与其他疾病独立分开，各自成篇，为中医妇科学的发展奠定了基础。

复习思考题

1. 妇人杂病的三大病因是什么？
2. 妇人杂病腹痛应当如何治疗？
3. 《金匮》所论妇人杂病中，哪些疾病与情志有关，应如何治疗？
4. 《金匮》中肾气丸治疗哪些疾病，其病机、症状各是什么？

（李俊莲）

附　　录

杂疗方第二十三

退五脏虚热，**四时加减柴胡饮子方**

冬三月加柴胡八分　白术八分　陈皮五分　大腹槟榔四枚（并皮子用）　生姜五分　桔梗七分

春三月加枳实　减白术　共六味

夏三月加生姜三分　枳实五分　甘草三分　共八味

秋三月加陈皮三分　共六味

上各　咀，分为三贴，一贴以水三升，煮取二升，分温三服，如人行四五里进一服。如四体壅，添甘草少许，每贴分作三小贴，每小贴以水一升，煮取七合，温服，再合滓为一服，重煮都成四服。

长服诃梨勒丸方

诃梨勒　陈皮　厚朴各三两

上三味，末之，炼蜜丸如梧子大，酒饮服二十丸，加至三十丸。

三物备急丸方

大黄一两　干姜一两　巴豆一两（去皮心，熬，外研如脂）

上药务须精新，先捣大黄、干姜为末，研巴豆纳中，合治一千杵，用为散，蜜和丸亦佳，密器中贮之，莫令歇。主心腹诸卒暴百病。若中恶客忤，心腹胀满，卒痛如锥刺，气急口噤，停尸卒死者，以暖水若酒服大豆许三四丸，或不下，捧头起，灌令下咽，须臾当差，如未差，更与三丸，当腹中鸣，即吐下便差。若口噤，亦须折齿灌之。

治伤寒令愈不复，**紫石寒食散方**

紫石英　白石英　赤石脂　钟乳碓炼　栝蒌根　防风　桔梗　文蛤　鬼臼各十分　太一余粮十分（烧）　干姜　附子（炮，去皮）　桂枝（去皮）各四分

上十三味，杵为散，酒服方寸匕。

救卒死方

薤捣汁灌鼻中。

又方：

雄鸡冠割取血，管吹纳鼻中。

猪脂如鸡子大，苦酒一升煮沸灌喉中。

鸡肝及血涂面上，以灰围四旁，立起。

大豆二七粒，以鸡子白并酒和，尽以吞之。

救卒死而壮热者方

矾石半斤，以水一斗半煮消，以渍脚令没踝。

救卒死而目闭者方

骑牛临面，捣薤汁灌耳中，吹皂荚末鼻中，立效。

救卒死而张口反折者方

灸手足两爪后十四壮了，饮以五毒诸膏散。

救卒死而四肢不收失便者方

马屎一升，水三斗，煮取二斗以洗之；又取牛洞（稀粪也）一升，温酒灌口中，灸心下一寸，脐上三寸，脐下四寸各一百壮，差。

救小儿卒死而吐利不知是何病方

狗屎一丸，绞取汁以灌之。无湿者，水煮干者取汁。

尸蹶脉动而无气，气闭不通，故静而死也，治方脉证见上卷。

菖蒲屑，纳鼻两孔中吹之，令人以桂屑着舌下。

又方：

剔取左角发方寸烧末，酒和，灌令入喉，立起。

救卒死，客忤死，还魂汤主之方

《千金方》云：主卒忤鬼击飞尸，诸奄忽气绝，无复觉，或已无脉，口噤拗不开，去齿下汤。汤下口不下者，分病人发左右，捉㩜肩引之。药下复增取一升，须臾立苏。

麻黄三两（去节）一方四两　杏仁（去皮尖，七十个）　甘草一两（炙）　《千金》用桂心二两

上三味，以水八升，煮取三升，去滓，分令咽之，通治诸感忤。

又方：

韭根一把　乌梅二七个　吴茱萸半升（炒）

上三味，以水一斗煮之，以病人栉内中，三沸，栉浮者生，沉者死。煮取三升，去滓分饮之。

救自缢死，旦至暮，虽已冷，必可治；暮至旦，小难也，恐此当言忿气盛故也，然夏时夜短于昼，又热，犹应可治。又云：心下若微温者，一日以上，犹可治之方。

徐徐抱解，不得截绳，上下安被卧之。一人以脚踏其两肩，手少挽其发常弦弦勿纵之，一人以手按据胸上，数动之；一人摩捋臂胫屈伸之，若已僵，但渐渐强屈之，并按其腹。如此一炊顷，气从口出，呼吸眼开，而犹引按莫置，亦勿苦劳之，须臾，可少桂汤及粥清含与之，令濡喉，渐渐能咽，及稍止。若向令两人以管吹其两耳，罙好。此法最善，无不活也。

凡中暍死，不可使得冷，得冷便死，疗之方

屈草带，绕暍人脐，使三两人溺其中，令温。亦可用热泥和屈草，亦可扣瓦椀底，按及车缸，以着　人，取令溺，须得流去，此谓道路穷，卒无汤，当令溺

其中，欲使多人溺，取令温若汤，便可与之，不可泥及车缸，恐此物冷， 既在夏月，得热泥土，暖车缸，亦可用也。

救溺死方

取灶中灰两石余，以埋人，从头至足，水出七孔，即活。

右疗自缢、溺、 之法，并出自张仲景为之，其意殊绝，殆非常情所及，本草所能关，实救人之大术矣。伤寒家数有 病，非此遇热之 。

治马坠及一切筋骨损方

大黄一两，切浸，汤成下 绯帛如手大，烧灰 乱发如鸡子大，烧灰用 久用炊单布一尺，烧灰 败蒲一握三寸 桃仁四十九个，去皮尖熬 甘草如中指节，炙剉。

上七味，以童子小便量多少煎汤成，内酒一大盏，次下大黄，去滓。分温三服。先剉败蒲席半领，煎汤浴，衣被盖覆，斯须通利数行，痛楚立差。利及浴水赤，勿怪，即瘀血也。

禽兽鱼虫禁忌并治第二十四

凡饮食滋味，以养于生，食之有妨，反能为害，自非服药炼液，焉能不饮食乎？切见时人，不闲调摄，疾 竞起，若不因食而生，苟全其生，须知切忌者矣。所食之味，有与病相宜，有与身为害，若得宜则益体，害则成疾，以此致危，例皆难疗。凡煮药饮汁。以解毒者，虽云救急，不可热饮，诸毒病得热更甚，宜冷饮之。

肝病禁辛，心病禁咸，脾病禁酸，肺病禁苦，肾病禁甘；春不食肝，夏不食心，秋不食肺，冬不食肾，四季不食脾。辩曰：春不食肝者，为肝气王，脾气败，若食肝，则又补肝，脾气败尤甚，不可救。又肝王之时，不可以死气入肝，恐伤魂也。若非王时即虚，以补肝之佳，余脏准此。

凡肝脏，自不可轻噉，自死者弥甚。

凡心皆为神识所舍，勿食之，……。

凡肉及肝，落地不着尘土者，不可食之。猪肉落水浮者，不可食。

诸肉及鱼，若狗不食，鸟不啄者，不可食。

诸肉不干，火炙不动，见水自动者，不可食之。

肉中有如朱点者，不可食之。

六畜肉热血不断者，不可食之。父母及身本命肉，食之，令人神魂不安。

食肥肉及热羹，不得饮冷水。

诸五脏及鱼，投地尘土不污者，不可食之。

秽饭、馁肉、臭鱼，食之皆伤人。

自死肉，口闭者，不可食之。

六畜自死，皆疫死，则有毒，不可食之。

兽自死，北首及伏地者，食之杀人。

食生肉，饱饮乳，变成白虫。

疫死牛肉，食之令病洞下，亦致坚积，宜利药下之。

脯藏米瓮中，有毒，及经夏食之，发肾病。

治（食）自死六畜肉中毒方

黄蘗屑，捣服方寸匕。

治食郁肉漏脯中毒方 郁肉，密器盖之，隔宿者是也。漏脯，茅屋漏下，沾着者是也。

烧犬屎，酒服方寸匕，每服人乳汁亦良。饮生韭汁三升，亦得。

治黍米中藏干脯，食之中毒方

大豆，浓煮汁饮数升即解。亦治狸肉漏脯等毒。

治食生肉中毒方

掘地深三尺，取其下土三升，以水五升煮数沸，澄清汁，饮一升，即愈。

治（食）六畜鸟兽肝中毒方

水浸豆豉，绞取汁，服数升愈。

马脚无夜眼者，不可食之。

食酸马肉，不饮酒，则杀人。

马肉不可热食，伤人心。

马鞍下肉，食之杀人。

白马黑头者，不可食之。

白马青蹄者，不可食之。

马肉、㹠肉共食，饱醉卧，大忌。

驴马肉合猪肉食之，成霍乱。

马肝及毛，不可妄食，中毒害人。

治马肝毒中人未死方

雄鼠屎二七粒，末之，水和服，日再服。屎尖者是。

又方：

人垢，取方寸匕，服之佳。

治食马肉中毒欲死方

香豉二两　杏仁三两

上二味，煮一食顷熟，杵之服，日再服。

又方：

煮芦根汁，饮之良。

疫死牛，或目赤，或黄，食之大忌。

牛肉共猪肉食之，必作寸白虫。

青牛肠，不可合犬肉食之。

牛肺从三月至五月，其中有虫如马尾，割去勿食，食则损人。

牛、羊、猪肉，皆不得以楮木、桑木蒸炙，食之令人腹内生虫。

噉蛇牛肉杀人，何以知之？噉蛇者，毛发向后顺者，是也。

治噉蛇牛肉食之欲死方

饮人乳汁一升，立愈。

又方：

以泔洗头，饮一升愈。

牛肚细切，以水一斗，煮取一升，暖饮之，大汗出者愈。

治食牛肉中毒方

甘草煮汁饮之，即解。

羊肉其有宿热者，不可食之。

羊肉不可共生鱼、酪食之，害人。

羊蹄甲中有珠子白者，名羊悬筋，食之令人癫。

白羊黑头，食其脑，作肠痈。

羊肝共生椒食之，破人五脏。

猪肉共羊肝和食之，令人心闷。

猪肉以生胡荽同食，烂人脐。

猪脂不可合梅子食之。

猪肉和葵食之，少气。

鹿人（肉）不可和蒲白作羹，食之发恶疮。

麋脂及梅李子，若妊妇食之，令子青盲，男子伤精。

麋肉不可合虾及生菜、梅、李果食之，皆病人。

痼疾人不可食熊肉，令终身不愈。

白犬自死，不出舌者，食之害人。

食狗鼠余，令人发瘘疮。

治食犬肉不消，心下坚，或腹胀，口干大渴，心急发热，妄语如狂，或洞下方

杏仁一升，合皮熟研用

以沸汤三升，和取汁，分三服，利下肉片，大验。

妇人妊娠，不可食兔肉、山羊肉，及鳖、鸡、鸭，令子无声音。

兔肉不可合白鸡肉食之，令人面发黄。

兔肉着干姜食之，成霍乱。

凡鸟自死，口不闭，翅不合者，不可食之。

诸禽肉，肝青者，食之杀人。

鸡有六翮四距者，不可食之。

乌鸡白首者，不可食之。

鸡不可共葫蒜食之，滞气。

山鸡不可合鸟兽肉食之。

雉肉久食之，令人瘦。

鸭卵不可合鳖肉食之。

妇人妊娠，食雀肉，令子淫乱无耻。

雀肉不可合李子食之。

燕肉勿食，入水为蛟龙所噉。

鸟兽有中毒箭死者，其肉有毒，解之方

大豆煮汁及盐汁服之解。

鱼头正白，如连珠至脊上，食之杀人。

鱼头中无腮者，不可食之，杀人。

鱼无肠胆者，不可食之，三年阴不起，女子绝生。

鱼头似有角者，不可食之。鱼目合者，不可食之。

六甲日，勿食鳞甲之物。

鱼不可合鸡肉食之。

鱼不得合鸬鹚肉食之。

鲤鱼鲊，不可合小豆藿食之；其子不可合猪肝食之，害人。

鲤鱼不可合犬肉食之。

鲫鱼不可合猴雉肉食之。

鳀鱼合鹿肉生食，令人筋甲缩。

青鱼鲊，不可合生葫荽及生葵并麦中食之。

鳅鳝不可合白犬血食之。

龟肉不可合酒果子食之。

鳖目凹陷者，及厌下有王字形者，不可食之。其肉不得合鸡、鸭子食之。

龟、鳖肉不可合苋菜食之。

虾无须,及腹下通黑,煮之反白者,不可食之。食脍,饮乳酪,令人腹中生虫为瘕。

鲙食之，在心胸间不化，吐复不出，速下除之，久成癥病，治之方

橘皮一两　大黄二两　朴硝二两

上三味，以水一大升，煮至小升，顿服即消。

食鲙多不消，结为癥病，治之方

马鞭草

上一味，捣汁饮之。或以姜叶汁饮之一升，亦消。又可服吐药吐之。

食鱼后食毒，两种烦乱，治之方

橘皮

浓煎汁服之，即解。

食鯸鮧鱼中毒方

芦根

煮汁服之，即解。

蟹目相向，足斑目赤者，不可食之。

食蟹中毒治之方

紫苏

煮汁饮之三升。紫苏子捣汁饮之，亦良。

又方：

冬瓜汁饮二升，食冬瓜亦可。

凡蟹未遇霜，多毒，其熟者乃可食之。

蜘蛛落食中，有毒，勿食之。

凡蜂、蝇、虫、蚁等多集食上，食之致瘘。

果实菜谷禁忌并治第二十五

果子生食生疮。

果子落地经宿，虫蚁食之者，人大忌食之。

生米停留多日，有损处，食之伤人。

桃子多食令人热，仍不得入水浴，令人病淋沥寒热病。

杏酪不熟伤人。

梅多食，坏人齿。

李不可多食，令人胪胀。

林檎不可多食，令人百脉弱。

橘柚多食，令人口爽，不知五味。

梨不可多食，令人寒中，金疮、产妇亦不宜食。

樱、桃、杏多食，伤筋骨。

安石榴不可多食，损人肺。

胡桃不可多食，令人动痰饮。

生枣多食，令人热渴气胀，寒热羸瘦者，弥不可食，伤人。

食诸果中毒治之方

猪骨烧过

上一味，末之，水服方寸匕。亦治马肝、漏脯等毒。

木耳赤色，及仰生者，勿食。菌仰卷及赤色者，不可食。

食诸菌中毒，闷乱欲死，治之方

人粪汁饮一升，土浆饮一二升，大豆浓煮汁饮之，服诸吐利药，并解。

食枫柱菌而哭不止，治之以前方。

误食野芋，烦毒欲死，治之以前方。其野芋根，山东人名魁芋。人种芋三年不收，亦成野芋，并杀人。

蜀椒闭口者有毒，误食之，戟人咽喉，气病欲绝，或吐下白沫，身体痹冷，急治之方

肉桂煎汁饮之，多饮冷水一二升，或食蒜，或饮地浆，或浓煮豉汁饮之，并解。

正月勿食生葱，令人面生游风。

二月勿食蓼，伤人肾。

三月勿食小蒜，伤人志性。

四月、八月勿食胡荽，伤人神。

五月勿食韭，令人乏气力。

五月五日勿食一切生菜，发百病。

六月、七月勿食茱萸，伤神气。

八月、九月勿食姜，伤人神。

十月勿食椒，损人心，伤心脉。

十一月、十二月勿食薤，令人多涕唾。

四季勿食生葵，令人饮食不化，发百病，非但食中，药中皆不可用，深宜慎之。

时病差未健，食生菜，手足必肿。

夜食生菜，不利人。

十月勿食被霜生菜，令人面无光，目涩心痛，腰疼，或发心疟，疟发时，手足十指爪皆青，困萎。

葱、韭初生芽者，食之伤人心气。

饮白酒食生韭，令人病增。

生葱不可共蜜食之，杀人。独颗蒜弥忌。

枣和生葱食之，令人病。

生葱和雄鸡、雉、白犬肉食之，令人七窍经年流血。

食糖、蜜后四日内食生葱、韭，令人心痛。

夜食诸姜、蒜、葱等，伤人心。

芜菁根，多食令人气胀。

薤不可共牛肉作羹，食之成瘕病，韭亦然。

蓴多病（食），动痔疾。

野苣不可同蜜食之，作内痔。

白苣不可共酪同食，作䘌虫。

黄瓜食之，发热病。

葵心不可食，伤人，叶尤冷，黄背赤茎者，勿食之。

胡荽久食之，令人多忘。

病人不可食胡荽及黄花菜（菜）。

芋不可多食，动病。

妊妇食姜，令子余指。

蓼多食，发心痛。

蓼和生鱼食之，令人夺气，阴咳疼痛。

芥菜不可共兔肉食之，成恶邪病。

小蒜多食，伤人心力。

食躁或躁方

豉

浓煮汁饮之。

钩吻与芹菜相似，误食之杀人，解之方

荠苨八两

上一味，水六升，煮取二升，分温二服。

菜中有水莨菪，叶圆而光，有毒，误食之，令人狂乱，状如中风，或吐血，治之方

甘草

煮汁服之，即解。

春秋二时，龙带精入芹菜中，人偶食之为病。发时手青腹满，痛不可忍，名蛟龙病，治之方

硬糖二三升

上一味，日两度服之，吐出如蜥蜴三五枚，差。

食苦瓠中毒治之方

黎穰

煮汁，数服之，解。

扁豆，寒热者不可食之。

久食小豆，令人枯燥。

食大豆屑，忌啖猪肉。

大麦久食，令人作癣。

白黍米不可同饴蜜食，亦不可合葵食之。

莜（荞）麦面多食之，令人发落。

盐多食，伤人肺。

食冷物，冰人齿。食热物，勿饮冷水。

饮酒，食生苍耳，令人心痛。

夏月大醉汗流，不得冷水洗着身，及使扇，即成病。

饮酒大忌灸腹背，令人肠结。

醉后勿饱食，发寒热。

饮酒食猪肉，卧秫稻穰中则发黄。

食饴，多饮酒大忌。

凡水及酒，照见人影动者，不可饮之。

醋合酪食之，令人血瘕。

食白米粥，勿食生苍耳，成走疰。

食甜粥已，食盐即吐。

犀角筋，搅饮食，沫出，及浇地坟起者，食之杀人。

饮食中毒，烦满，治之方

苦参三两　苦酒一升半

上二味，煮三沸，三上、三下服之，吐食出即差。或以水煮亦得。

又方：

犀角汤亦佳。

贪食，食多不消，心腹坚满痛，治之方

盐一升　水三升

上二味，煮令盐消，分三服，当吐出食，便差。

矾石生入腹，破人心肝，亦禁水。

商陆以水服，杀人。

葶苈子，傅头疮，药成入脑，杀人。

水银入人耳，及六畜等，皆死。以金银着耳边，水银则吐。

苦练无子者，杀人。凡诸毒，多是假毒以投，无知时宜煮甘草荠苨汁饮之。通除诸毒药。

模 拟 试 题

《金匮要略教程》模拟试题（一）

一、词解：

1. 哕
2. 阴狐疝
3. 脏躁
4. 转胞
5. 女劳疸

二、填空：

1. 胸痹病的主症是喘息（　　　），胸背（　　　），（　　　）。主治方剂是（　　　）。

2. 主治“胸痹不得卧，心痛彻背”的方剂是（　　　）。

3. “痛而闭者，厚朴三物汤主之。”痛而闭，即腹部胀满疼痛而大便闭结不通，本证系由（　　　）所致。宜用厚朴三物汤（　　　）。

4. 病者腹满，（　　　）为虚，（　　　）为实，可下之。舌黄（　　　）者，（　　　）之黄自去。

5. （　　　）丸与（　　　）汤均可治微饮。

6. 心下有痰饮，（　　　），（　　　），苓桂术甘汤主之。

7. “男子消渴，（　　　），以饮一斗，（　　　），肾气丸主之。”

8. 风水其脉（　　　），外证（　　　），恶风；皮水其脉（　　　），外证（　　　），（　　　），不恶风，（　　　），（　　　），当发其汗。正水其脉（　　　），外证（　　　）；石水其脉（　　　），外证（　　　）。

9. 诸有水者，腰以下肿，（　　　）；腰以上肿，（　　　）乃愈。

10. 风水，（　　　）身重，（　　　）恶风者，防己黄芪汤主之。

三、单项选择题：

1. 桂枝加桂汤证的病机是：（　　　）
   A. 肝气郁滞，化火上冲　　B. 心阳不足，下焦寒水上冲
   C. 心阳不足，下焦寒气上冲　　D. 脾阳不足，停水上逆
   E. 肾阳虚弱，虚寒上逆

2. 胸痹的典型证候是：（　　　）
   A. 喘息咳唾，胸背痛，短气　　B. 咳嗽气喘，不得不卧
   C. 心痛彻背，背痛彻心　　D. 胸闷憋气

E. 胸中刺痛

3. 栝蒌薤白半夏汤主治胸痹不得卧，心痛彻背，其病机为：(　　　)

A. 胸阳不振，痰饮上乘　　B. 胸阳不振，痰涎壅塞

C. 胸阳不振，饮阻气逆　　D. 胸阳不振，寒湿上乘

E. 脾阳虚弱，虚寒上逆

4. 人参汤证的病机是：(　　　)

A. 胸阳不振，痰阻气逆　　B. 中气不足，虚寒上逆

C. 胸阳不振，寒湿上乘　　D. 脾阳不足，停水上逆

E. 肾阳不足，虚寒上逆

5. 桂枝生姜枳实汤证的症状是：(　　　)

A. 喘息咳唾，胸背痛，短气　　B. 胸痹不得卧，心痛彻背

C. 胸中气塞，短气　　D. 心痛彻背，背痛彻心

E. 心中痞，诸逆，心悬痛

6. 栝蒌薤白白酒汤证的病机是：(　　　)

A. 痰涎壅塞，胸阳痹阻　　B. 胸阳不振，痰饮上乘

C. 饮邪上乘，胸中气滞　　D. 寒饮内停，逆而上冲

E. 中阳不足，大气不运，胸中气结

7. 下列各方皆可治胸痹病，其中哪首方剂以扶正固本为主？(　　　)

A. 栝蒌薤白白酒汤　　B. 栝蒌薤白半夏汤

C. 枳实薤白半夏汤　　D. 薏苡附子散

E. 以上都不是

8. 胁下偏痛，发热，其脉紧弦，此寒也，其治则为：(　　　)

A. 当与温药补之　　B. 以温药下之

C. 当以温药和之　　D. 当与温药吐之

E. 可发汗、针灸之

9. 心胸中大寒痛，呕不能饮食，腹中寒，上冲皮起出见有头足，上下痛而不可触近者，治用：(　　　)

A. 大乌头煎　　B. 大建中汤　　C. 乌头桂枝汤

D. 附子粳米汤　　E. 大黄附子汤

10. 附子粳米汤中不应有：(　　　)

A. 附子　　B. 粳米　　C. 半夏　　D. 人参　　E. 甘草

11. 症见按之心下满痛，郁郁微烦，往来寒热，胸胁苦满，大便秘结，舌苔黄，脉弦有力者，治宜：(　　　)

A. 大承气汤　　B. 厚朴大黄汤　　C. 大柴胡汤

D. 厚朴三物汤　　E. 厚朴七物汤

12. 宿食在上脘，症见脘痞胸闷，嗳腐吞酸，恶心呕吐者，当以何法治之？(　　　)

A. 下法　　B. 消法　　C. 吐法　　D. 补法　　E. 温法

13. 下列各方都有大黄，其煎煮时大黄应后下的是哪一首方剂？（　　）

A. 厚朴三物汤　　B. 厚朴七物汤　　C. 大柴胡汤

D. 大黄附子汤　　E. 厚朴大黄汤

14. 脾约证的病机为：（　　）

A. 脾阴不足　　B. 胃肠实热　　C. 阳明热炽

D. 胃肠燥热，脾阴不足　　E. 食积大肠

15. 下列各方证，哪个方证不具有头眩的症状？（　　）

A. 泽泻汤证　　B. 五苓散证　　C. 小半夏加茯苓汤证

D. 苓桂术甘汤证　　E. 小半夏汤证

16. 下列诸方，何者配伍了相反的药物？（　　）

A. 十枣汤　　B. 木防己汤　　C. 己椒苈黄丸

D. 甘遂半夏汤　　E. 大黄甘遂汤

17. 肾气丸与苓桂术甘汤均可治疗：（　　）

A. 支饮　　B. 悬饮　　C. 溢饮　　D. 留饮　　E. 微饮

18. 消渴病，症见渴欲饮水，口干舌燥者，病属：（　　）

A. 肺阴亏虚　　B. 邪热炽盛　　C. 阳明腑实

D. 热伤津气　　E. 以上都不是

19. 皮水四肢浮肿、肌肉轻微跳动的机制是：（　　）

A. 阳为水郁，正邪相争　　B. 肾阳不足，水气内动

C. 脾气亏虚，四肢失主　　D. 水溢四肢，风邪入络

E. 以上都不是

20. 经水前断，后病水，此为病在：（　　）

A. 血分　　B. 水分　　C. 气分　　D. 血瘀　　E. 以上都不是

四、多项选择题：

1. 奔豚气之发于肝者宜用奔豚汤治疗。本证的临床表现为：（　　）

① 气上冲胸　　②腹痛　　③往来寒热　　④脐下悸　　⑤口苦咽干

2. 以哪些药物为主所组成的方剂治疗阴寒痼冷的胸痹、心痛：（　　）

①乌头　　②薤白　　③附子　　④栝蒌实　　⑤桂枝

3. 胸痹心中痞气，气结在胸，胸满，胁下逆抢心，治宜：（　　）

①人参汤　　②桂枝生姜枳实汤　　③枳实薤白桂枝汤

④橘枳姜汤　　⑤薏苡附子散

4. 胸痹的典型症状是：喘息咳唾，胸背痛，短气，寸口脉沉而迟，关上小紧数，临证可采用哪些药物组方治疗？（　　）

①薤白　　②栝蒌实　　③白酒　　④半夏　　⑤枳实

5. 厚朴七物汤证采用表里双解法，治疗理由是：（　　）

① 表里并重　　②里证较重　　③表证较重

④兼有表证　　⑤兼有里证

6. 《金匮要略》中，寒疝兼夹表证的主症是：（　　）

①腹中痛　　②四肢厥冷　　③身体疼痛
④手足不仁　　⑤汗出恶风
7. 痰饮治标的方法是：(　　)
① 发汗　②利小便　③攻逐水饮　④温化水饮　⑤前后分消
8. 头目眩晕可见于哪些方证？(　　)
①泽泻汤证　②五苓散证　③己椒苈黄丸证
④苓桂术甘汤证　⑤小半夏加茯苓汤证
9. 在《金匮要略》中，小青龙汤主治：(　　)
①支饮　②悬饮　③溢饮　④痰饮　⑤伏饮
10. 越婢汤证的主症是：(　　)
①一身悉肿　②发热而渴　③脉浮，恶风
④续自汗出　⑤咳嗽气喘

五、简答题：

1. 简述胸痹、心痛的病机。
2. 试述肝着、肾著、脾约的基本含义、病机、主症及主治方剂。
3. 大、小青龙汤为什么均治溢饮？
4. 分别简述风水、皮水、正水、石水的病机。

六、论述题：

1. 试述痰饮病的形成与内脏的关系。
2. 试论风水病的特点。

模拟试题（一）参考答案

一、词解：（略，见书）

二、填空：

1. 咳唾　痛　短气　栝蒌薤白白酒汤
2. 栝蒌薤白半夏汤
3. 实热内积、气机壅滞　行气通下
4. 按之不痛　痛者　未下　下
5. 肾气　苓桂术甘
6. 胸胁支满　目眩
7. 小便反多　小便一斗
8. 自浮　骨节疼痛　亦浮　浮肿　按之没指　其腹如鼓　不渴　沉迟　自喘自沉　腹满不喘
9. 当利小便　当发汗
10. 脉浮　汗出

三、单项选择题：

1. C　2. A　3. B　4. B　5. E　6. B　7. E　8. B　9. B　10. D　11. C　12. C

13. A 14. D 15. E 16. D 17. E 18. D 19. A 20. A

四、多项选择题：

1. ①②③ 2. ①③ 3. ①③ 4. ①②③ 5. ②④
6. ①②③④⑤ 7. ①②③⑤ 8. ①②④⑤ 9. ①③⑤ 10. ①②③④

五、简答题：（略，见书）

六、论述题答题要点：

1. 痰饮的形成主要与脾、肺、肾三脏功能失调有关。在正常情况下，脾主运化，肺主宣化，肾主温化开合，则水津输化正常，不会形成痰饮；反之，若脾失运化，肺失宣化，肾失温化开合，则水津停聚体内，形成痰饮病。

2. 风水病的特点主要为：①外感风邪，故具有中风表虚证；②与肺失宣肃有关，主要病位在肺及其所合——皮毛；③肿势由上及下；④起病急，病程短，易治愈。

《金匮要略教程》模拟试题（二）

一、词解：

1. 黄疸
2. 惊悸
3. 胃反
4. 胞阻
5. 郁冒

二、填空：

1. 黄疸之病，当以(　　　)日为期，治之(　　　)以上瘥，反剧者为难治。
2. 疸而(　　　)者，其疸难治；疸而(　　　)者，其疸可治。
3. 胃反的临床特征是(　　　)，(　　　)，(　　　)。胃反的主治方药是(　　　)汤，由(　　　)、(　　　)、(　　　)组成。
4. 呕而脉弱，小便复利，(　　　)，见厥者，难治。(　　　)主之。
5. 呕而肠鸣，(　　　)，半夏泻心汤主之。
6. 妇人得平脉，(　　　)，其人(　　　)，不能(　　　)，无(　　　)，名妊娠，(　　　)主之。
7. 妊娠有水气，(　　　)，小便(　　　)，洒淅恶寒，起即头眩，(　　　)主之。
8. 产后腹痛，烦满不得卧，(　　　)主之；产后少腹刺痛不移，拒按，下血块多，脉象沉涩者，为干血著脐下，治宜(　　　)。
9. 妇人(　　　)，半夏厚朴汤主之。
10. 水与血互结于血室，当选用(　　　)治疗。

三、单项选择题：

1. 黄疸篇的重点内容是叙述：(　　　)

   A. 火劫发黄　　B. 燥结发黄　　C. 女劳发黄
   D. 寒湿发黄　　E. 湿热发黄

2. 黄疸病，腹满，小便不利而赤，自汗出的病机是：(　　　)

   A. 湿热蕴蒸　　B. 里热内盛　　C. 表虚里实
   D. 表和里实　　E. 阴亏肠燥

3. 黄疸而有表证者可用：(　　　)

   A. 黄芪桂枝五物汤　　B. 桂枝加黄芪汤　　C. 黄芪建中汤
   D. 柴胡桂姜汤　　E. 以上皆不可

4. 湿热发黄与其他原因引起发黄的鉴别诊断要点是：(　　　)

   A. 口渴与否　　B. 小便利否　　C. 腹胀与否
   D. 发热与否　　E. 呕吐与否

5. 黄疸病中，最多见的病机是：(　　　)

   A. 寒湿发黄　　B. 火劫发黄　　C. 燥结发黄

D. 湿热发黄　　E. 虚黄

6. 大黄硝石汤的组成是：(　　)

A. 大黄、黄柏、栀子、硝石

B. 大黄、硝石、枳实、厚朴

C. 大黄、硝石、甘草

D. 大黄、硝石、牡丹、桃仁、冬瓜仁

E. 大黄、硝石、矾石

7. 桂枝去芍药加蜀漆牡蛎龙骨救逆汤所治疗的惊悸证属：(　　)

A. 心血不足　　B. 心气不足　　C. 阴虚火旺

D. 心阳不足　　E. 水饮凌心

8. “下血，先便后血，此远血也，黄土汤主之。”其病机为：(　　)

A. 胃热亢盛　　B. 肝火犯胃　　C. 阴虚火旺

D. 脾胃虚寒　　E. 瘀血内阻

9. 《金匮》原方指出：“心气不足，吐血、衄血，泻心汤主之。”由此观之，本证病机属于：(　　)

A. 心气不足　　B. 心阳不足　　C. 心阴不足

D. 心血不足　　E. 心火亢盛

10. 水饮阻遏心阳而致心下悸动者，治宜：(　　)

A. 苓桂术甘汤　　B. 桂枝甘草汤　　C. 苓桂甘枣汤

D. 半夏麻黄丸　　E. 以上都不是

11. 痰饮呕吐欲解的症状是：(　　)

A. 先呕却渴　　B. 先渴却呕　　C. 呕后不渴

D. 口渴不呕　　E. 以上都不是

12. 吴茱萸汤的组成中，没有以下哪种药物？(　　)

A. 吴茱萸　　B. 干姜　　C. 人参　　D. 生姜　　E. 大枣

13. 大半夏汤是由下列哪组药物组成的？(　　)

A. 半夏、生姜　　B. 半夏、生姜汁半夏、干姜

D. 半夏、人参、白蜜　　E. 半夏、生姜、黄芩、甘草、芍药、大枣

14. 橘皮竹茹汤证的病机为：(　　)

A. 胃寒气闭　　B. 胃虚有热　　C. 胃饮上逆

D. 肝郁气逆　　E. 胃火上逆

15. 《金匮》一书中，使用最多的方剂是：(　　)

A. 肾气丸　　B. 小建中汤　　C. 桂枝汤

D. 大承气汤　　E. 小柴胡汤

16. 肠痈，少腹肿痛，按之痛剧，发热，自汗，恶寒，小便自利，其脉迟紧，治当：(　　)

A. 清热解毒　　B. 荡热逐瘀　　C. 活血排脓

D. 解毒排脓　　E. 扶正排脓

17. 桂枝茯苓丸的功效是：(　　)

A. 泻热逐瘀　B. 化瘀消癥　C. 养血化瘀

D. 破血逐水　E. 祛瘀散寒

18. “妇人妊娠，宜常服当归散”，本证病属：(　　)

A. 阳虚寒甚　B. 血虚内寒　C. 血虚湿热

D. 脾虚寒湿　E. 冲任虚寒

19. 治疗产后血虚内寒腹痛，当选用：(　　)

A. 胶艾汤　B. 附子汤　C. 当归芍药散

D. 当归生姜羊肉汤　E. 小建中汤

20. 温经汤证的病机应为：(　　)

A. 阴虚内热　B. 瘀血内阻　C. 冲任虚寒

D. 虚寒夹瘀，阴虚内热　E. 气不摄血

四、多项选择题：

1. 治疗黄汗病的方剂有：(　　)

①芪芍桂酒汤　②蒲灰散　③桂枝加黄芪汤

④栀子大黄汤　⑤茵陈蒿汤

2. 下列方剂中，麻黄、石膏同用的有：(　　)

①越婢汤　②厚朴麻黄汤　③越婢加半夏汤

④大青龙汤　⑤小青龙加石膏汤

3. 石水的诊断依据是：(　　)

①脉沉　②腹满　③小便不利　④喘促　⑤身肿

4. 硝石矾石散的治疗功效是：(　　)

①益肾　②祛湿　③软坚　④消瘀　⑤清虚热

5. 半夏麻黄丸的治疗作用为：(　　)

①蠲饮消水　②降逆止呕　③宣发阳气

④发汗平喘　⑤解表郁滞

6. 吴茱萸汤的主治证候是：(　　)

①干呕　②吐涎沫　③胸满　④头痛　⑤哕逆

7. 气利的病机为：(　　)

①肾阳不足　②脾气亏虚　③湿困脾土

④气虚滑脱　⑤肝气郁滞

8. 肠痈在临床上主要症状是：(　　)

①少腹肿痞　②大便秘结　③按之即痛如淋

④小便自调　⑤时时发热，自汗出，复恶寒

9. 乌梅丸为治“蛔厥”良方，其配伍意义是：(　　)

①苦以降之　②辛以通之　③酸以制之

④甘以缓之　⑤虚以补之

10. 温经汤所主治证候是：(　　)

①手掌烦热　　②崩漏数十日不止　　③暮即发热
④少腹里急，腹满　　⑤唇口干燥

五、简答题：

1. 黄疸病根据其不同病因和证候分为哪几种？它们的病因和主症各是什么？

2. 试述柏叶汤、泻心汤治疗血证的不同适应证。

3. “病人胸中似喘不喘，似呕不呕，似哕不哕，彻心中愦愦然无奈者”，其病机是什么？治宜何方（包括药物和剂量）？如何服用？

4. “漏下”、“半产下血”、“胞阻”三者有何不同？为什么都可用胶艾汤治疗？

六、论述题：

1. 试述黄疸病的阳黄三种类型的主症、治法和主方。

2. 试述热入血室的病机及治法。

模拟试题（二）参考答案

一、词解：（略，见书）

二、填空：

1. 十八　十日
2. 渴　不渴
3. 朝食暮吐　暮食朝吐　宿谷不化　大半夏　半夏　人参　白蜜
4. 身有微热　四逆汤
5. 心下痞者
6. 阴脉小弱　渴　食　寒热　桂枝汤
7. 身重　不利　葵子茯苓散
8. 枳实芍药散　下瘀血汤
9. 咽中如有炙脔
10. 大黄甘遂汤

三、单项选择题：

1. E　2. D　3. B　4. B　5. D　6. A　7. D　8. D　9. E　10. D　11. A　12. B　13. D　14. B　15. D　16. B　17. B　18. C　19. D　20. D

四、多项选择题：

1. ①③　2. ①②③④⑤　3. ①②③⑤　4. ②④⑤
5. ①③　6. ①②③④　7. ③④　8. ①③④⑤
9. ①②③⑤　10. ①②③④⑤

五、简答题：（略，见书）

六、论述题答题重点：

1. 见《黄疸篇》小结部分。
2. 见下表。

病　机	主　症	治　疗
① 热入血室，其血未结	经水未断，昼日明了，暮则谵语	必自愈
②热入血室，波及肝、胆	经断，寒热如疟	小柴胡汤
③表邪内陷，热血互结	胸肋满，谵语	刺期门穴
④阳明热盛迫血下行	下血谵语，头汗出	刺期门穴

学习参考书目

1.《医门法律》：喻昌（嘉言）　1658 年
2.《金匮要略论注》：徐彬（忠可）　1671 年
3.《金匮要略直解》：程林（云来）　1673 年
4.《金匮玉函经二注》：《金匮方论衍义》赵以德　1368 年；《补注》周扬俊（禹载）　1687 年
5.《沈注金匮要略》：沈明宗（目南）　1692 年
6.《张氏医通》：张璐（石顽）　1695 年
7.《伤寒溯源集》：钱璜（天来）　1707 年
8.《金匮要略方论本义》：魏荔彤（念庭）　1720 年
9.《金匮要略心典》：尤怡（在泾）　1729 年
10.《医宗金鉴·订正金匮要略注》：吴谦等　1742 年
11.《金匮悬解》：黄元御（坤载）　1748 年
12.《金匮要略浅注》：陈念祖（修园）　1803 年
13.《金匮玉函要略辑义》：（日）丹波元简　1807 年
14.《医门棒喝》：章楠（虚谷）　1825 年
15.《金匮玉函要略述义》：（日）丹波元坚　1842 年
16.《高注金匮要略》：高学山（汉峙）　1872 年
17.《血证论》：唐宗海（容川）　1884 年
18.《金匮要略讲义》：李克光等　1985 年
19.《金匮要略讲义》：苏宝刚等　1995 年
20.《金匮要略》：乔模等　1999 年